广西洣达律师事务所
MILD & YOUNG LAW FIRM

# 南国法学

主编 高一飞 张 培

（第 7 卷）

中国政法大学出版社
2025 · 北京

# 编委会


**主　　编：** 高一飞　张　培

**副 主 编：** 沈钰琦　孙　记

**编辑委员会：** 周祖成　陆幸福　汪太贤　管　华　阳东辉
林轲亮　任　巧　曹　舒　张　晔　赵恒喆

# 主编简介

**高一飞**，湖南桃江人，男，1965 年出生。西南政法大学原教授、博士生导师；广西大学二级教授。中国刑事诉讼法学研究会理事、中国法学会网络与信息法学研究会理事、广西刑法学会副会长。2003 年 8 月至 2004 年 8 月任重庆市渝北区人民检察院检察长助理；2004 年荣获“重庆市第二届中青年骨干教师”称号；2004 年 12 月至 2005 年 12 月在美国丹佛大学美中合作中心从事博士后研究。作为导师指导博士生 18 人、硕士生 200 多人。

现已出版专著《媒体与司法关系研究》《上帝的声音——陪审团法理》等共 30 部，主编、参编著作、教材 18 部，在《法学研究》《新闻与传播研究》《青年研究》《中外法学》等国内外学术期刊发表论文近 400 篇。主持的省部级以上课题有：国家社会科学基金项目 4 项（其中重点项目 1 项）、司法部国家法治与法学理论研究项目 3 项、中国法学会项目 5 项、最高人民法院重大理论课题 2 项、最高人民检察院检察理论研究课题 2 项、重庆市社科基金项目 1 项。获得省部级科研奖 5 项。

在武汉大学人文社会科学重点研究基地“中国科学文献计量评价研究中心”公布的《高校人文社科学者期刊论文排行榜（2008-2018）》的“法学类”排名中排第 28 名。

**张培**，广东顺德人，男，1981 年出生。广西浾达律师事务所创始合伙人。西南政法大学法学博士，牛津大学、剑桥大学访问学者。现担任中央广播电视总台“社会与法”频道《法律讲堂》栏目主讲人，最高人民检察院民事行政案件咨询专家，第十五届南宁市人民政府法律顾问、政协第十二届南宁市委员会委员，政协第十二届南宁市委员会委员智库成员，南宁市青秀区第四届人大代表，南宁市政协委员，中国国民党革命委员会南宁市委会委员，民革南宁市青秀区总支副主委，民革广西社会法制委员会委员，中华全国律师协会刑事专业委员会委员，南宁律协刑事专业委员会副主任，广西壮族自治区人民检察院民事行政诉讼监督及公益诉讼专家委员会委员，南宁市青秀区人大监察和司法委员会委员，广西壮族自治区人民检察院人民监督员，宁波仲裁委员会仲裁员、温州仲裁委员会仲裁员、南宁仲裁委员会仲裁员、玉林仲裁委员会仲裁员。拥有上市公司独立董事资格、上市公司董秘资格、证券从业资格、全国中小企业交易系统高级管理人员从业资格。

现已出版专著《律师庭外言论规则研究——以辩护律师为考察对象》，为我国首部研究辩护律师在庭外言论规则的学术专著。在《检察日报》《人权研究》《法治与经济》等学术期刊上发表论文7篇。主持中国法学会部级项目《律师庭外言论规则研究——以辩护律师为考察对象》，主持民革广西区委会厅级项目《关于进一步健全司法对民营企业的平等保护机制的建议》。参与了全国哲学社会科学工作办公室国家级项目《类案同判机制研究》、中国法学会部级重点委托项目《首席法律咨询专家制度成效与经验研究》、中国法学会部级重点委托课题《深学笃行习近平法治思想　为奋力谱写中国式现代化广西篇章提供坚强法治保障》。

# 副主编简介

**沈钰琦**，律师，广西涂达律师事务所创始合伙人。牛津大学访问学者，南宁仲裁委员会仲裁员、温州仲裁委员会仲裁员、玉林仲裁委员会仲裁员。执业十余年坚持从事律师实务工作并致力于青年律师培养及法律普及传播。现担任最高人民检察院民事行政检察专家咨询网专家，中央广播电视总台“社会与法”频道（CCTV12）《法律讲堂》专家库成员、资深主讲人，累计录播普法节目 50 余期。曾获 2016-2019 年度广西优秀律师，2015-2019 年度南宁市优秀律师，中央广播电视总台“社会与法”频道《法律讲堂》栏目 2016 年“最佳新人”，广西首届检察官与律师论辩赛区直律师事务所律师辩手选拔赛“最佳辩手”，2023 年度广西律师协会优秀专门委员会委员。

**孙记**，男，1972 年生，辽宁建昌人，法学博士，哲学博士后，河北工业大学人文与法律学院教授。中国刑事诉讼法学研究会理事，中国法学会民事诉讼法学研究会理事。1997 年毕业于东北师范大学历史系，获历史学学士学位，2004 年 7 月、2007 年 7 月先后毕业于吉林大学法学院，分别获诉讼法学硕士学位和法学理论博士学位，2008 年 3 月至 2011 年 3 月为黑龙江大学哲学博士后流动站研究人员。学术兴趣侧重刑事诉讼法学、民事诉讼法学、法理学、法律史学。主持国家社科基金一般项目、司法部一般项目、黑龙江省社会科学规划一般项目各 1 项，主持中国法学会部级法学研究课题 2 项。自 2003 年以来，发表学术论文 60 余篇，在《法制与社会发展》《浙江社会科学》《西南民族大学学报（人文社会科学版）》等 CSSCI 来源期刊上发表论文 14 篇，有的或被《高等学校文科学术文摘》全文转载、论点摘编，或被中国人民大学报刊复印资料《诉讼法学、司法制度》转载。自 2014 年起，在《中国高教研究》等 CSSSI 来源期刊或《中国法学教育研究》等辑刊上公开发表教学论文 20 余篇，主持天津市首批新文科项目一项（2021 年）。独立出版专著（《现代刑事诉讼结构论》，中国社会科学出版社 2009 年版）1 部。

# 广西泐达律师事务所介绍

广西泐达律师事务所（MILD & YOUNG LAW FIRM），成立于2015年12月14日，于2018年完成全面改组，成为一家致力于实现“法律智慧的协同合作和力量联盟”的专业化、一体化律师事务所。

泐达以刑事辩护，诉讼、仲裁争议解决，公司综合，资产管理，行政法律事务，涉东盟法律服务为核心业务部门，并坚持立足广西、着眼东盟进行战略布局，成立广西泐达（柳州）律师事务所、广西泐达（玉林）律师事务所、马来西亚吉隆坡K. CHUE & Co律师楼泐达律师办事处、柬埔寨金边市泐达境外分支机构——MILD & YOUNG投资有限公司，构建起专业精湛、联系紧密的法律服务网络，形成了独特的泐达服务特色。

泐达追求业务上的精进，且始终保持着对理论学术的敬畏与探求。为推动广西的法学研究和教育，泐达与广西大学法学院就人才培养项目签订了《全面合作协议》。在泐达的积极参与下，广西大学泐达名家大讲堂于2021年启动，全国范围内有影响力的学者将不断走上泐达名家大讲堂。此外，经泐达赞助，目前广西大学法学院成功举行了18期泐达律师事务所学术午餐会。

## ◇ 资质和荣誉

经多年发展，泐达已在业界树立了良好的口碑，荣获部分资质荣誉如下：

南宁市优秀律师事务所。

广西企业破产案件二级管理人。

广西律师协会律师继续教育培训基地。

南宁市律师协会继续教育培训基地。

广西大学首个涉东盟高端法律人才培养基地。

南宁市破产事务管理人协会2022年度特别贡献奖。

2020-2022年度纳税信用“3连A企业”荣誉称号。

中国政法大学律师学研究中心“首届法律服务创新产品案例奖”。

2024中国数据生产力大赛零代码赛道优胜奖。

# 目 录

## 本刊特稿



## 法律哲学



## 民商法前沿

## 刑事法论丛



## 涉外法治

# 本刊特稿

# 非正常滞留外国人遣返制度比较研究*

高　凡　梁开元**

**摘要**：遣返制度是指根据《出境入境管理法》《外国人入境出境管理条例》遣送出境、限期出境、驱逐出境三种行政行为的总称，另外包含协助和鼓励应离境外国人自愿离境的措施。本文介绍了非正常滞留我国外国人定义及其产生原因，遣返出境的定义及其法律性质，并简单介绍了选取日本、美国、德国、加拿大四国遣返制度作为供我国遣返制度参考的国外借鉴样本的原因，对四国遣返制度的发展史、现状及其特点进行了总结，对我国遣返制度的法律渊源及现状进行了分析，依据国外及我国遣返制度现状对我国遣返制度建设提出了设想，以期通过课题研究助力我国遣返机制正规化、法制化建设，为国家遣返中心建设提供有益借鉴。

**关键词**：遣返制度；非法移民；遣返中心；《出境入境管理法》

## 一、问题的提出

当前，我国经济社会高速发展，吸引着国内外众多人才来我国发展、就业、定居。同时，在我国违法犯罪的外国人数量也在不断增加，“三非”外国人、跨境新娘等问题层出不穷，依法处置违法犯罪外国人，依法甄别、羁押、运送其中应被强制离境外国人关乎国家形象和社会综合治理效果，已成为新形势下的热点问题。遣返出境制度是依法处置“三非”外国人的核心手段，其法律建设、执法流程、司法救济等内容在我国外国人管理板块中还属短板，国内学者对此也鲜有研究。

我国于2018年组建了国家移民管理局，并积极推动组建5个国家遣返中

* 本文为国家移民管理局2022年度研究课题。

** 作者简介：高凡（1988年—），男，河北邯郸人，石家庄出入境边防检查站政治处副主任。梁开元（1990年—），男，四川绵阳人，石家庄出入境边防检查站民警。

心以应对国内严峻的遣返形势。与此同时，世界各国也基于本国国情和对外政策不断完善外国人强制离境制度，日本于2018年完成了外国人管理机构改革，强化了对遣返制度的统一领导，德国也在应对难民危机中强化了外国人强制离境和自愿离境制度建设，美国和加拿大作为老牌的移民国家，其以分权思想为基础的非法移民遣返制度已十分完善。客观上讲，我国同以上四国意识形态、国家结构、国土面积、经济水平各有不同，最显著的区别是日本为岛国，美国领土只同加拿大和墨西哥接壤，其他边界全是漫长的海岸线，德国深处欧盟腹地，加拿大更是只接壤美国一国，而我国同周边14国接壤，其中不乏极端主义、地方武装、走私贩毒等问题严重的国家，在边界地区两国国民有的有血缘关系，有的频繁从事边民贸易，“蚂蚁搬家”的走私、“掩人耳目”的偷渡等问题数不胜数，面对比以上四国复杂得多的边界环境，我国在遣返制度建设上有不同于四国的侧重，要求我们需在司法救济和行政效率之间找准平衡，在个人权益和国家利益之间做好取舍。四国的遣返制度法治化、现代化、结构化建设均在漫长的国家制度建设时间线上经历了长足的发展，亦让该国遣返机构在国内民众间赢得了尊重，获得了较高的行政地位，尤其是四国遣返制度立法、执行过程迸发出无数关于法治和人权的闪光点，值得其他国家认真研究。加强遣返机构“四化”建设，明确遣返制度在我国新移民管理体制版图中的定位，为国家遣返中心提供制度支撑和发展借鉴，对于推动移民管理行政执法权的多维度建设、推动移民治理体系和治理能力现代化有着十分重要的意义。

### （一）非正常滞留外国人定义及其产生原因

国内外法律和学者对根据法律规定应被遣返的外国人有不同的定义，包括“非法移民”“无证件移民”等，日本在《出入国管理及难民认定法》中将之表述为不被允许居留的外国人（不法残留している外国人），我国《出境入境管理法》[1]第62条规定，对非法入境、工作、居留，违反本法或者其他法律、行政法规需要遣送出境的外国人可以遣送出境。按照该条法律，“三非”外国人仅“可以”被遣送出境，而且应被遣送出境的外国人并不一定是“三非”外国人，由此可见我国的“三非”外国人定义和依法应被遣送的外国人定义有交集但并不完全重合。国内有论文将之称为“非正规（常）移民”，原因是外国人在我国的法律地位不是一成不变的，如通过非正常的渠道

---

[1] 为表述方便，本书中涉及我国法律文件直接使用简称，省去“中华人民共和国”字样，全书统一，后不赘述。

进入我国的外国人，此时他的身份可能是非正规（常）移民，但是一旦其通过难民甄别则可以获得难民身份，“非正规”一词便超越所谓非法与合法的界限，对这类群体有了更好的概括。

本文认为，用“非正常滞留外国人”更加妥当，主要原因如下：一是我国是典型的、传统的非移民国家，我国外国人主管机构虽然名称为国家移民管理局，但目前官方行文和公布的数据中，从未用“移民”一词指代过在中国临时居留或有永久居留许可的外国人，根据第七次全国人口普查数据，我国居留的外国人共计 845 697 人〔1〕，其中拥有永久居留许可的只有一小部分，而且目前社会民众对将某部分外国人称为“移民”尚缺少接受度。二是用“非法”一词并不妥当，我国狭义的法律仅指全国人大及其常委会通过的法律，《出境入境管理法》第 62 条第 1 款第 4 项规定的遣送出境包括违反本法、其他法律和行政法规三种情形，将违反行政法规而需被遣送出境的人定义为“非法”显然过于严厉。另外，不少国家已经推动将非法移民“除罪化”，在意大利“非法移民罪”仅生效一年多之际，意大利最高法院本着宪法的基本精神作出判决：非法移民不是犯罪行为。〔2〕2011 年 6 月，4 名华人因非法入境阿根廷而被阿根廷警察发现并拘留，阿根廷圣塔菲省联邦法院对此案作出了无罪判决而予以释放，并签发了人身保护令。〔3〕将非正常渠道入境的外国人称为“非法入境”，对于难民身份未认定之前进入我国的外国难民不够尊重。三是“非正常滞留”既可以模糊合法与非法的界限，又能体现出其在我国境内的临时性与异常性。综上并结合《出境入境管理法》关于限期出境、驱逐出境的定义，本文以“非正常滞留外国人”指代我国根据《出境入境管理法》应被限期出境、遣送出境、驱逐出境的外国人，为了方便研究讨论，该指代包括应被遣返外国人甄别、拘留、羁押、运送的全过程，根据《刑法》应被驱逐出境的外国人不在本文讨论范围之列。另外，本文在讨论我国之外的其他国家应被遣返外国人时，按照相关外国文献、政府官网等的指代进行称呼（如日本称之为“不被允许居留外国人”），不对其称呼进行统一。

目前我国对非正常滞留外国人范围散见于多部法律、行政法规之中，大

〔1〕《第七次全国人口普查公报（第八号）》，载 https://www.stats.gov.cn/sj/tjgb/rkpcgb/qgrkpcgb/202302/t20230206_1902008.html，最后访问日期：2025 年 3 月 27 日。

〔2〕《意大利最高法院：非法移民不属犯罪行为》，载 https://world.huanqiu.com/article/9CaKrnJoCqL，最后访问日期：2025 年 3 月 26 日。

〔3〕李建、罗大位：《非法移民除罪化趋势探究——兼议对我国“三非”外国人管理的启示》，载《净月学刊》2015 年第 1 期，第 113~117 页。

体上可以作如下分类：①非法入境类。主要包含伪造、变造出入境证件入境、偷越国（边）境入境后，未被法院判处驱逐出境但属于应被遣返出境的，我国《出境入境管理法》第62条第2款规定，有不准入境情形的，可以遣送出境。②合法入境后在我国违法类。该类主要包含合法入境后，非法就业、非法居留，危害国家安全、扰乱社会秩序，侵犯公民人身、财产安全等，如违反《治安管理处罚法》《测绘法》《反间谍法》等，但是入境后犯罪触犯《刑法》的，可以被处以驱逐出境刑罚，本文不作讨论。③难民。《出境入境管理法》第46条规定，难民在甄别期间可以凭公安机关签发的临时身份证明在中国境内停留；被认定为难民的外国人可以凭公安机关签发的难民身份证件在中国境内停留居留。同时，公安部在1989年发布的《关于江西省发证办〈关于归国难民是否应发身份证问题的请示〉的批复》中提到：在我国居住的难民履行其权益事务时，应按照我国政府1982年8月30日加入《关于难民地位的公约》及《关于难民地位的议定书》的有关规定执行。对回国定居的华侨，按照《居民身份证条例》的有关规定办理申领居民身份证手续。公安部1992年发布的《关于依法处理非法入境、非法居留外国人的通知》（公通字［1992］39号）则规定："凡属非法入境或非法居留的外国人，不管是否在联合国难民署登记（难民署不得干涉我主权事务），滞留地公安机关要发现一个处理一个，依法遣送出境。"可见，在司法实践过程中，外国人在我国寻求庇护而未被认定为难民之前，处理方式存在多种可能。

（二）遣返出境的定义、法律性质

国际移民组织（International Organization for Migration，IOM）2019年公布的《移民词汇表》对遣返的官方定义有"repatriation"或"return"，是指战俘（prisoner of war）、劳工（civil detainee）、难民（refugee）、平民（civilian）在各种国际文书所规定的具体条件下返回或被带回其原籍国。遣返的具体形式包括自发遣返（spontaneous return）、自愿遣返（voluntary return）、协助遣返（assisted return）和强制遣返（repatriation）等四种形式。自发遣返是指移民以单人或群体为单位，在未接到任何协助的情况下，自愿自主返回来源国的行为。自愿遣返是指移民自愿主动在接受或未接受帮助的情况下，返回来源国或前往第三国的行为。协助遣返是指移民自愿主动在接受行政、法律或财务支持，以及安置协助的情况下，返回来源国的行为。强制遣返是指主权国家对拒绝入境外国人或终止外国人在该国停留居留，依据行政命令和司法程序将其遣返至国籍国、常住地国家（地区）、出生地国家（地区）及其他可以遣返的第三国等行为。[1]我国法律规定的要求外国人离境的方式，共有遣送出境、限期出境、驱逐出境（包括按照《出境入境管理法》规定驱逐出境和根据《刑法》判处的驱逐出境）三种，《出境入境管理法》第六章（调查和遣返）第62条规定了应被遣送出境的情形，在第七章（法律责任）第81条规定了应被限期出境和被驱逐出境的情形，其中被限期出境而未出境的，可以转化为遣送出境。

《外国人入境出境管理条例》第四章（调查和遣返）规定了遣送出境、限期出境和驱逐出境适用期间和场所，可见官方对遣返出境没有明确定义。我国于2016年6月正式加入国际移民组织，这要求我们进一步深化国际移民领域合作，深度参与全球移民治理。[2]本文认为，广义上的遣返指通过各种方式鼓励、协助、强制应离境外国人离境的行为，综合国际移民组织对遣返的定义和我国法律规定，狭义上的遣返，仅是《出境入境管理法》《外国人入境出境管理条例》遣送出境、限期出境、驱逐出境的总称，另外包含协助和鼓励应离境外国人自愿离境的措施。由于国内外行政、司法体制的巨大差距，本文在讨论外国遣返制度时，为了开阔借鉴思路，意指广义上的遣返制度，在讨论我国遣返制度时，为了使本文更具目的性，仅讨论狭义上的遣返制度。

根据我国遣返措施适用的情形，可以将遣返出境的性质进行如下分类：①作为行政处罚的一种。《治安管理处罚法》第二章（处罚的种类和适用）第10条规定了对外国人可以附加适用限期出境或驱逐出境。有国内学者指出，可以效仿《刑法》，在行政处罚主罚的基础上增加附加罚，以进一步完善行政处罚体系。[3]但目前《行政处罚法》尚未区分治安管理处罚主罚和附加罚，根据限期出境和驱逐出境措施在《治安管理处罚法》中所在位置，本文认为遣返出境中的限期出境和驱逐出境具有行政处罚性质，并且该种行政处罚只针对违反《治安管理处罚法》的特定外国人。②作为行政强制措施的一种。《出境入境管理法》第六章（调查和遣返）第60条第1款规定：外国人有本法第59条第1款规定情形之一的，经当场盘问或者继续盘问后仍不能排除嫌

[1] "International Migration Law No. 34-Glossary on Migration", at https://publications. iom. int/books/international-migration-law-ndeg34-glossary-migration.

[2] 黄明：《国务院关于出境入境管理法执行情况的报告——2016年11月5日在第十二届全国人民代表大会常务委员会第二十四次会议上》，载《中华人民共和国全国人民代表大会常务委员会公报》2016年第6期，第1076~1079页。

[3] 孙振雷：《我国实定法上的行政附加罚体系构建》，载《求索》2013年第4期，第209~211页。

疑，需要作进一步调查的，可以拘留审查。第63条规定：被拘留审查或者被决定遣送出境但不能立即执行的人员，应当羁押在拘留所或者遣返场所。本文认为，作为遣返措施的一部分，第60条规定的拘留审查并非行政处罚措施，其目的并非为了处罚嫌疑人，而是为了查清事实，第63条规定的羁押是为了保证遣送出境顺利实施，不具有行政处罚的形式，该拘留和羁押措施符合《行政强制法》第2条第2款中关于行政强制措施的定义，故此行为具有行政强制的性质。另外，遣返措施虽然同时具有行政处罚和行政强制的性质，但并不意味着该措施可诉，《出境入境管理法》第64条第1款规定：外国人对依照本法规定对其实施的继续盘问、拘留审查、限制活动范围、遣送出境措施不服的，可以依法申请行政复议，该行政复议决定为最终决定。第81条第2款规定：外国人违反本法规定，情节严重，尚不构成犯罪的，公安部门可以处驱逐出境。公安部的处罚决定为最终决定。

### （三）日、美、德、加四国遣返制度及我国遣返制度概述

本文将通过对国内外期刊论文、国外部分政府部门官网、主流新闻媒体、议会立法历史等内容研究，简单介绍日本、美国、德国、加拿大四国的遣返制度发展史、现状、特点，由于其中包含大陆法系和英美法系国家，其对遣返制度的定义不尽相同，对于遣返和驱逐出境等措施涉及行政、司法程序的区分较为复杂，本文不多论述。本文选择以上四个国家主要基于：①日本和德国是典型的大陆法系国家，中国自清末变法后便一直效仿日德，其不含判例法、倾向于编著法典的法律体系特性对我国遣返制度建设具有参考性。②美国和加拿大虽属英美法系，但两国是典型的移民国家，其遣返制度建设中遇到的问题是全方位、多维度、长周期的，通过研究可以从其遣返制度发展过程中得到有益借鉴。其中：

日本是一个单一制的传统非移民国家，但其国内不被允许居留外国人数量始终居高不下。从20世纪80年代至今，日本的不被允许居留的外国人强制离境制度始终伴随着社会对待不被允许居留外国人的态度而不断调整，其调整的标志便是作为外国人管理领域的基础性法律《出入国管理及难民认定法》的十余次重大修订。2018年，日本同中国“前后脚”完成了移民管理体制改革，日本将法务省的“入国管理局”升级为“出入国在留管理厅”，出入境管理事权得到了空前的集中和加强，根据日本《西日本新闻》的报道，出入国在留管理厅改革后发挥了日本外国人管理“司令塔”的作用。2021年，为了适当且迅速地查明外国人是否允许在日本居留、使不被允许居留的

外国人强制离境手续更加妥当有效、谋求解决逃避遣返者的长期收容问题，日本对《出入国管理及难民认定法》进行了第12次重大修订。

美国素有“移民之国”（Nation of Immigrants）的别称，在一百多年里移民管理过程中，美国建立并逐步修订了移民管理法律体系，并通过法律建设、整合机构等多种手段不断加强对非法移民的管理，在“9·11”事件之后，为应对国外对本土的各类威胁，美国整合了22个不同的联邦部门和机构组建了美国国土安全部，并在个别总统任期内极力推动“美墨边境墙”建设来控制非法移民产生。美国非法移民的司法救济制度较为完善，设立了移民法庭和移民上诉委员会等机构用于非法移民的司法救济，并建立了例如快速遣返机制、加强雇工身份核查促进其自愿遣返等多种遣返制度，采取了“湿背行动”“社区盾牌行动”等一系列专项行动加强非法移民核查。但作为典型的分权制、联邦制国家，美国同时受“庇护城市”和各种利益集团影响，其遣返制度也一直在各方利益诉求博弈中发展。

德国一直被国内日益降低的人口出生率所困扰，这也是其向着移民国家转型的重要原因。我国2021年人口自然增长率仅为0.34%，近五年持续走低，[1]与德国在人口问题上同样面临老龄化进一步加深的问题。德国在2015年难民危机初期提出了大量吸收难民的“欢迎文化”，然而难民涌入数量远超预期，于是不断收紧难民接收政策，随后加大对以人道主义资助计划（REAG/GARP）为核心的外国人自愿离境“一揽子”政策的支持，并努力增加驱逐出境和遣返人员数量。德国鉴于严峻的遣返形势，于2017年7月有针对性地修订了德国移民管理的基础性法律《控制和限制移民、规范欧盟公民和外国人居留和融合法》，规定由联邦政府和各州组成的“支持遣返中心”来执行对难民的遣返工作，其在遣返法律建设中提出的驱逐出境利益条款和居留利益条款，在遣返中选择的强制离境和自愿离境相结合的方式都充满了人道主义色彩。

加拿大具有完善的非法移民救济制度，其设立移民和难民委员会作为遣返制度中的司法审查机关，并根据《移民和难民保护法》等法律法规受理难民申请并对难民身份进行甄别。加拿大设立了难民保护法庭、难民上诉法庭、移民法庭和移民上诉法庭，并且建立了非法移民遣返风险评估机制以确保相对人受到公平对待，推动建立了与红十字会共同对实施拘留人员的健康监控

[1] 王萍萍：《人口总量保持增长　城镇化水平稳步提升》，载 http://www.stats.gov.cn/xxgk/jd/sjjd 2020/202201/t20220118_ 1826609.html，最后访问日期：2025年3月27日。

机制，推动构建了国家非法移民拘留框架。加拿大《移民和难民保护条例》作为《移民和难民保护法》的实施细则，规定了完善的遣返令条款、特定遣返令条款、遣返令的执行条款和暂缓执行条款，并对应遣返的情形和中止遣返的情形进行了详细的划分。

我国遣返制度近十年有了长足的发展。一方面，2012年《出境入境管理法》第一次以法律的形式大篇幅规定了我国遣返制度盘问、拘留、羁押的具体权限、时限等，2013年国务院配套出台的《外国人入境出境管理条例》对遣返费用的承担方式进行了明确，遣返制度的法律建设迎来了质的飞跃。另一方面，2018年，我国国家移民管理局组建之后，整合了公安部四、六局及其所属的现役边检站、职业制边检站、部分边防支队，加强了对地方出入境管理部门的业务指导，为遣返工作的开展提供了最广阔、最坚强、最可靠的体制支撑，国家移民管理局积极推动5个国家遣返中心建设，亦是十分具有前瞻性、务实性的具体举措，我国建设高标准的遣返体系的法律基础和体制基础基本成熟。

## 二、日本：以修法牵引不被允许居留外国人遣返制度改革

日本作为一个传统的非移民国家，一直把限制国外移民作为一项基本原则。在经历了30年高速增长的80年代末期，日本国内劳动力短缺问题逐渐成为制约经济发展的一个重要因素，日本各界特别是工商界要求开放劳动力市场的呼声越来越高，移民政策也逐渐松动。[1]劳动力的短缺也带动了非法移民市场，大批东南亚非法移民逐渐将日本作为非法移民首选目的国，直接造成日本不被允许居留外国人数量一路飙升，1993年达到了历史最高的298 646人，此后的十几年一直保持着20万人以上的规模。一方面非法移民实际解决了日本国内劳动力短缺的问题，另一方面也不断冲击着日本的社会稳定和移民制度。从20世纪80年代至今，日本的不被允许居留的外国人（不法残留している外国人）强制离境制度始终伴随着社会对待不被允许居留外国人的态度而不断调整，其调整的标志便是作为外国人管理领域的基础性法律《出入国管理及难民认定法》（Immigration Control and Refugee Recognition Act，以下简称《入管法》）的十余次重大修订。2018年，日本第11次修订了《入管法》，并依法调整了相应的政府机构职能，至此，日本形成了较为完善

〔1〕 王胜今、于潇：《日本劳动力移民政策走向及非法移民问题》，载《人口学刊》1999年第6期，第13~16页。

的不被允许居留的外国人强制离境制度的法律制度和政府职能机构设置。

（一）向中央集权的出入境管理制度改革

日本法务省是外国人管理体系的核心部门。为了适应法律的修订和日益增加的外国人管理任务，2018年，日本内阁召开会议将法务省的“入国管理局”升级为“出入国在留管理厅”（Immigration Services Agency of Japan，以下简称“入管厅”），2019年4月，入管厅正式成立，该机构设长官1名、次长1名、审议官2名、公文书监理官1名，参事官2名，内部设总务课、政策课、出入国管理部（出入国管理课、审判课、警备课）、在留管理支援部（在留管理课、在留支援课、情报分析官）。这次改革对日本外国人管理具有革命性意义，入管厅改革前只是日本出入境居留管理的辅助机关，为法务省的内部局，且不直接领导地方出入境机构，改革后的入管厅和法务省同为国家机关，各地方出入境机构直接隶属于入管厅，该厅不但获得了对下的人事任免权，可以就行政管理事务与府省、独立行政法人、地方政府、民间企业及其他团体进行公文往来，而且获得了拟定“法律草案原案”的权力，并与其他部门建立了协作机制，出入境管理事权得到了空前的集中和加强。根据日本《西日本新闻》的报道，入管厅改革后发挥了日本外国人管理“司令塔”的作用。[1]

入管厅下设札幌、仙台、东京、名古屋、大阪、广岛、高松、福冈8个出入国管理局和东京出入国在留管理局横滨支局、大阪出入国在留管理局神户支局、福冈出入国在留管理局那霸支局3个支局，每个出入国管理局、支局下设若干出张所。出入国管理局主要职能大体相同，主要是受理居住相关申请和在留资格认定证明书的申请，下设出张所根据职责需要各有区别。例如，高崎出张所的职责是居住情况检查，但同为东京出入国管理局下的东武出张所的职责是驱逐出境程序，千叶出张所的职责是居住情况调查和港口检查。入管厅还下设成田、羽田、中部、关西4个空港支局，其主要职责均为受理居住相关申请和在留资格认定证明书的申请，4空港支局下设的执法部门职责均包含驱逐出境。除此之外，入管厅还下设东日本入境管理中心和大村入境管理中心，主要职责是执行收容和驱逐出境。地方出入国管理局、入境管理中心设立执行收容命令的收容所，并在成田机场等出入境口岸设置出境待机设施。

（二）《出入国管理及难民认定法》中关于强制离境制度的修订

《入管法》是一部以对所有出入日本国境的人员实施公正的管理以及完善难民认定手续为目的的法律。《入管法》是在联合国军占领下的1951年10月

〔1〕 参见 https://www.sankeibiz.jp/macro/news/190402/mca1904020500003-n1.htm。

作为波茨坦政令制定的，“根据有关伴随接受波茨坦宣言而发布命令的情况由外务省作出的有关各项命令之措施的相关法律”，规定在和平条约生效后，依然具有法律效力。〔1〕为了贯彻日本的移民政策，兼顾移民者自身利益，1997年至2021年，《入管法》前后修订了12次，其中针对不被允许居留外国人管理的修订内容尤其引人注目，1997年的修订创设了集团偷渡罪、创设营利目的等非法入境援助罪、创设非法入境者隐匿罪等。2004年的修订创设取消居留资格制度、创设临时居留许可制度、创设出境命令制度、强化非法入境罪等罚则等。2009年的修订引进发给在留卡、特别永久居民证明书等新的在留管理制度，废除外国人登记制度，创设在留资格“技能实习”，将在留资格“留学”和“就学”合并，设立由法律界人士、医疗人员、地区居民等组成的入境收容所视察委员会（入国者収容所等視察委員会）等。2016年的修订创设在留资格“看护”、完善取消在留资格的处罚事由以强化对伪装滞留者应对等。〔2〕2021年，为了适当且迅速地查明外国人是否允许在日本居留、使不被允许居留的外国人强制离境手续更加妥当有效、谋求解决逃避遣返者的长期收容问题，日本对《入管法》进行了第12次修订，此次修订意义重大。

第12次《入管法》修订之前，日本国内不被允许居留外国人长期滞留主要有三个原因：一是日本规定了申请难民认定程序和强制离境程序是互相独立的，但前者一旦启动，后者自动中止，并且未规定应离境外国人收容时间上限，于是部分应离境外国人利用难民认定程序强行留在日本；二是部分应离境外国人本国政府拒绝接收；三是一些应离境外国人在返回本国的飞机上大喊大叫，造成了航司的拒载。除此之外，被收容的应离境外国人通过假释程序逃离监管也是一个重要方面（截至2020年12月末，日本逃避遣返者约3100人，其中假释约2440人）。其中难民认定问题最为复杂，当申请人被认定为难民时，法务大臣会为其颁发难民地位证书，但被承认为难民的人不会自动获得居留权，在获得难民资格承认时在日本居留为非法的外国人，以及仅持有短期签证的难民，必须提交申请以获得长期居留许可。〔3〕如果未被认定为难民，法务大臣将书面通知其不被认定为难民的决定，此时申请人可以在收到该通知7日内提出异议，即便经过如此复杂的程序，申请认定难民成

〔1〕 侯洪宽：《日本出入境管理的法律依据及机构》，载《现代世界警察》2018年第7期，第37~41页。

〔2〕 参见 https://www.moj.go.jp/isa/laws/kaisei_index.html。

〔3〕 Shuichi J. Furuya, “Implementing International Refugee Law through a National Legal System Practice in Japan”, *Japanese Annual of International Law*, Vol. 47, pp. 1~33.

功的人依然有可能不被给予居留许可，申请不成功的人也可能因为其他特定原因例外获得居留许可。而应离境外国人本国政府拒绝接收的原因多种多样，有些国家基于自身国家利益考虑，不接收非法滞留他国的本国公民，例如：菲律宾劳工部时任部长 Nieves Confesor 将该国的非法移民劳工誉为民族英雄，他解释道，全世界有 130 万非法移民劳工每年向国内汇款 40 亿美元，这对提振该国国内生活水平至关重要。基于以上考虑，日本于 2021 年对《入管法》作出了重大修订，其中包括：进一步简化了申请特别居留许可的手续，按照难民标准保护部分不符合《关于难民地位的公约》规定的外国人，以规范该类外国人的国内居留手续，对难民认定程序中止强制离境的情形设置例外，设立监理制度以代替收容等，并进一步完善了难民认定的制度。[1]此次针对性的修订对减少日本国内不被允许居留外国人数量十分有效，2019 年至 2021 年，日本国内不被允许居留外国人数量基本维持在 8 万人左右（2021 年初为 82 868 人），截至 2022 年年初，人数骤降至 66 759 人。经过历次修订，《入管法》达到了 9 章 78 条，并附有 63 个附则和 2 个特别表格，涵盖了外国人居留、学习、就业、移民、遣返等方面，从不被允许居留外国人强制离境的角度来讲，《入管法》达到了空前完善地步。

（三）出入国管理厅主导的强制离境流程

日本将强制外国人离境事由规定在《入管法》第 24 条，强制离境原因大体上分为不应入境类、逾期居留类和入境后违法类。其中，不应入境类包括未得到入境审查官的登陆许可而在日本登陆、持临时入境许可的人违反相关规定逃跑或者无正当理由不响应传唤等，该类事由大体上都和“未得到合法入境许可”有关，各国规定差距不大。日本对超期居留有着严格的规定，即便逾期居留一天也会转化为驱逐出境的对象。入境后违法类强制离境事由多种多样，各国有很大的差别，同各国对待合法入境外国人在本国犯罪的态度有关，日本不但规定了被取消居留资格、非法就业、被判处一定年限刑事监禁的外国人应被强制离境，而且规定了教唆、帮助外国人从事以上行为同样会被强制离境，这体现了日本对待不被允许居留外国人强制离境的强硬态度。

在强制离境程序上，日本入境警备官在发现外国人有违反《入管法》第 24 条各款之一的嫌疑时，可以开展违规调查，入境警备官可以根据工作需要开展调查、向公私团体查询或要求他们上报必要事项、审讯嫌疑人等。日本入境警备官怀疑嫌疑人有相当于《入管法》第 24 条各款之一的事项时，可以

[1] 参见 https://www.moj.go.jp/isa/laws/kaisei_index.html。

根据官署的主任审查官发出的收容令对嫌疑人进行收容（紧急情况可以不出示收容令，事后补办），收容期限为30日以内，主任审查官可以根据案件审理情况再延长30日。收容场所为入国收容所或在留管理厅长官或受其委任的主任审查官指定的适当地方，警察在主任审查官认为有必要并请求时，可以将嫌疑人留置在拘留所。签发驱逐强制令后，“嫌疑人”身份转化为“被驱逐出境的个人”。此时入境警备官应将被驱逐出境的个人遣返至《入管法》规定的目的地或者按法律规定交给相关承运人，但接到强制驱逐令的人意图自己支付相关费用离开日本时，不受法律和驱逐强制令规定的地点限制。不被允许居留外国人在收到收容令或者驱逐强制令时，可以由相关人员按照法务省令规定的手续向入国收容所所长或者主任审查官请求假释。如果警察或者海上保安官认为入国审查官的认定权不足以提出审查决定，必要时可以委托主任审查官对相关情况进行认定后执行驱逐强制令。但是，如果当事人已经被收容且完全符合《入管法》第24条且属于被命令出境的人，就应该立即释放。权利救济方面，嫌疑人被认定为强制离境人员后，嫌疑人如果认为调查结果不正确或者不质疑调查结果，但希望获得留在日本的特别许可，可以在收到调查结果通知的3日内请求举行听证会，此次听证会构成了调查的第二阶段，如果嫌疑人声称调查结果不正确或者不质疑调查结果，但希望获得留在日本的特别许可，他们可以向法务大臣提出异议，这构成了调查的第三个阶段。

（四）灵活多样的强制离境政策

从1997年开始，日本平均每两年修订一次《外管法》，以适应不断变化的外国人管理形式，即便移民领域法律修订的频率很高，其仍然无法做到对不被允许居留的外国人进行精细化管理，加之部分外国人管理的内容无需以立法的形式固定，由此，《外管法》第69条规定：第二章至第八章规定的实施程序及其他执行所需事项，由法务省令（市町村长官应执行的事务，由政令）规定，并以法律的形式明文规定法务大臣的权限，可以根据政令的规定委托给出入境在留管理厅长官，将部分事项授权给行政机关和行政长官，以此增加法律实施的灵活性。按照法律授权，日本出台了一系列的“令”“规则”和“公告”，以此形成了完整、灵活、有层次的不被允许居留的外国人的强制离境法律体系，其中包含了《入管法实施令》《上陆基准省令》《高度专门职省令》《变更基准省令》4部法务省令和若干其他法律规定，其中和不被允许居留外国人密切相关的是《被收容者待遇规则》，其详细规定了收容所建设的目的、原则、配备账簿、戒具的种类、会见制度等，在细节方面，其详细规定了发给被收容者的粮食，每天每人能量不少于2200千卡，不超过3000千卡，对收容期间使用的寝具需要租赁等，并对相关戒具外形等进行了规定。

为了减少国内不被允许居留外国人数量，日本按照《入管法》和法务省令的规定，采取了“胡萝卜加大棒”的灵活的遣返制度，例如：根据日本“关于向在日本非法居留外国人出具回国手续”的规定，超过居留期限仍在日本生活的外国人并且希望出国且满足一定条件的人，可以不被收容，而利用“出国命令制度”出国。正常被强制出境的外国人原则上在5年或10年内不准入境，被判处一定刑事处罚而被驱逐出境的可能面临永久禁止入境，而通过“出国命令制度”离境的，不准再次入境的期限仅为1年。此举对减少不被允许居留外国人数量十分有效，日本2020年，因违反《入管法》而办理强制离境手续和出国命令的共有15 875人，而因办理强制离境手续而离境的仅为5450人。[1]另外，日本结合国内不被允许居留外国人数量，采取“运动式”集中整治措施，从2004年开始，日本为了减少不被允许居留外国人数量，实行了以“ 不让来、不让进、不让留”为主要内容的不被允许居留外国人5年减半计划（不法滞在者5年半減計画），通过对在留资格证书严格审查、与警察机关合作等方式对国内外国人进行严格审查，截至2008年，日本不被允许居留外国人从22万人锐减至11.3万人，成效十分显著。

## 三、美国：政策博弈下的非法移民治理体系

美国作为一个由移民及其后裔组成的国家，其国家除印第安人为本地原住民外均为移民人口，素有“移民之国”（Nation of Immigrants）的别称。美国立国与发展历程和移民息息相关，其移民政策一直随着其本国在不同历史时期政治、社会、经济发展和安全形势的需要而不断变化，大致可以分为自由移民时期和限制、选择移民时期[2]，在一百多年的移民管理过程中，美国逐步建立并修订了移民管理法律体系，并通过法律建设、整合机构等多种手段不断加强对非法移民的管理。美国国土安全部网站显示，2002年，美国在“9·11”事件之后，为应对来自国外对美国本土的各类威胁，整合了22个不同的联邦部门和机构组建了美国国土安全部。[3]2006年，美国时任总统

---

〔1〕 参见 https://www. moj. go. jp/isa/publications/press/09_ 00006. html。

〔2〕 蓝强：《论美国移民政策的演变》，载《赣南师范学院学报》2004年第4期，第61~64页。

〔3〕 “Proposal to Create the Department of Homeland Security”, at https://www. dhs. gov/publication/proposal-create-department-homeland-security.

布什为了阻止墨西哥人非法进入美国，签署并授权了在美国和墨西哥边境建立隔离墙的法案并要求建立更多的边境检查站，[1]特朗普为了应对墨西哥非法越境者，在任期间极力推动了边境墙的建设。[2]然而，尽管投入巨量资金，美国的非法移民管理的形势依然异常严峻，美国国土安全部统计显示，2020年，国土安全部下辖的海关和边境保护局、移民和海关执法局共计拘捕（含逮捕、行政逮捕和因疫情原因的拘捕）非法移民51.86万人，共计遣返了40.6万名非法移民。国土安全部还发现，2020年，50%的非法移民都有犯罪前科，由此也加剧了美国国内对非法移民入境美国后活动合法性的担忧。[3]

（一）非法移民管理的机构设置和法律建设沿革

2002年，美国组建美国国土安全部（Department of Homeland Security，DHS），该部将22个不同的联邦部门和机构合并为一个统一的综合内阁机构，目前拥有多达240 000名工作人员，负责应对来自海、陆、空各个方面对美国本土的安全威胁。美国国土安全部下辖的内设机构包括情报与分析办公室，战略、政策和计划办公室等，对外执法机构包括移民和海关执法局（Immigration and Customs Enforcement，ICE）、特勤局、运输安全管理局、海关和边境保护局（Customs and Border Protection，CBP）、美国海岸警卫队、公民及移民服务局等部门，其中海关和边境保护局（CBP）以及移民和海关执法局（ICE）主要负责执行《移民法》（U. S. immigration laws）。海关和边境保护局（CBP）主要负责边境地区巡逻（具体执法部门为美国边境巡逻队U. S. Border Patrol，USBP）和开放口岸的边防检查（具体执法部门为外勤业务办公室Office of Field Operations，OFO）；移民和海关执法局（ICE）负责美国国内《移民法》的执法活动和大多数拘留和遣返行动。同时，为了让联邦政府与州政府能够更好地开展移民执法方面的合作，1996年美国通过的《非法移民改革与移民责任法》特别增加了一项新的条款（第287-9条款），该条款将审查地方和州监狱案犯的移民身份、逮捕和拘禁移民违法者、调查移民案件，同移民和海关执法局（ICE）组成特别行动组，处理与移民有关的刑事案件等，部分移民执法权授权给各州地方执法部门，并由联邦政府负责对各州执法部

〔1〕 参见 https://georgewbush - whitehouse. archives. gov/news/releases/2006/10/text/20061026 - 1. html。

〔2〕《特朗普实现竞选承诺！美墨边境完成160公里新隔离墙建设》，载 https://new. qq. com/rain/a/20200112A06BXY00，最后访问日期：2025年3月16日。

〔3〕 "ICE Statistics", at https://www. ice. gov/remove/statistics.

门进行训练。

美国最初的移民立法可以追溯至1882年的《排华法案》，其移民立法中较为典型的有：1994年颁布的《加利福尼亚州187议案》(第一部州法案，对非法移民采取严查严控的态势)、1986年颁布的《移民改革与控制法》(第一部专门针对非法移民的法律)、1996年颁布的《非法移民改革与移民责任法》(新增适用驱逐出境的罪名，提高非法移民处罚力度，简化拘捕与遣返程序，严格限制公共福利的范围，在美墨边境投入人力、物力、财力来加强边境控制)、2001年颁布的《非美籍未成年人发展、救济和教育法案》(即梦想法案，主张给予非法移民工人合法身份，提高雇佣身份电子核查体系的有效性，防止种族歧视) 等。进入21世纪特别是"9·11"事件以后，美国联邦和各州关于非法移民的立法进一步加强，边境州由于非法移民问题较为突出，立法工作也更为积极。截至2006年，各州共出台了170个州移民法案，大约有570个有关移民问题的议案被引入州的立法中。[1]这些法案中，大部分对警察盘查非法移民、工厂雇佣非法移民进行处罚等情形进行了细致的法律规定。

(二) 美国遣返制度的特点

快速遣返机制 (Expedited Removal，ER)。从2012年开始，美国边境巡逻队 (USBP) 启用了一套名为"后果交付系统" (Consequence Delivery System，CDS) 的评估程序，以阻止和遏制非法移民的进一步违法行为，该系统通过多个指标对每个非法移民案例进行评估，确定该起案件采取包括快速遣返、刑事指控等在内的最有效的处理结果。同时，移民和海关执法局 (ICE) 在审查非法移民案件时，有一套完善的评估机制，评估的内容包含非法移民的经济状况、文化程度、专业技能、社会需求度等诸多因素，并根据上述因素对非法移民进行个别评估，以对非法移民进行区别对待。但是以下三类入境外国人会被评估为优先遣返人员，实行快速遣返：①没有相关证件证明其身份或试图通过欺诈或虚假陈述入境的；②在美国陆地边界100英里范围内被发现且无法证明其在被发现前的14天内一直在美国境内的；③采取非法手段入境后，2年内在美国任何地方被发现并逮捕的。同时，对被决定快速遣返的非法移民，执法部门所作出的遣返决定便是最终的决定，被快速遣返的人员无法就该遣返决定申请进入司法审查环节而获得额外的救济。

---

〔1〕 唐慧云：《二战后美国国会非法移民立法研究 (1945—2012) ——基于公共政策理论视角》，华东师范大学2013年博士学位论文。

加强边境管控减少遣返人口。鉴于美国国内庞大的非法移民数量，联邦政府在边境控制方面投入了大量的人力和物力，采取了“堵、疏相结合”的防控机制，采取了增加边境巡逻人员和在部分边境线上修建围墙〔1〕等措施。此外，美国还针对非法移民开展了运动式的整治行动，1993年的“守住底线行动”、1994年的“守门员行动”都在将非法移民堵在国门之外取得了一定的效果。不过，2021年华盛顿邮报和美国广播公司新闻组织的民意调查显示，53%的民众认为联邦政府在边境管理上做得并不够，边境州对联邦政府在边境防控方面的不力更是颇多抱怨。

雇工身份核查促进自愿遣返。根据美国国土安全部的统计，截至2018年1月1日，居住在美国的非法移民数量多达1180万人。〔2〕而非法移民进入美国的主要目的是就业，美国人口调查局等机构的资料显示，3/5的非法移民已在美国居住超过十年，美国75%以上的成年非法移民处于就业状态，每20个工人中就有一个是非法移民，因此雇佣非法移民的雇主是美国非法移民管理的关键。1996年，《美国移民法》通过后，美国开始对企业雇主实施雇主罚则，即工厂、企业雇主需对受雇员工进行移民身份核查从而排除非法移民的就业机会。为配合这一政策实施，美国联邦政府于1997年开始推行为期4年的“雇佣资格核查系统的试验计划”（Pilot Program for the Employment Qualification Verification System），并尝试对非法移民和违法外国人进行指纹记录，即“自动生物识别系统”。〔3〕2007年，该计划更名为“雇工身份核查计划”（E-Verify），以便雇主利用此计划获取的数据审核新雇员工的身份及工作资格。移民和海关执法局（ICE）会与地方州执法部门联合对企业进行检查，并对非法雇佣非法移民的雇主进行罚款，若多次被查处将会被拘捕。此项措施旨在打破那些想到美国赚取高额工资的非法移民的幻想，切断其经济来源，迫使其主动离境、自愿遣返。该项计划在理论上能够有效劝返非法移民，然而，在执行过程中，布什和奥巴马政府均未强制要求所有雇主对外国雇工进行身份验证，在美国50个州之中，只有19个州作了强制规定。因而，对大多数美国雇主来说，此规定仍属自愿行为。据此，美国全国700多万雇主中，

〔1〕 参见 https://georgewbush-whitehouse.archives.gov/news/releases/2006/10/text/20061026-1.html。

〔2〕 “Estimates of the Unauthorized Immigrant Population Residing in the United States: January 2015-January 2018”, at http://www.dhs.gov/sites/default/files/publications/immigration-statistics/Pop_Estimate/UnauthImmigrant/unauthorized_immigrant_population_estimates_2015_-_2018.pdf.

〔3〕 陈积敏：《全球化时代美国非法移民治理研究》，外交学院2011年博士学位论文，第141页。

注册雇工身份核查计划（即 E-Verify）者不及10%。[1]

此外，美国对非法移民遣返后的司法救济规定得较为完善。美国遣返的种类按照作出机关的性质可以分为行政遣返和司法遣返，行政遣返是指海关和边境保护局（CBP）外勤业务办公室（OFO）工作人员在口岸对不准入境人员以及美国边境巡逻队（USBP）特工对在边境地区逮捕的非法移民所作出的遣返，司法遣返是指美国司法部下辖的移民法庭签发的遣返令所作出的遣返。除行政遣返案件以外，所有被遣返的非法移民均需要经过移民法庭审理后签发遣返令方能被移民和海关执法局（ICE）执行遣返。在移民法庭审理程序上，移民法庭将会开庭对外国人是否需要进行遣返进行裁决并对符合遣返要求的外国人签发遣返令，如果该外国人不服移民法庭的裁决，则可以就该遣返令向移民上诉委员会（BIA）提出上诉，通常情况下移民上诉委员会不进行法庭诉讼而是通过对案件进行“纸质审查”来作出决定。然而，在极少数情况下，移民上诉委员会也会在其总部听取上诉案件的口头辩论。如果上诉委员会驳回该上诉，该外国人仍对裁定不服的，则需向联邦巡回上诉法院和最高法院进行上诉，由其作出最终裁决。在整个诉讼过程中外国人都会得到专业且必要的免费法律援助。

（三）影响美国遣返措施执行的两个因素

“庇护城市”影响遣返。20世纪80年代以后，部分州由于工厂用工、家庭团聚等原因形成了非法移民“庇护城市”[2]，美国多个城市提出了针对非法移民的主要内容，包括向非法移民提供工作、社会服务，不向联邦政府报告非法移民用工情况等的“庇护政策”（sanctuary policies）。其中有纸质庇护政策的城市被称为正式庇护城市，而没有纸质庇护政策，却有实际庇护行为的被称为非正式庇护城市。庇护城市一直存在至今的原因是多方面的，一方面是各州在经济社会发展过程中对于本州自身利益需求的一种坚持，同时也是美国联邦体制国家结构下的产物，反映了美国联邦政府与地方政府在执法体系上存在着体制机制政策博弈。要想消除“庇护城市”，更为有效地解决非法移民问题，就必须限制各个利益集团对于美国联邦政府的影响，然而对于美国而言，各个利益集团与联邦政府存在着千丝万缕的联系，联邦政府在非

---

〔1〕 Doris Meissner, Donald M. Kerwin, “Immigration Enforcement in the United States: The Rise of a Formidable Machinery J. Migration Policy Institute”, at https://www.migrationpolicy.org/research/immigration-enforcement-united-states-rise-formidable-machinery).

〔2〕 金晓文:《全球化视角下美国移民“庇护城市”研究——兼论美国非法移民的治理困境》，载《世界民族》2021年第6期，第58~71页。

法移民问题的解决上无法实现真正意义上的统一集权，这是美国联邦制国家结构和三权分置国家制度所带来的必然结果。

利益集团对遣返政策影响较大。美国的非法移民遣返政策受各种利益集团影响较大，利益集团中既有以工会、环境和人口组织、纳税者组织等为代表的“保守派”，也有以非法移民为其带来利益的非洲裔利益集团、人权组织、农场主和工商业主利益集团等为代表的“温和自由主义派”。“保守派”主张国会实施严格的限制非法移民立法，支持严厉制裁非法移民的雇主，反对非法移民赦免政策，“温和自由主义派”基于自身族裔认同感、用工需求等利益的考虑，主张保护非法移民的个人权益，主张采取温和的措施打击非法移民，向非法移民提供合法身份。利益关系的互相交织导致美国政府在非法移民治理工作上时常出现僵局，[1]其中既有党派和政治团体博弈的因素，也与社会民众、企业主和农场主、宗教信仰者和不同族裔的意见分歧脱不开关系。在程序上，利益集团可以通过听证程序、资助共同利益群体选举等多种方式参与政治活动从而影响联邦政府的非法移民治理，这就不可避免地使美国非法移民遣返政策需要兼顾各方意见，美国两党政见的不同也影响到了两党对非法移民的态度，双方在对非法移民如何处理的问题上存在比较大的分歧，共和党人作为保守派持较为抵制的态度，而民主党人对非法移民的态度更加温和，双方相互制衡，而两个党派的态度造成了美国在执行常规遣返政策的同时又开展了部分针对性较强的专项行动，如“湿背行动”[2]“社区盾牌行动”[3]。同时，移民行政机构在非法移民执法的过程中也有自己的倾向性，作为移民执法的末梢力量，移民官员的意见无法忽视。整个美国社会在非法移民治理方面缺少共识，这使得美国在这个问题的治理上显得左右为难、踟蹰不前、政策忽松忽紧。除了美国方面，非法移民原籍国政府出于本国利益的考虑也会有不同的立场和态度，对美国遣返非法移民政策的出台也具有影响力。

## 四、德国：与难民危机伴生的外国人强制离境制度

2015年，叙利亚战争造成的大量难民涌入欧洲，德国时任总理默克尔基于向移民国家转型的国家战略和国内日益降低的人口出生率，提出了大量吸收

---

〔1〕 唐慧云：《美国非法移民立法改革与利益集团因素研究》，载《美国研究》2014年第3期，第80~96页。

〔2〕 参见 http://www.pbs.org/kpbs/theborder/history/timeline/20.html。

〔3〕 参见 http://georgewbush-whitehouse.archives.gov/news/releases/2005/11/20051128-3.html。

难民的“欢迎文化”，然而难民涌入数量远超预期，仅2016年，就有696 733人向德国递交了难民庇护申请，德国授予了其中256 136人难民资格，这一数字超过了2006年至2013年德国授予的难民资格人数总和的两倍以上。[1]为此，德国在全国各地大量设置难民安置设施，在德国第二大城市汉堡就建立了超过100个难民收容所。[2]起初，德国民众始终怀着人道主义的眼光审视着远道而来的难民，有部分民众自发聚集去迎接装载难民的火车，民间反对强制遣返的声音也是比比皆是。[3]但国内因大量难民涌入而衍生出的包括文化冲突、公共安全等问题十分突出，以2016年跨年夜德国科隆大规模难民性侵案件为分水岭，德国民众对难民的态度逐渐转向厌恶，社会对默克尔的难民接收政策愈发不满，默克尔选民支持率也不断下滑，甚至处于同一阵营的联盟党对默克尔的难民支持率也跌到了57%，迫于政党和社会各界压力，政府大幅度收紧了难民政策，持续加大对以人道主义资助计划（REAG/GARP）为核心的外国人自愿离境“一揽子”政策的支持，并努力增加驱逐出境和遣返人员数量，德国鉴于严峻的遣返形势，于2017年7月有针对性地修订了德国移民管理的基础性法律《控制和限制移民、规范欧盟公民和外国人居留和融合法》，规定由联邦政府和各州组成的“支持遣返中心”来执行对难民的遣返工作。[4]

（一）基于欧盟一体化和联邦体制之下的独特的外国人强制离境体系

在欧盟一体化的大背景下，虽然德国有一定程度上制定接收难民和遣返政策的自主权，但其法律制度必须在欧盟法律制度和协议的框架内。在整个欧洲的一体化进程中，通过各成员国之间对各自主权的部分让渡，再加上成员国之间的通力合作从而形成能够适用于欧盟的统一的难民政策。[5]然而2015年叙利亚战争造成大量难民涌入欧洲，欧洲各国由于自己国家发展策略展现出对难民问题的不同态度，欧盟庇护难民的都柏林体系受到严重冲击。基于谋求欧盟主导地位、人道主义和对二战的负罪感等多重因素考虑，2015年8月21日，德国宣布不再遵守《都柏林条约》第一责任国原则，开放难民边

---

〔1〕 参见 https://www.bpb.de/themen/migration-integration/zahlen-zu-asyl/。

〔2〕 参见 https://geoportal-hamburg.de/fluechtlingsunterkuenfte/?bezirk=0。

〔3〕 参见 https://www.bpb.de/themen/migration-integration/kurzdossiers/227588/und-raus-bist-du-zivilgesellschaftliche-proteste-gegen-abschiebungen/。

〔4〕 李昱民：《默克尔执政下德国难民问题研究》，对外经济贸易大学2019年硕士学位论文，第21页。

〔5〕 Mathias Rohe, “Islamic Norms in Germany and Europe”, AlaAI-Hamarneh, Join Thielmann *Islam and Muslims in Germany*, Brill, 2008, pp. 49~81.

界，并经过一系列艰难谈判，最终与匈牙利等国谈妥了难民进入德国一事。〔1〕同时，德国于9月出台了接收难民的“一揽子方案”，并大量拨款给联邦各州，开启了为期2年多的难民大量涌入阶段。

2016年跨年夜发生的大规模难民性侵案虽然并未动摇德国移民国家的属性和大规模接收难民政策，但是给默克尔“接收难民不应设上限”的难民接收方案蒙上了阴影，为了挽回影响并重新赢得选民、党内支持，默克尔政府开始加大对寻求庇护者遣返的力度，于该年2月出台了一系列紧缩性难民措施，例如将难民家属入境团聚的等待时间拉长，甚至在两年内禁止在德难民与来源国的家人团圆，同时降低了驱逐难民罪犯的门槛。〔2〕

《德国基本法》允许德国向欧盟或国际组织让渡主权，“并赋予国际法直接效力和优先于国内法的地位”。〔3〕如同接收难民政策只能在欧盟一体化的法律体制大框架下进行调整，难民遣返政策依然不得不考虑欧盟的法律和政策，一方面要遵守诸如“2001年5月28日理事会指令2001/40/EC，关于相互承认驱逐第三国国民的决定（OJ EC No. L 149 p. 34）”的欧盟协定，另一方面在具体遣返法条的制定上，也处处体现着欧盟一体化的身影。例如，为了减少非法移民，德国除了采用驱逐出境和拒绝入境两项常规措施，还有根据《都柏林条约》制定的向后推移措施，该措施要求，根据2009年1月13日生效的政府间接收协议，被强制离开该国并被另一个欧盟成员国、挪威或瑞士强制离境的外国人将被退回该国，如果外国人是在与非法入境直接相关的情况下被边境管理当局发现，而且有证据表明，根据欧洲联盟立法或国际条约另一国负责执行庇护程序，同样适用。〔4〕这表明，如果另一个欧盟成员国、挪威或瑞士向德国遣返的外国人曾经被德国强制离境，那么德国可以依据该条款将该外国人退回该国。

德国非法居留外国人的强制离境制度同样是联邦制国家结构的产物，作为联邦制国家，德国的议会具有立法权，而法律的实施需要国家和州层面的各个国家机关协同配合，强制离境程序就像执行庇护程序一样：联邦移民和难民局、各州移民当局以及联邦警察和州警察当局都参与其中，强制外国人

〔1〕 姬小凡：《二战后德国难民政策研究》，河北大学2018年硕士学位论文，第18页。

〔2〕 姬小凡：《二战后德国难民政策研究》，河北大学2018年硕士学位论文，第19页。

〔3〕 “Stu No. Revisiting Germany’s Residenzp flicht in Light of Modern E. U. Asylum Law”, *Michigan Journal of International Law*, Vol. 30, Issue 2 (Winter 2009), pp. 515~546.

〔4〕 Gesetzüber den Aufenthalt, die Erwerbstätigkeit und die Integration von Ausländernim Bundesgebiet, § 57: Zurückschiebung.

离境的执行主体是联邦各州。[1]这意味着联邦当局在《控制和限制移民、规范欧盟公民和外国人居留和融合法》(以下简称《移民法》)的立法阶段便需要同各州进行激烈的诉求博弈，2001 年 8 月，内政部长 Schily 提交了《移民法》草案，部分州在联邦参议院投反对票，最后该法案被要求修改。2002 年 3 月，德国议会和联邦议院通过了当时执政的社会民主党和绿党联盟起草的移民法草案，并由约翰内斯·劳总统签署，然而 6 个联邦州的政府对此提出了持续性疑问，并成功向联邦宪法法院提起诉讼，联邦法院于 12 月份宣布该法案无效。[2]经过长达 4 年的政治博弈，《移民法》最终稿才获得通过，该法同时规定了联邦和州当局的职责，设置了第 71 条管辖权和第 72 条参与要求来规定联邦和各州当局的权限划分，明确了诸如某些情况下取消居住义务只能在计划居住地的外国人管理当局同意的情况下才能进行的规定，限制了联邦政府权力。

(二)《移民法》关于强制离境制度的规定

2005 年生效的《移民法》取代 1990 年出台的《外国人法》被认为是德国向移民国家迈进的一大步，该法首次使用了“移民”这个词表述，主要特征是将国家安全置于优先考虑地位，对外来移民提出了强制融入要求，并大幅度简化了遣返非法居留外国人和驱逐危险分子的程序。[3]2017 年，德国为了应对欧洲难民危机，加强非法居留外国人的强制离境执行，出台了“更好履行出境义务的法律”，法律修正案对包括《移民法》《庇护法》在内等近 10 部法律进行了修订，2019 年，联邦当局为了做好疫情下的遣返和自愿返回工作，出台了“有效恢复遣返和自愿返回的步骤，以及建立一个更加能抵御危机的离境制度”的规定，这些制度都不断完善着德国联邦非法居留外国人强制离境制度的形式。《移民法》将《外国人法》原来规定的四种居留制度简化为居留许可和永久居留许可两种，在判定非法居留外国人是否应强制离境时，《移民法》的规定主要有以下三个特点：

具有浓厚的人道主义色彩。《移民法》首先在第五章第 53 节规定了驱逐出境条款，要求凡是居留危及公共安全和秩序、自由民主秩序或者德意志联邦共和国其他重大利益的外国人应予以驱逐，如果必须考虑到个案的具体情

---

〔1〕 参见 https://www.bmi.bund.de/DE/themen/migration/irregulaere-migration/irregulaere-migration-node.html。

〔2〕 Vera J. Weissflog, “Germany's New Immigration Law-A Paradigm Shift or Lost in Translation”, *German Yearbook of International Law*, Vol. 48, pp. 291~326.

〔3〕 郭小沙:《德国〈移民法〉评说》，载《德国研究》2004 年第 3 期，第 14~19、78 页。

况，需要权衡强制离境和让该人继续留在联邦领土内何者具有优先级，其中要考虑到的个案情况包括该外国人在联邦领土、原籍国和愿意接收他的其他国家的逗留时间、个人、经济和其他关系，要考虑将其驱逐出境的后果，必须考虑其本人、家庭成员和生活伴侣是否依法行事。[1]然后该法在第五章第54节规定了驱逐出境利益条款、第55节规定了居留利益条款，并规定在外国人拥有永久居留许可并在德国合法居住至少5年、未成年人并持有居留证、对在联邦领土内合法居留的未婚未成年人行使人身监护权或行使这种管理权等11种情况时，该外国人居留利益尤为重要。

简而言之，《移民法》规定了应当被强制离境的情况，但其明文规定了在个案平衡时，应当优先考虑到外国人的居留利益的情况，此举将个人利益同国家利益进行比较来确定是否需要强制离境，赋予法条以浓厚的人文关怀。类似的充满人道主义色彩的规定并非个例，例如《移民法》第11条入境和居留禁令条款规定，被驱逐、向后推移或者遣返的外国人在入境和居留禁令期满之前，如果有足够的理由需入境或者拒绝入境和居留将给该外国人造成不可接受的困难，外国人可以短时间内被允许进入德国领土；该法第23a条在困难的情况下给予居留权条款规定，存在特殊情况的外国人可以向各州困难案件委员会申请，以例外获得最高当局的授予的居留许可；第60条禁止驱逐出境条款规定，根据1950年11月4日《保护人权与基本自由公约》不得驱逐出境的外国人不得驱逐出境，如果驱逐出境目的地国将使该外国人生命、肢体、自由存在相当大的具体危险，应当避免将该外国人驱逐到该国；第60b条对不明身份者的容忍条款规定，德国联邦政府对存在无证件或原籍国动乱等情况并且不能被授予难民资格的外国人，具有“容忍居留”的义务。

授予移民主管机关充分的“容忍”自决权。作为纯正的法治国家，德国在《移民法》的设计上充分限制了国家机关“任性”强制外国人离境的空间，并给国家移民管理当局“容忍”外国人居留提供了法律支持。例如，《移民法》第10条庇护申请的居留许可条款规定，申请庇护的外国人只能在庇护程序结束之前获得居留许可，除非基于国家重要利益考虑且经过国家当局同意，《移民法》规定被驱逐、向后推移或者遣返的外国人因犯危害和平罪、战争罪、危害人类罪等可以无期限禁止入境和居留，一般不允许缩短禁令期限，但国家最高当局可以例外允许缩短禁令期限或直接允许该外国人入境或居留；

---

〔1〕 Gesetzüber den Aufenthalt, die Erwerbstätigkeit und die Integration von Ausländernim Bund-esgebiet, § 53：Ausweisung.

第23条最高国家当局授予居留权、特殊政治利益情况下的准入和重新安置寻求庇护的人条款规定，出于国际法或人道主义法的原因，或为了维护德意志联邦共和国的政治利益，最高国家当局可以命令来自某些国家或以其他方式定义的外国人群体的外国人获得居留许可；第60a条暂停驱逐出境条款规定，出于国家法或人道主义法的原因或者为了维护德意志联邦共和国的政治利益，最高国家当局可以下令将外国人、外国人群体从某些州暂停驱逐出境，一般最多暂停三个月。

不断增强的强制离境制度。德国外国人管理经历了客工招聘和家庭团聚、德裔回归和寻求庇护者到达、逐渐接纳移民以及难民危机四个时期〔1〕，在前三个时期其主要国家政策始终在不断调整如何来接纳各色各样的外国人来德居留就业或者促进其自发返回原籍国，此期间出台的法律，无论是《外国人法》这样的基础性法律，还是《返回援助法》《庇护妥协法》这样的具体法律都以难民融入和庇护为主，即便是目前的移民和难民主管机关——联邦移民和难民局，其在2004年更名前的主要职责只是难民确认与庇护（更名前为“联邦确认外国难民局”）。〔2〕在法律建设和组织机构上，德国都缺少“强制离境”的基因。随后的难民危机和发生在欧洲的一系列恐怖袭击都给德国敲响了警钟，社会各界纷纷要求加强对非法居留外国人的调查和驱逐，更有议会官员在《移民法》立法阶段要求增加仅涉嫌恐怖袭击便可以将外国人驱逐出境的条款，《移民法》的强制离境制度得到了空前完善和加强。首先《移民法》增加了强制外国人离境的理由，将走私人口、支持恐怖主义组织、领导一个非法社团等事项全部列为驱逐出境的事由，而且可以视情况将为签证或居留许可提供虚假情况、煽动群体或者民族仇恨的人驱逐出境。其次《移民法》大幅度简化了将非法居留外国人驱逐出境的程序，标志性改动便是联邦移民和难民局、各州最高当局可以根据联邦特定利益，无需进行任何驱逐程序，便通过“驱逐令”将外国人驱逐出境，并立即执行，而被驱逐的外国人只有一个途径可以确保获得法律保护，即向联邦法院提出上诉，该上诉必须在收到驱逐令的7日内申请，而法院仅会依据简易程序作出决定。〔3〕并且根据《移民法》第62条驱逐出境前的羁押规定，外国人在驱逐出境前可能会被

---

〔1〕 王子立：《德国移民法律体系：演进、逻辑与启示》，载《德国研究》2022年第1期，第64~84、131页。

〔2〕 参见 https://www.bamf.de/EN/Behoerde/Chronik/Bundesamt/bundesamt-node.html。

〔3〕 Marion J., “Schmid-Druner”, *European Journal of Migration and Law*, Vol. 8, Issue 2 (2006), pp. 191~192.

羁押最长 18 个月。最后，2017 年 7 月生效的“更好履行出境义务的法律”修正案增加了德国当局可以对涉嫌因国家安全原因被要求离境的外国人采取各种电子监控手段，堵塞了外国人利用亲子鉴定等程序拖延离境的法律漏洞等内容。该修正案一定程度上增加了非法居留外国人可能被拘留的情形，根据该修正案对《移民法》第 62 条驱逐前的羁押条款的修改，如果并非由于外国人自身的原因，外国人不能被驱逐出境并且可能对第三方的生命和肢体或国内安全的重大合法利益构成重大风险，可以对其进行预防性羁押，根据该修正案对《移民法》第 62b 条驱逐拘留条款的修改，存在潜逃风险的外国人都可以被拘留长达 10 天（该修正案生效之前只能拘留 4 天）。

（三）强制外国人离境的另一个选择——鼓励自愿离境

执行非法居留外国人的遣返需要配备大量拘留所、车辆和伴飞人员，且不一定会取得理想效果。2020 年，联邦警察安排了 30 701 次遣返任务，但仅执行了其中的 13 683 次，官方表示计划和完成之间存在差异的主要原因是计划遣返的人在飞行当天由于各种各样的原因没有被移交给联邦警察。[1]在社会舆论层面，德国部分民众、教会对强制离境制度表示出天生的反感，从而希望政府可以采取更加人道的难民解决方案；国际社会层面，1983 年联合国大会正式确认了自愿遣返是“难民问题最理想的和最持久的解决方案”。[2]多元化的社会结构需要多元化的治理方式，在不断加强强制非法居留外国人离境制度的同时，德国也一直在鼓励外国人自愿离境方面不断努力。《移民法》第 61 条空间限制、居住要求、出境设施条款规定，联邦各州可以为被迫离开该国的外国人设立出境设施，应通过照顾和咨询，促进其自愿出境，确保当局和法院的出境命令的执行。

作为世界第 5 大难民输入国，德国始终同国际移民组织保持密切合作，2021 年，国际移民组织共援助了 62 406 名难民或弱势群体进行重新安置、人道主义接纳或搬迁，其中德国占 6800 人，位列第三名。[3]德国人道主义资助计划（REAG/GARP）作为鼓励在德国居留外国人自愿离境的核心，由“德国寻求庇护者的重新融入和移民计划”（REAG）和“政府协助遣返计划”（GARP）整合而来，人道主义资助计划在鼓励在德国居留外国人自愿离境方

---

〔1〕 参见 https://www.bundespolizei.de/Web/DE/Service/Mediathek/Jahresberichte/jahresbericht_2020_file.html。

〔2〕 吴昊昙：《国家压力、同行竞争与国际组织行为——以联合国难民署不同难民遣返行为模式为例》，载《国际观察》2021 年第 6 期，第 100~132 页。

〔3〕 参见 https://www.iom.int/iom-annual-reports。

面发挥了重要作用。

REAG/GARP 可以帮助外国人返回原籍国或者移居另一个国家，主要资助对象是不再拥有居留许可的穷人（例如庇护申请被拒绝的人、被容忍的人）或有权留下并自愿返回原籍国的人（例如有权获得保护并拥有居留许可的人）〔1〕，官方为有自愿离境意向的外国人提供了详细的申报指南，在各州设立了超过 900 个自愿离境咨询中心，并出台了一系列资助政策：虽然根据自愿离境人员自身情况不同会给予不同的资金支持，但官方将会支付返程的机票费用和从居住地到机场或车站的车费，支付补贴每人 200 欧元（18 岁以下每人 100 欧元），为离境期间和到达目的地国家后三个月内提供最高 2000 欧元的医疗费用，并且官方一次性补贴每人 1000 欧元（18 岁以下每人 500 欧元，每个家庭最高 4000 欧元）的出境费用，另外，如果在申请庇护被驳回后最多 2 个月内申请离开德国并满足某些条件，无论是单人出境还是同家人一起离境，无论什么理由，官方将额外提供 500 欧元资金援助。除此之外，如果自愿离境人员没有护照等跨境旅行证件，官方将帮助其办理相关证件，并对有医疗问题的自愿离境人员安排医疗监护和抵达协助。国际移民组织也可以协助进行离境旅行或提供临时住宿，对于无人陪伴的未成年人，国际移民组织会仔细检查其情况并确保其抵达目的地国时可以同监护人会面。自愿离境人员抵达目的地国家之后，将可能得到以 Starthilfe Plus 计划和联合重返社会服务计划（JRS）为主的住房、医疗、财政等多方面的重新融入社会支持（中国政府承诺给予财政支持和援助），而德国联邦移民和难民局会持续负责国家层面的援助协调。〔2〕

## 五、加拿大：司法救济完善的非法移民遣返制度

加拿大作为传统的移民国家，在疫情期间，依然敞开国家大门，不断接受各国移民。根据加拿大联邦政府最新统计数据，2021 年，加拿大新移民人口超过 40 万人，打破了 1913 年的移民纪录，成为其历史上接收移民最多的一年。

历史上的人口大规模涌入，也给非正规移民提供了可乘之机，而仅在 2019 年至 2020 年期间，加拿大负责遣返执行的边境服务局就遣返了多达 11 444 人

---

〔1〕 参见 https://www.bamf.de/DE/Themen/Statistik/FreiwilligeRueckkehr/freiwilligerueckkehr-node.html。

〔2〕 参见 https://www.returningfromgermany.de/de/programmes? programm=0。

次。[1]即便面对“大出大进”的客观移民环境和严峻的遣返形势，加拿大在遣返制度建设中依然突出加强了以司法救济为主的多种救济途径，并积极寻求对待遣返外国人进行拘留的替代措施。

（一）三大部门组成的遣返管理机构

加拿大的移民事宜，主要由加拿大移民、难民与公民署（Immigration, Refugees and Citizenship Canada, IRCC）、加拿大边境服务局（Canada Border Services Agency, CBSA）和加拿大移民与难民事务委员会（Immigration and Refugee Board of Canad, IRB）三大机构部门负责，其中遣返工作主要由边境服务局和移民与难民事务委员会（负责移民案件审理的专门法庭）共同管理。边境服务局负责遣返制度执行，共有 14 000 名工作人员，主要负责货物进出关服务、人员出入境边防检查和边境地区执法等职能，边境服务局官员根据《移民与难民保护法》和相关条例的规定，履行对移民进行审查，对不允许进入加拿大的个人进行逮捕、拘留和遣返，对未经授权进入或留在加拿大的个人进行通缉的职责。加拿大移民与难民事务委员会负责就移民和难民事务作出司法裁定，并根据《移民和难民保护法》等法律法规受理难民申请并对难民身份进行甄别，其下设难民保护庭、难民上诉庭、移民庭和移民上诉庭[2]，其中移民上诉庭履行遣返令和拘留等相关事项的上诉等职责。

近年来，加拿大边境服务局在保障非正规移民健康和人权方面花费了较多人力、财力。边境服务局于 2016 年至 2021 年 5 年间，共投资 1.38 亿美元建立移民拘留框架（National Immigration Detention Framework, NIDF），该框架包含加强与其他部门的合作、寻求拘留的替代办法、改善拘留环境和医疗条件（包含精神卫生服务）、提高非正规移民拘留的透明度四个方面，其核心是寻找更多替代拘留的方法，如必须进行拘留，则通过使用该框架制定的风险评估程序，确保被拘留者得到妥善的安置，且该处理决定不是一成不变的，安置决定每 60 天需要审核一次，给予被拘留者变更羁押措施的机会。为了配合该框架实施，2018 年 6 月，加拿大边境服务局开始推出一项扩大的拘留替代方案（Alternatives to Detention, ATD），该方案包含社区案例管理和监督计划（Community Case Management and pervision, CCMS）（社区对人员进行监

---

〔1〕“Arrests, detentions and removals”, at https://www.cbsa-asfc.gc.ca/security-securite/arr-det-eng.html.

〔2〕“Immigration and Refugee Board of Canada”, at https://www.canada.ca/en/immigration-refugee.html.

督）、国家语音报告计划（使用语音生物识别技术以规定的时间间隔向边境服务局报告）、电子监控计划（使用GPS和射频来监控个人的行踪）。2012年6月29日至2015年3月31日，为提高遣返工作的效率和经济效益，加拿大边境服务局聘请国际移民组织作为第三方服务提供商在大多伦多地区（GTA）内实施了协助自愿返回和重新融入试点计划（AVRR）并对该计划进行了评估。根据评估结果显示，在2013年至2014年间有50.1%的难民申请失败者参与试点计划，[1]取得了一定的效果，但由于各种原因，该试点计划完成后并未在全国推广。

（二）以《移民和难民保护法》为主的遣返法律建设

加拿大关于非正规移民遣返的主要法律依据包括《移民与难民保护法》《移民与难民保护条例》。《移民与难民保护法》在第一章“移民加拿大”中，详尽介绍了移居在该国的永久性公民和临时性居民的手续，同时还规定了不接纳移民的有关情况。关于遣返措施规定在该章第五节“身份丧失与遣返”中，该节详细规定了禁止入境人员的处理流程、遣返令在执行过程中的中止、终止以及撤销的情形。该章第六节“逮捕与释放”则对审查拘留的适用情形、程序等进行了规定。该章第七节“上诉权”第63条第3款规定了被签发遣返令的人员有上诉的权利，并在该节第85条规定了“特别辩护人”制度，以期对永久居民或外国国民及其律师缺席的情况下可以更加公平公正地对案件进行审理。第二章“难民保护”第三节“遣返前风险评估”规定了遣返前的风险评估、申请保护及申请保护的豁免和不推回（Principle of Non-refoulement）的原则。同时，第四章“移民与难民委员会”详尽规定了移民与难民委员会成员的组成、运行程序以及移民与难民对遣返决定有异议时的上诉程序。

《移民与难民保护条例》可以被看作《移民与难民保护法》的实施细则，其第十三章“遣返”对《移民与难民保护法》中的遣返规定进行了进一步的细化，其中根据该条例第十三章第一节“遣返令条款”，遣返令分为三个类型：离境令（Departure Orders）、排除令（Exclusion Orders）和驱逐令（Deportation Orders）。并规定了三种遣返令的适用法律后果：相对人在收到离境令后可在生效后的30天内自行离开加拿大，并且再次申请入境无期限限制，若30天内未及时离境，则离境令转化为驱逐令，排除令则根据相对人违法情形不同而设定不同的禁止入境期限，通常为一年或者两年，驱逐令则除移民

[1] “Immigration and Refugee Board of Canada”, at https://www.canada.ca/en/immigration-refugee.html.

官员批准或特殊情况外，终生不得再进入加拿大。根据第十三章第二节特定遣返令条款（Specified Removal Order），某些特定条件主要包括入境时虚假陈述、严重违法犯罪、未在排除令所要求的逗留期限结束前离开加拿大等情况下签发遣返令的情形。根据第十三章第三节遣返令的暂缓执行条款（Stay of Removal Orders），待遣返人员如遇拟遣回国家存在战争、自然灾害等情况，则可以暂缓执行遣返令，并规定了暂缓执行遣返令的司法审查程序。根据第十三章第四条遣返令的执行条款（Enforcement of Removal Orders），驱逐令不会因任何原因而失效，同时规定了遣返令的两种执行方式：自愿遵守遣返令和强制执行遣返令，以及拟遣返目的地国的范围，即来加拿大之前所停留的国家、来加拿大之前最后永久居住的国家、其国民或公民的国家或者出生国。在遣返费用方面，规定了遣返费用由被遣返人承担，如果被遣返人员不支付遣返费用，费用由加拿大政府支付，但该被遣返的人则永远不得再返回加拿大。

### （三）加拿大遣返制度的特点

对应遣返情形进行详细划分。根据加拿大《移民与难民保护法》第一章第四节“不接受”与该章第五节“失去身份和遣返”中关于遣返情形的规定，其遣返适用的情形包含两个大类：第一类情形是移民官员认为待遣返人员属于该法第一章第四节规定的禁止入境人员，应向主管部长报告并由主管部长审核后提交移民法庭；第二类情形是无需提交移民法庭，由主管部长直接签发遣返令的情况。其中，第一类的情形主要是危害国家安全（间谍活动、颠覆政府政权、分裂国家、恐怖活动等情形）；在境外实施侵犯他人人权、发动战争行为（在境外实施《反人类罪和战争法》等情形）；有严重犯罪（在加拿大犯有可判处10年有期徒刑以上犯罪等情形）；参加有组织犯罪（参与走私或贩卖人口的、洗钱等跨国犯罪等情形）；健康原因（患有传染病、携带传染性病毒等可能对公众健康或公共安全等造成危险等情形）；伪造出入境身份信息（提供虚假或隐瞒事实入出境等情形）等情形。第二类主要是在合法入境后违反《移民与难民保护法》的情形，具体包括：有获准停留期限届满后未离开加拿大国境的，签发驱逐令，不能证明合法持有护照等证件的，签发排斥令，未遵守居住义务的永久居民，签发离境令等。由此可以看出，在遣返的适用条件上，基本从危害国家安全、提供伪假身份信息、危害他人人身财产安全和公共利益、扰乱社会秩序等方面出发，规定较为详尽和系统。关于遣返适用的情形，加拿大所用篇幅多、规定仔细，并划分了驱逐令、排斥令、离境令适用的具体情形，避免执法中违法外国人不区分情况“一刀切”的情况，兼顾了个案的司法平衡，进一步限制移民官员的自由裁量权，在司法实践中具体操作提供了更为精确的指引。

详细规定了遣返中止的情形。加拿大的遣返暂停执行制度较为完善与缜密。关于遣返中止的情形，主要规定在《移民与难民保护法》和《移民与难民保护条例》之中，按照遣返中止的原因可以作出如下分类：①出于人道主义原因而中止遣返。《移民与难民保护条例》第 230 条规定执行遣返令的主管部长考虑遣返目的国的武装冲突、环境灾难等对整个地区的民众造成普遍风险的，可以暂停遣返执行，至风险情形消失，外国人是因严重犯罪或国家安全等原因而禁止入境的除外。该条规定可以看作加拿大加入联合国《关于难民地位的公约》对其中不推回原则的国内法具体规定。同时该条例第 233 条规定，根据《移民与难民保护法》第 25 条需要考虑人道主义因素以及公共政策等因素而中止遣返的执行，直至作出是否准予永久居民身份的决定。②因向移民与难民事务委员会提出上诉而中止遣返。根据《移民与难民保护法》第 72 条的规定，在被遣返人员向移民上诉庭提出对遣返令的上诉以及在难民庭提出难民申请或上诉后，遣返令可中止执行，直至上诉申请被驳回或联邦法院作出判决。③因遣返前未通过风险评估而中止遣返。根据《移民与难民保护法》第 112 条的规定，在遣返令生效后执行前，在进行遣返前风险评估过程中，被遣返人可以提出保护申请，遣返可中止执行，直至其保护申请被驳回，或者该人书面确认不再申请或主管部长作出批准或拒绝的裁定。由此可以看出，在遣返执行过程中，加拿大的考虑因素较多，更多依据主观因素，如人身安全、人道主义因素、家庭团聚、儿童利益等，且规定了三类依据不同、贯穿遣返过程始终和各环节的中止制度，最大限度保障了程序公正与实体权利。

遣返救济体系完善。关于遣返的救济体系规定在了《移民与难民保护法》第一章第 7 节“申诉权”和第 8 节“司法审查”之中，主要包括了被遣返人的上诉权和遣返的司法审查制度，同时第 45 条规定，被遣返人在遣返令签发前有充分的自我辩护的权利。以“赖某星案”为例，1998 年 8 月，赖某星持旅游签证进入加拿大，其旅游签证于 2000 年 3 月便已到期，加拿大边境服务局向其签发了有条件的离境令，但其继续滞留在加拿大，2000 年 9 月，移民部以非法移民罪将其拘留并准备将其驱逐出境，2001 年，赖某星向移民与难民事务委员会提起诉讼，请求以回国后将遭受政治迫害为由确认难民身份，

2002 年，其辩护律师向联邦法院提起上诉，并在 2005 年被驳回后上诉至最高法院，2006 年，加拿大公民和移民部对其进行遣返执行前的风险评估，而后并决定遣返至中国，但赖某星又提出暂缓执行遣返令申请，联邦法院于 2011 年驳回其申请，判决立即将其执行遣返，最终赖某星于 2011 年 7 月 23 日被遣返回中国。[1]赖某星案历时十余年，其中确认难民身份用了足足 6 年时间，穷尽了加拿大遣返制度中的各种救济措施。

注重国际合作。非正规移民治理是全球性问题，单靠一个国家是无法完成好这一目标，需要促进各国非法移民遣返的国际合作。由于加拿大与美国接壤，加拿大边境服务局与美国海关和边境保护局的合作从未间断，例如，加拿大推出了 NEXUS 会员卡制度，[2]旨在加快经过预先批准的低风险旅客进入加拿大和美国的过境点，同时可以享受加急通关、简化陆地口岸车辆入境流程等权利。同时加拿大边境服务局（CBSA）与美国海关和边境保护局（CBP）还在打击跨境贩毒、遣返航班协调、边境枪支管控等方面有密切的合作。[3]同时加拿大还注重与国际组织进行遣返非法移民的合作。

## 六、四国遣返制度优点及我国遣返制度的现状

无论是传统的非移民国家日本，向移民国家转型的德国，还是传统移民国家美国、加拿大，其国家结构、对外策略、移民政策虽然各有不同，但其遣返制度有的经过同非法移民的百年“拉扯”，有的经历了国家战略和民众诉求的权衡博弈，法治建设、治理模式、管理效能均经历了长足的发展，值得其他国家认真研究。我国遣返制度近十年来有了飞速的发展，一方面，2012 年《出境入境管理法》的问世，第一次以法律的形式大篇幅规定了我国遣返制度盘问、拘留、羁押的具体权限、时限等，2013 年国务院配套出台的《外国人入境出境管理条例》对遣返费用的承担方式进行了明确，遣返制度的法律建设迎来了质的飞跃。另一方面，2018 年，我国国家移民管理局组建之后，整合了公安部四、六局及其所属的现役边检站、职业制边检站、部分边防支队，加强了对地方出入境管理部门的业务指导，并且明显加强了对遣返工作的组织领导和重视程度，国家移民管理局积极推动 5 个国家遣返中心建设，

---

〔1〕 张磊：《赖昌星遣返案若干问题研究》，载《刑法论丛》2011 年第 4 期，第 420~436 页。

〔2〕 “NEXUS Program”，at https://www.cbsa-asfc.gc.ca/prog/nexus/menu-eng.html.

〔3〕 “2020 to 2021 Departmental Results Report：Canada Border Services Agency”，at https://www.cbsa-asfc.gc.ca/agency-agence/reports-rapports/dpr-rmr/2020-2021/report-rapport-eng.html.

为遣返制度执行提供了坚强的体制支撑，我国建设高标准的遣返体系的法律基础和体制基础基本上已经成熟。但总体上看，我国遣返制度建设还处在“打地基”的阶段，历史欠账较多，全流程的法律制度建设也比较薄弱，留给了制度执行者较大的自由裁量空间，四国在漫长的国家制度建设时间线上采取的各种各样的遣返策略可供我国选择性地吸收、转化适用。

### （一）四国遣返制度优点总结

#### 1. 以完善立法程序筑牢执行遣返制度的民意基础

国家进行机构改革、政策调整，往往先进行议会表决、民众讨论，最终以立法形式确立。在组织方面，议会与行政权相比，处于与人民更接近、更密切的位置，议会也因而被认为比政府具有更强烈、更直接的民主正当性基础。更高的法律位阶体现着执法者更加权威的执法民意基础。

日本《入管法》第69条规定可以将《入管法》部分实施程序的制定授权给部分行政长官、机构，日本也出台了一系列的“令”“规则”和“公告”来保障《入管法》的实施，但从1997年开始至今，日本仍然对《入管法》进行了多达12次修改，每一次重大变革均通过立法的形式确立，以完善的立法程序推动管理体制改革。日本在外国人管理方面基本实现了机构职能完全以法律规定为界限，基本可以达到国家需要—立法执行—外国人管理的紧密衔接，减少政策执行和机构冗余的衰减，其在2018年公布了新的入管厅内部设置，并公布了每个内部各部门具体负责执行《入管法》的哪些对应条款，将法治思想贯穿于行政机构设置和外国人管理的全过程。

美国作为最大的移民国家，其关于移民方面的联邦和州立法数不胜数，也是拥有非法移民治理立法最多的国家。不可否认美国多党执政、三权分置、国家的联邦结构影响了联邦政府在处理非法移民问题上的集权统一，但其立法模式最大限度综合了社会各个政党和普通民众意见，并且通过立法过程中的政策博弈，衍生出了其立法上的前瞻性与多样性的多种优点，美国各方执法力量在法律的约束下配合得井然有序、各负其责，这是美国国内非法移民数量逐年下降的主要原因。

德国在新的《移民法》制定过程中充满坎坷，但也充分体现了国家各方、各层意见，2000年，德国时任总理施罗德为了解决劳动力短缺问题颁布了一项名为“绿卡倡议”的新法令，随后所有政党都提出了自己改革移民法的建议，但所形成的新移民法案随后在宗教间、各州被反复拒绝并修改，之后在参议院表决时被否决，并在后来通过后被联邦法院判为无效，最终历经4年的政治博弈《移民法》才最终“出炉”，其立法过程虽然十分曲折，但国民积极参与立法，社会各界参与立法的程度之深值得其他国家学习。

日本与加拿大法律都规定了外国人难民认定程序一旦开始，该外国人的遣返程序便自动中止，该程序给行政机关执法造成了诸多“不便”，难民认定程序和外国人遣返程序之间的冲突造成了日本应被遣返外国人收容长期化问题，但难民认定与庇护程序关乎外国人生存和人权，两国始终将保障人权的重要性置于国家治理非法移民需求之前，并且将执行联合国《关于难民地位的公约》条款置于本国国家需求之上，国家遣返需求、难民认定程序、国际条约规定三者之间优先级的设置，充分体现了两国民主和保障人权的立法思想。

2. 以司法救济为主的多种救济形式

“有权利必有救济，无救济即无权利”，对公民权利的保障和救济是现代法治国家的基本要求。行政行为的司法救济就是在公民、法人和其他组织的合法权益受到行政行为侵害时凭借具有最终法律效力的国家司法机关通过诉讼方式解决权利救济、保障权利实现的一项重要法律制度。[1]世界各国，涉及人身自由罚的问题必须通过正当程序解决，而不能由行政机关最终裁定，这是一个法治社会与法治国家的基本要求。[2]涉及人身自由的行政行为救济途径是否多样化，司法救济介入行政行为的早晚、程度的深浅在一定程度上反映出一个国家的法治建设现代化程度。

德国在难民认定和庇护方面，有较为完善又不至于拖沓的司法救济途径，德国联邦移民和难民局负责甄别难民，并决定授予难民资格、授予辅助性保护或者驱逐出境，而一旦被决定授予辅助性保护或者驱逐出境，该外国人并非一定无法获得难民资格，德国法律规定申请后未被授予难民资格的外国人可以向行政法院提出上诉。2020年，德国移民和难民局作出拒绝难民庇护申请后被该难民起诉的比率高达73.2%，起诉的难民有45.1%提出了索赔，而行政法院否定德国移民和难民局作出的是否授予难民资格决定的判决的比例，基本维持在难民上诉总数的10%~20%之间。

日本规定，外国人一旦被日本入出国在留管理厅认定为应被强制离境，无论其是否认同官方认定的其应被强制离境的调查结果，只要该外国人希望获得在日本的居留许可，都可以要求举行听证会或者向法务大臣提出异议，

---

〔1〕 孙明勇：《行政行为司法救济问题探析》，载《贵州审判》2001年第3期，第37~40页。

〔2〕 李晓明：《行政刑法新论》（第2版），法律出版社2019年版，第31页。

该条规定在决定外国人是否应被遣返时考虑听证会的结果，并授予了法务大臣额外给予应离境外国人居留资格的权力，给了应被强制离境外国人除司法救济之外的救济途径。

美国和加拿大有着更加完善的司法介入程序，两国都规定了由法院直接决定部分外国人是否应该被遣返。美国直接将遣返分为行政遣返和司法遣返，一旦外国人符合司法遣返的情况，行政机关便没有是否遣返外国人的最终决定权，是否执行遣返需要依据法院判决，并且规定一旦该外国人对移民法庭裁决不服，还可以继续上诉。加拿大规定，外国人如果是由于危害国家安全、严重犯罪、健康等原因需被遣返，则是否遣返则应被移交给移民法庭最终决定，司法介入行政遣返程序时间之早、程序之深，在一定程度上体现了两国完善的司法制度和分权思想。

3. 规定详细的遣返原因

美国法律已证明，抽象的法律规则、原则容许大量的不同解释，而这又导致了具体案件法律适用结果的极大差别。这意味着对具体当事人产生影响的判决的根据是由法官而不是由议会作出的。模糊法授权负责执行法律的官员以巨大而又难以负责的自由裁量权。[1]毫无疑问，相对详尽的法律制度能在很大程度上限制执法者“肆意执法”，并且消除普通民众“刑不可知，则威不可测”的畏法心态，从另一个角度讲，“一刀切”的法律规定并没有考虑到实际的需要，只能让执法机关遇到特殊情况时“依法不能”。

加拿大在对遣返情形进行两类区分的基础上，进一步对遣返的种类进行了严格划分，不但将遣返分为普通遣返令遣返和特定遣返令遣返，更进一步将普通遣返令分为驱逐令、排斥令、离境令三类，详细规定了三类遣返令适用的具体情形，并规定了其中相互转化的情形，配合完善的司法救济机制，一方面限制遣返制度行政执法的自由裁量，另一方面在遣返执法实践中提供了精确的遣返故意规则指引。在遣返程序具体执行过程中，加拿大法律细致地规定了遣返执行前的风险评估制度，并视评估结果考虑进入不同的执行程序，即便在签发遣返令后，该国法律依然详细规定了中止和终止遣返的情形，各种情况依照细致的立法“流入”相应的法律流程。

德国也在遣返法条设置上体现出了德意志民族立法上严谨的一面，其在《移民法》第五章用了多达 22 条法律条文规定了履行出境义务的细节，其在

---

〔1〕 王保民、李霞：《法律的起草风格：模糊抑或繁琐》，载《学术研究》2002 年第 12 期，第 84~86 页。

立法时不但需要考虑《关于难民地位的公约》、欧盟规定等外部条约规定，而且要同国内《庇护法》等法律不冲突，例如德国《移民法》规定，根据《庇护法》第29a条第1小节，外国人的庇护申请明显没有根据而被拒绝的，且未获得辅助保护资格的，且未满足禁止驱逐出境条件的，联邦移民和难民局可以下令禁止其入境和居留，外国人根据《庇护法》多次提出庇护申请，但未导致实施进一步的庇护程序的，同样可能被禁止入境和居留。另外，德国还规定了特殊身份外国人驱逐出境条件，例如，根据EEC/土耳其联合协定（EWG/Türkei）享有居留权或持有欧盟长期居留许可的外国人，只有当当事人的个人行为对公共安全和秩序构成严重威胁，影响到社会的基本安全，且驱逐出境对于维护这一利益是必不可少时，才可驱逐。

而在具体驱逐事由上，四国均规定得较为详细，例如：德国规定因一项或多项故意犯罪被判处至少6个月监禁的外国人，因一项或多项故意犯罪被判处至少1年监禁的外国人少年犯，吸食海洛因、可卡因而拒绝接受必要的康复治疗的外国人，在调查中向外国人管理当局隐瞒以前在德国或者其他国家逗留的历史或者提供虚假或者不完整信息获取德国许可、申根签证的外国人都可能面临被驱逐出境。另外，《移民法》规定了犯罪后需要驱逐出境的例外情况，第五章第55条居留利益条款规定：根据《德国刑法》第232~232a条，参与犯罪的外国人，即使有强制离境的义务，但只要：①因该罪行需要在德国联邦领土上进行刑事诉讼，被公诉人或刑事法院认为没有该人的信息难以查清事实；②已经和被指控犯罪的人脱离了关系；③宣布愿意作证，则可以获得居留许可。日本规定为了让外国人非法就业而提供、接收、持有他人在留卡或永久居留证明书的外国人，根据《日本少年法》被判处3年以上有期徒刑或监禁的外国少年，煽动、暗示或者帮助其他外国人非法进入日本的外国人，法务大臣有足够理由认定可能为恐怖主义犯罪进行准备活动或者让恐怖主义犯罪变得容易的外国人都可能被强制离境。

4. 遣返制度体现人道主义的法治关怀

法律制度最终必须以人为目的，强调以人为本位，也就意味着法律本身应体现并实践对人的本性的尊重和理解，对人的价值和权利的肯定和维护。〔1〕从某种程度上讲，部分外国人在他国非法就业、非法居留确实有“不得已”的原因，尤其是在其他国家申请成为难民的外国人，可能已“走投无路”，而因

〔1〕 朱效平：《中国传统法的人伦精神与和谐社会人本法律观的构建》，载《社会科学研究》2007年第5期，第77~81页。

为胁迫、犯罪行为而被迫来到他国的外国人，从这个层面上讲，遣返制度不但应当果断有效，亦不应缺少对应离境外国人的人道主义关怀。在价值观念漫长的进化过程中，人本主义观念一直构成了西方价值体系的基础。[1]

德国作为老牌“福利国”，其强制遣返制度设置体现了人道主义，首先，《移民法》将国家驱逐出境利益和外国人居留利益做对比以考虑是否将外国人驱逐出境，为遣返制度赋予了人道主义的基调，其次体现在《移民法》中众多的“容忍”条款，例如：《移民法》在第五章第60b条到第60d条专门规定了德国对身份不明外国人的容忍义务内容，第二章地11条入境和居留禁令（Einreiseund Aufenthaltsverbot）规定，被德国移民和难民局给予入境和居留禁令的外国人，如果有足够理由需要入境，或者拒绝其入境和居留将给该外国人造成不可接受的困难，外国人可以被短时间内允许进入德国领土，第五章第53条驱逐出境条款规定，将外国人驱逐出境时，必须考虑其家庭成员、生活伴侣以及该外国人是否依法行事。最后体现在德国的鼓励自愿离境制度上，德国当局不但为该制度投入了大量的资金和人力，建立了大量的自愿离境服务中心，为自愿离境者提供多达数千欧元的资金支持，并始终将自愿离境制度置于强制遣返制度之前，表示对外国人包括在其国内违法犯罪外国人的人权尊重。另外，德国2016年接纳的难民庇护申请的总量，不仅超过了1992年全欧72万的历史记录，而且在2016年欧盟各国接纳的避难申请中占据了62.64%。[2]

日本《入管法》规定了由第三方组成的入境收容所视察委员会，该委员会在东西日本各设置一个，每个委员会由学识经验者2人、法律界人士2人、医疗人员2人、国际非政府组织（NGO）人员2人、地区居民2人组成，该委员会定期同被收容者会面，了解市场收容所运作情况，并向社会公布视察内容；在法务省发布的《被收容者待遇规则》里明确规定了可能被遣返外国人被收容时的相关待遇，除了应尊重被收容者所属国家的风俗习惯，收容所必须有地震、风灾、火灾等灾害的紧急出口和避难器具等原则性规定，并规定了收容所所长可以在被收容者有不得已事由时，例外许可其外出，并规定应给予被收容者每天适当户外运动等规定。另外，日本在其出入国在留管理

---

〔1〕 赵星：《论西方国家恢复性司法制度建立和发展的理念基础》，载《河北法学》2008年第5期，第103~107页。

〔2〕 宋全成：《2016年欧洲难民危机的新特征及其成因——基于2015—2016年欧洲统计局和德国联邦移民与难民局数据的实证研究》，载《德国研究》2017年第3期，第40~53、134页。

厅官网对各个出入境管理机构进行了介绍，例如札幌出入国在留管理局在该网站标注了：该机构没有大的台阶和倾斜，有轮椅可以使用的无障碍厕所，供轮椅使用者的停车位有4个，政府大楼大门的南侧没有台阶，北侧有斜坡，并且提示了札幌第三联合政府大楼由于正在施工，停车位有限。

加拿大在遣返之前会从被遣返人员的健康情况、经济情况、是否符合申请难民的条件等方面进行遣返前评估，同时规定了因身体原因、申请难民等多种暂缓遣返的情形。同时在拘留待遣返人员方面，加拿大边境服务局提出了拘留替代方案，尽可能使用其他方法来替代拘留。如待遣返人员确需拘留，加拿大边境服务局与加拿大红十字会合作实施了移民拘留监测计划，该计划由加拿大红十字会负责实施，计划的主要内容是对被拘留的待遣返人员的身体和心理健康状态、拘留环境（居住环境、设施、照明、食物等）、人权的保障、宗教信仰保障、文化教育保障、休闲娱乐保障、司法救济的保障、与家人联系和保持联系的能力等方面进行监测，确保每名被拘留的待遣返人员都能得到妥善安置。在被拘留的儿童保护方面，加拿大严格限制了被拘留时间并规定定期对拘留决定进行评估，同时儿童权利委员会在儿童拘留期间会对上述保障情况进行独立的监测，避免儿童身心健康因拘留受到伤害。

5. 注重加强遣返的国家间合作

正常遣返制度的执行，分为对应被遣返外国人的发现、盘查、羁押阶段和将该外国人遣返出境的阶段，而第二阶段由于违背大多数被遣返者的意志，需要外国人滞留国同该外国人的国籍国、入境前经常居住地国有效的国家间合作才能顺利达成，该过程甚至需要双方进行艰难的谈判和政策博弈，也是遣返制度执行的最大阻碍之一。

美国关于遣返制度的国际合作主要是同其他国家签署合作协议。2006年，美国同欧盟签署了《欧盟-美国联合声明》，该声明主要内容为成立高级别联络组（the High Level Contact Group，HLCG），旨在更好地交换数据，打击恐怖主义及严重的跨国犯罪。2009年，美国同加拿大签署了《美加应急管理合作协定》，该协定主要内容为两国在应对自然和人为事件、紧急情况和灾难方面构建合作框架，定期更新双方联系机制人员及机构名单，加强应急管理协作。2013年，美国同墨西哥签署了《美墨21世纪边界倡议》，该倡议主要内容是成立21世纪边界双边执行委员会，每年总结上一年度工作、部署下一年度两国边界合作执法项目，美国还同墨西哥签署了《墨西哥公民返回墨西哥的双边框架》，该框架主要内容为美墨双方确定9个墨西哥州为美国遣返墨西哥公民的接收地，旨在加强遣返过程中的协调，提高遣返效率。2019 年，美国同萨尔瓦多签署了《促进与萨尔瓦多合作的意向书》，该意向书主要内容为在边界联合执法、信息共享、难民庇护、合力解决非法移民问题四个方面加强合作，旨在更好地解决来自中美洲的非法移民问题并打击跨国犯罪组织。加拿大在遣返制度上的国家间合作主要是同美国，在数据共享方面，其与美国共同开发了出入信息系统（Entry/Exit Information Systems）和交互式预备乘客信息（Interactive Advance Passenger Information），以上两个系统的目的均是提早发现可能存在的危害边境安全的情形，可以提早对不准入境人员进行预处理，提高遣返处置效率。

在处理难民方面，2004 年，加拿大与美国签订了《加拿大-美国安全第三国协定》（Canada-U. S. Safe Third Country Agreement），该协定规定除非例外情况，来自美加以外的第三国人请求难民保护必须在他们抵达的第一个国家（美国或加拿大）提出申请。此协定能够更好地管理陆地边界的难民申请人的流动，避免两国因为难民流动对边境秩序造成冲击。在与国际组织合作方面，加拿大的主要合作对象为国际移民组织，其共同合作的项目主要是协助自愿遣返试点计划（AVRR）。2012 年至 2015 年，其在大多伦多地区（GTA）进行试点后取得了一定效果，但仅完成遣返总目标的 57%，未达到预期目标。2019 年，加拿大边境服务局在吸取前一次经验做法后申请拨付 2100 万美元重启了该试点计划。德国则在鼓励外国人自愿返回方面同多国有着广泛的合作。2017 年以来，德国自愿遣返制度 REAG/GARP 得到了 start assistance plus 方案的补充，该方案向 40 多个自愿遣返的目标国家提供重返社会支持和援助，经过国家层面的不懈努力，亚美尼亚、阿塞拜疆、伊朗等 6 个国家将为从德国自愿遣返的外国人提供额外的住房支持和援助，而外国人如果在德国通过 REAG/GARP 计划返回阿尔巴尼亚、格鲁吉亚等 7 个原籍国，并证明在德国已经被容忍至少两年，则可以获得住房和医疗费用方面的重返社会支持和援助，而通过 REAG/GARP 返回阿富汗、几内亚、越南等 40 多个国家，将在 6~8 个月后获得国家财政支持和援助。[1]

此外，四国把遣返对象按照本国法律进行详细区分以区别对待也是一个显著的优点，这既是立法上的闪光点，也是兼顾法律普遍规定和个案平衡必

〔1〕“StarthilfePlus – Ergänzende Reintegrationsunterstützung im Herkunftsland”, at https://www.returningfromgermany.de/de/programmes/ergaenzende-reintegrationsunterstuetzung-im-zielland-bei-einer-freiwilligen-rueckkehr-mit-reag-garp.

不可少的。例如：日本规定从事卖淫或者引诱、提供场所以及其他与卖淫直接相关业务的外国人将被遣返，但因人身交易受他人支配的除外；加拿大根据遣返对象的具体情况不仅要对是否拘留进行定期评估，而且要视具体情况决定是下遣返驱逐令、排斥令还是离境令；美国规定了行政遣返和司法遣返两种遣返方式，在边境地区和口岸由美国边境巡逻队和外勤业务办公室发现的没有相关证件证明其身份或试图通过欺诈或虚假陈述入境的人员、在美国陆地边界100英里范围内被发现且无法证明其在被发现前的14天内一直在美国境内的人员、其他原因不准入境的人员、影响公共卫生人员将会被海关和边境保护局直接行政遣返，而因在美国国内实施严重暴力犯罪、分裂国家、恐怖活动等犯罪活动的需经过移民法庭的审理后交由移民和海关执法局来执行遣返。

### （二）我国遣返制度的法律渊源

在理论研究中，法律“渊源”经常用来指创造法律的方法，特别是被用来说明法律效力的理由以及法律的最终理由。[1]简单来说，遣返制度的法律渊源是指构成我国现行遣返制度的国内外法律法规基础。我国虽然并没有将国际条约和国际法律置于本国法律效力之上，但我国对缔结的国际条约、加入的国际公约等，对于其中未声明保留的条款，应通过国内立法的形式遵守或转化适用，所以我国缔结的国际条约、加入的国际公约等都是我国遣返制度的重要法律渊源。

#### 1. 遣返制度的主要国际法律渊源——联合国《关于难民地位的公约》和《关于难民地位的议定书》

1951年联合国《关于难民地位的公约》（以下简称《公约》）共46条，主要规定了难民的定义、难民的权利，第32条规定了难民的驱逐条件和驱逐程序，第33条规定了禁止驱逐出境或送回（推回）的条件。《公约》生效后，世界其他地区也开始涌现大量难民，但并不属于《公约》界定的难民的范畴，1965年，难民事务高级专员在给联合国大会第二十届会议的年度报告中提到了《公约》适用人权范围的局限，随后起草了《关于难民地位的议定书》（以下简称《议定书》）草案，并于1966年由第三委员会审议通过。[2]《议

---

〔1〕 张洪新：《论法律渊源与法律之间的结构性关联》，载《民间法》2021年第4期，第121~137页。

〔2〕 王陈平：《〈关于难民地位的公约〉及其议定书：难民权利保障的法律框架》，载《人权》2017年第4期，第130~144页。

定书》对1951年联合国《公约》中的难民定义进行了修正。1982年8月23日，我国全国人大常委会通过了《关于我国加入〈关于难民地位的公约〉和〈关于难民地位的议定书〉的决定》，但该决定同时声明对下列条款予以保留：①《公约》第14条后半部分，即“他在任何其他缔约国领土内，应给予他经常居住国家的国民所享有的同样保护”；②《公约》第16条第3款；③《议定书》第4条。[1]所以，《公约》和《议定书》构成了我国遣返制度的国际法律渊源。遗憾的是，在加入《公约》和《议定书》的3年之后，1985年，我国出台了第一部外国人出入境管理的专门法律——《外国人入境出境管理法》，该法并没有对关于《公约》和《议定书》规定的难民的任何权利和地位予以转化或承认，甚至次年出台的《外国人入境出境管理法实施细则》亦未提及任何关于难民的权利。关于难民的处理方式，是否在部门内部规章或红头文件中予以承认或转化亦未曾可知。直到2012年《出境入境管理法》，才首次在外国人入出境方面立法中提及难民权利，其规定：申请难民地位的外国人，在难民地位甄别期间，可以凭公安机关签发的临时身份证明在中国境内停留，被认定为难民的外国人，可以凭公安机关签发的难民身份证件在中国境内停留居留。

此外，我国同外国签订的包含遣返协定的国际条约，同样构成了我国遣返制度的国际法律渊源。例如《中华人民共和国政府和缅甸联邦政府关于中缅边境管理与合作的协定》第22条第2款、第3款规定：双方应按照本国法律对非法越境及违反边境公共秩序的人，进行查讯并采取适当措施，然后交其所属方进行处理。移交前须向对方提供当事者的姓名、相片、详细地址。经对方核实同意后再商定移交时间和地点，有关证据应一并移交对方处理。移交前款所述人员，双方应共同签署纪要，并在双方商定的就近口岸进行。

2. 遣返制度的国内法律渊源

目前我国形成了以《出境入境管理法》《外国人入境出境管理条例》为主的遣返制度国内法律渊源，其中根据《出境入境管理法》第六章（调查和遣返）的规定，《人民警察法》《治安处罚法》以及所有规定有遣送出境的法律、法规，都是遣返制度的法律渊源。另外，《公安机关办理行政案件程序规定》作为公安部门执行遣返制度的部门规章，同《外国人入境出境管理条例》《出

〔1〕全国人民代表大会常务委员会《关于我国加入〈关于难民地位的公约〉和〈关于难民地位的议定书〉的决定》。

境入境管理法》共同构成了我国遣返制度建设部门规章、行政法规、法律“三部曲”，同样值得研究。

除此之外，公安部办公厅发布的《违反〈中华人民共和国出境入境管理法〉的行为名称及其认定》《违反〈中华人民共和国出境入境管理法〉行为的处罚裁量基准》和国家移民管理局发布的《国家移民管理局遣返机构工作规定》《国家移民管理局遣返机构工作规定实施细则》属于行政部门内部的工作规范，本文不作讨论。

既然外国人入出境问题的立法层次是法律，则关于外国人永居权问题的制度规范也应当由全国人大或其常委会制定法律。[1]我国在立法层面也有先制定行政法规，待时机成熟上升为法律的先例，关于外国人永居方面，我国早在2004年便以部门规章的形式出台了《外国人在中国永久居留审批管理办法》。

《出境入境管理法》。该法于2012年由全国人大常委会通过，共八章93条，是我国目前专门规定外国人人身权利的唯一一部法律，该法第六章详细规定了非正常滞留外国人被调查、盘问、居留、羁押、执行的机关、时限、程序等，为我国遣返制度执行最主要的法律依据。《出境入境管理法》的前身为1985年《外国人入境出境管理法》和2009年《公民出境入境管理法》，以上两法在《出境入境管理法》正式生效后同步废止。可以说《出境入境管理法》的出台是我国外国人入出境管理迈出的一大步，尤其是其首次在法律层面原则性地赋予了我国1982年加入的《公约》和《议定书》赋予难民的权利，值得称赞。但从我国遣返制度的立法历史上看，1985年出台的《外国人入境出境管理法》仅在第27条、第30条用88个字原则性概述了遣返制度，这也是中国法律首次明文规定遣返制度，之后中国经济飞速发展，国家地位、外国人管理环境、国内人口数量发生了翻天覆地的变化，但我国除在2012年出台《出境入境管理法》时吸收了该法之外，该法发布距今的40年间，我国便没有对该法进行任何其他修订，即便2009年我国修订《公民出境入境管理法》时，也没有对《外国人入境出境管理法》进行同步修订。1985年至2012年，我国便依据关于遣返制度的88个字原则性法律规定和不断修订的行政法规、部门规章完成了大量外国人遣返工作。

2012年出台的《出境入境管理法》拉开了遣返制度狭义的法制化的新序

〔1〕 魏治勋：《外国人永久居留：立法考量与立法原则——围绕〈外国人永久居留管理条例（征求意见稿）〉的探讨》，载《理论探索》2021年第4期，第107~116页。

幕，该法第六章（调查和遣返）内容全部和遣返制度的执行有关，尤其是将可以拘留审查 30 日或 60 日的情形和限制外国人活动范围的情形首次吸纳进法律，可以说是外国人遣返制度立法的巨大进步。但《出境入境管理法》本身仍有一些需要完善的地方。

首先，由于《出境入境管理法》只对《公约》和《议定书》规定的难民权利作了原则性的规定，对其中“不推回”等要求如何转化或适用并没有具体规定，在遣返具体实施过程中可能存在矛盾。难民保护“不推回”原则赋予难民和寻求庇护者不得被强制遣返或推回到令他们生命和自由受到威胁的环境中的权利，当难民和寻求庇护者发生非法居留、非法就业等违法行为后，若其唯一的遣返目的地国是令他们生命和自由受到威胁的，公安机关便不能将其遣送或者驱逐出境，而我国《出境入境管理法》并未规定遣送出境和驱逐出境的替代措施，对于存在违法就业、违法居留，甚至存在其他应被遣送出境行为的难民和寻求庇护者如何处理，我国法律是存在空白的，这实际上造成了执法人员的“执法不能”，影响了法律实施的权威性。其次，在待遣羁押规定上，我国《出境入境管理法》规定了对被决定遣送出境但不能立即执行的人员应当羁押在拘留所或者遣返场所，但并未规定该羁押可复议或者上诉，这就意味着不论任何原因，非正常滞留外国人一旦被决定遣返但无法执行，其必然会被羁押直到遣返条件成熟，并且无任何救济措施，我国对拘留审查规定了期间，却对待遣羁押不区分种类、不分原因、不定期限，此条规定也直接造成了我国非正常滞留外国人收容长期化的问题。

然而，《出境入境管理法》关于遣返制度的最大短板并不在以上两个方面，而是存在于强制出境后的司法救济措施上。我国《出境入境管理法》第 62 条规定，违反本法或者其他法律、行政法规需要遣送出境的可以遣返出境。但该法第 64 条规定，外国人对依照本法规定对其实施的遣送出境措施不服的，可以依法申请行政复议，该行政复议决定为最终决定。依据以上两条法律的规定，外国人可能被遣返的事由并不是规定在同一部法律中，外国人可能因为违反规定了遣返事由的任意一部法律（例如：《境外非政府组织境内活动管理法》《防震减灾法》）被遣返出境，但是外国人并不能获得司法救济，甚至可能错过专业的法律服务，而结合限期出境、行政驱逐出境的救济措施看，情节最轻的限期出境可复议可诉，较重的遣送出境可复议不可诉，最为严重的驱逐出境不可复议不可诉，此产生了最为严重的强制出境措施反而救济途径最少，最为轻的强制出境措施救济途径最多的倒挂现象，这和我们对司法诉讼介入行政原因的理解恰好相反。并且，单纯在《出境入境管理法》中规定遣返出境前的行为不可诉并不当然可以提高我国在执行遣返中的执行效率，根据公安部办公厅2017年印发的《违反〈中华人民共和国出境入境管理法〉行为的处罚裁量基准》，大多数需要采取遣返措施的非正常滞留外国人，均要依法先对其罚款和行政拘留，而该行政处罚行为是可复议可起诉的，非正常滞留外国人便可依据以上规定对拘留和罚款行为进行复议或者起诉。中国裁判文书网显示，2018年，美国公民孙某文因逾期居留被北京市朝阳区公安分局行政拘留、待遣羁押并遣送出境，孙某文不服，认为其逾期居留行为并没有造成实质性危害及结果，针对该行政处罚和行政强制措施，提起了复议，并分别起诉了北京市朝阳区公安分局、北京市人民政府，历经一审、二审、审判监督程序，一直到2021年才走完司法途径。

《外国人入境出境管理条例》。该条例于2013年由国务院常务会议审议通过，共五章39条，为《出境入境管理法》的行政实施办法。《外国人入境出境管理条例》第四章（调查和遣返）规定了公安机关可以根据实际需要设置遣返场所，此为国家移民管理局建设国家遣返中心最直接的法律依据，另外，该条例规定了遣送出境费用承担方式、限期出境的时间等具体遣返事项。《外国人入境出境管理条例》的前身为1986年12月经国务院批准，公安部、外交部公布的《外国人入境出境管理法实施细则》，该实施细则经过了1994年、2010年两次修订，并于2013年被《外国人入出境管理条例》取代。

《外国人入境出境管理条例》同《出境入境管理法》，共同开启了遣返制度立法的新时代，其规定了聘用外国人工作和招收外国留学生的单位有报告外国人一定违法行为的义务，金融、教育、医疗、电信等机构在办理业务时可以向公安出入境管理机关申请核实外国人身份等事项，对及时发现非正常滞留外国人提供了法律支撑。另外，该条例首次在行政法规的层面规定了遣返费用的承担方式，给要求非正常滞留外国人或者非法雇佣非正常滞留外国人的雇主支付遣返费用提供了法律依据。但同《出境入境管理法》一样，《外国人入境出境管理条例》并没有对具体情形进行细化，给公安机关制定具体落实相关规章留下了空间。例如：《外国人入境出境管理条例》第29条第3款规定，由于天气、当事人健康状况等原因无法立即执行遣送出境、驱逐出境的，应当凭相关法律文书将外国人羁押在拘留所或者遣返场所。在限期出境的期限上，《外国人入境出境管理条例》作了细化，2013年9月1日实施的《外国人入境出境管理条例》第33条规定：外国人被决定限期出境的，作出决定的机关应当在注销或者收缴其原出境入境证件后，为其补办停留手续并限定出境的期限。限定出境期限最长不得超过 15 日。但是，《公安机关办理行政案件程序规定》第 250 条第 2 款规定：对外国人决定限期出境的，应当规定外国人离境的期限，注销其有效签证或者停留居留证件。限期出境的期限不得超过 30 日。《外国人入境出境管理条例》作为行政法规，其制定的主体为国务院，《公安机关办理行政案件程序规定》为部门规章，其制定的主体为公安部，前者法律位阶当然高于后者，并且《公安机关办理行政案件程序规定》已经被公安部部务会 2020 年 7 月 25 日审议的《公安部关于废止和修改部分规章的决定》（中华人民共和国公安部令第 160 号）修改过。

3.《公安机关办理行政案件程序规定》

该程序规定属于部门规章，部门规章是否属于法律渊源法律学界尚存争议，本文认为规章属于行政机关落实法律、行政法规的具体规定，具有行政机关内部执行法律、行政法规的工作指引的性质，不能算正式法律渊源，但从遣返制度建设和执行的角度上看，该程序规定依然值得研究。《公安机关办理行政案件程序规定》于 2012 年 12 月 19 日由公安部令第 125 号发布，2014 年公安部令第 132 号对该规定进行了第一次修正，2018 年公安部令第 149 号进行了第二次修正，2020 年公安部第 160 号令进行了第三次修正。令人遗憾的是，虽然该规定已经出台十余年并历经三次修正，但都没有对遣返制度方面的规定，尤其是同《外国人入境出境管理条例》相悖的地方进行调整，所以从遣返制度的建设来说，《公安机关办理行政案件程序规定》的 2012 年版和 2020 年版基本相同。

《公安机关办理行政案件程序规定》在第十三章（涉外行政案件的办理）规定了遣返的非正常滞留外国人的拘留审查、限制活动范围等情形，该部分和《出境入境管理法》十分类似，不再赘述，该规定明确了作出拘留审查或者其他人身自由及限制活动范围的决定后需要向人民政府外事部门、该外国人所属国家的驻华使馆、领馆等的通报的具体要求，并明确了遣送出境的外国人可以被遣送的国家或地区、限期出境的具体事由等。然而，《公安机关办理行政案件程序规定》也有同《出境入境管理法》并不十分贴合的地方，例如《出境入境管理法》第 63 条规定：被拘留审查或者被决定遣送出境但不能立即执行的人员，应当羁押在拘留所或者遣返场所。同样在待遣羁押问题上，《公安机关办理行政案件程序规定》第 248 条规定：被拘留审查的、被决定遣送出境或者驱逐出境的外国人但因天气、交通运输工具班期、当事人健康状况等客观原因或者国籍、身份不明，不能立即执行的，应当羁押在拘留所或者遣返场所。并且《外国人入境出境管理条例》第29条第3款规定：由于天气、当事人健康状况等原因无法立即执行遣送出境、驱逐出境的，应当凭相关法律文书将外国人羁押在拘留所或者遣返场所。《出境入境管理法》并未规定被决定行政驱逐出境的外国人可以待遣羁押，但行政法规和部门规章却明文规定可以对其待遣羁押。《出境入境管理法》规定了违反该法情节严重，但不构成犯罪的，公安部可以处以驱逐出境。由此可见，行政驱逐出境是比遣送出境更加严厉的行政处罚措施，而套用刑法司法中“举轻以明重”的理论，既然遣送出境不能执行时应当被羁押，那么行政驱逐出境不能执行时被羁押也无可非议，尽管“结果不利”，但因其具有优先实用性和法意保护功能，其并不违背“有利归于个人”原则，[1]本文认为，《外国人入境出境管理条例》和《公安机关办理行政案件程序规定》规定的可以将行政驱逐出境而不能立即执行的非正常滞留外国人羁押在拘留所或者遣返场所有所不妥。首先，《出境入境管理法》为全国人大常委会通过的法律，其法律位阶当然高于行政法规和部门规章，其未规定可以对行政驱逐出境但不能执行的非正常滞留外国人进行待遣羁押，则不能在下位法中允许应当对其进行羁押。其次，待遣羁押是一项非行政处罚，不可复议，不可上诉的行政强制措施，且目前我国并未规定时间上限，羁押时间畸长的案例也比比皆是，理论上可以无期限羁押，此类强制剥夺人身自由的措施应当慎用，不能随意“举轻以明重”，否则便有行政权滥用之嫌。

诚然，批评一部法律十分简单，而制定和修改法律却要经过多方面、多层次的努力，一部部门规章的修改尚且需要征求国家部委及其所属各个局甚至其他部委的意见，还要考虑执法实际和社会效果，国家法律、行政法规的修订更是涉及人大、国务院层面的提议表决社会的方方面面的意见，需要对各方利益统筹，关乎重大。然而，立法问题是一个国家法律制度的根基，立法、司法、行政权力在一定程度上达到平衡，司法和执法的程序转换是否畅通和有效，关乎国民对于法治国家的信仰，这要求我们在法律具体制度的制定上不能存在“执法便利”的思想。

### （三）我国遣返制度执行现状简述

国家移民管理机构2021年依法查处“三非”外国人7.9万人，严格按照

---

[1] 柳砚涛：《论举轻以明重在行政处罚中的应用》，载《政治与法律》2015年第8期，第62~74页。

法律规定分别给予警告、罚款、行政拘留、限期出境等处罚，对其中 4.4 万人执行遣送出境，遣返的比例与去年相比上升 21%，平均每天遣返 100 多人。[1]同大多数国家一样，我国的遣返执行也大致可以分为边境发现直接遣返和外管工作中发现遣返两种。前者只存在在边境地区，遣返事由基本只有“非法入境”一项，该种情况下事实比较清楚、适用法律相对简单，经查阅公安网信息，发现该种遣返行为在我国实际遣返人数中所占比例较小。我国主要依靠各地公安机关出入境管理部门在日常工作中发现非正常滞留外国人，并按照《公安机关办理行政案件程序规定》《违反〈中华人民共和国出境入境管理法〉行为的处罚裁量基准》等对当事人、相关单位的主管人员和其他直接责任人员等进行罚款、拘留等措施，并对当事人出具《遣送出境决定书》等文书后，进一步依法确定其遣送费用的承担方式，送至退运交通工具或者遣返国口岸进行完成遣送工作（例如：我国针对某省存在的大量某国籍非正常滞留外国人，会由该省公安出入境管理部门同某出入境边防检查总站提前协调遣返事宜，并由该省出入境管理部门直接负责将该批非正常滞留外国人运送至与我国接壤的出入境口岸完成遣返工作）。执法实践中，遣返工作不同于普通的拘留、罚款等行政措施，遣返一旦执行，行政相对人便离开我国并且在一定时间内不得重新进入，不但要考虑传唤、调查、讯问、取证等执法程序的合法性，也要考虑相关程序执行的可操作性，同时兼顾退运航班起飞时间、口岸开放时间等，从这个角度说，每天遣返 100 多人是一项非常显著的行政执法成绩，执法人员亦为此付出了大量艰辛的努力。

1. 执法对象成分较为复杂

从国籍上讲，遣返对象分为有国籍外国人和无法查清国籍外国人，前者法律适用较为简单，只要其国籍国等遣返目的地国可以接收该非正常滞留外国人，便不存在过多的遣返障碍，对于后者，《出境入境管理法》第 60 条第 3 款规定，对国籍、身份不明的外国人，拘留审查期限自查清其国籍、身份之日起计算。该条规定也是造成我国待遣人员长期羁押的主要原因。

然而，后者可能是非正常滞留外国人故意隐瞒国籍而逃避遣返或者其本国国籍管理混乱而造成从法律上无法认定其国籍归属，对于故意隐瞒国籍而逃避遣返者，对其拘留审查固然有效，但对于从法律上无法认定其国籍者，确认其国籍可能需要漫长的外交交涉解决，或者根据《公安机关办理行政案

---

[1] 《国家移民管理局发布 2021 年移民管理工作主要数据》，载 https://www.nia.gov.cn/n897453/c1468017/content.html，最后访问日期：2025 年 3 月 19 日。

件程序规定》第247条之规定，将该外国人遣返到国籍国之外的其他国家，遣返执行之前并不能将其放归社会，由此造成畸长的拘留羁押。从遣返事由上看，可以分为“三非”外国人和其他非法外国人，前者是指在我国非法入境、非法居留、非法就业后依据《出境入境管理法》被遣返出境的外国人，后者则是指根据《出境入境管理法》第62条，可以依法对并非“三非”外国人但违反了其他法律法规（如：《反间谍法》第66条规定，境外人员违反本法的，有关机关可以依法限期出境、遣送出境或者驱逐出境）的外国人可以决定遣返出境，从非正常滞留的意愿上来讲，遣返对象分为主动非正常滞留和被动非正常滞留两种，后者主要是被犯罪活动裹挟而被迫来到我国的外国人。例如，2016年，昆明公安机关破获一起跨国拐卖越南妇女案，该团伙犯罪嫌疑人75名，组织非法入境的越南妇女达32名，涉案金额高达300多万元。又如，2019年2月，在昆明铁路公安局成功破获的“2017.9.3”拐卖妇女案中，警方陆续抓获该案犯罪嫌疑人31名，解救被拐越南籍妇女19名。[1]以上案例中的越南籍妇女便是被迫成为非正常滞留的外国人。被迫成为非正常滞留的外国人不含主观恶性或恶性较小，甚至是由于我国公民的犯罪行为而被迫非法入境我国。

2. 执法客观环境较为多样

同我国接壤的国家有14个，出入境的口岸有海港、空港、陆路，应该遣返的行为可能发生、发现于外国人居留、就业、出境的任何时刻，遣返执法客观环境复杂而多变。同我国接壤部分国家社会管理、法治建设、经济发展水平均较落后，执法客观环境要求我们在按照《出境入境管理法》执行遣返的大前提下，要紧密结合执法客观环境。例如：在认定边民是否非法居留时，各地存在明显差异，主管机关在实际工作中通常按照对等原则来认定边民非法居留的事实。如，缅甸克钦邦允许边民停留13晚14天，而掸邦仅能停留6晚7天，越南允许东兴的边民停留3天，凭祥的边民停留1天。我方也采取对等的停留时限，超过期限就认定为非法居留。另外，我国在空港出境检查时会发现有外国人非法居留而未被公安机关出入境管理部门发现的情况，此时出入境边检机关需按照《违反〈中华人民共和国出境入境管理法〉行为的处罚裁量基准》对其进行罚款、拘留，情节严重的，需要遣送出境并确定1年至5年的不准入境时间，而航司飞机起飞时间无法延后，这要求出入境边检机关

---

〔1〕 王东旭：《试论我国非法移民遣返制度的完善路径》，载《西南石油大学学报（社会科学版）》2020年第1期，第40~46页。

极短时间内在符合法律要求、行政机关程序的前提下作出准确的量度判断并做出上述处罚措施，如果阻止逾期拘留外国人出境而采取措施或者程序不当，也可能会引起行政复议或行政起诉。

3. 执法主体业务倾向各有侧重

2018 年国务院机构改革之前，我国公安系统外国人管理部门主要分为三个“线头”：一是归公安部边防管理局管理的现役边检、边管队伍；二是归公安部出入境管理局管理的 9 个职业制出入境边检站；三是归各地公安部门管理的，由公安部出入境管理局业务指导的地方出入境管理部门。其中既有中央垂管单位，也有地方管理单位，既有现役制边检队伍，也有公安编制边检和出入境管理队伍，而在顶层设计上，公安部边防管理局和出入境管理局也是始终各有侧重，体制和业务的不同，天然形成了三支队伍各有侧重的发展倾向，驻在经济较为发达地区、出入境人口成分较为复杂的 9 个职业制出入境边检站更加倾向于执法素质、专业能力水平建设，公安部边防管理局管理的各个现役制边检站大部分地处偏远、出入境人口成分相对单一，其发展更注重队伍稳定、规范保守，而各地的出入境管理部门更注重综合治理、惩防结合。各个队伍的发展倾向一定程度上反映了我国外国人管理环境的复杂多样，然而，外国人管理的全流程是一个整体，各个队伍隔离开来必然造成了部分环节标准不一、执法尺度出现差别，同时造成了外国人管理方面各管一摊，限制了国家层面统一的外国人管理制度的跨阶式提升。

2018 年国务院机构改革极大地提升了我国外国人管理效能，在遣返制度建设方面，国家移民管理局牵头、统筹全国的外国人管理队伍以统一的尺度和力量实现国家遣返非正常滞留外国人的意图，并且从国家层面谋划推动 5 个国家遣返中心高水平建设，实现了遣返制度的跨越式发展。另外，国家移民管理局大力推动“四化”队伍建设，尤其是以检查员等级考试等为平台，积极协调移民管理系统优秀基层民警前往国际移民组织和联合国难民署任职，力求加快形成高素质、专业化、国际化的边检队伍，营造向中心业务看齐的鲜明导向，努力把握改革机遇，努力构建同我国大国地位、“两个一百年”历史维度、世界百年未有之大变局相匹配的“四化”移民管理队伍。

## 七、对我国遣返制度建设的启示

### （一）从狭义法律层面授予行政机关“容忍遣返”自决权

我国在法律、行政法规和部门规章的层面，只是规定了“三非”外国人和违反其他法律和行政法规的外国人可以被遣返，并没有准确规定究竟何种情况属于应被遣返，各地公安机关内部是否有遣返的标准未曾可知。事实上，这主要是我国外管工作的客观环境造成的，我国有着不同于世界大多数国土面积较大国家的实际边界情况，边境地区国土接壤蜿蜒曲折，部分边境交界地区居民没有明显的国界概念，但有着民族、宗族观念，基于我国的边民政策，两国人民通婚、通商、短期违法居留现象十分普遍，诚如上文所述，我国一直将西南边境地区大量无合法居留证件的跨境婚姻的外籍人员纳入常住人口管理。另外，部分通过海路、航空入境我国的外国人一般都有着明确的入境和居住目的，基于我国强大的社会综合治理能力，对其进行精准查控并非难事，可以准确甄别是否其为“三非”外国人，除此之外，遣返政策也受国家安全形势等多方面因素影响。地方公安机关客观上被赋予了较大的遣返自由裁量权，而综合对四国遣返制度的研究，本文认为可以在法律层面授予行政机关对应遣返外国人的“容忍遣返”自决权。例如，在《出境入境管理法》第62条增加一条：外国人有应被遣返的情形，而有特殊情况不能遣返的，层报国家移民管理局批准，可以暂不遣返。在《外国人入境出境管理条例》第四章增加“容忍遣返”的具体情形。在《公安机关办理行政案件程序规定》第十三章增加“容忍遣返”批准的具体程序和相关责任承担方式。如此立法，可以既在最广泛的层面维护法制的权威和统一，也充分考虑到各地的遣返政策执行的客观实际和我国在特殊情况的“容忍”需要，同样兼顾了外国人的违法预测可能性。

授予行政机关“容忍遣返”自决权在外国立法实践中也有先例，例如德国《移民法》第五章规定：根据《德国刑法》第232~232a条，参与犯罪的外国人，即使有强制离境的义务，但只要：①因该罪行需要在德国联邦领土上进行刑事诉讼，被公诉人或刑事法院认为没有该人的信息难以查清事实。②已经和被指控犯罪的人脱离了关系。③宣布愿意作证，则可以获得居留许可。另外，德国《移民法》规定，对于依法被遣返出境的外国人，因德国联邦需要或者其他特殊原因，国家行政机关可以例外地允许其在不被允许入境期间再次入境。

（二）规范待遣羁押措施的使用

我国待遣返羁押法律依据为《出境入境管理法》第63条、《外国人入境出境管理条例》第29条以及《公安机关办理行政案件程序规定》第222条。而我国《出境入境管理法》第63条规定，被拘留审查或者被决定遣送出境但不能立即执行的人员，应当羁押在拘留所或者遣返场所。不同于拘留审查存在限制活动范围的替代措施，我国在法律上确定了需要被遣返的外国人而无法遣返时只有被待遣羁押一种可能。事实上，不加区分、不论任何原因的对应遣返外国人是合法而不合理的，以上文所举的美国公民孙某文因逾期居留被北京市朝阳区公安分局行政拘留、待遣羁押并遣送出境案件为例，孙某文虽然因逾期居留应被遣返，但其事实上对拘留和罚款并无异议，其起诉的主要原因是其被待遣羁押，并因其本人正在北京高校学习，希望可以寻求遣送出境的其他替代措施，以此进行了长达 3 年的行政诉讼。在此案例中，我们认为对其待遣羁押完全合法，但并不十分合理，从裁判文书所列的情况来看，其家庭条件较好，且在北京高校学习，潜逃逃避遣送出境的概率几乎没有，但因法律规定，只能将其遣送前羁押在拘留所，增大了行政成本，耗费了司法资源。另外，待遣羁押无期限、无救济也是显而易见的问题。

本文认为，一律待遣羁押是保证遣返的最简单的方式，但并不是最佳的方式。加拿大、美国均在遣返前设置了评估程序，根据社会危害性、逃避遣返可能性等情况对待遣返人员进行评估，仅对确需羁押的人员实施遣返前羁押，对其他需遣返人员通过定期向社区报告、佩戴有定位功能的电子设备、缴纳保证金的方式保证遣返的顺利进行。本文建议，我国应将《出境入境管理法》第 63 条调整为：被拘留审查或者被决定遣送出境但不能立即执行的人员，应当羁押在拘留所或者遣返场所，但确能确定其没有逃避遣送出境情形的，经作出遣送出境决定的公安机关评估并批准，可以采取替代措施而不予羁押。该措施可以是佩戴有定位功能的电子设备，向社区报备等，也可借鉴我国刑事诉讼中取保候审程序中的保证人和保证金措施，以减少其不被羁押而逃避遣返的可能性。另外，应对待遣羁押人员能否遣返情况进行评估并确定遣返最长期限。羁押是一种事实上的限制人身自由的措施，在法律上不规定羁押最长时间不但不符合法治国家建设的内涵，也造成了行政机关遣返措施实行中长期羁押的问题。本文认为，应视不能遣返的原因（例如：是否因为其本身的原因而短期内无法遣返）而规定最长羁押期限，一旦超期，应选择替代羁押措施。羁押既然不是行政处罚或者行政强制措施，且待遣羁押人员应已接受了行政拘留或罚款的行政处罚，那么应将羁押在拘留场所和措施上予以区分，不能混为一谈，可以在羁押期间赋予非正常滞留外国人多于拘留期间的权利，如允许以家庭为单位共同被羁押的待遣人员共同居住，允许其使用手机、会见律师亲朋等，既可以显示出其是被羁押并不是被拘留，也可以保证被羁押人的身心健康，减少抵触情绪。另外，本文认为应以部门规章的形式给羁押措施设定一个较高的行政审批权限，并且每隔固定时间（例如 60 天）审批一次，以动态管理待遣羁押人员。

（三）完善遣返执行中的司法救济

诚如本文在我国遣返制度的国内法律渊源中所述的，遣返措施是唯一的强制外国人离境的行政措施，由轻到重分为限期离境、遣送出境、驱逐出境，情节最轻的限期出境可复议可诉，较重的遣送出境可复议不可诉，最为严重的驱逐出境不可复议不可诉，由此产生了最为严重的强制出境措施反而救济途径最少，最为轻的强制出境措施救济途径最多的倒挂现象，而司法救济介入行政处罚的原因便是不能放任较重的行政处罚措施由行政机关“垄断”，从这个角度讲，我国遣返制度的司法救济设置恰好与司法救济介入行政处罚的原因相反。

本文认为，考虑到强制外国人离境措施的特殊性，即使要限制非正常滞留外国人行使司法救济权利，以确保非正常滞留外国人可以在短期内被遣返出境，也应对具体情况予以区分。一方面，我们可以参考美国，将遣返作类似行政遣返和司法遣返的划分，将符合在边境地区发现的且没有正常入境手续、在边境地区被发现且已经逾期居留 30 日以上等情况列入类行政遣返范围，一旦符合遣返条件，可给予其目前法律规定的司法局救济措施，甚至不给予其任何救济措施而直接遣返，对在其他地区被发现，其已经有较久的非法就业、居留等情况的，考虑到其社会关系（例如：其已经成立家庭并生育子女）、金钱往来比较复杂（例如：其可能持伪假证件非法就业或者和其他不知情我国公民存在合同关系，其直接被遣返可能会使我国公民、其雇佣者或其本人有金额较大的损失），应给予其比现在规定的更多的司法救济权利，除了赋予其对本身被遣返的措施的行政诉讼的权利（应规定该行政诉讼将采用简易程序审理或者纸面审理），应视其存在的社会和金钱债务关系，容许其一定的居留时间，使其社会关系人能有机会行使自己的权利。另一方面，我国规定拘留审查和限制活动范围的救济措施只能是行政复议而不能行政诉讼，本文认为并不妥当，虽然拘留审查并非行政处罚，而是一种为了调查其是否属于应被遣返人员而采取的行政强制措施，但根据《出境入境管理法》的规定，拘留审查期间可达最长 60 日，而我国《治安管理处罚法》规定的行政拘留最长 20 日，针对比最长行政拘留时间长 40 日的限制当事人人身自由的措施，只能获得更少的救济途径，应予以调整。

### （四）对非正常滞留外国人予以区分

本文曾将日德美加四国对待遣人员作出准确分类而作出不同的遣返分类是四国遣返制度建设中一个显著的优点，事实上，我国符合应被遣返条件的外国人种类也是多种多样的，例如，有些东南亚妇女被拐卖到我国，有的被迫违法从事色情行业，有的被诱骗到经济欠发达地区同当地人结婚，而被拐卖的妇女，有的已经同我国公民存在事实婚姻多年并且生育子女，其可能已经被当地社会关系所接受，有些外国人进入我国则是为了实施非法就业活动或其他违法活动，也有外国人在我国已逾期居留 1 年以上，应予以遣返，但其已在国内上学或者合法就业，其合法纳税并积极遵守我国法律，其主观恶性不强，有可能转化为合法居留，甚至为我国经济发展作出了一定贡献，有些外国人明知两国存在明显的边界地区，其采取极其隐蔽的方式进入我国，而另一些外国人居住地区，两国边民有通婚的传统，并时常一起前往内地地区务工等。对以上情况，都应予以准确区分，以采取不同的拘留审查、待遣羁押等措施。

本文认为，《出境入境管理法》规定了可以遣返的情形，这给行政法规和部门规章规定具体应予以遣返的情形留下了空间，而作出准确的区分也是人性化执法所必需的。本文建议，应在《外国人入境出境管理条例》中对主动非法进入我国和被动非法进入我国，在我国内非法居留的具体动机、表现、家庭成员情况、违法犯罪情况作出准确区分，以将非正常滞留外国人区别对待，其中没有其他违法行为的，对我国作出了一定贡献，有家庭、子女、上学等其他居留利益的，应考虑是否对其实行遣返替代措施。另外，应参考我国追究刑事责任时所考虑的诉讼时效制度，对于部分已经长期违法居留外国人，在其没有其他违法犯罪行为并且存在结婚生育等特殊情况时，应在较高的行政机关等级考虑是否应授予其合法的居留身份，以上主要基于以下几点考虑：一是强行遣返会破坏非正常滞留外国人在我国居留已形成多年的社会、亲属关系，其因为在我国国内有配偶和子女也可能出现“遣而复返”的情况；二是强行遣返个别已经结婚生育多年且无其他违法行为的非正常滞留外国人，对于国家层面并无益处，无法起到任何警示教育作用，并且极易引起新的社会问题；三是若给予非正常滞留外国人合法的居留身份并且赋予其一定剥夺其身份的条件，更容易对其进行管理，并且彰显了我国法律人道主义的一面。另外，本文认为将遣返制度规定在《出境入境管理法》和《外国人入境出境管理条例》中并不妥当，遣返制度应属于外国人在我国居留的范畴，待我国制定《外国人居留管理法》时，应及时将遣返制度迁移至新法并作出进一步细化。

（五）加强自愿遣返制度建设、增强国与国之间合作

国际合作是遣返制度执行重要的一环，没有待遣目的地国的配合，遣返极易出现“遣而复返”“边遣边返”的情况，很难实现我国遣返制度长期化、社会化的目的。本文之前提到，美国和加拿大、墨西哥为了遣返的顺利执行签订了多份双边协议并采取了切实可行的共同行动，而德国为了其已经实行了40多年的自愿返回制度顺利执行，其在国家层面同全球100多个国家建立的国际合作，通过向目的地国家定期提供一定的资金和医疗、住房补贴，促进了越来越多的非法移民自愿返回其国家。

毫无疑问，自愿遣返无论从执法效果、人身风险、人权保障、国际舆论方面都是比强制遣返更有效的方式，但自愿返回制度更需要同目的地国家进行国与国的合作，且需要比强制遣返更多维度的制度建设。

参考日德美加四国遣返制度的国际合作成果并结合我国实际，本文认为，我国可以从国家层面统筹建立一套包含我国各地公安机关外国人管理部门、我国驻外国使领馆、非正常滞留外国人等多方主体在内的自愿遣返的制度，同非正常滞留我国人数较多的外国人国籍国建立一套完善的自愿遣返合作制度。一方面，国内由各地公安机关外国人管理部门将非正常滞留外国人进行区分，通过各种政策鼓励非正常滞留外国人自愿离境，并给予其一定路途补助，告知其自愿返回国籍国的优惠政策，向其表明如果其返回其国籍国，我国驻在该国的使领馆将在其抵达该国的1年或者在较长的一定时间之内，分多次向其本人提供一定的经济或其他援助。另一方面，在国家层面协调其国籍国给予自愿返回者一定的社会保障，以此可以确保其返回后长期在其国籍国居住，并可能会形成一定的社会关系从而打消其遣而复返的计划，若非正常滞留外国人接受自愿遣返费用后不自动离开我国或者返回该国后又非法越境进入我国，应将其列为不可信任外国人名单，并采取更加严厉的强制遣返措施，以至给予其刑事处罚。虽然鼓励自愿返回可能付出的直接经济成本较高，并且外国人可能存在为了得到我国政府遣返补贴而专门非法越境我国的情况，但如果比例恰当、措施妥帖、及时调整，其综合收益比风险更高。另外，从我国执法实际上讲，我国从内地省份运送1名东南亚籍非正常滞留外国人到西南边境并遣送出国，其虽然可以确保短时间将非正常滞留外国人送出国门，但其中的执法成本、经济成本、时间成本、人员成本、审查拘留风

险、非正常滞留外国人在审查拘留和运送期间的健康和生命风险、非正常滞留外国人的遣而复返问题是无法忽视的。

## 结　语

党的十八大之后的多年里，我国遣返制度的发展乘着全面深化改革的国家快车，在法律建设、体制建设、执法效果方面均有了上台阶式的发展。2018 年，国家以强烈政治担当和时代担当推动的国务院机构改革，为遣返工作的开展提供了最广阔、最坚强、最可靠的体制支撑，国家移民管理局审时度势推动的国家遣返中心建设，亦是十分具有前瞻性、务实性的具体举措，相信遣返制度将会进一步在党的二十大的理论创新成果的指引下，进一步建强“四化”遣返队伍，推动遣返制度走上法治化、现代化、信息化的国家建设快车道。

简单来说，遣返制度的法律建设和体制建设并不复杂。正由于此，国内外学者和专家往往是在研究移民法、国际法时将遣返制度顺带一提，几乎没有做过专题研究，核心期刊也从未刊发过研究遣返制度的论文。然而，通过对国内外遣返制度法律渊源、四国遣返制度历史和特点、被遣返人员的定义、遣返制度执法现状等方面的学习分析，发现了遣返的法律位阶、拘留审查、待遣羁押、司法救济、民间参与、自发返回、国际合作等多个值得深入研究点，这些研究不仅有意义、有必要，而且是跳出移民系统看遣返制度，借鉴其他国家遣返制度建设看我国遣返制度，在全面推进依法治国的角度看遣返行政执法权建设中必不可少的。由此推开来看，即便在法律和规范上只有寥寥数字，出入境边防检查工作中方方面面的细小之处都可以也值得深入研究，值得将之放在学习贯彻党的创新理论成果、推动国家治理体系和治理能力现代化、我国独特的体制和制度优势上解剖、分析、研究。

# 中国法学教育目标与路径的悖反与关系重塑

梁玉霞*

**摘要**：全国法律职业资格考试（简称“法考”）很大程度上已成为当下法学教育的职业化目标。但是，从统一司法考试到法律职业资格考试这些年来，该考试制度已经呈现出一些问题：20%左右的通过率与法学毕业生不成比例；过低的通过率是法学学生就业难的重要因素；疑难偏怪的法考知识，与法律实践和职业需求存在偏差；国考级别的法考缺乏配套制度支持等。中国在全面建构自主知识体系的当下，亟须明确法学教育目标，重塑法律职业路径，如强调法学教育的双重属性，完善法考制度，明确法考的目的，提升法考通过率，改革考试内容和方式，增加法考通过后的法律实务研修，改革法律人入职检法司机关的条件和方式等。

**关键词**：法学教育；法律职业；法考；职业路径

关于中国法学教育的目标定位，一直存在职业教育与素能教育的争议或者困惑。相关的问题是：法学教育是应坚持以通识教育为主，还是以职业化为导向？是以人文素质教育为主，还是以专业教育为主？[1]多年来，法律职业资格考试（以下简称“法考”）已经深深影响着中国的法律教育。有些法学院系特别是应用型高校，法学教育直接以法考为指挥棒，追求法考通过率，走职业化办学路径；有的法学院系如“五院四系”强调宽口径、厚基础的法

---

* 作者简介：梁玉霞，女，法学博士，喀什大学法政学院教授，暨南大学法学院教授，硕士生导师。

[1] 相关讨论在恢复中国法学教育30年的2007年、2008年最为盛行。参见方流芳：《中国法学教育之追问》，载《朝阳法律评论》2009年第1期，第49~62页。方流芳教授还认为：我国法学教育的弊端源于过度管制和过度放任这两种表面对立而实际互为因果的极端倾向。李先波：《法学教育的悖论及改革》，载《法制日报》2007年10月28日。符启林：《重塑法学教育的精英使命》，载《法制日报》2007年9月2日。葛洪义：《法学教育改革的路向》，载《法制日报》2007年5月13日。谭世贵：《我国法学教育的改革与重塑》，载《法制日报》2007年3月18日。徐显明：《从专业到职业：法学教育亟待转型》，载《检察日报》2008年3月18日。

学素能教育，法考只是学生自己的事情。这种对待法考的不同态度至今依然深深影响着法学教育。

## 一、法学教育职业化目标——法考

我国从1986年开始律师资格考试，2002年取消律考，开始将律师、法官、检察官职业资格证书考试合并为国家统一司法考试。2018年，国家将司法考试改为国家统一法律职业资格考试，将该考试范围扩大到更多从事法律职业资格的人员，包括律师，法官，检察官，公证员，立法人员，刑事警察，从事行政处罚、行政复议、行政裁决的行政执法人员，法律顾问等，这些人员需要参加并通过法考获得法律职业资格证书后才具备执业条件。

从司考到法考至今已有20余年，从制度设计到大众认知，该考试已经成为法学教育通向法律职业的必由之路。有人认为，中国的法学学历教育产出的只是一种“半成品”或“毛坯”。作为一门应用型学科，法学教育的基本目标应该是培养应用型法律人才。法律人才的培养实际上包含了法律学科教育、法律职业教育、法律职业资格制度和准入考试制度、法律实务培训制度和终身化的法律继续教育等制度。国家统一法律职业资格考试制度的确立和实施，是我国法律职业共同体建立的起点。〔1〕这就是说，法律学科教育只是第一步，法考是迈上职业化的关键，法学教育的效果或者水平，客观的目标还是法考通过率，因为通过了法考才能进入法律职业。

所以，无论是法学本科、硕士还是博士教育，除少数面向法学教育或研究的职业外，都必须通过法律职业资格考试才可以进入法律职业。这个入职门槛是职业化的，因而可以说，法学教育的目标面向也是职业化的。法科毕业生，无论有怎样好的人文素养、专业素质和操作技能，只要过不了法考这一关，基本上是进不了法律职业的核心领域的。

## 二、法考——不能承受之重

从国家到社会，被寄予无限美好期望的法考，实际上根本无法承载法律职业的现实之重。就法律职业而言，法律职业资格证书如同千金难求的空头支票，无则不可，有则未必可。千军万马过法考独木桥，要么纷纷落水而亡，要么上岸后怅然若失，只有少数人如愿以偿。现行的法考制度，呈现的是法

---

〔1〕 参见霍宪丹著：《法律教育：从社会人到法律人的中国实践》，中国政法大学出版社2010年版，绪论、第34页。图书作者是司法部主管法学教育的司长，其观点实际代表了当时官方的看法。

律职业路径与目标的反向设计。

（一）20%左右的法考通过率，与法学毕业生不成比例

法学学历教育，是法考的基础。法考报名条件之一就是获得法学本科或以上学历。但是，现行法考制度，却在全盘、整体贬损法学教育。法考的起点就注定了它无法达到法律职业的终极目标，道路不能通向远方。

全国法学院系最新数字不详，在2018年时全国1237所高等院校中，开设法学院系的有634所。据不完全统计，2023年法科毕业生总数约26万人，2024年法学毕业生总数约26.89万人，其中，本科毕业生约16.5万人，法学硕士毕业生约4.5万人，法律硕士毕业生约5.5万人，博士毕业生约0.39万人。

根据历年数据来看，法考通过率一般在20%左右，有时在个别地区、个别学校可能会超出这个平均值。这些通过法考的人员，有往届法科毕业生，有按照老办法有资格应考的其他专业毕业生。历年法考报名人数和近三年通过率见表：

**表1　历年法考报名人数及通过率**

| 年份 | 报考人数（万） | 参考人数（万） | 通过率 |
|---|---|---|---|
| 2002 | 36 | 32.4 | 6.68% |
| 2003 | 19.7 | 17.1 | 8.75% |
| 2004 | 19.5 | 16.9 | 11.22% |
| 2005 | 24.4 | 20.7 | 14.39% |
| 2006 | 28 | 24.1 | 17% |
| 2007 | 29.4 | 24.9 | 20% |
| 2008 | 37 | 31.1 | 27% |
| 2009 | 41 | 35.3 | 22% |
| 2010 | 39 | 32.6 | 20% |
| 2011 | 41.5 | 34.7 | 11% |
| 2012 | 40 | 33.2 | 10% |
| 2013 | 43.6 | – | 10% |
| 2014 | 45.4 | – | 10% |
| 2015 | 48 | – | 10% |

续表

| 年份 | 报考人数（万） | 参考人数（万） | 通过率 |
|---|---|---|---|
| 2016 | 58.8 | – | 14% |
| 2017 | 64.9 | – | 16% |
| 2018 | 60.4 | – | 19% |
| 2019 | 60.6 | – | 21% |
| 2020 | 70.8 | – | 23% |
| 2021 | 71.89 | – | 24% |
| 2022 | 81.6 | – | 19% |
| 2023 | 86 | – | 18% |
| 2024 | 96 | – | – |

**表 2　2018-2020 年法考主客观题通过率及领证人数**〔1〕

| 年度 | 客观题通过率 | 主观题通过率 | 整体通过率 | 客观题报考人数（万） | 主观题报考人数（万） | 实际领证人数（万） |
|---|---|---|---|---|---|---|
| 2018 | 32% | 63% | 19% | 60.4 | 18 | 11.41 |
| 2019 | ≈30% | 52% | 21% | 60.66 | 25 | 12.94 |
| 2020 | ≈28% | 54% | 23% | 70.6 | 30 | 16.2 |

### （二）过低的通过率是法学学生就业难的重要因素

20 余年来，法学专业毕业生就业率一直偏低，这与法考制度不无关系。除了少数从事法学教育与研究的博士、硕士毕业生外，法科生要在行业内就业，首先要过法考，即使是硕士、博士也不例外。法学本科生在大四即有资格参加法考，一些学校为了提升法考通过率，直接将课程设计与法考对应。即便如此，仍然有大多数毕业生无法通过法考。公检法等公务员招考岗位一般都要求通过法考者才有资格报名，这就将一大批毕业生排除在外。即便是法考通过的学生，还要考公考编才能进入体制内的司法机关工作，而这个难度也不亚于法考。那些毕业时放弃法考而首选考研者，如果顺利上岸，也算就业，法考就延缓到读研期间，但研究生上岸者仍属少数。本科毕业时选择考公考编者，通常是选择基层的非法律岗位或者中小学教师，但是公务员、

〔1〕 自 2018 年法考改革以来，官方不再正式公布通过率；上述两个表格内容均根据权威媒体公布报考人数和司法部公布领证名单汇总统计。

事业编成功率也非常低。

毕业后三年内能够通过三大考（法考、考公考编、考研）其中之一者就算幸运。法科毕业生学了四年法律，如果毕业后不能从事法律相关工作，他们能去做什么？做钳工？做市场营销？搞运输？开出租？现行法考，实际上剥夺了大多数法科学生执业的资格，成为走向其他行业的边缘人士。许多毕业生选择“家里蹲”，在家备考二战三战。对于普通家庭来说，这无疑会带来巨大的心理和经济负担。

（三）疑难偏怪的法考知识，与法律实践和职业需求存在偏差

法考命题存在着一些偏僻、夹缝、零碎的题目，这与法律实践和职业需求存在偏差。早些年的律考和司法考试出现一个奇怪的现象就是，非法学专业的考生比法学专业考生更容易通过，许多理、工、农、医的毕业生拿到法律执业资格证却不会办案，法学毕业生大多却不易取得入职资格。

就法考的知识性而言，80%左右的法学毕业生无法通过考试；若就法考的职业性、技能型来看，让具有多年审判、检察业务经验的资深法官、检察官，多年执业的律师，参加法考的主观题考试，通过率也未必能超过20%。

（四）国考级别的法考缺乏配套制度支持

法考被称为“全国第一大考”，原因是其题量大、题目难，内容庞杂，涵盖了国家全部法律体系的主要方面和法学基本内容，而且是一考定终局。近年虽分为客观、主观两次考试，但每次都还是全科式考试，只是题型不同。但是，这个国家级大考，却孤立无援，没有相关制度机制给予配套。

（1）法考与法学应届毕业生就业之间缺乏应有的制度阶梯。每年法考时间是在本科生大四的上学期，学生尚未修完本科课程，或者即将进入毕业实习。尚未学完本科全部课程，或者还没有经过专业实习，从法考的全面性和实务要求看，应届本科生是不具备应试要求的。国家虽然允许此时即将毕业的法科生参加法考，但对于学生而言，这更像是自我挑战般的尝试，能考过最好，考不过即为正常。国家必须给予法学本科毕业生就业的台阶，允许他们先就业，而不能直接将通过这个考试，作为应届毕业生入职法律行业的必经门槛。目前的制度设计，正是抽掉了法学本科生毕业后的第一个就业台阶，将庞大的法学本科毕业生群体推向了一个法学教育与法律职业之间连接不上的断裂带。

（2）考取法律职业资格也不能直接入职公检法机关，还要参加公考。第一国考之后，要想入职司法体制内从事法律职业，还要与其他专业人士一样

参加公务员考试。双重大考，对于法学毕业生来说，是极其沉重的负担。法考之后，为何不能免除公务员考试呢？这是各部门之间出现的矛盾与不协调，在法考后没有配套制度保障进入司法机关。

（3）法考通过后缺乏入职行业部门的实务训练。检法司及律所是法律实务部门，法考通过者依然属于职业入门者，与法学专业毕业不经法考直接进入法律部门基本相同，依然要在入职的部门经过职业培训方能办理案件。就此而言，对于法科毕业生尤其是法本学生，法考的专业提升意义并不明显。

## 三、明确法学教育目标，重塑法律职业路径

### （一）明确法学教育目标

法学教育目标是统领法学教育走向的指南针。法学教育在本质上具有双重属性，既有教育属性，又有法律职业属性。法律人的人文素养、宏观思维、综合质素、家国情怀，并非考试所能检验出来的，缺乏人文素养的法律人通常只能成为工具人、法律工匠或者机械办案的能手，而不可能是法律家。所以，法学教育中的人文与科学素养教育、法学理论基础、基本原理教育、法律方法与思维训练等通识、基础教育是不可缺少的。但同时，法学教育又必须能够适应法律职业的现实、客观需要，将法科生培养成为社会的有用之才，成为法律职业精英。所以，法学教育培养的是应用型法律人才，这包含了思想和技术的双重属性。就此而言，法考与法学教育并非对立的。但是，中国法学教育如果要以法考为导向，那么，法考必须进行重大改革。

### （二）完善法考制度，重塑法律职业路径

中国正在走向依法治国，法律人不是多了而是远远不够。现行制度设计上的法考，不能解决国家对法律人才之所需，不能解决法学毕业生就业这一国计民生，不能准确衡量法学教育的质量和水平，不能解决公检法司对法学优秀人才的选拔使用，没有构建完善的法律职业制度，绝大多数法科毕业生毕业后无处可去，学校教育与法律职业完全脱节，经过法考后大多数人依然无法进入公检法司体制，只能源源不断涌向律师事务所，造成体制外人员过剩。因此，完善法考制度，重塑法律职业路径是十分必要的。

1. 重构法考的意义，放宽法考通过率

统一法律职业资格考试，是德日国家的创建。为何要考试，或许是在资本主义国家各大学都是独立设置专业和课程，官方没有统一的学术和培养标

准，国家为统一法律人才质量标准而设置[1]。但是，中国大学从办学资格审批、专业设置、课程体系、人才培养标准等都有统一的要求，本科院校要经过严格的合格评估、审核评估，硕士、博士点审批严格。按照习近平法治思想和中共中央的决策指引，中国法治应当走符合中国国情的特色发展道路。在我国，统一法考的意义，根据上述分析，不应当是职业人才选拔，而应当是对全国600多所法学院系人才培养质量的统一检测。因为各高校法学院系中法学师资力量等可能存在差异，法学本科生毕业后，参加全国性考试，有利于检测办学质量，其他应考者通过考试检测是否达到了国家统一的法律知识水平。

基于这样的法考目的，国家法考应当大大提升通过率，达到80%~90%这样的标准，才是对全国法学教育的应有尊重和认可。在教育主管部门的各种监控之下，高校法学教育整体上是值得肯定的，少数质量偏低的法学院系，通过统一法考的检测，也可以给予警醒和敦促改进。传统上司法考试通过率极低的德日国家，也在改革提高其考试通过率，如日本新司法考试施行的目的是希望大大提高考生的通过率，按照预定方案，法科大学院系毕业生的通过率应在70%以上。这种改革对我国也是很好的启发，中国完全没有必要走日本的老路。

通过提高法考的整体通过率，让多数法科毕业生取得职业资格证，毕业后可以直接就业，将法学教育与职业资格对接，拓宽法律职业的入职门槛，不用修改现行《法官法》《检察官法》和《律师法》等，国家、社会可以在此范围内，结合综合素质等选拔使用法律人才。

2. 改变法考内容和形式

法考的内容。法考内容应当是法学专业的基本知识、基本原理和专业思维方法，是对国家法律体系和制度的全面了解，是全科式、体系化的法律认知。所以，法考不能出偏题、怪题，要专业化、常规化，题量可以大，铺设面广，但是难度小，重点检测法科生的法律知识面。

法考形式。考卷可以采用医师、会计师等考试方式，分科目，逐步考试。法考试卷可以分为如下模块：法学理论模块，刑事法模块，民商法模块，行政法模块，国际法模块。允许本科期间即可参加部分模块科目的考试。

3. 增加法考通过后的法律实务研修

法律实务研修是法学教育与法律职业对接的重要环节，在德日国家是与

---

[1] 国外大学通过国际学术机构的QS排名而获得社会的认可。

法考配套的制度。我国借鉴了德日的法考制度，却无理由地丢弃了法律实务研修，导致法学教育与法律职业之间的断裂。有人因此指责法学教育书面化、法条化，使得大学教育现在不注重专业基础而转向实务操作。法考加入大量主观题，以为这样就可以让通过者在入职检法司机关或律师、公证行业就可以直接上手办案，把法考搞得不伦不类，让社会对法考寄予不切实际的厚望，而实际上，过了法考的人仍然不能独立办理法律业务。所有这些问题，都源于在制度设计上，缺少了法律实务研修的重要环节。

所以，中国迫切需要的是建立法考之后的法律实务研修体系。日本的司法研修制度较为成熟，司法研修所隶属于日本最高法院，是日本法律家职业培训的主要基地。在司法研修中，司法修习生主要学习民事审判、刑事审判、民事辩护、刑事辩护以及检察等 5 个应用性较强的科目，另外也学习一般教养性科目。研修所的指导教官由各专业的专家，如法官、检察官以及律师担任。其中担任教官的法官和检察官应完全离开现职，专任司法研修所的教官。〔1〕

中国可以在全国以省、市、自治区为依托，设立法律实务研修学院。由中央政法委牵头，联合最高人民法院、最高人民检察院、司法部共同承办。中央机关指导各省、市、自治区设立、组织、开展法律实务研修，招生对象为通过法考的人员，培训期为一年，对考试合格者颁发毕业证。这种考试，也以多数人通过为宗旨，避免形成对人力资源的压榨和浪费。培训费用采用公办高校硕士研究生一年的收费标准，师资从具有法学本科以上学历退休的法官、检察官、律师、仲裁员、企业法务、高级合规官等人士中招募。培训内容应当包括刑事审判、检察、辩护业务，民事审判、诉讼代理、调解、仲裁业务、企业法律实务，行政审判、复议、诉讼代理业务等。学员全面学习，成绩和综合素质优异者，培训学院将向用人单位优先推荐。

这种培训学院将会成为法律人职业共同体建构的摇篮或孵化器。其实在此之前，除了大学给了法律人共同的学习机会和学术术语外，职业化的思维和技术，基本上是在各自培训学院训练完成的，有法官学院、检察官学院和律师学院，各自为政，法律职业共同体难以形成。所以，对于司法案件处理的认知和评价，难以形成共识。

---

〔1〕 龚刃韧：《关于法学教育的比较观察——从日本、美国联想到中国》，载《北大法律评论》2001 年第 1 期，第 118~179 页。

4. 改革法律人入职检法司机关的条件和方式

经过了高等法学教育，通过了全国统一的法律资格考试，再经过一年的法律实务研修，法律职业者无论在专业上，还是多年累积的法律素养、政治觉悟、对社会的认知等方面，都会形塑成社会主义法治的特有品格。对于这样的人入职国家机关、司法机构或者国企等，是完全无须参加考公考编等职业考试的，仅仅通过组织人事部门政审、考核面试即可入职。因为公务员类考试的内容与本专业要从事的专业工作没有关系，每年浩浩荡荡的考公、考编大军，无谓消耗了年轻人太多的青春岁月和心智，形成太多人力资源的浪费。

# 法律哲学

# 目的论扩张及其与类推概念的厘清

郑易通 *

**摘要**：以“法律文义狭隘”作为目的论扩张概念的独特属性，既无法有效说明目的论扩张存在的必要性，即适用前提；也无法证明与其他司法技术的内涵相比其具有独特性，特别是外延上能与类推适用有效区分。通过梳理已有的辩护主张发现：这些辩护主张要么是对基本概念认识有误，要么是囿于旧有的分析视角，都无法准确揭示目的论扩张概念的内涵。但是其也提供了证明目的论扩张存在必要性的思路，为明晰目的论扩张内涵的独特性奠定了基础。由此，对法律漏洞类型的重新划分和法律规则的逻辑分析，可以发现目的论扩张内涵的独特性在于仅扩大了法律后果的类别和明确性。外延上不仅与类推适用的说理要求和目标各不相同，而且在逻辑上并不涉及后果的适用范围。

**关键词**：目的论扩张；漏洞填补；法律后果；类推适用

目的论扩张概念的合理性正面临着越来越多的挑战。这些挑战主要集中在两个方面：第一个方面是直接否定目的论扩张概念的存在，认为这只是一种对实践无益的概念游戏，目的论扩张没有适用前提即存在的必要性。[1]第二个方面是将目的论扩张视为其他司法技术，认为所谓的目的论扩张要么就是目的解释，[2]要么就是类推适用，[3]强调目的论扩张的内涵不具有独特属性，因此其外延与其他方法重叠。总体而言，这些研究欲通过对目的论扩张概

* 作者简介：郑易通（1996年—），男，河南郑州人，澳门科技大学法学院，法学博士研究生，研究方向：法哲学和法学方法论。

〔1〕 参见黄维幸：《现代法学方法新论》，三民书局2014年版，第114页。

〔2〕 参见姜涛：《后果考察与刑法目的解释》，载《政法论坛（中国政法大学学报）》2014年第4期，第105页。

〔3〕 参见纪海龙：《法律漏洞类型化及其补充：以物权相邻关系为例》，载《法律科学（西北政法大学学报）》2014年第4期，第85页。

念内涵和外延的反驳，揭示其概念结构的缺陷，消解目的论扩张概念的合理性。

虽然当前学界在一定程度上对目的论扩张概念的疑问进行辩护，但是这些辩护的可靠性和说服力仍略显不足。基于此，本文尝试着对目的论扩张进行一个系统的思考和回答：一方面是梳理出对目的论扩张提出的疑问，并指出现有为其辩护方法的不足；另一方面则是通过对这些疑问进行回应，厘清目的论扩张的含义，明确与其他司法技术的区分，为目的论扩张概念的合理性辩护。

## 一、"目的论扩张"受到的批判及其辩护

虽然关于目的论扩张的一些基本观点在学界已经达成共识，但是仍有学者提出异议。他们借助现代哲学、逻辑学等学科知识作为理论工具，对目的论扩张概念的合理性进行挑战。针对他们提出的关于目的论扩张内涵和外延的疑问，有学者虽然尝试为目的论扩张辩护，且辩护效果有待商榷，但不乏有益启示。

### （一）对"目的论扩张"传统概念的批判

在传统理论里，德国法学家拉伦茨（Larenz）将目的论扩张总结为制定法内法续造的方法。就其内涵而言，目的论扩张是通过非类推的方式，将过于狭窄文义扩张适用到待决案件中。当两个案件的关键事实完全不同时，为了避免不公正的结果出现，通过制定法目的将这两个事实构成要件完全不同的案件予以相同的法律评价。〔1〕从其外延来看，目的论扩张既不同于目的解释，也不同于类推适用。其与前者存在"文义界限"的区别，两个概念的性质并不相同。与类推适用的区别在于：首先，就案件事实而言，类推适用是基于两个案件的关键事实类似，进而推定两个案件的法律评价也应一致。〔2〕而目的论扩张则相反，其是在两个案件事实要件不同的情况下才予以考虑的方法。其次，就正当性依据而言，类推适用是司法平等原则"类案类判"的体现。〔3〕目的论扩张主要依据的是可以被查明的规范的目的，或者说是立法目的。〔4〕最后，就推理形式而言，目的论扩张是从一般到特殊的演绎推理，〔5〕而类推适用则是有别于演绎和归纳推理，因为其是从"特殊"到"特殊"，无法用

〔1〕参见［德］卡尔·拉伦茨：《法学方法论》，黄家镇译，商务印书馆2020年版，第501页。
〔2〕参见［德］卡尔·拉伦茨：《法学方法论》，黄家镇译，商务印书馆2020年版，第479页。
〔3〕参见［德］卡尔·拉伦茨：《法学方法论》，黄家镇译，商务印书馆2020年版，第479页。
〔4〕参见黄茂荣：《法学方法与现代民法》（第5版），法律出版社2007年版，第499页。
〔5〕参见杨仁寿：《法学方法论》，中国政法大学出版社1999年版，第156页。

传统的推理形式来概括。[1]

对于传统理论中目的论扩张概念合理性的批判，主要从两种立场展开：第一种立场着重对目的论扩张内涵的批判，认为其是“无中生有”。其主要是以“前提不明”作为理由认为其没有适用前提，没有存在的必要性。第二种立场侧重对目的论扩张外延的批判，认为其“名存实亡”。以“语义重叠”为理由认为目的论扩张的含义没有独特属性，继而强调无论是功能目的还是逻辑结构上的分析，其均不认为目的论扩张与类推适用在概念的外延上有案件事实、正当性依据、推理形式等方面的实质区别。

1. 内涵的批判：没有存在的必要性

第一种立场中的“前提不明”是说不存在需要用目的论扩张填补的法律漏洞。一般有两种理由：第一种理由是直接否认法律漏洞的存在。[2]这是从适用前提否认目的论扩张等法律续造方法没有存在的必要性。第二种理由是认为没有需要目的论扩张填补的法律漏洞。传统理论中并没有明确目的论扩张的适用前提，即使与其他续造方法适用前提相同，这体现为其不同于类推适用的适用前提并没有得到充分说明。总之，如果无法确定目的论扩张的适用前提即法律漏洞类型，那么目的论扩张概念存在的合理性就值得怀疑。

第二种立场中的“语义重叠”，就是说目的论扩张与部分司法技术的内涵高度相似，甚至就是同义反复。就概念内涵的功能目的而言，目的论扩张没有显示出明显的独特属性。一方面，目的论扩张与目的解释的内涵效果一样。有学者认为目的论扩张就是目的解释对核心概念扩张后效果的表现方式。[3]所谓文义界限作为法律解释与法律续造的界限，缺乏具体的客观标准。[4]另一方面，依靠“关键事实完全不同”的概念，区分目的论扩张与类推适用并不具有实践上的可操作性。有学者认为这种所谓事实相似性与否的区分不仅效果不大，而且意义有限。[5]况且目的论扩张和类推适用都是基于规范目的，将狭隘的法条文义扩张适用到待决案件中，因此所谓目的论扩张的结论是通

〔1〕 参见杨仁寿：《法学方法论》，中国政法大学出版社1999年版，第149页。

〔2〕 参见［奥］汉斯·凯尔森：《纯粹法学说》（第2版），雷磊译，法律出版社2021年版，第307~308页。

〔3〕 参见孙光宁：《法律解释方法在指导性案例中的运用及其完善》，载《中国法学》2018年第1期，第105页。

〔4〕 参见陈坤：《法律解释与法律续造的区分标准》，载《法学研究》2021年第4期，第22页。

〔5〕 参见陈林林：《裁判上之类比推论辨析》，载《法制与社会发展》2007年第4期，第9页。

过类推适用取得的。[1]故而若有司法技术在内涵功能上与目的论扩张具有相同的适用效果，那么就不需要多此一举地谈论概念更为复杂的目的论扩张，其也并无存在的必要性。因此，正是基于对目的论扩张概念内涵无独特属性的判断，进而认定其外延并不能与其他司法技术，特别是与类推适用在逻辑结构上进行实质区分。

2. 外延的批判：无法区分类推适用等方法

有学者从逻辑结构方面分析，认为目的论扩张和类推适用的结构是一致的。单纯从所谓推理形式上看，不仅不足以说明二者有着本质的差距，反而应将目的论扩张视为类推的一部分。因为类推的法律适用方式并非传统观点所认为的从特殊到特殊，而是从特殊到一般再到特殊的推理方式。[2]又因为二者都是以获取规范目的为起点，所以目的论扩张就是这个过程中的“一般到特殊”适用方式的演绎体现，因此目的论扩张就是一种类推适用方式。

另外通过逻辑图，类推适用的逻辑结构表达式为：

(x)（Fx V FsimX→OGx）

Fsim a

OGa（1），（2）

又因为类推适用的特征在于有类似性和基于法律目的的扩张适用，[3]因此用（Rx）来表示“基于法律目的扩张”的话，即（x）（Fsimx↔Rx）充要条件。

目的论扩张的逻辑结构如图（其中 Ex 乃代表目的论扩张要件的符号）：

(x)（Fx V Ex→OGx）

Ea

OGa（1），（2）

目的论扩张的特点在于不具有类似性且是基于法律目的的适用，因此其特征结构为（x）（¬ Fsimx↔ Rx）。又因为前述类推适用的特征为双条件语句，即 Fsimx ∧ Rx 意味着 Fsimx 与 Rx 要么都成立，要么都不成立。目的论扩张的逻辑结构成立的条件是¬ Fsimx ∧ Rx，依据上面的结论很明显这是一个空集。因为根据双条件语句，不存在 Fsimx 不存在而 Rx 存在的情形。因此目的论扩张本质上就是类推适用。

---

〔1〕 参见［德］伯恩·魏德士：《法理学》，丁晓春、吴越译，法律出版社 2013 年版，第 372 页。

〔2〕 参见纪海龙：《法律漏洞类型化及其补充：以物权相邻关系为例》，载《法律科学（西北政法大学学报）》2014 年第 4 期，第 81 页。

〔3〕 参见［德］卡尔·拉伦茨：《法学方法论》，黄家镇译，商务印书馆 2020 年版，第 501 页。

综上而言，当目的论扩张传统概念中的内涵和外延都无法有效说明其必要性时，以此为基础的正当性依据的区分亦将失败。因为正当性依据的区分一定是以概念核心特征上的差异为基础的。无论对目的论扩张的适用前提，内涵的独特属性还是逻辑结构的疑问，本质上都是为了消解其单独作为一种法续造方法的正当性。

### （二）既有辩护方式的反思

在为目的论扩张的合理性进行辩护之前，需要对已有的辩护主张进行检讨。除目的论扩张的传统定义之外，已有的辩护方式要么是重新定义目的论扩张的内涵，要么就是对目的论扩张的传统定义进行再解读。

#### 1. 概念重构：塑造概念新内涵

以“构成要件缺失”论为代表的概念重构，主张构成要件才是目的论扩张内涵的独特性所在，构成要件的缺失是其适用前提的体现。其代表学者默勒斯认为对于目的论扩张适用前提的疑问，部分疑问是错误，部分疑问是值得回答的。之所以认为部分错误，是因为否认法律漏洞存在的理由，要么是忽视了漏洞对于明晰规范目的的指引作用，要么就是忽视了“漏洞”这一概念在司法实践中作为常理的基础性作用。〔1〕因此对法律漏洞概念的否定立场不能成立。之所以认为部分疑问有意义，是因为目的论扩张的适用前提确实语焉不详。对此，他提出目的论扩张填补的漏洞类型即适用前提为“拒绝裁判之漏洞”，其特点在于填补方法与填补漏洞之间缺乏相关的联结点。所谓“缺乏相关的联结点”意指无法明确现有规范的背后目的。易言之，法律虽然作出了规定，但是却少了关键性的细则，表现为具体构成要件的缺失，无法为某个具体的事实问题提供法律答案。此时目的论扩张存在的合理性就在于来填补缺少这些关键性的细则所引发的漏洞。

在明晰目的论扩张适用前提基础上，默勒斯将目的论扩张定义为对构成要件事实细化完善的法续造方法。〔2〕该定义以其填补的漏洞性质为基础，不以相似性为前提。当法律规范缺少了部分构成要件，无法对案件事实进行契合的法律评价时，通过补足法条所欠缺相应的规范构成要件，使得案件的规范大前提得以完整涵摄小前提，无须相似性比较。此时与类推适用的区别在

---

〔1〕 参见［德］托马斯·M. J. 默勒斯：《法学方法论》（第4版），杜志浩译，北京大学出版社2022年版，第369页。

〔2〕 参见［德］托马斯·M. J. 默勒斯：《法学方法论》（第4版），杜志浩译，北京大学出版社2022年版，第390页。

于，目的论扩张是为构成要件不完整的法条补充完整，从而使得该法条能够得以涵摄案件，而非如同类推适用进行相似性的判断。如此解决“语义重叠”问题的同时，也使得其与类推适用的界限更加清晰，从而既实现了对目的论扩张概念的完善，又达到了与类推适用有效区分的效果。

“构成要件缺失”论的问题在于对构成要件性质的认识错误。通常而言，作为应然规范的法条之所以能够对作为实然的客观事实进行评价，就是通过构成要件将二者联系起来。问题在于，构成要件是一种行为的理论构造，不必然是法条的实然演绎，而是一种应然的状态，这就意味着构成要件的缺失与否不取决于法条文义。〔1〕例如刑法中三阶层和四要件的争论，但无论是采用哪种类型的犯罪构成要件，它们并非改变现有的刑法规定，只是解读方式变了而已。即使法条没有明文规定某项构成要件，但这并不意味着构成要件自身是缺失不完整的。就目的论扩张而言，所谓的“构成要件缺失”更准确的说法应是“构成要件过窄”。正确说法应是目的论扩张的出现是因为构成要件过窄，需要对构成要件进行超出文义的扩张解释。问题在于基于构成要件过窄而出现的法律漏洞，所需要的填补方法并非只有目的论扩张，类推适用亦能填补该漏洞。〔2〕当类推适用于目的论扩张都可用构成要件进行分析时，问题又回到了最开始的阶段——二者的区分在于构成要件的相似性与否。〔3〕此时无法有效厘清类推适用与目的论扩张的界限。

2. 概念修正：核心语词再理解

以“不具相似性”论为代表的概念修止，主张对拉伦茨的核心定义进行修正解读，通过排除法证明其有适用前提。无论是概念重构还是概念修正，对目的论扩张的适用前提持相同的立场，区别在于前者明确提出了漏洞类型，而后者采取一种排除法方式，在类推适用和目的论限缩等不能够填补漏洞时，考虑适用目的论扩张。〔4〕其运用排除法或者说通过明确漏洞填补方法的适用位阶，指出其他填补方法适用的局限性，证明目的论扩张存在的合理性。这种方法既明确了目的论扩张的前提，又指出其与类推适用的前提不同，同时也证明了目的论扩张与目的解释的适用效果不一样，因为目的论扩张在文义的射程范围外。

〔1〕 参见蔡桂生：《构成要件论》，中国人民大学出版社2015年版，第44页。

〔2〕 参见［德］齐佩利乌斯：《法学方法论》，金振豹译，法律出版社2009年版，第101页。

〔3〕 参见［德］托马斯·M. J. 默勒斯：《法学方法论》（第4版），杜志浩译，北京大学出版社2022年版，第390页。

〔4〕 参见舒国滢、王夏昊、雷磊：《法学方法论》，中国政法大学出版社2018年版，第421页。

在此基础上就目的论扩张的定义而言，其对拉伦茨的核心定义进行修正。他认为目的论扩张的独特性就在于对法律目的的证立，而非单纯的相似性判断。[1]案件事实之间的相似与否，可以通过类案的判断标准，作出相对意义上的判断，从而具备可操作性。因此规范与事实之间相似与否的判断，便有了可实现的操作步骤，也构成了其区分类推适用的重要方法。[2]当案件之间的相似性得以证成时，类推适用就可以优先考虑，从而与目的论扩张的适用前提得以区分。这样一方面，通过目的论扩张的适用前提和类案判断标准，回应“语义重叠”的批评；另一方面，其与类推适用的不同之处在于漏洞类型和案件事实的相似性程度，通过类案识别标准使该判断具有了可操作性。

“不具相似性”论的问题在于其无法通过定义有效说明与类推适用的实质区分。因为对法律漏洞类型进行排除选择，固然可以明确其适用前提，但是对其定义的讨论很难证明这不是一种特殊意义上的类推适用，因为此时与类推适用的区分，实质上是程度的差异。[3]此时是无法做到与类推适用有实质区分，甚至在一定程度上反而印证了目的论扩张是类推适用特殊形式的观点。这种概念修正的进路也面临着方法混淆的问题。如有学者认为这种以“不具相似性”本就是当然推理的形式，因为其作为判断标准其实是符合当然推论中的“举重以明轻”的说明。[4]也就是说，当轻者如此时，则重者更应该如此。这种所谓的相似程度的划分，恰恰是当然推论适用的条件，而且“举轻明重”的方法的实现是扩张法律文义的范围，[5]这也对应了其对目的论扩张定义中法律文义狭隘的情况。因此，相较概念重构进路，概念修正的辩护路径效果无疑较为薄弱。

虽然现有的辩护主张有着不同程度的瑕疵，但是其中也蕴含了一些积极有益的理论启示。首先，与概念修正的进路相比，概念重构的进路无疑更具有说服力。因为其注意到了漏洞的确立和填补方法之间的关系，一定程度上证明了目的论扩张存在的必要性。其次，概念修正进路采取漏洞填补方法和

---

〔1〕 参见雷磊:《法理学》，中国政法大学出版社 2019 年版，第 182 页。

〔2〕 参见舒国滢、王夏昊、雷磊:《法学方法论》，中国政法大学出版社 2018 年版，第 421 页。

〔3〕 参见雷磊:《法理学》，中国政法大学出版社 2019 年版，第 182 页。

〔4〕 参见［德］托马斯·M. J. 默勒斯:《法学方法论》（第 4 版），杜志浩译，北京大学出版社 2022 年版，第 389 页。

〔5〕 参见［德］托马斯·M. J. 默勒斯:《法学方法论》（第 4 版），杜志浩译，北京大学出版社 2022 年版，第 376 页。

位阶划分的思路，有积极的借鉴意义。其通过尝试将漏洞类型与其相应的填补手段对应起来，既可以厘清漏洞类型，又能说明其对应填补方法存在的必要性。最后，无论是哪种辩护方式的主张，都是从法律适用的视角来分析，结果都难以跳脱反对立场的批判。因此，对于其适用前提和内涵的分析，必须转换新视角。在此意义上，下文将重新说明目的论扩张存在的必要性和厘清其内涵，并且在此基础上对其外延进行辨析，以消解对目的论扩张内涵和外延的批判。

## 二、概念的重构：仅以扩大法律后果为核心

通过对目的论扩张受到的批判和辩护的分析，可以发现目的论扩张概念的澄清，特别是对其概念内涵的认识，是建立在其存在的必要性基础上的。这种必要性基础直观上的体现就是其有适用的前提，即有对应的法律漏洞类型。该类型与作为填补手段的目的论扩张之间存在某种必然的联系或者说要求，这一点通过概念修正的位阶划分思路可予以证明。目的论扩张就应该建立在这种独特的联系或者要求之上，从而明确其内涵的独特属性。

### （一）目的论扩张存在的确立

当前学界对于法律漏洞类型的划分标准已有诸多讨论，但是这些讨论却鲜有能详细论述其与填补手段之间的对应关系。一般而言，通常以漏洞出现的原因或时间为标准进行划分，将漏洞类型划分为禁止拒绝审判式漏洞与目的漏洞、原则漏洞等。[1]现行的漏洞划分理论基本是沿此思路，以漏洞出现的时间或原因为标准进行不同分类法的划分，这就使得看似种类繁多的漏洞类型并无本质差异，因为其划分标准基本相同。然而漏洞类型理应有对应填补方法，或者说何种类型下采用何种方法并未有明确规定。[2]传统的划分标准对漏洞类型对应的填补手段的关注略显不足，可能会使得法官将面临即使能识别漏洞，但适用何种填补方法产生争议的问题。之所以现有的漏洞划分标准与填补方法之间存在一定程度上的割裂，是因为该种划分标准更多的是一种理论研究的姿态，而非基于司法实践立场的思考。所谓司法实践立场的思考就是将关注重点从漏洞出现原因转移到漏洞类型与填补手段之间的联系。

---

〔1〕 参见黄茂荣：《法学方法与现代民法》（第5版），法律出版社2007年版，第438~440页。

〔2〕 参见郑永流：《法律方法阶梯》（第4版），北京大学出版社2020年版，第188页。

可以明确的是，无论何种类型的漏洞，最终都是要通过裁判规则来呈现。[1]承载法律规范的法条在文义上的不完善，就是法律漏洞最直接的体现。从既有研究来看，从司法实践立场出发的法律漏洞类型划分，通常是以规范事实与案件事实的对应程度为标准，其将漏洞类型划分为：规则空缺、规则不周、规则冲突和规则悖反四种类型。具体如下（见表1）：[2]

**表1 漏洞类型与补充方法对应关系释义表（对应规则）**

| 漏洞类型与漏洞补充方法 | 类推适用 | 目的性扩张/限缩 | 依习惯补充 | 依法律原则补充 | 依比较法补充 | 依法理学说补充 | 创造性补充 |
|---|---|---|---|---|---|---|---|
| 规则空缺 | √ | × | √ | √ | √ | √ | √ |
| 规则不周 | × | √ | × | × | × | × | × |
| 规则冲突 | × | × | × | √ | × | × | × |
| 规则悖反 | × | × | × | √ | × | × | × |

依据此种标准划分出来的漏洞类型对漏洞填补方法的归类和划分有显著的指引作用，特别是清晰地指出了目的论扩张所对应的漏洞类型为规则不周。在该立场下，目的论扩张之所以能够存在，是因为规则不周，即法律的文义不能完整地反映出法律目的。这也是目的论扩张相较于其他方法的独特性所在，因为其在一定程度上依然受到法条文义的影响，而绝非缺少对应规范的情况。

基于司法实践立场上的漏洞划分理论，虽然说明了目的论扩张有存在的必要性，但是这种说明未能对目的论扩张的概念有一个清晰的论述。其对目的论扩张的认识也仅是移植了通说的理论观点，这就意味着对于理论通说的部分疑问亦将适用于此。例如，对其“名存实亡”的疑问，因为有理论提出在法律文义狭隘的情况下，适用的应该是类推，而非目的论扩张。[3]但不可否认，虽然仍有部分的理论争议尚未解决，但是这并不意味着当前理论思路有问题。至少它确实证明了目的论扩张的必要性，其就是为了解决规则不周，即法律规定得过于狭隘而存在的。该理论未能清晰地论述目的论扩张的概念，

〔1〕 参见曹磊、王书剑：《法律漏洞分类的反思与重构》，载《民间法》2022年第1期，第297页。

〔2〕 详细的论述参见韦冉、曹磊：《法律漏洞补充规则及其拟制》，载《中国政法大学学报》2022年第6期，第32页。

〔3〕 参见［德］齐佩利乌斯：《法学方法论》，金振豹译，法律出版社2009年版，第93页。

是因为其通过漏洞类型与填补方法之间的联系，着重解决的是填补方法适用的位阶次序，而非通过这种联系进一步澄清目的论扩张的概念。因此接下来目标就是从目的性扩张的必要性联系出发，实现这一目标。

（二）目的论扩张涵义的厘清

法律漏洞是以法律规则的瑕疵程度为前提，而目的论扩张是针对规则不周的填补方法。法律规则的逻辑结构表述一般是由假定条件、行为模式和法律后果组成，而行为模式就是通常我们所说的构成要件。[1]问题在于无论是在传统方法论的语境下，还是在司法实践立场上提出的规则不周中，通常所说的法律文义狭隘或者是宽泛，究竟指的是哪一个组成部分？此外，与作为连接大小前提的构成要件不必然受法条文义的约束一样，法律规范文义的缺失并不必然等于法律规则的缺失，因为法律规则有着固定逻辑结构的理论构造。因此，所谓的规则不周——法律规定的不够周延，即文义过于宽泛或者狭窄，要么针对的是假定条件，要么针对的是法律后果。

首先针对假定条件而言，其由法律规则的适用条件和行为主体的行为条件两部分组成。[2]若是言称假定条件过于宽泛，其是想表达把某种情境下的行为排除在法律评价范围之外。之所以将其排除在法律评价范围之外，是因为在正常情况下本应该依法裁判，径直适用法律所规定的后果，但是发现这样的适用会导致严重的个案不公、损害法律权威，因此需要调整规则的适用条件，最根本的目标就是不再赋予案件事实原有的法律评价。此时无论是适用条件，还是行为条件的限缩，最终呈现出的效果都是对法律后果范围的限缩，而符合这种目的效果的漏洞填补手段，只有目的性限缩。因而，所谓的目的论限缩就是法律后果的范围亦即行为条件发生变化，原本可能受到法律评价的行为不再受到法律评价。例如我国《民法典》第144条规定了无民事行为能力人的行为效力。对于无民事行为能力人从事符合自己智力水平活动的情形没有规定。为了将无民事行为能力人符合其智力水平的民事行为排除该法条的后果适用范围，就要通过目的论限缩的方法，使行为主体的行为条件发生变化，进而使得法律后果的范围也随之变化。因此，所谓假定宽泛就是指法律文义中对行为情景的规定过于宽泛，需要目的性限缩，亦即规则不周最直观的表现形式之一就是假定条件过于宽泛。

若是认为假定条件过于狭隘，其目的就是将原有的法律后果对新情景下

---

〔1〕 参见舒国滢主编:《法理学》（第3版），中国人民大学出版社2012年版，第101页。

〔2〕 参见舒国滢主编:《法理学》（第3版），中国人民大学出版社2012年版，第102页。

的行为作出评价，此时这种范围的变化其实与规则空缺的含义相一致。因为所谓规则空缺，就是指法律未作规定的情形。[1]填补该漏洞就是要将原本法律领域外的行为纳入法律评价之中，如果此时法律领域内有与之相似的行为，那么就可以通过类推适用从而赋予其相同的法律效果，如果不存在与之相似的行为，那么就可以依据法律原则来补充，或用其修正类推适用可能会导致的不正义结果。例如，将出卖人恶意夸大宣传标的物的行为与恶意不告知标的物瑕疵的行为等同视之，就是将没有受法律评价的夸大行为视为与恶意不告知瑕疵行为相似，从而赋予其相同的法律后果。[2]此种情况正是因为行为主体的行为条件范围狭隘，所以要将其范围扩大，把原本是法律评价范围外的行为纳入法律评价之中。该种描述，正是类推适用的典型情形。因此，假定条件狭隘对应的漏洞类型不是规则不周，而是规则空缺。

可以说，目前通过对假定条件变化的分析可以发现，目的论限缩是通过将行为排除在范围外，实现法律评价的方法。其直观的表现为缩小了法律文义的范围，所以其对应的漏洞是规则不周，而类推适用和依法律原则填补，是针对超出假定条件范围外的行为，而进行法律评价的方法，其所对应的漏洞是规则空缺。

其次，就法律后果而言，其是对行为模式的合法与否的评价。[3]其宽泛或者狭隘不是说适用法律后果范围的大小，而是指法律后果自身的变化，即后果的类别和明确性的变化。该种形式为当法律评价为合法或者是非法时，在此前提下具体法律后果的变化。当法律后果的“合法”形式变化时，例如依据《德国民法典》第 844 条第 2 项的规定，原告仅可以获得抚养限度内所需要的定期金，但是诉讼中原告不仅请求被告支付定期金，还请求被告支付社会保险费。[4]法律后果在认定被告行为违法的情况下，不仅支持了原告法律规定的定期金还增加了社会保险费，这就是对后果类别的增加。再者，《德国民法典》第 904 条第 2 句只规定了紧急避险的“请求相对人”，但是却并未具体规定向谁主张，因此通过目的论扩张，使得基于紧急避险的受损人请求

---

〔1〕 参见韦冉、曹磊：《法律漏洞补充规则及其拟制》，载《中国政法大学学报》2022 年第 6 期，第 32 页。

〔2〕 案例详情参见［德］卡尔·拉伦茨：《法学方法论》，黄家镇译，商务印书馆 2020 年版，第 471 页。

〔3〕 参见舒国滢主编：《法理学》（第 3 版），中国人民大学出版社 2012 年版，第 103 页。

〔4〕 这个案例的具体分析参见［德］卡尔·拉伦茨：《法学方法论》，黄家镇译，商务印书馆 2020 年版，第 500~501 页。

侵害人和受益人共同承担连带责任。〔1〕这就属于法律后果明确性的变化。法律后果的形式之所以会有此类变化，是因为法官基于公正的考量，为避免出现个案不公而通过目的论扩张，增加了法律后果的形式，以期实现个案正义。

目的论扩张是基于“法律后果”而出现，将新的后果形式引入既有的法律后果中。这种方法的使用不是直接扩大法条的适用领域，而是在法定领域范围内，对法律后果自身的形式做出改变。这种改变出现的直接原因是文义相较于其所承载的目的或者是意义过于狭隘，根本原因则是法定的法律后果无法满足个案正义目标的实现。换言之，此时对案件的处理需要的不是平等的法律评价，而是基于法律目的直接修正规范。〔2〕因为，一方面所谓“平等的法律评价”，即类案类判，注重事实间相似的同时，强调结果的一致性。这与目的论扩张所适用的情形不符；另一方面目的论扩张的适用，并非因为缺乏与案件事实直接对应的法律规范，而是该规范中的法律后果不能满足法律目的的要求。此时，所谓“法律目的的要求”，直观的体现就是个案正义的实现。固然，司法裁判的目标就是通过依法裁判，实现个案正义，这也就意味着所有法律续造的前提条件，都是实现个案正义或者说避免个案不公，但是并不能说明个案不公出现的原因相同。导致目的论扩张出现的个案不公，并非基于缺少直接对应的法律规范，或者是无法可依，而仅是基于后果不足以充分实现法律目标，故而才需要对原有法律后果进行修正。因此，即使说所有法律续造都是因为个案不公，但是导致个案不公的出现也有不同的原因，故而其所对应的填补方法也应不同。

至于法律后果的“非法”形式的情况则与目的论限缩的目标相同，因为后者正是通过限缩假定范围，使得原行为不再受特定法律规范的评价，从而实现个案正义。此时，个案不公的原因就是所谓的法律后果不具有正当性，具体表现形态是法官通过法律目的限制法律后果的适用范围，实现个案正义。因此，对于目的论扩张而言，其核心特征并非法律文义的狭隘或者法律目的上的一致性，而是为实现个案正义，通过法律目的仅修正法律效果的一种方法。

最后，对于其他形式的漏洞类型和填补手段而言，并无存在的必要性。规则冲突本质上并非属于规则自身的缺陷，而是如何协调规则之间法律效果

---

〔1〕 案例详情参见［德］托乌斯·M. J. 默勒斯：《法学方法论》（第4版），杜志浩译，北京大学出版社2022年版，第393页。

〔2〕 参见［德］克劳斯-威廉·卡纳里斯：《法律漏洞的确定》（第2版），杨旭译，北京大学出版社2023年版，第72页。

的问题。其可以通过形式原则例如“新法优于旧法”等，从而解决规则冲突的问题，因此其实无单独存在的必要。具体的方法则不在本文应述之内。之所以排除其他规则空缺的手段，是因为两方面的理由：一方面依法律原则进行填补有着实在法的依据。特别是在我国现行的法律体系下，法律原则的适用是实在法的依据，与德国民法典有着根本的不同。此举符合以严格规则主义为本的我国司法传统。〔1〕另一方面在我国的法律体系语境下，适用比较法或者是创造性补充等方法，有违司法裁判的客观性和有滥用司法裁量权的嫌疑。因为此时的填补方法对于法官的自由裁量权而言并没有实质上的限制，法官此时的裁判多是依照价值观念来证成，亦没有实证法上的支持，这与法治所要求的法官的裁判说理要具备中度客观性相违背。〔2〕以法律规则的逻辑结构对漏洞划分理论进行修正后，情况如下（见表2）：

**表2　漏洞类型与填补手段关系示意表**

| 漏洞类型与填补手段 | 类推适用 | 目的论扩张 | 目的论限缩 | 依法律原则填补 |
|---|---|---|---|---|
| 规则空缺（假定条件宽泛） | 不适用 | 不适用 | 适用 | 不适用 |
| 规则空缺（假定条件狭隘） | 适用 | 不适用 | 不适用 | 适用 |
| 规则悖反（扩大法律后果） | 不适用 | 适用 | 不适用 | 不适用 |

综上所言，目的论扩张是在法律的评价范围内，在个案正义出现规则悖反的情况下，不改变构成要件的适用范围，而仅扩大法律效果的一种填补手段。扩大法律效果并非扩大法律效果的适用范围，即将原本不属于法条涵摄范围内的案件纳入该法条范围中，而是指法律后果自身的变化，即后果的类别和明确性的变化。不同以往将目的论扩张视为法律文义的狭隘，或者是基于法律目的一致性的考量作为核心特征，其应是在不改变假定条件的前提下，通过扩张法律规则的规范效果，在实现个案正义的同时，也维护法律权威。

## 三、概念的辨析：与类推适用的区分

重构之后的目的论扩张概念，虽然在适用前提下与其他司法技术区分开

〔1〕参见林国华：《法律漏洞与自由裁量》，载《青海师范大学学报（哲学社会科学版）》2006年第2期，第35页。

〔2〕参见王志勇：《“司法裁判的客观性”之辨析》，载《法制与社会发展》2019年第3期，第106页。

来，但是只有当这种区分在外延上也足够清晰地呈现出来，才能够真正说明重构后概念的合理性。之所以注重其与类推适用进行区分，是因为将目的论扩张视为目的解释的观点，本质上是对“目的论扩张”词语的误用，并不涉及理论认识上的不同。因为通常将目的解释视为目的论扩张的观点，是基于目的解释的扩大效果而将其称为“目的论扩张”，[1]跟本文所强调的目的论扩张，仅具有语言表达形式上的相同。因此，目的论扩张与目的解释之间的区分并无真正的理论争议。接下来将着重在说理方式和逻辑结构上，将目的论扩张与类推适用进行比较。

### （一）说理方式的区分

目的论扩张概念合理性所受到的两种立场的批判，至此已经初步解决了第一个立场“无中生有”中提出来的疑问。目的论扩张不仅有存在的必要，即其有对应填补的法律漏洞，而且对其定义还是可能的，对法律规范逻辑结构的分析，证明了目的论扩张仅是扩大了法律后果。然而欲说明目的论扩张概念的合理性，只对其适用前提和内涵的说明还不够，这不足以回应第二种立场“名存实亡”的疑问。因为倘若目的论扩张重构后的概念外延无法与类推适用区分，那么即使对内涵分析得再精致，也无法证明其不是在对类推适用的子类型的说明，或者目的论扩张能独立于类推适用，因此对其概念合理性的说明仍有可能是失败的。

“名存实亡”的立场并非无的放矢，其认为之所以将目的论扩张视为类推适用的特殊形式，是因为不少学者都认为二者外延的推理形式、逻辑结构是相似的。该立场下的类推适用不仅是作为法律续造方法，还反映出法律适用过程的基本原理。法律适用的过程并非基于一般认为的涵摄模式，而是更符合以类比为核心的等置模式。[2]一方面，涵摄含糊了司法判决过程中法官的想法和价值判断，它也无法对法律规范中不确定概念进行正当的解释说明。[3]另一方面，法律适用的核心在于类比，涵摄只是适用中的最后一步。等置模式能够展现出影响构建大小前提的因素，特别是对法律规范和案件事实的价值

---

〔1〕 参见孙光宁:《法律解释方法在指导性案例中的运用及其完善》，载《中国法学》2018年第1期，第105页；姜涛:《后果考察与刑法目的解释》，载《政法论坛（中国政法大学学报）》2014年第4期，第105页。

〔2〕 参见［德］阿图尔·考夫曼:《法律获取的程序——一种理性的分析》，雷磊译，中国政法大学出版社2015年版，第162页。

〔3〕 参见［德］阿图尔·考夫曼:《法律获取的程序——一种理性的分析》，雷磊译，中国政法大学出版社2015年版，第64~72页。

判断，为最终涵摄的适用奠定认知基础。[1]法学方法论本就是反映法律适用过程的方法，无论是通过对法律概念进行解释，还是利用法律续造方法对法律漏洞填补，都是通过“类比”即个案比较的方式，先明确规范和案件事实中的认知基础，再通过涵摄，使用法学方法得出结论。不可否认，从法律适用的推理模式分析，法律结论的得出就是依靠这样的一种等置模式。因此如果是在法律的推理模式视角下，分析目的论扩张与类推适用的关系，那么目的论扩张确实是一种类推的方式，其是整个“类比”中最后一步——涵摄的体现。同理，所谓的法律解释方法亦可归于“类推”解释的范围内。由此而言，以“相似性程度”作为判断类推适用与目的论扩张的区分是不能够成立的，因为法律的适用过程就是以类推为核心的等置模式。

的确就目的论扩张与类推适用的关系而言，离不开在司法裁判中从法律推理的视角展开对二者的适用方式的功能分析。但这只是司法适用过程中法律推理的视角。若从司法裁判中说理的视角来看，二者的目的则是为裁判结果的合理性进行说明，是作为说理论证的方式。[2]推理与说理虽然较为类似，但是关键的不同在于前者更关注裁判的有效性的问题，注重前提与结论之间的逻辑有效性，后者则更关注结论的说服力，强调除法律和事实外的其他理由。[3]

说理的展开是有迹可循，至少是有着形式要求的。无论是采取目的论扩张还是类推适用，具体的内容都要围绕二者的外在特征展开。具体而言，目的论扩张就是仅对法律后果的变化进行说明，类推适用就是着重说明规则适用范围的变化。依据说理层面的特点，目的论扩张与类推适用主要是适用于法理和情理层面的说理。因为法理层面的说明主要关切的是法律适用的合理性，情理层面则体现法律效果是能够符合公众一般的道德期待。就法理层面而言，其主要阐明的是规范选取和适用理由，而情理层面则体现为对社会主流道德观的呼应。

从司法裁判的说理视角来看，目的论扩张与类推适用是不同的两种说理方式。对于法理层面的说理，目的论扩张与一般规范应用的说理方式相同之处在于，都是围绕规范与事实要件之间是否可以满足涵摄的要求而展开，注

〔1〕 参见［德］阿图尔·考夫曼：《法律获取的程序——一种理性的分析》，雷磊译，中国政法大学出版社2015年版，第157页。

〔2〕 参见雷磊：《司法裁判中的推理与说理》，载《中国应用法学》2022年第3期，第94页。

〔3〕 参见雷磊：《司法裁判中的推理与说理》，载《中国应用法学》2022年第3期，第95页。

重构成要件之间是否可以为包含关系，不同之处在于目的论扩张可以变动法律后果的类别和明确性，其可以在原有法律效果的基础上，引入新的效果形式。类推适用则不同：一方面，其必须说明规范要件与事实要件之间的相似性，强调的是“比较”而非“包含”。另一方面，类推适用的结果表现为原有规范的适用范围变动，最终要么是可以扩大原有规范的适用范围，要么就是无法扩大规范的适用效果，总之不能够对法律明文规定的后果的类别和明确性进行变动。无论是目的论扩张的法律后果自身的变化，还是类推适用的法律适用范围发生变化，这些做法的正当性都是体现在情理层面的说理。

对于情理层面的说理，目的论扩张是为了在已有规定之外，进一步扩充当事人的权益，体现的是公正，类推适用则是基于平等原理，实现“类案类判”的司法目标。二者的情理论述都是从法律目的出发，最终落脚到法律后果上。目的论扩张侧重通过法律目的，用来说明最终效果何以体现公正的思想，特别是为什么在原有法律规定的基础上，进一步地扩大当事人的权益是公正的体现。这种变化并非对原有规范的适用范围调整，而是对原有规范效果未能及时随着时代变化而采取的一种措施。类推适用则是通过法律目的，用相似性证明规范要件与事实要件之间是否相等，从而将原有规范的法律效果，不加变动地用于待决案件事实。其是平等原理在法律适用中的体现，如果裁判的说理目标在于强调案件结果的平等，则该从类推适用的角度展开。总之，从司法裁判的推理视角而言，可以说众多的法学方法包括目的论扩张在内，都是类推适用的一种形式。而如果从裁判说理的视角看，则目的论扩张与类推适用是两种不同的方法，无论是对于法理层面的说理要求，还是对于情理层面的说理目标，二者不具有包含关系。

（二）逻辑结构的差异

对于二者的逻辑结构而言，目的论扩张的逻辑结构与类推适用有着本质的不同。通过明晰二者概念的支撑对象，可以明确目的论扩张主要是调整某个规范的法律效果。假设某个法律规范的适用将会导致个案不公，原有的法律效果可以用“G”来表示，且这种不公结果是指应不拘泥于原有的法律效果，应当在扩大法律效果的范围的前提下，那么应该引入新的法律效果“Z”即“$G \wedge Z$”。因此目的论扩张的逻辑表达式应为：

$(x)(Rx \rightarrow OGx \wedge Zx)$

$Ra$

$OGa \wedge Za$ （1），（2）

其中 R 表示的是属于规则悖反中需要法律后果“合法”形式的情形。类推适用的逻辑表达式：

(x)（Fx V FsimX→OGx）

Fsim a

OGa（1），（2）

通过对比可以发现，目的论扩张与类推适用的逻辑结构最大不同之处在于，目的论扩张不需要讨论 Fsimx 的情况，而且增添了法律效果“Z”。此外，类推适用所调整的漏洞类型为规则空缺，而目的论扩张是解决类推适用所不能解决的法律漏洞。[1]因此，从结果上看，尽管目的论扩张和类推适用都将规则的适用范围扩大，但是前者体现的是后果自身形式变化，而后者体现的是后果适用范围的变化。

综上所述，目的论扩张与类推适用是两个并列的法续造方法。以法律规则的逻辑结构为视角，可以发现二者的说理方式和逻辑结构明显不同。目的论扩张着重体现的是法律后果的种类或者准确度扩大化，类推适用则表现在规范适用范围上的不同。在概念内涵不同的前提下，目的论扩张与类推适用的逻辑结构并不相同，不存在包含空集的可能。至此，不仅完成了对目的论扩张概念的澄清，还厘清了其与类推适用的区分。

## 结　语

目的论扩张的传统概念是以“法律文义的狭隘”作为其内涵的独特属性。该观点面临着两种立场的批判，第一种立场否定目的论扩张内涵存在的必要性。具体表现为目的论扩张没有恰当的适用前提，亦无法说明目的论扩张有对应的法律漏洞类型。第二种立场否定目的论扩张的传统内涵具有独特属性，继而认定其只是类推适用的特殊形式。该判断通过二者内涵的功能目的和外延的逻辑结构来说明，目的论扩张在外延上与类推适用无法区分。通过梳理已有的辩护方式，并对其中的存在的问题和启示进行细致的分析，可以发现：目的论扩张既有的辩护主张的错误之处在于没有正确地找到其内涵的独特属性。问题根源在于两方面：一方面，对法律漏洞类型的划分立场并非基于司法实践，而是理论研究；另一方面，对目的论扩张内涵的分析视角依旧是从法律适用的角度，并没有转换到法律规则自身的逻辑结构视角。

---

〔1〕 参见舒国滢、王夏昊、雷磊：《法学方法论》，中国政法大学出版社 2018 年版，第 421 页。

基于此，对于目的论扩张适用前提的确立和内涵的重新定义，理应选择基于司法实践立场上的划分方式和依托法律规则的逻辑视角作为分析工具。结合这些启示，通过分析可以发现目的论扩张存在的必要性亦即适用前提是规则悖反，即个案不公。因为既有的法律后果不足以充分实现法律目的，就需要对法律后果的类别和明确性进行扩张适用。同时，这种仅改变法律后果的类别和明确性的特点，亦是目的论扩张内涵独特属性的体现。因此，所谓的目的论扩张就是仅改变法律效果的漏洞填补方法。由此其外延与类推适用的区别就在于，从说理方式上看前者体现的是一种“包含”，其目标在于基于公正扩充当事人的权益，而后者体现的是一种“比较”，其目标在于确保法律后果平等的适用；从逻辑结构上看，前者只是针对后果自身特征的改变，而后者只是改变了后果的适用范围。

# 安宁疗法的法律与伦理

王梦旭　闫晓雨 *

**摘要：** 在全球老龄化背景下，安宁疗法作为一种旨在缓解生命末期患者痛苦的医疗护理模式，逐渐受到重视。安宁疗法在中国的实施现状及其法律框架显示了其可行性与面临的挑战。上海作为全国安宁疗护试点区域，通过多年的实践积累了丰富的经验，并在法律和政策层面上取得了显著进展。然而，现有法律框架的局限性和社会接受度问题依然存在。如何在法律与伦理的和谐统一中，全面实现对生命尊严的保护和关怀，推动安宁疗法在中国的持续发展，是十分重要的。建议通过加强法规建设、推广死亡教育和借鉴国际经验，进一步提高安宁疗法在中国的实施水平。在法律与伦理的和谐统一中，才能真正实现对生命尊严的全面保护和关怀。

**关键词：** 生命尊严；法治原则；安宁疗法；生命伦理

安宁疗法，作为一种以缓解生命末期患者痛苦为核心的医疗护理模式，在中国的实际应用中呈现出了可行性。虽然临终关怀已经成为医疗服务链条的重要组成部分，但目前我国还没有制定临终关怀设施的专门设计标准或规范。要建立有效的临终护理设计标准，首先需要明确以下三个方面的问题：①“为谁?”即临终关怀服务的对象和需求；②“在哪儿?”即提供临终关怀服务的场所和环境；③“做什么?”即临终关怀服务的内容和方式。根据《安宁疗护实践指南（试行）》（国卫办医发［2017］5号），安宁疗护的内容主要包括三大类：症状控制，如缓解疼痛、呼吸困难等；舒适照护，如提供清洁、营养、保暖等；心理支持和人文关怀，如倾听、陪伴、尊重等。[1]其理

---

* 作者简介：王梦旭，男，湘潭大学法学部，纪检监察学博士；闫晓雨，男，硕士研究生学历，河南省豫东监狱民警。

〔1〕 马文帝：《临终关怀（安宁疗护）设施设计标准研究》，载《石材》2023年第7期，第36~38页。

论框架与中国的文化价值观和医疗体系有机结合，取得了一些积极的成果。安宁疗法的理论特征与中国强调的家庭观念融合紧密。在中国的实践中，安宁疗法注重家庭角色的发挥，通过加强家庭支持和关怀，使安宁疗法在中国更具亲情关怀的特色。安宁疗法强调患者尊严和自主权，与中国社会对个体尊严的关注相契合。在中国的医护实践中，越来越多的专业人员注重患者参与医疗决策，尊重其个体选择，为安宁疗法在中国的实施提供了有力的支持。为了保证安宁疗法在中国的实施质量，需要培养具备综合技能的专业医护团队，包括疼痛管理、心理社会支持等方面的专业知识。通过专业医护团队的培养，安宁疗法在中国可以更全面地展开。

上海作为一座较早面临老龄化挑战的城市，早在2012年就开始积极探索安宁疗护事业。2012年，上海率先推出了“临终关怀政府实事项目”，在2014年再次实施市政府实事项目，成为当年“上海市社会建设十大创新项目”之首。这为上海的安宁疗护事业奠定了坚实基础。2017年，上海市将安宁疗护纳入《“健康上海2030”规划纲要》，普陀区更是成为全国5个试点区域之一，这标志着上海在推动安宁疗护方面迈出了重要一步。2019年，上海成为全国71个试点省市中唯一整体推进安宁疗护的省级城市。同年，多个部门联合发布了《上海市安宁疗护试点实施方案》，为上海的安宁疗护事业提供了更为明确的实施指导。2020年，更有《上海市安宁疗护服务规范》问世，为该领域的服务提供了详尽规定。截至2022年，全市社区卫生服务中心已全部开展安宁疗护服务，为社区居民提供机构或居家安宁疗护服务，致力于为疾病终末期患者和家属提供关爱，减轻痛苦，送去尊严，从而有效提高他们的生活质量。数据显示，上海安宁疗护机构9年累计服务临终患者21 000多人次，成功减少了2亿多元的无效医疗支出。同时，患者满意度和家属满意度分别高达99.39%和98.9%。这表明，上海在安宁疗护领域的探索和实践已经取得了显著的社会效益。2022年，安宁疗护更被列入上海市公共服务项目清单，标志着上海对这一事业的高度重视。作为全国最早也是唯一整体开展安宁疗护试点的省（市）级地区，上海的安宁疗护工作不仅在全国范围内引领，更展现了城市的温暖和城市文明发展水平。展望未来，上海将进一步总结经验，推动安宁疗护事业高质量发展，以人性化、专业化、体系化为目标，继续引领安宁疗护事业在全国的进步，为老龄化社会提供更为人文关怀和全面支持的服务。

然而，安宁疗法在中国的实施仍面临一些挑战。当前法规和政策尚未完全支持安宁疗法的发展，未来需要加强法规和政策的建设，为其提供更为明确的法律地位。社会接受度是另一个关键因素。死亡教育的普及能让更多人去思考自己人生的价值和意义。我国公民的整体素质逐渐提高，同时也是对安宁疗护事业的强有力助推。通过死亡教育的推广与开展，安宁疗护也会进一步被社会的道德伦理体系接纳。[1]通过加强公众宣传和教育，提高社会对安宁疗法的认知度，有助于提升其在中国的实施可行性。未来的发展方向包括推动相关法规和政策的制定，提高医护人员的专业培训水平，强化家庭角色，以及通过国际经验交流借鉴其他国家在安宁疗法领域的成功实践。这些努力将进一步提高安宁疗法在中国的实施水平，为患者提供更为人性化和全面的终末期护理服务。

## 一、安宁疗法的多维依据分析

在法治的庇护下，生命尊严成为法律秩序中一枚明亮而不可侵犯的徽章。法治体系构建于对个体权利的平等保障与尊重之基础上，而生命尊严则被视为其核心价值之一。这一法治庇护下的生命尊严引发了深刻的法律探讨，要求我们审视法律基础的深度并加以剖析。研究法治在维护生命尊严方面的法律基础，旨在揭示法律体系如何在不同层面上为个体的生命尊严提供保护，并考察其中涉及的法律原则、案例以及伦理道德的纽带，可以更全面地理解法治体系对生命尊严的法律庇护，从而促使对这一重要议题的更深层次思考。

### （一）安宁疗法的伦理基础

安宁疗法的伦理基础是在医学伦理的大框架内构建的，其核心原则包括尊重患者自主权、减轻痛苦和维护患者尊严。这些原则反映了对生命末期患者的深刻关怀和尊重，体现了现代医疗伦理的基本要求。尊重患者的自主权是安宁疗法伦理原则中最为关键的一环。这一原则强调，患者有权对自己的医疗护理作出知情的决策，包括接受或拒绝特定的治疗方法。在实践中，这要求医疗提供者必须向患者提供全面、准确的医疗信息，包括治疗的可能结果和相关风险，以及如果选择不接受治疗可能面临的情况。医疗团队还需确保患者在没有压力的情况下作出决策，尊重其最终选择，即使这一选择是拒绝延续生命的治疗。

减轻痛苦是安宁疗法中另一项核心伦理责任。伦理原则要求医疗团队采

---

〔1〕 张渝强、梁佳：《安宁疗护健康传播的困境与现实路径》，载《传媒论坛》2023年第18期，第21~23页。

取有效措施，以尽可能减少患者的身体和心理痛苦。这不仅包括传统的疼痛管理，如药物治疗，也包括对症状的全面评估和处理，确保患者在生命的最后阶段能够保持尽可能好的生活质量。“安宁疗护”不是“安乐死”更不是“放弃治疗”，而是给予临终患者积极而整体的照顾、减轻患者的痛苦及家庭的负担，即使是亲人，也不能决定患者的治疗方式。[1]此外，维护患者的尊严同样重要，这意味着在护理过程中应充分考虑患者的个人喜好、价值观和信仰，尊重其文化和精神需求。

安宁疗法的伦理基础不仅指导医疗实践，也挑战着医疗提供者在面对生命终结时的决策过程。通过实施以尊重、缓解痛苦和维护尊严为核心的伦理原则，安宁疗法帮助确保患者在生命的最后阶段得到适当的关怀和尊重，这是现代医疗服务中不可或缺的一部分。

（二）法律框架的支撑

安宁疗法是保障终末期患者善终权益，提升终末期患者生活质量的有效手段之一。[2]安宁疗法的法律框架是建立在一系列法律、规章和医疗政策之上的，其主要目的是确保终末期患者的基本权利和尊严得到尊重和保护。这个框架不仅涵盖了医疗决策的自主权，还包括知情同意、隐私保护和对治疗的接受或拒绝。

首先，法律明确规定了患者参与自身健康决策的权利。在安宁疗法的实施过程中，这意味着患者必须被充分告知关于其健康状况和治疗选择的所有相关信息。例如，美国要求医疗机构在患者入院时必须告知他们有权制定生前医疗指令，这包括选择或拒绝某些特定的医疗干预措施。这类法律规定增强了患者在医疗过程中的决策权，使他们能够基于自身的价值观和愿望作出决策，而不是仅仅被动接受治疗。

其次，知情同意在安宁疗法中尤为关键。这一法律原则确保患者在接受任何治疗之前，都已经充分了解治疗的性质、潜在风险和可能的结果。医疗提供者有责任确保信息的传递是准确和完整的，而且以患者能够理解的方式进行。这不仅是法律要求，也是对患者尊严的基本尊重。

隐私权在安宁疗法的法律框架中也占据重要位置。安宁疗法作为一种有

---

〔1〕马曌、杨帆：《人口老龄化视角下我国安宁疗护的现状及展望》，载《海南医学》2023年第12期，第1821~1824页。

〔2〕高晓艺等：《新加坡安宁疗护服务发展经验及其对我国的启示》，载《中国全科医学》2024年第22期，第2745~2751页。

效的护理方法，其能够给予患者“灵性照护”，减少患者身体上的疼痛，同时给予患者心理上的疏导，让患者有尊严地走完人生最后一段旅程。[1]随着医疗记录数字化和信息共享的普及，确保患者信息的安全性和隐私性变得尤为重要。例如，在欧盟，《通用数据保护条例》（GDPR）对患者的个人健康信息提供了严格的保护，任何与患者健康信息处理相关的活动都必须严格遵守该条例的规定，确保数据的安全和患者隐私不被侵犯。

此外，特殊情况下的法律责任在安宁疗法中也需仔细考量。例如，在患者选择主动终止生命支持治疗的情况下，医疗提供者的法律责任和道德责任可能会发生冲突。在这些情况下，不同的法律体系可能有不同的处理方式，涉及医疗伦理和法律的复杂交集。这要求法律不仅要提供清晰的指导，还要允许一定程度的灵活性，以适应具体案例的复杂性。

这些法律条文和规章的实施是为了确保在尊重患者权利的同时，能够在法律框架内妥善处理安宁疗法中出现的医疗和伦理问题。通过这样的法律支持，安宁疗法旨在提升患者在生命最后阶段的生活质量，确保其尊严和自主权得到最大程度的尊重。

（三）免责条款的法律逻辑

在安宁疗法的实践中，免责机制为医疗从业者提供了必要的法律保护，使他们能在遵循患者意愿和医疗标准的情况下执行职责而不必承担不当的法律责任。这种机制通常在法律中明确规定，目的是平衡尊重患者自主权和保护医疗提供者免受因遵循伦理和法律规定而产生的责任。

免责条款通常适用于医疗从业者在遵循明确的法律规定和医疗伦理时的行为，如患者事先指示（如DNR——不进行心肺复苏指令）的执行。这些条款确保在医疗从业者按照患者的预设愿望提供护理时，可以免除因这些决定可能引发的法律后果。此外，这种免责通常要求医疗行为符合专业医疗标准，且必须有充分的证据显示患者已被充分告知并同意了相关医疗决策。

免责机制的法律依据深植于对患者权利的尊重，尤其是在涉及生命终末决策的情形中。在美国，许多州法律明确规定，当医疗从业者在遵循患者的有效预先医疗指示行事时，应当免于承担责任。这不仅体现了对患者自主权的尊重，也反映了法律对医疗伦理的重视。

在实际应用中，确保这些免责条款的正确执行需医疗从业者严格遵循相

---

〔1〕 赵焕：《安宁疗法在老年恶性肿瘤晚期生活质量中的应用评价》，载《首都食品与医药》2018年第24期，第104页。

关法律要求，包括确保所有医疗决策都有患者的明确同意，且相关的医疗操作符合当前的医疗标准。此外，医疗机构需为医疗人员提供定期的法律和伦理培训，确保他们了解和能够正确应用这些免责条款，从而在为患者提供尊严死亡的同时，保护自身免受不必要的法律风险。

## 二、法律与伦理交织的张力

### （一）法律规范与伦理需求的冲突解析

在安宁疗法的实践中，法律限制与伦理需求之间的矛盾是一个复杂而敏感的议题。这种矛盾通常源于法律框架的严格规定与医疗伦理的灵活性需求之间的不匹配，特别是在处理终末期患者的权益和治疗选择时更为明显。

一方面，法律设定了明确的界限和规则以保障患者安全和医疗质量，如治疗过程中必须遵守的知情同意规则和隐私保护法规。这些规定旨在保护患者免受未经授权的医疗干预和信息泄露的侵害。然而，这些法律限制有时可能阻碍医生根据具体的医疗情况和患者的个人需求提供个性化的护理。例如，当患者的健康状况迅速恶化时，遵循所有的法定程序（如重新获取知情同意）可能不切实际，甚至可能延误必要的治疗。

另一方面，医疗伦理强调尊重患者的自主权、减轻痛苦和维护尊严。在实践中，医疗团队可能面临如何平衡遵循法律规定与响应患者在生命最后阶段的愿望之间的挑战。例如，患者可能请求停止所有生命维持治疗，即使这与法律或医疗指南的建议相冲突。在这种情况下，医生必须在满足患者的伦理愿望与符合法律义务之间找到平衡。

此外，不同文化和法律体系对安宁疗法的接受度和规范也存在显著差异，这进一步增加了国际医疗实践中法律与伦理之间的矛盾。在一些国家，对安宁疗法的法律限制较少，允许较大程度的医疗自主。而在其他国家，相关法律可能极为严格，严格限制甚至禁止某些类型的安宁疗法。

解决这些矛盾点需要法律制定者、医疗专业人员和社会各界进行广泛的对话，以便更好地理解不同利益相关者的需求和期望。例如，构建社区安宁疗护护士准入标准与服务能力评价体系有一定的科学性和可靠性，符合当前社会发展需要，对规范社区安宁疗护护士的管理、提高社区安宁疗护服务的整体水平具有重要借鉴意义。[1]通过这种方式，可以逐步调整和完善法律规

---

〔1〕 唐琪等：《社区安宁疗护护士准入标准与服务能力评价体系的构建研究》，载《护理学报》2024年第12期，第73~78页。

定，使其既能保护患者权益，又能尊重医疗伦理，最终实现法律与伦理的和谐统一。

（二）法律与伦理冲突对患者护理的影响

法律限制与伦理需求之间的冲突在安宁疗法中表现得尤为明显，这种冲突对患者的护理产生了深远的影响。首先，法律程序的严格性可能导致医疗决策的延迟，尤其是在紧急情况下。法律要求的繁复文书工作和重复获取知情同意的过程可能阻碍医生及时提供必要的治疗，导致患者的痛苦加剧或者错过治疗的最佳时机。

虽然目前已经有一些法律在保护生命末期的人群，但法律总是一种底线思维，人文关怀依然是可以在法律底线之上产生作用的一股温暖力量。[1]法律的限制可能削弱医疗提供者的自主性，制约他们根据患者的具体情况提供个性化的护理。当法律条文与患者的需求或医疗伦理标准不一致时，医生可能在提供最佳治疗方案时感到受限。例如，某些法律可能过于保守，禁止或限制使用某些可能有效减轻患者痛苦的治疗方法，因而无法充分尊重患者的个人意愿和需求。法律与伦理的冲突还可能对患者和家庭造成额外的心理负担。在生命的最后阶段，患者和家庭成员本已承受巨大的情绪压力，复杂的法律问题和决策可能会进一步加剧他们的焦虑和不安。这种法律和伦理的不确定性不仅影响患者的情绪健康，也可能影响他们对医疗过程的满意度和信任度。

医生在追求减轻患者痛苦的过程中，可能会因担心违法而不敢执行某些在伦理上被认为是必要的医疗行为。这种状况会导致医疗伦理与法律责任之间的冲突，医生必须在遵守法律框架和履行伦理责任之间找到平衡点。在某些情况下，医生可能需要权衡是否采取较为积极的措施来减轻患者的痛苦，即使这可能涉及法律上的灰色地带。

总之，解决法律与伦理之间的冲突需要医疗从业者、法律制定者、伦理学家以及社会各界的共同努力。通过法律教育、政策调整和法律改革，我们可以寻求在尊重患者自主权和保障医疗质量之间找到一个平衡点，确保患者在生命最后阶段得到尊重、有尊严地接受治疗。这需要不断地对现行法律进行评估和更新，以适应医疗实践中不断变化的需求和挑战。

（三）冲突解决的法理思考

解决法律限制与伦理需求之间的冲突，特别是在安宁疗法等涉及深刻医

〔1〕 王岳：《安宁疗护相关的法律问题剖析》，载《中国卫生》2023年第5期，第106~107页。

疗伦理问题的领域，需要深入的法理思考。法律制度需展现出适应性和灵活性，以适应医疗实践和社会伦理观念的不断变化。法律不应是静态的，而应是能够适应新的医疗技术和伦理理解的动态系统。例如，在安宁疗法的法律框架中，法律的修订应考虑到医疗技术的进步和公众对生命末期护理态度的变化。

权衡分析是解决法律与伦理冲突的关键法理工具。这要求法律制定者和实践者在不同的法律和伦理价值之间找到平衡，考虑各种行为的潜在后果。例如，在安宁疗法中，如何平衡患者的自主权与防止患者受到伤害的需求，是法律制定和医疗实践中的一个常见议题。而且，法律决策应坚持原则的一致性，即在处理类似情况时应保持相似的法律和伦理立场。这不仅有助于提高法律决策的可预测性和公正性，还能确保所有患者在相似的条件下接受相同水平的尊重和护理。此外，伦理委员会和法律顾问在解决法律与伦理冲突中发挥着至关重要的作用。他们不仅提供关于复杂医疗决策的专业意见，还负责解释现有法律并提出法律改革的建议。这种专业指导对于确保医疗决策既合法又符合伦理标准非常重要。

通过这些策略的实施和持续的对话、教育以及跨学科合作，我们可以更有效地解决法律与伦理之间的冲突，确保法律既保护患者权益，又尊重医疗伦理的核心价值。这对于提升患者护理质量和满足社会伦理期望至关重要。

## 三、法律吸纳伦理规则的边界与展望

### （一）法律体系对伦理规则吸纳的现状审视

在当今的医疗实践中，法律体系对伦理规则的吸纳是一个不断发展的领域，面临着多重挑战和复杂性。法律的目标是为医疗实践提供一个稳定和可预测的框架，而医疗伦理则致力于确保患者护理的道德标准得以实现。这两者的交集是现代医疗法律制度中最富挑战性的部分。

法律体系已经在多方面尝试吸纳医疗伦理的原则，尤其是在强调患者的自主权、知情同意和隐私保护方面。例如，众多法律规定确保医疗决策过程中患者能够根据充分信息作出选择，这是尊重患者自主权的体现。然而，尽管有这些进展，法律仍然存在着与医疗伦理理想标准的差距。法律制定通常围绕普遍原则和标准进行，这可能导致它在处理具体的伦理问题时显得不够灵活或详尽。法律文本通常难以快速适应医疗技术的新发展或社会伦理观念的变化。在快速发展的医疗领域，如基因编辑和人工智能应用，现有的法律框架可能无法全面覆盖所有新出现的伦理问题。

在法律与医疗伦理的具体应用中，经常会出现实施上的差异。医疗从业者在日常实践中可能会遇到法律规定与伦理最佳实践不完全一致的情况。例如，在安宁疗法的实施过程中，法律可能过于强调程序和文档要求，而医疗伦理则更注重患者的感受和生活质量的考量。全球范围内的文化多样性使得法律对伦理规则的吸纳面临更大的挑战。不同社会和文化对医疗伦理的理解和重视程度有很大的不同，这影响了法律政策的制定和执行。在一些文化中，家庭和社区的意见可能对医疗决策有重大影响，这可能与强调个人自主权的法律原则发生冲突。

为了更有效地整合法律与医疗伦理，需要在法律制定、教育和实践各个层面上进行创新和改进。法律制定者、医疗从业者、伦理学家和社会成员之间的持续对话至关重要。此外，定期的法律审查和修订可以确保法律既反映最新的医疗科技进展，又满足社会伦理的期待。通过这种方法，可以更好地促进法律和医疗伦理的和谐发展，共同提升医疗服务的质量和患者的满意度。这种持续的更新和对话是实现法律与伦理有效结合的关键路径。

### （二）法律与伦理整合的复杂性与挑战

整合法律与伦理在医疗领域中呈现出显著的复杂性和挑战，主要由于法律的普遍性与医疗伦理的个体性之间存在本质的差异。法律旨在为社会行为提供一个可预测和统一的规范框架，而医疗伦理则侧重考虑每个病例的具体情况和道德维度，这导致在实际应用中二者难以完全融合。

此外，不同文化和社会对伦理问题的看法存在显著差异，这对法律制定者来说是一个重大挑战，因为他们需要制定出既符合伦理原则又能被广泛接受的法律。例如，关于生命终结的决策，不同文化和法律体系中对此的接受度和规定可能大相径庭。技术的快速进步也为法律与伦理的整合增添了复杂性。新兴技术如基因编辑和人工智能的应用引发的伦理问题往往超出现有法律框架的覆盖范围，使得法律更新往往滞后于技术发展，难以及时应对新出现的伦理挑战。

直接的法律与伦理原则冲突也是一个关键问题。在一些情况下，法律规定可能与伦理原则直接冲突，如何在尊重患者自主选择权和法律要求保护患者生命之间找到平衡，是一个需要不断探讨和解决的问题。即便法律和伦理规则已经形成，其在实际执行中的一致性和公正性也面临挑战。地区之间的医疗资源分配不均、执行标准的差异都可能影响法律与伦理原则的公平实施。

因此，有效整合法律与医疗伦理需要法律制定者、医疗从业者、伦理学家和社会各界人士的持续对话与合作，以及法律体系的不断评估和修订，确保法律既能够应对不断变化的医疗技术和伦理观念，又能公正、合理地保护患者权益。

（三）法律改革的方向与策略建议

在应对医疗领域中法律与伦理的复杂交互问题时，法律改革的方向与策略应当着重考虑增强法律的适应性、灵活性以及敏感性，以更好地应对快速变化的医疗技术和伦理挑战。通过策略的实施，可以期待法律更有效地适应并支持医疗实践中的伦理要求，从而更好地保护患者权益，提升医疗服务质量，并促进医疗领域的持续健康发展。

1. 增强法律的适应性与灵活性

在面对医疗领域的快速技术变革和复杂伦理挑战时，法律的适应性与灵活性显得尤为重要。为了确保法律能够有效地应对这些变化，并支持医疗实践的需要，采取以下几个策略来增强法律的适应性和灵活性是关键：

基于原则的法律提供了更广的解释空间，使医疗从业者在符合伦理和法律原则的前提下能够根据具体情况作出判断。这种法规强调的是宽泛的伦理标准，如尊重患者自主权、保护患者福利和预防伤害等。通过这些原则，医生和医疗团队可以在日常实践中更灵活地应对各种情况，而不是被繁复具体的法律条款所束缚。

考虑到医疗技术的快速发展，传统的法律制定过程常常难以及时响应新的需求。因此，采用更为灵活的法律制定机制，如通过临时措施、试点政策或指导意见来初步应对新技术带来的挑战是必要的。这些措施可以在收集足够的实践数据和经验后进行评估和修订，以形成更全面和成熟的法律规定。为确保法律与医疗实践保持同步，建立一个动态的反馈和评估机制至关重要。这包括定期审查现行法律的适应性，征集来自医疗从业者、患者、法律专家的反馈。这种持续的监测和评估帮助法律制定者理解法律在实际操作中的效果，并及时作出必要的调整。

在医疗法律的制定过程中，协商立法的方式可以增加法律的适应性和接受度。让医疗专家、伦理学家、患者代表及法律制定者共同参与到法律的讨论和制定中来，可以确保新法律全面考虑了不同利益相关者的需求和期望。这种多元参与的立法过程不仅增强了法律的实用性和公正性，也提高了法律的社会接受度。

通过实施这些策略，法律不仅可以更有效地适应医疗领域的快速变化，还能为医疗实践提供稳定而灵活的支持。这种不断更新和适应的法律框架是保障患者权益、促进医疗创新及维护伦理标准的关键。

2. 强化跨学科的合作

在法律与医疗伦理的整合过程中，强化跨学科合作是至关重要的。这种合作不仅能带来不同学科的专业知识和视角，还能促进更有效的法律适应性和应对医疗技术快速发展的挑战。以下是具体实施策略和方法的详细扩展：

设立由法律专家、医疗从业者、伦理学家、技术开发者以及患者代表组成的工作组是强化跨学科合作的基础。这些工作组应定期召开会议，共同讨论由新兴医疗技术引发的法律和伦理问题。通过定期的集思广益，可以确保从多个角度评估问题，从而制定出全面考虑患者权益、技术实现和法律规范的解决方案。

在跨学科合作中，知识共享至关重要。通过组织专题研讨会、学术会议和建立专门的在线知识共享平台，不同领域的专家可以交流最新的研究进展、技术突破和法律案例。此外，开展跨学科的教育项目，如研讨班和工作坊，可以帮助参与者跨学科学习，增强对其他领域的理解和尊重，这对于培养未来的跨学科合作是非常有益的。跨学科工作组应共同制定研究和实践指南，这些指南应同时包含法律、伦理和技术指导。例如，在人工智能在医疗中的应用指南中，技术专家的知识与伦理学家的指导能够确保新技术的应用不仅符合技术发展趋势，也符合伦理和法律标准。

推动法律研究者、医疗从业者和技术开发者之间的联合项目和研究，是实现创新解决方案的有效方式。这些项目应关注实际医疗问题的解决，同时评估新技术或治疗方法可能引发的法律和伦理问题。这种实践不仅有助于技术的创新，还可以预测并准备应对可能的法律和伦理挑战。在政策制定过程中，确保跨学科工作组的声音被听到是非常重要的。政策制定者应积极寻求来自不同学科的专家意见，确保新制定的医疗法律政策全面、公正且具实用性。这种政策制定过程的开放性和包容性是提高法律适应性的关键。

通过这些综合策略，可以强化不同学科之间的合作，促进知识和资源的共享，同时确保法律在面对医疗领域快速变化时保持适应性和前瞻性。这种跨学科合作是支持医疗创新、保护患者权益并提高医疗服务质量的重要基础。

3. 推广法律与伦理教育

推广法律与伦理教育在医疗领域中扮演着至关重要的角色，尤其是在当前医疗技术迅速发展和医疗伦理复杂多变的背景下。有效的教育不仅可以提升医疗从业者对法律和伦理的理解，还能增强他们在实际工作中应对伦理问题的能力。

法律与伦理教育应该成为医学教育的核心组成部分。通过在医学院课程中设置必修的法律与伦理课程，使学生从职业生涯开始就能理解和应用医疗法律和伦理原则。课程内容应涵盖最新的法律动态、伦理挑战以及案例研究，帮助学生建立解决复杂医疗伦理问题的思维框架。

对于已经在职的医疗专业人士，提供持续的法律与伦理教育同样重要。我国安宁疗护服务发展过程中，始终存在专业人才紧缺、服务供给不足的现实问题。因此，加快教育培养、团队建设显然成为当务之急。[1]这可以通过在线课程、研讨会、工作坊以及定期的专业发展会议来实现。这些活动应当针对新兴的技术和伦理问题提供更新的信息和讨论平台，确保医疗从业者的知识与实践能够及时更新。创建跨学科的教育平台，鼓励医学、法律、伦理学和技术领域的专家共同参与。这种平台可以促进不同背景的专家共享知识，交流见解，增进相互理解。例如，通过模拟病例研究，不同领域的专家可以一起探讨如何在具体情境下平衡法律规定和伦理考量。

除针对医疗从业者的教育外，向公众普及医疗法律和伦理知识也极为重要。这可以通过公开讲座、社区活动以及媒体宣传等形式进行。增强公众对医疗法律和伦理的认识，不仅有助于患者更好地理解自己的权利和责任，也可以提高整个社会对医疗伦理问题的敏感性和理解深度。为了确保法律与伦理教育的有效性，必须建立严格的评估和反馈机制。这包括对教育内容和教学方法的定期审查，以及通过考试、调查和反馈来评估学习成果。通过这种方式，教育机构可以不断优化教学计划，确保教育活动能够达到预期的效果。

通过实施这些策略，推广法律与伦理教育可以有效地提高医疗从业者和公众的法律与伦理素养，为医疗实践中遇到的法律和伦理挑战提供坚实的基础。这不仅有助于提升医疗服务的质量和安全，也有助于构建一个更加公正和透明的医疗环境。

4. 实施动态的法律审查机制

实施动态的法律审查机制对于确保医疗法律与伦理标准保持同步至关重要。这种机制不仅要定期检视法律的适应性，还需反映新兴的医疗技术和伦

---

〔1〕 高晓艺等:《新加坡安宁疗护服务发展经验及其对我国的启示》，载《中国全科医学》2024年第22期，第2745~2751页。

理问题。

首先，制定一个系统的法律审查时间表是必要的，这需要法律审查委员会定期集结并进行全面评估。委员会应由具有多元背景的成员组成，包括法律专家、医疗专业人士、伦理学家、技术专家以及患者代表。这样的组合可以确保从多角度对法律进行审查，确保其能全面反映医疗实践中的各种需求和挑战。审查过程中，委员会应考察法律在实际应用中的效果、挑战以及其对新技术和伦理挑战的响应能力。

除了定期审查，还应建立一种能够实时监控和反馈法律执行效果的机制。这可以通过与医疗数据系统的集成、定期的满意度调查以及开放的意见反馈平台来实现。这种机制使得法律规定可以在发现问题或新挑战时快速做出调整，保证法律不仅在理论上有效，而且在实际操作中也能够有效解决问题。

更新医疗从业者和公众的法律知识是动态审查机制的重要组成部分。通过持续教育课程、在线学习平台和专业研讨会，可以确保所有相关人员对最新的法律变化和案例有充分的了解。这种教育不仅应涵盖新的法律条文，还应包括具体的应用指南和案例研究，帮助从业者理解法律的实际应用方式。

在全球化的医疗环境中，国际合作和法律比较是不可或缺的。通过参与国际研讨会、共享跨国研究成果以及参与国际法律制定的讨论，可以增进对不同法律体系的理解，从而发现最佳实践并识别潜在的改进方向。这种国际合作不仅有助于提高本国的法律标准，也有助于构建一个更加统一和协调的国际医疗法律环境。

5. 加强国际合作与法律协调

在全球化的医疗环境中，加强国际合作与法律协调对于应对跨国医疗挑战和统一全球医疗标准而言至关重要。推动建立或加强现有的国际法律合作框架，如通过国际组织和多国条约来促进法律的统一和标准化。这可以包括在世界卫生组织（WHO）或世界贸易组织（WTO）等国际机构下，创建专门的委员会或工作组，专注于医疗法律和伦理的国际协调。这些机构可以帮助各国在医疗法律领域内分享最佳实践、协调立法活动，并处理国际医疗争端。

定期举办国际研讨会和会议，聚焦医疗法律和伦理问题的讨论。这些活动能提供一个平台，让不同国家的法律专家、医疗从业者和政策制定者交流信息、分享经验并讨论新兴的医疗技术所带来的法律挑战。这样的交流可以加深对国际医疗法律问题的理解，并推动全球医疗法律和伦理标准的统一。鼓励和支持跨国法律研究项目，这些项目可以探索不同国家如何处理相似的医疗伦理和法律问题。这种研究有助于识别法律实践中的差异和共同点，从而为制定更有效的国际医疗法律政策提供依据。同时，这些项目也能够促进国际学术交流和专业发展。

开发和推广国际医疗法律、伦理的标准化培训课程。这些课程不仅应该提供给医疗从业者，也应该面向法律专业人士，以增强他们对国际医疗法律环境的理解。通过这种培训，可以确保医疗从业者和法律专家在全球范围内都有一致的知识和技能基础，从而提高国际医疗服务的质量和法律遵循性。利用现代技术，如在线平台和虚拟会议，来促进国际实时交流和合作。这可以帮助克服空间和时间上的限制，使得即便在远距离的国家之间也能进行有效的合作和协调。

通过这些策略的实施，加强国际合作与法律协调可以有效地解决全球医疗实践中遇到的共同问题，推动医疗法律的全球统一，从而确保患者在不同国家都能接受到标准化且高质量的医疗服务。同时，这也有助于应对跨国医疗活动中出现的法律和伦理问题，增强全球公共卫生安全和法律保护的整体效力。

## 结　语

在全球老龄化趋势日益明显的背景下，安宁疗法作为一种旨在减轻生命末期患者痛苦的医疗护理模式，日益受到重视。通过本文的探讨，我们可以看到，安宁疗法在中国的实施不仅具有可行性，而且在实践中已经取得了一定的成效，尤其是上海市作为全国安宁疗护试点区域，积累了丰富的经验。然而，现有的法律框架和社会接受度仍存在一定的不足，限制了安宁疗法的进一步推广和普及。要实现安宁疗法的全面推广，首先需要在法律和政策层面进行相应的建设和调整，明确安宁疗法的法律地位，为其提供坚实的法律保障。同时，加强死亡教育，提升公众对安宁疗法的认知和接受度，也是推动其发展的关键。通过国际经验交流，借鉴其他国家在安宁疗法领域的成功实践，可以为中国的安宁疗法提供有益的参考和借鉴。实现对生命末期患者的尊严保护和关怀，不仅需要法律的支持，更需要社会的广泛参与和认同。在法律与伦理的和谐统一中，安宁疗法将能够更好地发挥其应有的作用，提升患者的生活质量，减轻其身心痛苦，最终实现对生命尊严的全面保护。通过本文的研究，希望能够为推动安宁疗法在中国的发展提供理论支持和实践指导，同时引发更多关于生命末期关怀和法律保障的讨论与研究，共同努力，构建一个更加人性化、尊重生命尊严的医疗体系。

# 民商法前沿

# “三权分置”改革下宅基地使用权流转：困境与构建路径

彭明入 *

**摘要：**宅基地“三权分置”成为推动农村土地资源合理利用和增加农民收入的重要改革举措。当前对宅基地使用权的收益权能缺乏规定，限制了宅基地使用权的权能发挥，与物权平等保护原则相偏离。法律在确保农民对宅基地上房屋享有收益权和处分权的同时，又严格限制宅基地使用权的流转，与房地一体原则相悖。宅基地使用权转让后出让人与受让人的经济联系即被切断，资格权难以产生实际的经济价值，而受让人的次级使用权面临权能不完整问题，造成宅基地资格权与次级使用权冲突。实践中还存在隐形流转、资源优化配置、补偿标准和利益分配等问题。通过协调宅基地使用权流转物权理论与实践的关系，从放宽流转身份的限制、明确次级使用权存续期限和利用方式、建立流转收益分配机制、加强用途监管等入手构建宅基地“三权分置”的路径。

**关键词：**宅基地使用权流转；自由流转说；三权分置；构建路径

党的十八届三中全会提出“改革完善农村宅基地制度”，“慎重稳妥推进农民住房财产权抵押、担保、转让”，为农民开辟增加财产性收入新途径，农村土地制度改革自此进入新的历史阶段。2018 年，中央一号文件提出宅基地所有权、资格权和使用权的“三权分置”新体系。农村宅基地使用权流转改革思路日益清晰，流转政策的松动为其向自由流转方向的改革铺平了道路。

## 一、宅基地使用权流转的立法与实践现状

### （一）宅基地使用权流转的立法现状

现阶段宅基地使用权流转的法律条款散布在多部法律法规及政策文件

---

* 作者简介：彭明入，广西大学法学院 2023 级法律硕士研究生，研究方向：诉讼法学。

中，如《民法典》的物权编及合同编中的担保相关条款，[1]以及《土地管理法》构成了宅基地流转的基础法律框架。《关于全面深化改革若干重大问题的决定》等中共中央文件、决定为宅基地制度改革明确了政策指引。《关于农村土地征收、集体经营性建设用地入市、宅基地制度改革试点工作的意见》的出台标志着宅基地制度改革进入试点阶段。第十二届全国人民代表大会常务委员会第十三次会议决定允许在试点地区暂时调整实施相关法律条款，[2]为宅基地使用权流转的实践提供了法律保障。尽管在立法和政策层面对农村宅基地使用权流转的规定有所调整，但当前该权利的流转依然面临诸多限制：

首先，在流转的主体与客体方面，《民法典》对宅基地使用权的流转主体和客体作出了规定。[3]但是《土地管理法》[4]以及行政法规、[5]部门规章[6]等在未规定宅基地使用权流转的情况下，却规定了农民在出租或出售宅基地上的房屋后将丧失再次申请新宅基地的资格，[7]实质上为宅基地流转设定了隐性限制。宅基地使用权的转让必须在农村集体经济组织内部进行，且转让双方必须为同一集体经济组织的成员，同时满足“一户一宅”的原则。通常情况下，流出方为拥有宅基地使用权的农民，而流入方则为同一集体经济组织的其他成员。作为流转客体的宅基地是由农村集体经济组织拥有所有权、农民个体享有使用权的特殊农村建设用地，旨在确保农民的居住权益。

其次，从流转方式来看，我国法律对宅基地使用权流转方式作了严格限制，如：《民法典》禁止抵押宅基地使用权，[8]《土地管理法》仅规定可以出

〔1〕《民法典》关于宅基地使用权的规定沿袭了《物权法》《担保法》的相关规定。

〔2〕 2015年2月27日，第十二届全国人民代表大会常务委员会第十三次会议通过了《关于授权国务院在北京市大兴区等三十三个试点县（市、区）行政区域暂时调整实施有关法律规定的决定》。

〔3〕《民法典》第363条：“宅基地使用权的取得、行使和转让，适用土地管理的法律和国家有关规定。”

〔4〕《土地管理法》第62条第5款：“农村村民出卖、出租、赠与住宅后，再申请宅基地的，不予批准。”

〔5〕 国务院《关于深化改革严格土地管理的决定》（国发〔2004〕28号）第10条：“禁止农村集体经济组织非法出让、出租集体土地用于非农业建设。改革和完善宅基地审批制度，加强农村宅基地管理，禁止城镇居民在农村购置宅基地。”

〔6〕 即“两个严禁”原则。

〔7〕《土地管理法》第62条第5款：“农村村民出卖、出租、赠与住宅后，再申请宅基地的，不予批准。”

〔8〕《民法典》第399条规定了不得抵押财产的范围，第2项规定：“（二）宅基地、自留地、自留山等集体所有土地的使用权，但是法律规定可以抵押的除外。”

租、出售、赠予宅基地上的住宅，[1]并鼓励盘活闲置宅基地、闲置住宅，但对于如何盘活以及宅基地使用权的流转方式未作出具体规定，在一定程度上影响了宅基地使用权流转的灵活性。

最后，在流转管理方面，《民法典》规定宅基地使用权转让或消灭时需办理变更登记或注销登记。[2]但是由于法律对宅基地使用权流转的严格限制，目前尚未建立专门的流转管理制度。实践中，流转主要由双方自行协商解决，相关主管部门的主要职责是确保宅基地使用权不被非法流转。主管部门对于非法流转的行为通常采取不予承认或收回宅基地使用权的方式应对。[3]这在一定程度上保障了宅基地使用权的合法性和规范性，但也约束了宅基地使用权流转的自由度和市场活力。

限制宅基地使用权流转的政策动机本质上是城乡二元结构思维，在城乡间形成了隐性的隔离机制，限制了农业人口的迁徙自由和职业选择的多样性，阻碍了农业人口向非农业行业的转变。[4]

### （二）宅基地使用权流转的实践状况

与立法层面对宅基地使用权流转的严格限制形成对比的是，在实践中不少地方政府已经积极开展宅基地使用权流转制度的改革尝试。[5]这反映了地方政府对土地制度改革的强烈愿望和农村宅基地流转的迫切需求。在实际流转过程中，主要形成了两种模式：

第一，政府主导的流转模式。这种模式在全国范围内有多个实践案例，如：上海的有偿置换、天津的宅基地换房、嘉兴的两分两换、苏州的宅基地换住宅以及重庆和成都等地的流转模式。[6]其共同点在于，政府作为主导力量通过货币、城镇住房、中心村宅基地等方式引导农民将原有的宅基地使用

[1] 《土地管理法》第62条第5款："农村村民出卖、出租、赠与住宅后，再申请宅基地的，不予批准。"

[2] 《民法典》第365条："已经登记的宅基地使用权转让或者消灭的，应当及时办理变更登记或者注销登记。"

[3] 《三亚市农村宅基地管理办法》（已失效）第20条、《菏泽市农村宅基地管理办法》（已失效）第21条、《宁波市农村宅基地管理办法》（已失效）第16条等均规定了因非法流转宅基地（使用权）或住宅而收回宅基地使用权。

[4] 董新辉：《新中国70年宅基地使用权流转：制度变迁、现实困境、改革方向》，载《中国农村经济》2019年第6期，第2~27页。

[5] 既包括东部沿海的经济发展活跃地区，如浙江的温州、义乌、宁波以及江苏的苏州，也覆盖了经济发展相对落后的中西部省份，如河北、内蒙古、广西以及陕西等。

[6] 贺日开：《我国农村宅基地使用权流转的困境与出路》，载《江苏社会科学》2014年第6期，第68~77页。

权进行置换，以有效整合和优化农村建设用地的资源配置。在政府主导的模式下，农民往往处于相对被动的地位。有时政府承诺的补偿并不能完全兑现，甚至出现强制置换的情况，在一定程度上侵犯了农民的合法权益。〔1〕此外，政府主导的宅基地置换通常涉及大面积的土地，需要巨额的前期投资。而置换出的土地是否能得到有效利用也存在一定的风险。例如，上海市就曾因为资金和开发利用率的问题而缩减了宅基地置换的试点范围。〔2〕

总体来看，该模式的主要特点为：首先，政府在整个过程中占据主导地位，而农民的个人意愿可能无法得到充分体现。在实践中，一些地方在推行宅基地置换时未能充分尊重农民的自主选择权，引发了农民"被上楼"和"被城市化"问题。其次，现阶段的立法未就宅基地置换涉及的土地性质以及置换后新建房屋的产权等作出规定。再次，宅基地置换政策的动机本应是解除对宅基地使用权流转的限制，整合宅基地资源，提高土地资源的利用效率。但是，政府推动宅基地置换的动机却在于寻求置换后获取的经济利益。最后，宅基地置换简便易行，程序上也比土地征收简单，具有较大的自由操作空间，因而宅基地置换成为地方政府常见的一种土地资源整合方式。

第二，农民自发的流转模式。根据流转对象的不同，农民自发的流转模式可以分为内部流转和外部流转。内部流转是法律规定的在集体经济组织内部成员之间进行的。而外部流转或称"隐形流转"，则是法律禁止的集体经济组织成员向非本集体成员的流转。这两种流转方式在不同的地区所占的比重各不相同。在远离城市和风景名胜区的农村地区，宅基地使用权的流转相对较少，且主要是内部流转。例如，在广西三个典型性乡村的问卷调查结果显示，近几年来大部分农户没有转让宅基地的情况。〔3〕但是在城市近郊和风景名胜区，宅基地使用权的流转则较为频繁，且主要为外部流转。例如，在北京、上海、广州等大城市存在较为突出的"小产权房"问题。〔4〕

该模式的特点主要包括：一是区域性差异明显。由于不同地区的经济发展水平、地理位置等因素的差异，宅基地使用权的流转情况各不相同。二是流转方式以转让、出租为主。农民通常会将自己的宅基地使用权转让或出租

〔1〕参见陈锡文等：《中国农村制度变迁60年》，人民出版社2009年版，第74页。

〔2〕贺日开：《我国农村宅基地使用权流转的困境与出路》，载《江苏社会科学》2014年第6期，第68~77页。

〔3〕参见孟勤国等：《中国农村土地流转问题研究》，法律出版社2009年版，第202~205页。

〔4〕贺日开：《我国农村宅基地使用权流转的困境与出路》，载《江苏社会科学》2014年第6期，第68~77页。

给他人以获取经济利益。三是通过房屋流转实现宅基地使用权的流转。实践中，农民往往是通过转让或出租房屋的方式间接实现宅基地使用权的流转。四是"隐形流转"特征显著。由于目前立法限制外部流转，大量的宅基地使用权流转处于"隐形"状态，给土地管理和市场监管带来了一定难度。

## 二、宅基地使用权自由流转说的理论依据与现实需求

### （一）自由流转说的理论依据

自由流转说认为宅基地使用权自由流转是推动农村土地制度改革、促进农村经济发展的重要途径之一。[1]它主张农民应享有自由流转其宅基地使用权的权利，并提出了出租、转让、抵押、入股及赠与等方式流转。其核心理念在于打破长期存在的身份约束，推动宅基地使用权与其他财产权利一样在市场上自由流通，实现其潜在经济价值。为了保障宅基地使用权的占有、使用、收益权能，自由流转说认为应通过立法手段对其作出明确规定。"三权分置"为宅基地使用权流转制度提供全新的理论框架，为其改革提供了空间与可能。在当前社会背景下，随着城乡融合的不断加速及土地资源的日益紧张，自由流转说为农村土地制度的改革与创新提供了新的思路和方向。

第一，从物权平等保护原则来看，宅基地使用权的自由流转是其应有之义。《民法典》已经对宅基地使用权的用益物权属性进行了确认。[2]任何借助低位阶的法规、规章或规范性文件来对其权能进行不当限制或剥夺都是对物权平等保护原则的违背。此外，根据物权平等保护原则，宅基地使用权与国有建设用地使用权都是用益物权，理应赋予其相同的权利权能。但是国有建设用地使用权人享有对土地的占有、使用和收益的权利，[3]并且可以通过转让、互换、出资、赠与及抵押等方式流转，[4]而宅基地使用权人却不享有对宅基地的收益权，也不能流转宅基地使用权。因此，推动宅基地使用权的自由流转不仅是对其物权属性的确认，也是实现宅基地使用权与国有建设用地

---

〔1〕 贺日开：《我国农村宅基地使用权流转的困境与出路》，载《江苏社会科学》2014 年第 6 期，第 68~77 页。

〔2〕《民法典》第 362 条："宅基地使用权人依法对集体所有的土地享有占有和使用的权利，有权依法利用该土地建造住宅及其附属设施。"

〔3〕《民法典》第 344 条："建设用地使用权人依法对国家所有的土地享有占有、使用和收益的权利，有权利用该土地建造建筑物、构筑物及其附属设施。"

〔4〕《民法典》第 353 条："建设用地使用权人有权将建设用地使用权转让、互换、出资、赠与或者抵押，但是法律另有规定的除外。"

使用权在法律层面上平等保护的关键所在。[1]

第二，遵循“房地一体”主义原则的必然要求。“房地一体”原则强调房屋与其所依附的土地应当被视为不可分割的整体进行流转。但是，法律法规一方面禁止宅基地使用权的自由流转，另一方面却又默许了宅基地上的房屋可以自由流转，违背了房地一体原则。制度设计上的内在矛盾不仅导致了实践中的诸多困扰和难题，也在一定程度上影响了房地产市场的稳定与发展。

第三，从制度变迁的角度来看，宅基地使用权的自由流转是制度发展的必然趋势和结果。制度变迁理论作为新制度经济学的重要组成部分，揭示了制度应随着时代和社会环境的变迁而进行相应的调整和完善。[2]当前，普遍存在的宅基地使用权隐形流转现象实际上宣告了限制宅基地使用权流转的制度安排已难以满足实践的需要，以及农民对宅基地使用权自由流转的强烈需求。

第四，法律基础支撑。宅基地使用权的自由流转是具有法律基础的支撑的。宅基地使用权流转制度作为物权制度的重要组成部分，被《立法法》规定为只能由法律规定的“民事基本制度”，[3]属于立法保留的事项之一。《民法典》及《土地管理法》没有禁止宅基地使用权的自由流转。相反，它们只规定农民在出租或出卖住宅以后再次申请宅基地，将不予批准。从立法角度看，目前限制或禁止宅基地使用权自由流转主要来源于低位阶的法规、规章及规范性文件，其合法性支撑不足，甚至有些规定与上位法存在抵触情况，超出了相关立法机关的立法权限，在一定程度上违背了法治原则。[4]

### （二）自由流转说的现实需求

城市化进程不仅推动了现代化的发展，也对农村社会结构产生了重大影响。[5]从我国当前的城乡发展趋势来看，农业生产主体正在经历由个体化向组织化、集体化的转变。越来越多的农村人口选择迁移到城市寻求发展机遇和生活空间，农业生产方式也正在革新，农村社会结构正在发生根本性变化。[6]

---

〔1〕参见王利明：《物权法研究》（修订版）（下卷），中国人民大学出版社2007年版，第205页。

〔2〕［美］R. 科斯等：《财产权利与制度变迁——产权学派与新制度学派译文集》，刘守英译，上海三联书店、上海人民出版社1994年版，第384页。

〔3〕《立法法》第11条第8项规定，民事基本制度只能制定法律。

〔4〕贺日开：《我国农村宅基地使用权流转的困境与出路》，载《江苏社会科学》2014年第6期，第68~77页。

〔5〕参见文贯中：《吾民无地：城市化、土地制度与户籍制度的内在逻辑》，东方出版社2014年版，第23页。

〔6〕贺日开：《我国农村宅基地使用权流转的困境与出路》，载《江苏社会科学》2014年第6期，第68~77页。

随着工业化和市场化的持续推进，农村宅基地使用权作为农民生活与生产的基础逐渐失去其原有的存在价值。自由流转说对宅基地使用权进行重新审视，适应了新时期的发展需求。

第一，维护农民的利益，保持农村社会和谐稳定。宅基地使用权制度作为历史发展的产物，在保障农民基本生活权益方面发挥过重要作用，为农民提供稳定的居住和生活环境，在一定程度上维护了社会公平正义。随着农民对城市生活的向往和追求，他们希望将宅基地使用权转化为实际的经济收益。但现行制度的限制使农民在行使宅基地使用权时面临诸多困扰。〔1〕农民在面临资金需求时往往会因缺乏可供变现的资产和可供抵押的有效标的物而遭遇困难。这加剧了城乡发展差距，不利于农村社会的稳定和发展。实践中的宅基地使用权隐形流转存在制度不完善以及市场不规范的问题，导致流转存在着较大的风险和不确定性。

第二，促进社会发展。通过建立农村宅基地使用权自由流转机制缓解城乡发展矛盾，解决宅基地在供求关系上的不平衡，从而盘活农村土地存量，提高土地利用效率，推动农村经济持续发展。

第三，提高宅基地利用效率。相较于城市地区，农村宅基地的有效利用率普遍较低。这不仅造成了土地资源的浪费，还制约了农村经济的发展。通过加强宅基地自由流转管理等措施，提高宅基地的利用效率，实现土地资源的可持续利用。为农村经济的发展注入新的活力，推动农村社会的全面进步。

## 三、宅基地使用权流转中存在的问题

### （一）宅基地使用权流转的理论问题

第一，违背物权平等保护原则。物权平等保护原则贯穿于《民法典》的始终，体现了对不同类型物权的无差别保护。〔2〕宅基地使用权作为我国特有的农村土地使用权形式承载着保障农民居住权益的重要功能。立法已经将其归入用益物权的范畴，并赋予了其独立的法律地位，但宅基地使用权的保护却并未达到物权平等保护原则的水平。诸如《民法典》等法律法规对于宅基

〔1〕王崇敏、孙静：《农村宅基地使用权流转析论》，载《海南大学学报（人文社会学版）》2006年第2期，第242~247页。

〔2〕韩松：《论物权平等保护原则与所有权类型化之关系》，载《法商研究》2006年第6期，第8~16页。

地使用权的收益权属功能缺乏明确规定，未能体现作为独立用益物权的特性，限制了宅基地使用权的权能发挥，实质上违背了物权平等保护的原则。宅基地使用权让渡出的次级使用权的权利属性在法律上也未被规定为物权。基于物权种类法定原则，次级使用权无法上升为物权，只能作为债权存在。〔1〕这在一定程度上限制了宅基地使用权权能的完整性和流转的灵活性。

第二，与房地一体原则相冲突。《民法典》规定在转让房屋产权时遵循“房地一体”原则，〔2〕要求房产和地产在权利转移时“地随房走，房随地走”。这在城镇建设用地使用权的流转中得到了较好的实施，但在农村宅基地使用权流转时却存在矛盾。

在城镇的房屋所有权交易中，“房地一体”原则主要体现在建设用地使用权转让、互换和赠与等流转行为上。当建设用地上的建筑物发生权属变化时，其下的土地使用权也随之转移，简化权属关系，减少因土地和房产分离而产生的法律纠纷。但是，在农村地区，“房地一体”原则的实施更为复杂。农村宅基地和集体建设用地使用权及其地上的建筑物需要进行确权登记以实现房屋所有权和宅基地使用权的统一管理。但当农房所有权发生转移时，宅基地使用权的流转并不遵循“房地一体”原则。例如，在宅基地继承问题上，自然资源部规定农民的宅基地使用权可以由城镇户籍的子女依法继承并办理不动产登记。〔3〕但在宅基地转让问题上，法律仅允许农户建造的农房进行转让，转让后农户不得再申请新的宅基地。但是，对于宅基地使用权是否应随之转移并更改登记，法律并未明确规定，导致实践中的法律冲突。一方面，法律无法否认农民对宅基地上房屋所享有的收益权和处分权，甚至在一定程度上保障这些权益；另一方面，法律又严格限制宅基地使用权的流转，与《民法典》规定的房地一体原则相悖。

第三，宅基地资格权与次级使用权相冲突。在“三权分置”的新体系下，宅基地的所有权仍归集体，使用权被细分为资格权和次级使用权。这在实践中可能引发权益冲突：首先，当农户选择转让宅基地使用权时虽然保留了资格权，但这一权利在转让后往往变得空洞。因为宅基地使用权被转让后，农

---

〔1〕 刘灿：《民法典时代的宅基地“三权分置”实现路径》，载《法学论坛》2022年第1期，第109~118页。

〔2〕 根据《民法典》第356条、第357条的规定，土地使用权转让、互换、出资、赠与或者抵押时，地上房屋等建筑物、构筑物、附着物同时处分；对地上房屋等建筑物、构筑物、附着物进行转让、互换出资、赠与或者抵押时，该房屋等建筑物占用范围内的土地也随之处分。

〔3〕 参见《自然资源部对十三届全国人大三次会议第3226号建议的答复》。

户与实际使用宅基地的受让人之间的经济联系即被切断，资格权难以产生实际的经济价值。其次，对于受让人来说，他们获得的次级使用权可能面临权能不完整问题。由于资格权的存在，受让人可能会担忧使用权是否稳固，不确定性增加了交易的风险和成本，抑制了宅基地市场的活跃度。最后，在分期付款的转让模式下，资格权并未能有效地为农户提供应有的权益保障。一旦受让人无法按时支付款项，农户可能面临无法收回宅基地的风险。

（二）宅基地使用权流转的实践问题

第一，隐形流转中存在的问题。宅基地使用权的隐形流转作为一种尚未获得法律正式认可的流转方式，早于试点地区出现，其实质更趋近自由流转。随着市场经济的发展，越来越多的农民被吸纳到市场交易体系中，农民对于土地财产价值的追求日益增强。宅基地使用权的流转行为已经成为农民积累城市生活成本的重要途径，催生了庞大的隐性交易市场，主要有两种交易模式：

第一种是宅基地使用权在非本集体经济组织成员间的流转。随着农民工大量涌入城市，他们在城市的定居意愿较为强烈。农民工整体已不太可能再回归农业生产，很多人在城市长期居住并逐渐市民化，这是城市化进程的必然趋势。[1]农民工作为基层劳动者，在面对城市高昂的住房成本时往往难以在短时间内积累足够的财富来购买住房，许多农民工选择购买位于城市郊区、隶属于其他农村集体经济组织的农房。以获得相对稳定的居住环境，降低生活成本，平衡工作与生活的需求。第二种流转模式是宅基地使用权在城乡居民间的有偿转让。随着城市化进程的加速，城市房价持续上涨，城市居民同样面临着不断攀升的住房成本。为了缓解经济压力，部分城市居民选择在城乡结合部购买农房。

尽管立法对宅基地使用权的流转设置了严格的限制，但在实践中并未能有效遏制民间自发的宅基地流转行为，反映出当前宅基地管理制度与现实需求之间存在一定的脱节。从新制度经济学的角度来看，自发的宅基地流转行为被视为一种“诱致性制度变迁”，是农民在现行制度下为了争取自身权益而作出的自然反应和策略选择。但是，隐形流转的“隐形性”决定了其存在诸多弊端，如由于缺乏正式的法律认可和规范，交易安全得不到法律保障，一旦发生纠纷，交易双方的权益都难以得到有效维护。这不仅影响了交易的公

[1] 吴兴陆、亓名杰：《农民工迁移决策的社会文化影响因素探析》，载《中国农村经济》2005年第1期，第26~32页。

平性和稳定性，也对农村土地市场的健康发展构成了潜在威胁。

第二，资源优化配置中存在的问题。改革开放以来，城市化与工业化的进程加快，推动了对土地资源的需求。随着城市不断扩张，工业区域持续增多，土地的稀缺性逐渐凸显，使得各类市场主体对土地资源的竞争变得激烈。在此背景下，宅基地使用权制度限制了宅基地资源在市场上的自由流通，在一定程度上成为土地资源配置优化的阻碍。“空心村”现象的出现，不仅造成了土地资源的浪费，还加剧了土地资源配置问题，严重影响了农村经济的持续发展。立法者在制定法律时往往在效率与秩序之间寻求平衡，但是在宅基地使用权制度上，立法者更倾向于维护秩序，将宅基地使用权视为农民的一种福利，以满足他们的基本居住需求，确保社会的稳定。[1]但在实践中，政府和农民都在试图突破这一制度框架。

政府出于推动城市化和工业化的目的通过土地征收或置换流转的方式，使农民转变为市民，腾出宅基地以供其他发展用途。农民则倾向于通过隐形流转的方式，如私下出租、出售宅基地使用权，获取更多的经济利益。这虽然能够在短期内为农民带来一定的收益，但长期来看却可能使农民失去对宅基地使用权的控制，甚至影响到他们的长期居住权益。无论是政府的引导还是市场的自动调节，其目的都是试图将宅基地使用权转化为能够自由流动、创造经济价值的资产。如果不进行相应的调整或改革，那么这些尝试将仅仅解决局部的土地利用问题，无法从根本上解决宅基地资源优化配置问题。政府主导下的宅基地资源再分配和隐形流转下的宅基地资源再分配都存在诸多问题。例如，政府主导下的宅基地流转可能因信息不对称、权力寻租等问题使农民的权益受到侵害，而隐形流转则可能因缺乏有效监管机制使市场秩序混乱、产权纠纷频发。

第三，没有明确的补偿标准，利益分配失衡。宅基地使用权是一种特殊的用益物权，受到法律和政策的限制，这可能导致在补偿标准和利益分配上存在不少难题。理论上，按照市场价格来确定宅基地流转的补偿标准是最合理的。由于宅基地使用权受到限制，其市场价格往往低于实际价值，农民在退出宅基地时难以接受较低的价格。合理的补偿标准应综合考虑宅基地的住房保障功能，并确保农民在放弃宅基地后能在城镇或新型社区获得相应的住房保障。可以参照当地农民占用耕地建房的实际成本或者政府收购复垦指标的

---

〔1〕参见曹泮天:《宅基地使用权流转法律问题研究》，法律出版社2012年版，第35页。

价格，制定合理的补偿价格。[1]

## 四、宅基地使用权流转的构建路径

在“三权分置”的理论架构下立足于实践，回应宅基地经济价值以及保障作用相协调的问题。这就要求协调宅基地使用权流转的物权理论与实践的关系以排除法理上的障碍，为构建宅基地使用权流转路径在法理上的合理性和实践中的可行性提供支撑。

### （一）协调宅基地使用权流转物权理论与实践的关系

第一，完善宅基地使用权权能，赋予其物权特性。在市场经济蓬勃发展的背景下，宅基地“三权分置”改革的核心在于使宅基地的利用效益最大化，使用权人应享有使用、出租、转让等多种权利实现方式。[2]《民法典》对于宅基地使用权主要规定占有和使用权能，在一定程度上制约了其作为用益物权的灵活性。为了释放宅基地的潜在经济价值，有必要对宅基地使用权的权能进行拓展，使其完全具备用益物权权能。

“三权分置”体现了产权的可分割性，即所有权与具体使用权利可分离，为产权的大规模集中和有效利用提供了可能。所有权的各项权能可以与名义所有权主体分离，以实现财产效用的最大化。宅基地“三权分置”改革从权利解构和产权再造的角度入手，对宅基地权利重新分解和配置。宅基地的占有、使用权能与权利内容在“三权分置”的框架下，通过资格权和使用权的剥离并独立，解决土地利用的负外部性问题，实现了产权结构的调整。

宅基地使用权与国有土地使用权都属于用益物权。法律在对这两种权利进行确认和保护时理应遵循平等原则。完善宅基地使用权作为用益物权的权能，其核心在于凸显其物权特性。在配置涉及土地的权利时应兼顾公平与效率。一方面，土地权利配置的公平性对社会公平有着直接的影响。城乡发展差距扩大的一个重要原因在于城乡二元的权利配置结构，其中宅基地使用权与国有土地使用权的权利配置差距较大。国有土地使用权具备完全的用益物权权能，而宅基地使用权未能完全赋予用益物权权能，物权属性受到限制。另一方面，土地权利配置兼顾效率对提升社会经济效益有积极作用。现行宅基地制度是建立在城乡二元社会结构基础上的，主要功能是保障农民的居住

〔1〕 陈清波：《关于建立农村宅基地有偿流转机制的思考》，载《宁波通讯》2008年第11期，第58~59页。

〔2〕 参见刘俊：《中国土地法理论研究》，法律出版社2006年版，第324页。

权益，但是忽视了土地作为生产要素在经济发展中的作用。宅基地“三权分置”改革正是适应新的发展需要，积极回应广大农民的实践探索。

第二，确立“房地分离”，缓解改革冲突。“房地分离”主要是解决转让宅基地上的农房时宅基地使用权无法随之流转的问题。在“三权分置”改革前，关于宅基地使用权能否单独流转存在争议。有观点认为，宅基地使用权作为独立的用益物权应独立于房屋而存在。若法律规定宅基地使用权的转让必须以房屋建造为前提，会催生为交易而建造临时性房屋，造成资源的浪费。〔1〕另一种观点则坚持宅基地使用权应与房屋所有权一同转让，以避免因单独转让宅基地而导致的非居住性宅基地申请。〔2〕

“三权分置”改革后派生的次级使用权被允许单独流转作为改革的缓冲。首先，“三权分置”改革需要解决宅基地闲置与保障农民财产权利问题。若在放宽流转范围的同时又增加对流转方式的限制，将削弱改革效果，损害农民利益。其次，即便宅基地次级使用权流转必须与农房一同转让，也难以控制受让人在获得农房后自行重建的行为。因此，问题的核心不在于流转方式的限制，而在于加强和完善行政管理制度。确立“房地分离”原则是基于公共政策考量而采取的暂时性策略，〔3〕不仅与现行法律相符，而且为闲置宅基地的市场化提供了可能。当宅基地“三权分置”改革完成后，受让人将同时拥有农房所有权和次级使用权，从而回归到“房地一体”的理论框架内。

第三，排除法理障碍，构建权利分置新模式。宅基地“三权分置”将权利结构划分为：集体经济组织享有宅基地的所有权、集体成员享有宅基地的资格权、受让方则通过流转获得次级使用权，以明确各方权益，为宅基地的流转和利用提供灵活的法律操作空间，排除了法理层面可能存在的障碍。

从法理视角审视，分置后的次级使用权实质上是一种去身份化的财产性权利，是在原宅基地使用权基础上分化、纯粹的次级用益物权。首先，原宅基地使用权本身是身份权与用益物权的结合。那么从原宅基地使用权中派生出的次级使用权应是原权利束中的一个子集，其性质应当与原权利保持一致，不应发生变化。其次，使用权能权作为用益物权的权能重要组成部分，也是次级使用权的核心权利内容。最后，若将次级使用权理解为债权，则可能会

〔1〕王崇敏：《论我国宅基地使用权制度的现代化构造》，载《法商研究》2014年第2期，第22~27页。

〔2〕参见曹泮天：《宅基地使用权流转法律问题研究》，法律出版社2012年版，第153页。

〔3〕高圣平：《宅基地制度改革试点的法律逻辑》，载《烟台大学学报（哲学社会科学版）》2015年第3期，第23~36页。

对宅基地使用权的受让方和购房者的交易安全预期产生不利影响，影响社会财产秩序的稳定性。此外，在实践中由于对流转的限制，原宅基地使用权的收益权能并未能真正实现，表现为不完整的用益物权或称特殊的用益物权。而“三权分置”改革不仅促进了宅基地使用权的自由流转，还赋予了其完整的权利内容，使其具有完整的用益物权权能。

从流转规则视角来看，法律法规已经对宅基地上房屋的债权形式利用作出规定，因此，宅基地使用权的静态流转或非物权变动方式的流转并不需要通过“三权分置”来实现。而宅基地“三权分置”改革是为了优化宅基地资源的利用，促进其向市场化交易转变，其核心目的在于推动宅基地使用权的动态流转或称物权变动方式的流转，实现宅基地潜在的经济价值。[1]在此背景下，农民将按照法律规定自由流转宅基地使用权，并从中获取相应的收益。

### （二）宅基地“三权分置”的实施路径

在成功协调宅基地流转物权理论与实践之间的关系，并排除存在的悖论后，宅基地“三权分置”改革的推进不仅要结合我国经济发展状况与社会进步的需求，还要在策略制定时考虑宅基地制度的身份特性及其对农村集体经济组织成员的特殊意义，宅基地制度的根基在于身份属性，为农村集体经济组织成员提供稳定的居住保障。因此，需要以身份作为改革的切入点。在流转环节适度放宽身份限制，有效满足不同群体的居住与土地需求，激活被闲置的宅基地资源。对分置后的使用权根据我国实际情况与土地资源特性，为其设定合理的有效期限，以平衡土地资源的保护与利用，实现土地资源的可持续发展。在分配“三权分置”流转过程中获取的经济利益时应遵循权益归属与收益分配相匹配的原则。在流转过程中及流转结束后，为确保宅基地的保障功能不被损害以及严守耕地红线，需要对宅基地用途进行严格监管。

第一，放宽流转主体身份的限制。对宅基地使用权转让的过度约束实际上限制了农民的权益。[2]因此，有必要打破宅基地使用权的身份限制让更多的主体参与到宅基地使用权的流转中来。在宅基地“三权分置”背景下，出让方的职业身份和受让方的户籍身份是放宽宅基地使用权转让条件的主要考量因素。

---

〔1〕段程旭：《宅基地使用权转让的法理探析与立法实现——以宅基地“三权分置”为视角》，载《山东行政学院学报》2022年第3期，第40~50页。

〔2〕黄忠：《城乡统一建设用地市场的构建：现状、模式与问题分析》，载《社会科学研究》2018年第2期，第83~94页。

进城务工的农民群体分化演变出纯农户、兼业户和非农户三种具有不同收入结构和需求的农民类型。从流出主体的角度综合考虑这三种不同类型农民的需求，制定有针对性的宅基地使用权转让条件。例如，在鼓励农民主动放弃或有偿转让宅基地时根据农户类型的不同，设定差异化的出让面积占比限制。对于纯农户，由于其更依赖宅基地的居住保障功能，因此可出让的宅基地面积占比应设为最低，兼业户则因其既需要居住保障又追求财产收益功能，所以出让面积占比可适中设定，而非农户则更偏向追求宅基地的财产收益功能，因此其可出让的宅基地面积占比可设为最高。[1]并且，非农户需要提供在城镇拥有固定居所的证明，以确保每位农民都不会失去最基本的居住保障。此外，进城定居的农民工由于他们面临着巨大的经济压力和生活挑战，部分人存在对自身收入水平和工作稳定性评估不足的情况，这会导致因购房、生活花销等而面临较大的债务风险。因此，在宅基地使用权流转前，进城定居的转让人应向相关部门提供其具备稳定工作及经济收入能力的证明。例如，连续缴纳一定年限的社会保险或提供其他稳定的收入来源证明，确保其具备在城镇中长期生活的能力和偿还债务的能力。这样既能最大限度地满足他们对经济收益的追求，又能有效降低因购房而带来的潜在风险。

从流入主体看，"两权分置"模式下严格限制宅基地使用权的流转，受让方必须为本集体经济组织的内部成员，而将城镇居民排除在外。随着社会对宅基地需求量的增加，这种限制显得僵化。在明确次级使用权存续期限确保农民不会永远失去宅基地使用权后，宅基地"三权分置"改革就应该放宽受让人户籍以及不能对外流转的限制，使得包括非本集体经济组织农民和城镇居民在内的潜在受让人平等地参与宅基地使用权自由流转市场。确保所有流转主体在市场中享有平等的竞争机会和权益保障，激活闲置的宅基地资源并最大限度地满足市场需求，实现兼顾利益格局和可持续发展的目标。

第二，明确次级使用权存续期限和利用方式。从法理角度来看，任何作为用益物权的使用权理应有明确的期限，一旦权利到期就可以实现权利的重新分配或调整，确保资源的合理利用和社会公平。在"三权分置"改革后，宅基地使用权已经不再是基于集体经济组织成员身份的福利，而是剥离了身份福利属性与资产属性的财产性权利。转让后的宅基地次级使用权是一种通过民事法律行为获取、非福利性质的普通民事权利。受让次级使用权的社会

〔1〕 徐忠国等：《宅基地三权分置的制度需求、实现形式与法律表达》，载《中国土地科学》2022年第1期，第1~9页。

主体由于不具备特定的身份属性，他们获得的权利更像是一种经营权，主要用于获取经济收益。在当前城乡统一建设用地市场的大背景下，为了使城乡土地市场衔接，应当参照城镇建设用地使用期限，如：商业用地 40 年、住宅用地 70 年，设定宅基地次级使用权的使用期限，消除受让者对权利安全的担忧。

此外，我国地区发展情况各不相同，土地利用方式差异较大。在“三权分置”的框架下，应该根据当地的实际情况，尊重农民的选择权，让他们根据自身的经济收益最大化原则决定是否由集体经济组织统一回收宅基地并统筹利用，如：将宅基地改造成民宿发展旅游业等。

第三，建立流转收益分配机制。在“三权分置”流转过程中获取经济利益的分配应遵循权益归属与收益分配相匹配的原则。集体经济组织是宅基地所有权人与享有宅基地资格权的农民都具有分享由流转产生的经济收益的权利。流转收益的分配比例根据农民家庭和集体经济组织的协商确定。并且作为宅基地使用权人的农民在流转收益分配中应占据主导地位，分到绝大部分流转收益。这不仅在一定程度上赋予了农民在流转收益分配上的话语权，也有效防止了集体经济组织单方面控制收益分配，从而损害农民利益的情况。

而政府既不是宅基地的所有权主体，也不是使用权主体，因而不具备流转利益分配主体资格。如果允许政府介入流转收益分配，政府可能会出于自身利益考虑，利用其行政权力强行占据流转收益，侵犯宅基地使用权人和集体经济组织的合法权益。这会导致原本旨在保护农民和集体经济组织利益的宅基地使用权自由流转制度沦为政府谋取私利的工具。[1]

第四，加强流转后用途的监管体制。在“三权分置”改革下，受让人获得居住、经营、租赁等物权性权利，这有助于挖掘宅基地的经济潜能。但由于宅基地位于农村地区、市场主体的盲目性等原因，流转市场的开放可能出现非法占用耕地、圈地、炒地等现象，这不仅可能触及耕地保护红线，还会对自然资源造成不可逆转的损害。

集体经济组织需要在管理上发挥作用。诸如出租、经营、二次流转、设立抵押权等与宅基地相关的经营活动都应向集体经济组织提交申请、审批，确保符合流转用途的规定。如农民抵押农房后，当抵押权人通过拍卖、折价等方式实现农房抵押权时，受让人的范围不应限于本集体经济组织成员，确保抵押权人权益的实现。但随着受让人范围的扩大，可能会出现宅基地所有

[1] 贺日开：《我国农村宅基地使用权流转的困境与出路》，载《江苏社会科学》2014 年第 6 期，第 68~77 页。

权流失的风险。因此，为了平衡农民与抵押权人的权益，受让人的抵押行为应仅限于其享有的有期限的次级使用权，并需得到集体经济组织的同意。

公权力机关也应发挥监管作用。首先，应设立专门的宅基地使用权流转监管部门，对流转市场进行专业化监督，确保市场的有序运行。监管人员应具备执法权，以便对违法交易进行行政处罚，从源头上遏制破坏市场秩序的行为。其次，应拓宽监管渠道，发挥人民群众的监督作用。政府在进行宅基地流转的普法宣传时，应注重内容的针对性和形式的多样性，通过生动案例让农民了解相关法律法规，提高他们的维权意识和参与监管的积极性。

## 结　论

当前宅基地“三权分置”改革的核心在于如何在保障农民基本居住权益的同时，释放宅基地的经济潜力，促进农村土地资源的合理流转和优化配置。其一，放宽流转主体身份限制。需要在法律层面明确宅基地使用权的流转主体和范围，充分考虑农民的利益和意愿，确保农民在流转过程中能够享受到应有的经济收益和社会保障。其二，明确规定次级使用权。次级使用权作为从宅基地使用权中派生出来的用益物权，其存续期限、利用方式以及权利界限等都需要在法律上明确规定，以防止因权利边界不清而导致权益冲突和纠纷。其三，建立流转利益分配机制。流转收益的分配比例由农民家庭和集体经济组织的协商确定，保证农民在流转收益分配中应占据主导地位，分到绝大部分流转收益。其四，建立流转后用途的监管体制。通过设立专门的监管机构、完善监管制度、加强执法力度等措施对宅基地流转后的用途进行监管，防止土地资源的浪费和滥用。

总之，宅基地“三权分置”改革不是一蹴而就的，而是一个循序渐进的过程。在推动改革中需要充分考虑各方的利益和需求，加强政府、市场集体经济组织和农民等多方主体的协同配合，形成改革合力，共同推动宅基地使用权流转市场的健康发展。

# 限制数据抓取行为的竞争法规制

卞小武 *

**摘要**：随着数字社会的推进，数据违法行为的种类和形式更加多样，不仅是数据抓取行为需受规制，限制数据抓取行为亦有规制的必要。大型平台不当限制数据抓取，不仅会减缓数字经济增长，还会妨碍竞争、抵制创新，最终造成数据垄断。但现有研究并未过多关注这类行为的消极影响，反而从企业的自主经营权、投资保护等角度，肯定限制数据抓取的正当性。经过分析，这类抗辩理由并不能成为证成行为合法性的绝对真理，限制数据抓取行为仍需借助竞争法路径进行规制。而面对竞争法规制此类行为的诸多问题，有效的应对之策是通过必需设施理论和《反不正当竞争法》一般条款分而治之，共同发力，方可实现竞争法对此行为的系统规制。

**关键词**：限制数据抓取；不正当竞争；数据垄断；必需设施；一般条款

## 一、问题的提出

在数字时代下，开放和限制是面对数据争议所持态度的两面。原则上，数字经济乘势而起，强调开放应是大势所趋，但在传统的权益保护思维下，〔1〕侧重限制却占据了上风。这意味着更多的数据抓取行为将被贴上违法的“标签”，而大量限制数据抓取行为则可获得合法性证成。

所谓限制数据抓取行为，是指数据持有者面对数据抓取时采取的反抓取行为，具体包括设置 Robots 协议黑名单、限制用户 IP 访问权限以及关闭 Open API 接口等形式。在其他语境下，限制数据抓取行为又被称作数据访问限制行为、数据封锁行为等，称谓不同，但大都指向一致。需注意的是，该行为

* 作者简介：卞小武（1997 年—），安徽六安人，中国科学技术大学知识产权研究院研究员助理，主要研究方向为竞争法、数据法。

〔1〕 存在这样一种认识论，即在数据未形成精细的权利划分前，笼统的权益保护思路倾向于限制而非开放，强调排他而非共享，关注私有而非公共，这是民法重视个人权益保护的渊源通识。

与平台封禁行为不同，两者存在概念上的范畴差异，不能混为一谈。平台封禁行为是指互联网平台利用技术手段拒绝其他经营者使用其平台资源的行为，[1]这种平台资源不仅仅指向数据，还包括其他多种形式。所以，平台封禁行为的内涵范围较宽，限制数据抓取只是平台封禁行为的样态之一。

近年来，我国司法实践中出现大量数据抓取类纠纷，在实务工作者未能有效应对纠纷之时，限制数据抓取类纠纷又频频发生。与数据抓取行为不同，司法对是否规制限制数据抓取行为举棋不定，各级法院之间也立场不同。以“今日头条诉微博案”为例，一审法官支持今日头条的诉请，认为微博限制今日头条抓取数据的行为违背了信息自由流动原则，不利于营造良好的竞争环境。[2]但二审法院观点相反，认为微博的限制数据抓取行为属于企业行使自主经营权，不构成不正当竞争。[3]在强调私权保护的今天，权利泛化的思潮波及社会的各个领域，能否简单以自主经营权抗辩使限制数据抓取行为获得当然的正当性，值得怀疑。限制数据抓取发端于商业实践，给市场主体和竞争秩序带来了不同程度的影响，在推翻行为的绝对正当性后，是否可依其具有的反竞争效应引入竞争法规制，是下一个有待讨论的问题。若存在规制的必要，则具体的实施路径是什么？不同路径间如何划定边界，如何进行协调规制？

理论上，竞争法规制限制数据抓取行为存在两条分支，分别对应我国《反垄断法》和《反不正当竞争法》。[4]前者依据《反垄断法》第22条第1款第3项滥用市场支配地位中的拒绝交易制度，后者诉诸《反不正当竞争法》第2条的一般条款和第12条第2款第4项的互联网专条兜底规范。此外，根据2023年施行的《禁止滥用市场支配地位行为规定》第16条第2款之规定，数据有望构成生产经营活动中的必需设施，后借助必需设施理论规制限制数据抓取行为。然而，学界对该路径并未形成一致认识，有关数据能否构成必需设施、认定必需设施可否绕开市场支配地位以及如何具体开放数据必需设施等问题，理论上存在颇多争议。

---

〔1〕 参见郭传凯：《互联网平台企业封禁行为的反垄断规制路径》，载《法学论坛》2021年第4期，第81页。

〔2〕 参见北京知识产权法院［2017］京73民初2020号民事判决书。

〔3〕 参见北京高级人民法院［2021］京民终281号民事判决书。

〔4〕 依通说观点，我国的竞争法属于广义之说，包括反垄断法和反不正当竞争法。

## 二、限制数据抓取行为的正当性质疑

随着“今日头条诉微博案”“hiQ 诉 LinkedIn 案”[1]“BrandTotal 反诉 Facebook 案”[2]以及“顺丰菜鸟之争”[3]等国内外事件的发生，探讨限制行为[4]的违法性已成为本文不可绕开的一环。其实早在规制数据抓取行为的过程中，有学者就发现《反不正当竞争法》一般条款的泛化适用，已在某种程度上造成了平台的数据垄断，阻碍了新兴数据产业的发展。[5]但遗憾的是，这种声音并未引起太多关注，现有研究的流行观点仍是从企业自主经营权、投资回报理论等角度肯定限制行为的正当性，[6]这不得不令人产生怀疑。

### （一）财产权排他分析范式的谬误

无论是学界还是实践中，对数据排他行为的分析范式总夹杂“权利侵害式”判断思维，事实上赋予数据持有者以排他权能。在“淘宝诉美景案”中，一审法院认为“网络运营者对于其开发的大数据产品享有独立的财产性权益”，并实际以财产性权益认定美景公司获取数据的行为构成不正当竞争。[7]这种财产权的排他逻辑，使在位者对数据的抽象竞争利益被提升至绝对权的保护水平，后来者试图参与竞争几无可能。[8]竞争法作为行为规制法，有其保护竞争的独立价值，一味采取侵权法思维裁判个案，将会不当侵蚀其他主体的行为自由，抵制市场创新。大量限制数据抓取行为的合法性证成便是这一分析思路下的产物。

数据财产权分析范式始于“额头出汗”“劳动激励”等政策理念的推动，现有法律规范并未赋予数据明确的产权保护。所以，单纯的辛勤劳动能否作为数据排他的充分条件，值得商榷。有学者认为，如果市场本身提供了有效的替代性激励，在位者的劳动（如收集、加工数据）可在正常情况下获得合

---

〔1〕 See hiQ Labs, Inc. v. LinkedIn Corp, 938F. 3d 985 (2019).

〔2〕 See Facebook, Inc. v. BrandTotal Ltd, 499 F. Supp. 3d 720 (2020).

〔3〕 这里指 2017 年 6 月 1 日顺丰通过关闭数据接口，对菜鸟物流平台进行的数据访问限制，伴随争端愈演愈烈，后由国家邮政局出面调停方才得以止息。

〔4〕 如无特殊说明，在本文语境下，限制行为即指限制数据抓取行为。

〔5〕 参见蔡川子：《数据抓取行为的竞争法规制》，载《比较法研究》2021 年第 4 期，第 174 页。

〔6〕 支持这类观点的代表文章可参见高建成：《限制数据抓取行为的正当性及其价值衡量》，载《中国流通经济》2022 年第 8 期，第 117~127 页。

〔7〕 参见杭州铁路运输法院［2017］浙 8601 民初 4034 号民事判决书。

〔8〕 参见宋亚辉：《论反不正当竞争法的一般分析框架》，载《中外法学》2023 年第 4 期，第 966 页。

适的回报，则决策者不需要接受劳动学说。〔1〕质言之，数据持有者付出劳动换取的先发优势，已使其具备某种竞争利益（品牌优势、商业模式等），这同样是劳动回报的一种形式，无需国家强制干预。况且，市场竞争本就是优胜劣汰的过程，错误的付出得不到回报应属正常现象，“额头出汗”原则的直觉惯性也需要适时改变。

此外，竞争法规制妨碍竞争行为实则在保护竞争，私益救济的背后是司法对竞争秩序的维护。现代《反不正当竞争法》的规制框架应采整体视角，〔2〕只有以“保护竞争→保护经营者”为推导方向，才能在规范适用中不失竞争法本意。正如多年的司法实践显示，经营者的竞争利益无法被具化，只有被不正当手段侵害时才会有所体现。〔3〕反之，若采取“保护经营者→保护竞争”的分析逻辑，极易割裂两者的联系，会导致《反不正当竞争法》实际上沦为“小侵权法”。这也是数据财产权分析范式产生的原因，通过让数据持有者的限制抓取行为合法化，使控制数据的经营者得到了竞争法保护，但这能否实质上维护竞争，犹未可知。

### （二）企业自主经营权抗辩并非百试百灵

市场竞争下，经营者具有较大的行为自由，法律一般不干预企业的自主决策。故企业占有数据后，对抓取数据的行为进行限制被认为有一定的合理性，属于企业合法的自主经营。〔4〕这在司法纠纷中，成为数据持有者抗辩其限制行为免于规制的主流观点，也逐渐演变为法官肯定行为正当性的“绝对真理”。但不能忽略的是，企业自主经营权抗辩并非百试百灵，应注意企业的决策行为对数据共享及竞争秩序的影响。正如西方有法谚云，“一个人挥舞拳头的自由止于别人的鼻尖”，企业的自主经营行为也同样存在合法性边界。如果数据获取是互联网企业从事竞争的前提条件，则现有企业限制数据抓取的行为，就可能形成一种市场进入的障碍。〔5〕所以从反垄断视角观之，相关领

---

〔1〕 参见崔国斌：《知识产权法官造法批判》，载《中国法学》2006 年第 1 期，第 144 页。

〔2〕 如学者所言，我国反不正当竞争法以限定他人行为的方式保护竞争，竞争者、消费者的私人利益是保护竞争的反射效果，正因如此，反不正当竞争法上的“三叠利益”呈现出一种差序格局。详见宋亚辉：《论反不正当竞争法的一般分析框架》，载《中外法学》2023 年第 4 期，第 969 页。

〔3〕 参见任浏玉：《公开商业数据爬取行为的规制路径》，载《知识产权》2022 年第 7 期，第 120 页。

〔4〕 参见赵丽莉、孙宏娇：《限制数据抓取行为正当性及判定研究——基于“权利侵害”与“行为正当性”两种判断标准》，载《电子知识产权》2023 年第 3 期，第 42 页。

〔5〕 参见任超：《大数据反垄断法干预的理论证成与路径选择》，载《现代经济探讨》2020 年第 4 期，第 125 页。

域掌握关键数据的企业将承担更多分享数据的义务，限制数据流动的商业决策不能当然得到正当性认可。

我国《反不正当竞争法》除规制七种类型化行为外，还在于制止其他违背商业道德和诚实信用原则的不正当竞争行为。具体通过《反不正当竞争法》第 2 条进行甄别，对明显违背行业内公认商业道德的行为实现灵活的补充规制。值得注意的是，商业道德的解读并非采取传统的道德认知，而是兼顾公平与效率的双重维度，以是否有利于新形势下社会福利最大化为评价行为的主要标准。〔1〕这一点在数据等新兴领域尤为看重，限制数据抓取作为当下频发的商业行为，能否仅凭自主经营权抗辩免于规制存有疑问。事实上，促进数据经营者的效能竞争是数字经济增长的关键，只有让更多企业拥有数据从事创新，才能为数字经济发展提供不竭“源泉”。这不仅是商业道德中社会福利最大化的应有之义，也是关涉财富增加、促进社会公平分配的必由之路。〔2〕

（三）投资保护理论的适用隐忧

投资保护理论认为，企业通过投资换取回报具有经济合理性，应当保护企业的正当投资，避免企业面临无法收回投资的市场失败（Market Failure）。〔3〕投资保护理论在实践中应用始于美国的“Morris 诉 PGA 案”，该案将保护投资确立为对抗垄断的合法商业理由，企业可以据此拒绝数据信息的开放。〔4〕故有学者认为，限制数据抓取具有保护投资的合理商业目的，根据投资保护理论，应当肯定限制数据抓取行为的正当性。〔5〕但实则不然，我国并非如美国一般的判例法国家，投资保护理论也不具有当然的规范效力，只是作为衡量限制行为正当性的理由之一。有关投资保护理论的泛化适用，存在两点隐忧值得注意。

第一，保护投资的说服力有限，仅在个别情况下需要考虑。现今的互联网创业，成功的经营者往往选择开辟自己的细分市场，保有自身差异化，这就使得对一家企业有用的数据可能对其竞争对手毫无用处。〔6〕此时上下游企

---

〔1〕 参见蒋舸：《竞争行为正当性评价中的商业惯例因素》，载《法学评论》2019 年第 2 期，第 78 页。

〔2〕 参见孙晋：《数字平台的反垄断监管》，载《中国社会科学》2021 年第 5 期，第 102 页。

〔3〕 See Pamela Samuelson et al, “A Manifesto Concerning the Legal Protection of Computer Programs”, 94 *Columbia Law Review*, pp. 2308～2314 (1994).

〔4〕 See Morris Communications Corp. v. PGA Tour, Inc, 364 F. 3d 1288 (2004).

〔5〕 参见高建成：《限制数据抓取行为的正当性及其价值衡量》，载《中国流通经济》2022 年第 8 期，第 122 页。

〔6〕 See N. P. Schepp, A. Wambach, “On Big Data and Its Relevance for Market Power Assessment”, 7 *Journal of European Competition Law and Practice*, pp. 120～124 (2016).

业抓取数据的行为并不具有明显的危害性，不会直接带来目标企业利润减损的后果，更不存在数据持有者前期投资无法收回的问题。即便横向的直接竞争对手抓取数据，也不能当然地认为经营者限制数据抓取的行为属于保护投资的私力救济，行为的性质分析仍要以竞争法的具体规范为主。简言之，经营者收集数据的在先投资固然应予肯定，但在市场未失灵前，回报已通过其他多种形式收回，竞争法不会确保领先的竞争者永远领先。〔1〕所以，仅在企业初具规模之际，面对其他竞争者“抓取+商业模式复刻”时，限制数据抓取保护投资的说法才可能成立。

第二，保护投资的抗辩片面化，无从考察限制行为的动机。行为人实施限制数据抓取都出于一定的动机，这在法律上被称作主观目的，法律规制某种行为会对其主观方面进行考察。〔2〕如果泛化适用投资保护理论，会导致围绕保护投资的抗辩流于形式。原因在于，实践中对保护投资的动机认定缺乏证据支撑，若泛泛而论，则任何经营者封锁数据的行为某种程度上都有几分保护投资的意味。如此便极易出现经营者借投资保护之名，行限制数据抓取的不正当竞争之实。总之，判断限制行为正当性时需审慎适用投资保护理论，对行为的合法性分析也要在竞争法规范及其理念的基础上，作出因应时代大势的选择。

## 三、限制数据抓取行为的反竞争效应

限制数据抓取行为不具有当然的正当性，其作用于商业市场会产生复杂的竞争效应。限制行为的合法性征引根植于自主经营、交易自由等私法自治规则，但绝对的私法自治面临社会整体正确性之责难，〔3〕故分析限制行为的竞争效应以及对市场主体和秩序的影响，是考察行为有无规制必要的基础。与其他竞争行为不同，限制行为的发生不会促进竞争，更多的是产生反竞争效果，包括扰乱竞争和排除、限制竞争。

### （一）规避市场有效竞争

数据是网络市场的关键资源，对数据的争夺事关企业兴衰的走向。因而掌握数据的主体天然具有垄断数据的倾向，其深层动机是规避市场有效竞争、

---

〔1〕参见崔国斌：《大数据有限排他权的基础理论》，载《法学研究》2019年第5期，第17页。

〔2〕参见杨辉、卞小武：《纵向非价格限制的规制路径探究》，载《竞争政策研究》2023年第4期，第52页。

〔3〕参见［德］迪特尔·梅迪库斯：《德国民法总论》，邵建东译，法律出版社2013年版，第144页。

企图独占数据、垄断与控制数据相关的市场。这种垄断意图是早期推翻拒绝交易合法性的主观要件，对当前考察限制数据抓取行为的反竞争效应同样有参考的意义。根据垄断意图理论，经营者以限制竞争、谋求垄断的意图拒绝交易（可表现为限制相对方的数据抓取），并实质上造成该竞争效果，则拒绝交易违反反垄断法。[1]可见，规避市场有效竞争的垄断意图本不合理，依循该意图实施的限制行为也势必会产生反竞争效应。实际上，经营者垄断数据的目的导向确实带来了行为排除竞争的客观效果。

以“hiQ 诉 LinkedIn 案”为例，LinkedIn 公司是美国拥有 5 亿用户规模的社交网络服务公司，其用户公开的个人信息与行为轨迹构成了 LinkedIn 公司重要的数据财富，而 hiQ 是通过抓取这类数据，经过分析整合出卖数据产品的下游企业。2017 年 5 月，LinkedIn 采取技术手段限制 hiQ 抓取其服务器数据，被 hiQ 诉至当地法院。几经周折，美国第九巡回法院认为，LinkedIn 公司突然中断数据流动，具有规避市场竞争，企图在下游数据分析市场获取垄断利益的嫌疑。[2]这种结论言之在理，现实中 LinkedIn 公司借助数据跨界传导垄断力量，通过限制数据抓取将 hiQ 排挤出局，使自己在下游市场一家独大，免于竞争。因此，企业的限制行为客观上会产生规避有效竞争的反竞争效应，长此以往，数据市场会失去活力而逐渐僵化，数据创新的效能竞争也将不复存在。

### （二）构筑行业进入壁垒

有效的数据流动可刺激行业外经营者进入市场共同竞争，从而最大化挖掘数据的潜在价值，带来更多质优价廉的产品和服务，增加消费者福利。若一味限制数据抓取，阻碍其他经营者获取数据进入市场，将会人为构筑起行业的进入壁垒，初创企业囿于“无米可炊”，只能望而却步。这样既有碍数字经济的繁荣发展，也将导致某一行业被寡占或独占，市场的自发调节机制在此行业完全失灵。垄断的形成是无约束竞争持续进行的结果，一些竞争行为无所顾忌、肆意发生，反垄断法必须强势介入精准规制。限制数据抓取行为虽具备自主经营的正当性外观，但出于垄断意图独占数据，将产生构筑行业进入壁垒的反竞争效应，加速垄断的形成，故需受到反垄断法的规制。

根据早期结构主义的理论模式，构筑行业进入壁垒已达到规制的必要条

〔1〕参见郑鹏程：《论拒绝交易反垄断规制的立法完善——以原料药反垄断执法为切入点》，载《现代法学》2021 年第 5 期，第 165 页。

〔2〕See hiQ Labs, Inc. v. LinkedIn Corp, 938F. 3d 985 (2019).

件。结构主义认为，不合理的市场结构会导致市场绩效低下，市场结构直接决定市场行为和绩效，而高度集中的市场进入障碍正是典型的不合理结构，需受到反垄断法的介入式规制，对病态结构进行切割重整，使其恢复到原有的竞争结构状态。〔1〕基于此，有学者主张理性回归结构主义理论，有助于证成反垄断法规制数据访问限制行为的必要性。〔2〕其实依据结构主义的内在逻辑，既然结构不合理就可以反结构，那么行为不合理带来结构障碍就可以反行为。不当的限制数据抓取行为会导致市场进入壁垒的出现，产生严重的反竞争效应，自然也可通过规制此类行为达到消解不合理结构的目的。

（三）扰乱市场竞争秩序

限制数据抓取行为不仅会排除、限制竞争促成垄断，还会扰乱公平自由的市场竞争机制，扭曲竞争。在“今日头条诉微博案”中，北京知识产权法院专门分析了限制行为对市场竞争秩序的影响，指出微博单方宣示禁止今日头条抓取数据，不符互联网行业公平竞争的原则，有违网络领域互联互通的基本价值，因此认定该行为扭曲网络市场的竞争秩序。〔3〕在互联网环境下，Robots 协议和其他行业共识〔4〕应最大限度地促进数据的流动共享，使数据红利惠及更多中小互联网企业，抵制区别待遇、无合理缘由的任意妄为，这应是互联网市场竞争秩序的基本内核。尽管持反对意见的北京市高级人民法院认为，包括科技公司在内的互联网企业都认可并遵守网站经营者通过 Robots 协议随意限制其他主体的数据抓取，〔5〕但值得反思的是，这种默示认同是否合理，是否具有可采信的参考意义。

如果 Robots 协议的单方限制只是为了扼杀其他经营者的竞争威胁，即采取歧视性限制的方式保有自身的竞争优势，则在数据共享的互联网环境下，不应得到法律的肯定。市场竞争法的一大功能是促进经济发展，保护经营者通过改善管理、更新产品、减少能耗、节约成本、降低价格的方式获取竞争优势，而不是假借行为自由去限制竞争。〔6〕若持有数据企业都通过限制数据

〔1〕 参见江帆主编：《竞争法》，法律出版社 2019 年版，第 222 页。

〔2〕 参见李晓珊：《数据访问限制行为的反垄断法规制》，载《法学论坛》2024 年 4 期，第 91~93 页。

〔3〕 参见北京知识产权法院［2017］京 73 民初 2020 号民事判决书。

〔4〕 互联网行业共识除 Robots 协议外，还包括行业自律公约和集体承诺等形式，这种由行业主管部门、自律组织制定的从业规范、公约可统一被称为行业共识。具体可参见卞小武：《数据抓取行为的反不正当竞争规制》，载《中国价格监管与反垄断》2024 年第 2 期，第 50~51 页。

〔5〕 参见北京高级人民法院［2021］京民终 281 号民事判决书。

〔6〕 参见邱本：《论市场竞争法的基础》，载《中国法学》2003 年第 4 期，第 105 页。

抓取行为防止他人削弱竞争优势，则开放、自由、平等、公正的市场竞争秩序会被扭曲，不正当竞争行为大行其道，数据效能竞争也将名存实亡。鉴于限制行为扰乱市场竞争机制，产生反竞争效应，反不正当竞争法可考虑介入规制。

## 四、限制数据抓取行为的规制问题

面对数据市场竞争，网络经营者间抓取与反抓取行为频发，抓取类纠纷诉诸法院已然成为数字时代司法纠纷的主要类型。但遗憾的是，我国现行法对此并无明文规定，限制数据抓取更是存在规制盲区，现实中希冀通过竞争法规制这类行为陷入了两难境地。鉴于此，下文将总结适用竞争法两大路径规制限制行为的问题，并力求对症下药，破除困境，为后续竞争法规制限制数据抓取的路径选择与优化提出合适的应对之策。

### （一）反垄断法规制明显不足

实践中，我国对限制数据抓取行为的规制主要依据《反不正当竞争法》第 2 条完成，极少关注行为的垄断属性，导致反垄断法规制明显不足。根据限制行为产生的反竞争效应，经营者极有可能依靠数据优势构筑市场进入壁垒。如“百度诉奇虎 360 案”指出，百度公司通过 Robots 协议黑名单限制 360 搜索引擎抓取数据的行为，实际上违反了互联网开放、平等、协作、分享的精神，人为设置了信息流动的障碍。〔1〕尽管如此，司法依然选择回避反垄断分析，沿用经营者、消费者和社会公共的三重利益权衡机制判定行为的正当性。此外，限制数据抓取与平台“二选一”、自我优待等行为不同，后者会因消费者选择和平台地位而表现出明显的垄断倾向，容易引起反垄断执法部门的关注，〔2〕而限制数据抓取则不然，数据的流通受阻并不会立刻减少当前用户的选择机会，实施限制行为的经营者也不一定具有明显的市场支配地位。

除司法回避和执法疏漏导致的规制不足外，反垄断法的传统规制路径也存在适用障碍。理论上，我国《反垄断法》规制限制行为对应第 22 条第 1 款第 3 项的拒绝交易制度，具体的适用进路为“认定市场支配地位——实施拒绝交易行为——缺乏正当理由”。但数字市场与传统市场不同，数据领域的跨

---

〔1〕 参见北京市高级人民法院［2017］京民终 487 号民事判决书。

〔2〕 平台“二选一”行为已出现多个反垄断执法案例，如“上海食派士案”（沪市监反垄处［2020］06201901001 号）、“阿里案”（国市监［2021］28 号）、“美团案”（国市监［2021］74 号）等，自我优待行为也被 2021 年国务院反垄断委员会颁发的《关于平台经济领域的反垄断指南》纳入其中，详见该指南的第 17 条。

界竞争、用户多栖、锁定效应等特性，使数据相关市场的界定极为困难，认定市场支配地位遭遇技术难题。尽管域外实践有过忽略相关市场直接认定垄断的判例，[1]但这仅停留在理论层面，我国反垄断执法和司法[2]极少采信。2021年国务院反垄断委员会颁布的《关于平台经济领域的反垄断指南》第4条规定，调查平台经济领域各类垄断行为时，通常需要界定相关市场。这就奠定了适用拒绝交易制度需前置界定相关市场的基调，限制数据抓取在这一路径下难以得到恰当规制，反垄断法介入调整也显得“力不从心”。

在此情形下，引入必需设施理论或可解决这一问题，但该理论的具体适用同样面临诸多争议。对竞争行为的反垄断分析需在一定场域下进行，界定相关市场不可避免，与传统规制市场支配地位滥用不同，必需设施理论的适用可考虑界定初步相关市场，无需借助复杂的定性定量分析去界定完全精确的市场范围。此外，援引必需设施理论可否绕开认定市场支配地位，学界存有争议。主流观点认为，依据《规定》第16条，既然必需设施情形置于拒绝交易条款之下，就应当与其他四种拒绝行为并列，以具有市场支配地位为规制的前置要件。[3]但考虑到必需设施理论适应数据的变通运用，有学者主张适用必需设施反数据垄断，可跳过认定市场支配地位的前端要件，直接以“满足必需设施——认定拒绝交易”为规制范式。[4]其实根据《禁止滥用市场支配地位行为规定》第16条的内在逻辑，必需设施理论的适用确实需以具有市场支配地位为前提，但值得注意的是，如此设定实际上架空了必需设施理论，会导致该理论的实用性大大降低。

观察上述规定第16条列举的拒绝交易类型，已基本涵盖拒绝交易可能出现的形式，即便发生新的行为样态，亦可通过《反垄断法》第22条第1款第3项的一般规定予以规制，即遵循“认定市场支配地位——实施拒绝交易行为”的反垄断范式。因此，立法将必需设施理论置于此处意欲何为，几乎没有实践案例会舍近求远适用“认定市场支配地位——认定必需设施——实施

---

〔1〕 See Broadcom Corp. v. Qualcomm, Inc. 501 F. 3d 297, 307 (2007).

〔2〕 在我国2013年“奇虎诉腾讯滥用市场支配地位纠纷案”中，最高人民法院开创性地跳过相关市场界定，直接通过行为的市场影响和排除妨碍竞争的证据认定了被诉经营者的支配地位。参见最高人民法院［2013］民三终字第4号民事判决书。但这只是目前为止司法采信的唯一例证，并不具有普遍的说服力。

〔3〕 参见李晓珊：《数据访问限制行为的反垄断法规制》，载《法学论坛》2024年第4期，第94~95页。

〔4〕 参见李世佳：《数据访问限制行为的拒绝交易认定——以必要设施取代市场支配地位作为规制的前端要件》，载《科技与法律（中英文）》2021年2期，第28页。

拒绝交易行为”的规制范式。所以该规定对必需设施理论的条文设置欠妥，一味严格要求市场支配地位的适用前提将使该理论形同虚设，不具有现实的操作性。综上，我国未来将必需设施理论作为限制行为的主要规制路径，或可解决这一难题。

（二）《反不正当竞争法》一般条款模糊不明

数字市场的正当竞争应是围绕数据展开的效能竞争，人为地限制数据流动将不利于穷尽其用，也会扭曲市场竞争的正当机制。鉴于此，司法实践通常以《反不正当竞争法》第2条、第12条第2款第4项的规定解决限制数据抓取引发的现实纠纷。值得一提的是，互联网专条兜底条款一般仅适用于当事人双方在已建立稳定的数据抓取关系后发生的限制数据抓取行为，于此方能满足“妨碍其他经营者产品运行”的条文内涵。也正因如此，有学者从美国的干扰侵权理论（the Interference Torts Doctrine）〔1〕出发，主张以此征引限制数据抓取行为的违法性。〔2〕但限制行为的发生并非都基于双方存在稳定抓取关系的前提，除此之外，还有很大一部分是初创企业为了发展业务抓取数据所遭遇的数据封锁行为。由此观之，适用《反不正当竞争法》解决纠纷，仍是以一般条款为主要的规制路径。

《反不正当竞争法》一般条款作为规范市场竞争行为的原则性规定，其表述具有抽象模糊的特点，“自愿、平等、公平、诚信”和“商业道德”等概括性用语无法为限制数据抓取提供明确的行为指引。以互联网行业的商业道德为例，无论是数据抓取抑或限制抓取都是互联网领域新兴的商业竞争行为，在此方面统一、稳定的商业道德并未形成，即便初步形成也具有高度的抽象性和不确定性，这直接导致了不同法官的认知分歧。〔3〕从“今日头条诉微博案”两审判决书来看，一审法院以《互联网搜索引擎服务自律公约》为互联网行业公认商业道德的参考，主张该公约第8条既已确立信息自由流动原则，则无正当理由限制数据抓取便属于违背商业道德的行为。〔4〕但二审法院认为，

---

〔1〕 又被我国学者称为“引诱违约理论”，是指行为人在没有正当理由的情况下，实施干扰他人与第三方之间合同关系的行为，由此造成的损失需承担赔偿责任并同时停止干扰行为。See Harvey S. Perlman, “Interference with Contract and Other Economic Expectancies: A Clash of Tort and Contract Doctrine”, 49 *University of Chicago Law Review*, 64 (1982). 可见，干扰侵权理论的适用场合是以事先存在稳定的数据获取关系为前提，否则无所谓数据持有者实施“干扰行为”之说。

〔2〕 参见高建成：《限制数据抓取行为的违法性认定——以美国干扰侵权理论为视角》，载《财经法学》2022年第6期，第84页。

〔3〕 参见李生龙：《互联网领域公认商业道德研究》，载《法律适用》2015年第9期，第58页。

〔4〕 参见北京知识产权法院［2017］京73民初2020号民事判决书。

该公约并不是互联网领域商业道德的全部，企业行使自主经营权同样是公认的商业道德。[1]由于两审法院对涉案商业道德认识不一，两次裁判结果也截然相反。

此外，一般条款模糊不明，无法给行为规制提供确定的分析范式。规制范式的不清晰极易助长“权利侵害式”判断思维，即认为数据持有者享有某种数据权益，基于权利的排他效力，限制数据抓取极易被判定为合法。[2]殊不知这种静态保护数据权益的做法，已背离《反不正当竞争法》行为谴责的范式，对限制行为的正当性分析造成误判。一般条款的模糊不明，不仅带来裁判的主观任意，损伤司法公信力，还会超出经营者预期，妨碍行为自由。总体来说，竞争法两大路径规制限制数据抓取行为都存在各自的问题，至于如何选择恰当路径并优化，仍有待进一步深究。

## 五、竞争法规制限制数据抓取的路径选择与优化

检视限制数据抓取行为的现有规制进路，发现单一的《反不正当竞争法》一般条款难以有效应对，而反垄断法的拒绝交易制度囿于相关市场的界定困难，也无法轻松对接。在此情形下，考虑到数据对互联网企业发展的重要作用，应适时引入反垄断法制度打破数字壁垒，并借助《反不正当竞争法》一般条款维护竞争秩序，防止竞争扭曲，如此“双管齐下”，分而治之，方才实现竞争法对限制数据抓取的系统规制。其中适合嵌入的反垄断法工具，当属规制经验较为成熟的必需设施理论。

### （一）适用必需设施理论强制数据开放

在反垄断法的发展历程中，有关拒绝交易的规制除传统的滥用市场支配地位制度外，便是发端于判例实践的必需设施理论。必需设施又称关键设施、核心设施、必要设施、瓶颈设施，是指当某一经营者掌握了生产经营活动中的必需之设施，其他经营者无法重建或重建极为困难，则该设施就构成了必需设施。[3]必需设施理论起源于1912年美国“Terminal Railroad案”[4]，该案判决认定Terminal Railroad公司控制的车站和桥梁构成必要设施，遂要求其允许新的经营者以适当价格使用该种设施。后续随着判例积累，必需设施呈现

〔1〕参见北京高级人民法院［2021］京民终281号民事判决书。

〔2〕参见杨辉、卞小武：《数据抓取规制路径的解析与重构——兼评〈反不正当竞争法（修订草案征求意见稿）〉第18条》，载《盛京法律评论》2024年第1期，第32页。

〔3〕参见江帆主编：《竞争法》，法律出版社2019年版，第296页。

〔4〕See United States v. Terminal Railroad Association of St. Louis, 224 U.S. 383 (1912).

多种形式，不仅表现为港口、飞机场等基础建筑，还包含电信网络、光纤传输等通信设备。必需设施理论的发展是民主国家放松经济管制、进行私有化改革的产物，即本属于市场之外的自然垄断企业，因政策变化落入竞争之中，则其在自然垄断行业的基础设施便需强制开放，必需设施理论正是促成这一过程的法理性工具。

1. 嵌入数据必需设施的可行性

目前学界对能否将数据认定为数字行业的必需设施，分歧很大。反对的观点认为，必需设施理论自诞生以来，就一直受到审慎适用的限制，美国反托拉斯法更是将单边的无理由拒绝交易视为一概的合法行为。若只是为了强制数据开放，便把必需设施理论作为常态化适用工具，会极大遏制潜在竞争者进行投资和创新的动力。[1]这种观点不无道理，但支持者却认为，将数据界定为必需设施不仅不会阻碍创新，反而有利于打破市场壁垒，促进数据共享。[2]观点争议各有可取之处，但身处数字化浪潮，面对日益激烈的数据竞争纠纷，是否仍要坚守必需设施理论的传统约束，值得怀疑。本文认为，在限制数据抓取纠纷中嵌入必需设施理论存在两点可行之处，以下分别详述。

第一，必需设施理论的现代化运用早已过渡到无形设施领域，认定数据必要设施的理论障碍已经消解。必需设施理论的创设虽源自美国，但其现代化演进却得益于欧盟的法律实践。举例而言，英国 1995 年的“RTE and ITP v. Magil 案”[3]，首次把必需设施理论嵌入知识产权领域，将 RTE 等三家公司的“电视节目表”认定为必需设施，强制“电视节目表”的版权内容向 Magil 公司开放。该案对适用必需设施理论的大胆突破，使该理论的适用空间从传统的有形设施过渡到无形设施。此后，随着一系列案件的裁判指引，必需设施理论逐渐应用于商品服务提供、知识产权许可等无形设施开放领域。[4]

第二，当今数据的功能特点某些时候完全符合必需设施的嵌入场景。首先，市场中确实存在某类数据不可或缺，系所属领域的必需资源。这类数据通常表现为企业的核心竞争优势，可用于持续改善网络服务质量，精准预测

---

[1] 参见赵鑫、周国和：《核心设施理论的意愿是提高消费者社会福利》，载《深圳特区报》2019 年 9 月 24 日。

[2] 参见孙晋、钟原：《大数据时代下数据构成必要设施的反垄断法分析》，载《电子知识产权》2018 年第 5 期，第 38 页。

[3] See Joined Case C-241/91 and Case C-241/92, Court of Justice, (1995) ECR 98.

[4] 参见张晨颖、徐嘉莹：《拒绝交易适用必需设施理论的规则建构——从有形、无形到平台的演进为进路》，载《竞争法律与政策评论》2022 年第 0 期，第 55 页。

市场的未来走向。相应地，若其他经营者不能获取此类数据，便无法开展有效竞争，甚至企业面临倒闭的危险。其次，这类数据具有不可替代性，市场上没有替代品，竞争者自行收集几无可能。在“hiQ 诉 LinkedIn 案”中，法院认为 LinkedIn 公司开放的数据对 hiQ 提供 Keeper 和 Skill 产品是不可替代的，且 hiQ 自行收集数据不具有经济上的可行性，由此产生的负担会使其濒临破产。〔1〕因此，经营者对必需数据的排他性占有、使用，会实际上构筑其他经营者进入市场的壁垒。〔2〕

2. 数据必需设施的开放进路

必需设施理论作为反垄断法打破封锁的工具，可以巧妙地转化为限制数据抓取行为的规制理据。具体的展开进路为，首先认定某类数据构成必需设施，然后分析数据持有者限制抓取的抗辩理由，最后以合适价格强制数据交易。在我国司法实践中，必需设施理论仅仅作为一种分析问题的思路，并未直接以判决依据的形式出现在裁判中。如在“徐某青诉腾讯滥用市场支配地位纠纷案”中，最高人民法院对必需设施理论进行变形，提出三大适用要件，分别是：①垄断行为人在适当的市场交易条件下能够进行交易却仍然拒绝交易；②拒绝交易实质性地限制或排除了相关市场的竞争并损害了消费者利益；③拒绝交易缺乏合理理由。〔3〕不难看出，前两大要件实际上是在认定某类对象构成必需设施，结合于此，强制数据开放的过程大致如下：

首先，认定某类数据构成必需设施。数据构成必需设施应满足四个构成要件：其一，数据被独占。与传统的有形设施类似，数据必需设施要求数据被垄断者独占，垄断者排他性地占有、使用数据，导致数据无法流入市场。这是数据构成必需设施的前提条件，也是强制开放数据的反垄断初衷。其二，数据为竞争所必需。这意味着，市场上的竞争必然用到相关数据，如果缺乏这类数据，潜在竞争者将无法进入市场，既存竞争者将无法开展有效竞争。〔4〕当然，数据必需设施并不仅限于具有直接竞争关系的双方，对于脱离直接竞争约束的上下游市场同样适用。其三，数据不可替代。诚如前文所言，这类数据不可被取代，市场上找不到替代品，或者经营者自行收集数据投入成本

〔1〕 See hiQ Labs, Inc. v. LinkedIn Corp, 938F. 3d 985 (2019).

〔2〕 参见袁波：《必需数据反垄断法强制开放的理据与进路》，载《东方法学》2023 年第 3 期，第 150 页。

〔3〕 参见最高人民法院［2017］最高法民申 4955 号再审民事裁定书。

〔4〕 参见陈永伟：《数据是否应适用必需设施原则？——基于“两种错误”的分析》，载《竞争政策研究》2021 年第 4 期，第 16 页。

过高，不具有经济上的可行性。其四，数据开放可行。这要求数据具有可开放性，开放数据不存在侵犯隐私或泄露商业秘密等风险。数据必需设施的强制开放，应以不损害数据持有者的利益为限，这是审慎适用必需设施原则的理念体现。

其次，审查拒绝开放的抗辩理由。数据必需设施一旦认定完毕，便需要考虑数据持有者限制抓取的抗辩理由，如果抗辩理由被认定为正当，则数据持有者可免于开放数据。具体的正当理由可参照《禁止滥用市场支配地位行为规定》第 16 条第 3 款，该部分列举了经营者拒绝交易的五种正当理由。〔1〕但“列举+兜底”的立法模式无法穷尽现实中的正当理由抗辩，故有学者指出，正当理由的抗辩应以公共利益的基本框架为限，权衡经营者利益和竞争者利益、消费者利益等多元利益关系，综合判定经营者提出的抗辩理由是否正当。〔2〕总体看来，正当理由的判定应赋予法官更大的裁量空间，可参考的抗辩维度大致包括动态效率〔3〕、安全保护〔4〕、成本增加〔5〕等方面，如此经过真实性审查，便可粗略判定抗辩理由的正当性。

最后，强制以合理价格开放数据。数据必需设施认定之后，若数据持有者的抗辩理由不正当，则法官可强制数据开放，具体可要求数据持有者以合理价格交易数据。如此一来，限制数据抓取行为便在数据强制开放的过程中，得到了恰当规制。需注意的是，在数据领域嵌入必需设施理论虽逻辑清晰，但数据必需设施的常态化适用同样存有弊端。明显的危害在于，该理论的大量运用将导致许多原本合法的数据封锁行为被界定为垄断行为，最终遭到违法性制裁。也即，数据必需设施的运用降低了反垄断干预的门槛，会使现实中的假阳性错误（False Positive Error）〔6〕增多，这将极大地抑制创新，打消投资的积极性。因此，对于数据必需设施应确立审慎适用的基调，较宜把该

〔1〕《规定》第 16 条第 3 款：“本条所称‘正当理由’包括：（一）因不可抗力等客观原因无法进行交易；（二）交易相对人有不良信用记录或者出现经营状况恶化等情况，影响交易安全；（三）与交易相对人进行交易将使经营者利益发生不当减损；（四）交易相对人明确表示或者实际不遵守公平、合理、无歧视的平台规则；（五）能够证明行为具有正当性的其他理由。”

〔2〕参见殷继国：《大数据经营者滥用市场支配地位的法律规制》，载《法商研究》2020 年第 4 期，第 83 页。

〔3〕动态效率是指研发、创新的效率，生产效率和分配效率被称为静态效率。

〔4〕具体指个人信息和隐私的保护，以及商业秘密保护、国家公共安全保护。

〔5〕具体指经营者开放数据会产生额外的运营成本。

〔6〕在错误成本分析框架下，假阳性错误是指那些原本应当受到鼓励的促进竞争行为，实际上却被认定为非法，强加了不合理责任。转引自李剑：《中国反垄断法实施中的体系冲突与化解》，载《中国法学》2014 年第 6 期，第 142 页。

理论限制在数据持有者的上下游市场中，即必需设施的适用场合仅限于垄断者及其上下游领域的经营者之间，本领域的直接竞争对手排除适用必需设施理论。

（二）细化《反不正当竞争法》一般条款规范限制行为

竞争法以保护市场自由竞争为中心，采反垄断法和反不正当竞争法分而治之，前者制止排除、限制竞争的垄断行为，后者规制扭曲市场竞争机制的不正当竞争行为。一般而言，网络经营者大范围限制上下游企业抓取数据，垄断属性明显，一旦数据被认定为必需设施，则限制行为便可通过必需设施理论进行规制。但任意适用该理论的消极影响，迫使横向的直接竞争对手不宜纳入此调整范围之内，应遵循实践做法，以《反不正当竞争法》一般条款规范限制数据抓取行为。限制数据抓取本质上属于私益行为，反法对私益行为的限制，不仅在于禁止恣意，还在于禁止过度，〔1〕即过度限制行为自由，规避竞争，将有碍商业行为处于无形的市场约束之中。所以，不当的限制数据抓取行为会抑制创新，扭曲市场的公平竞争机制，这是《反不正当竞争法》一般条款介入的前提。

数据抓取和反抓取是经营者参与市场竞争的商业行为，《反不正当竞争法》一般条款以抽象的诚实信用原则和商业道德，实现其对这类新型市场竞争行为的补充规制。一般条款的灵活适用，为个案的利益权衡预留了广阔的裁量空间，司法机关可以根据社会情势以及竞争政策的变化，赋予竞争法规范不同的内涵。〔2〕在数据领域，促进数据共享与鼓励数据创新应是当前最大的政策号召，一味地限制数据开放，规避竞争，将不利于数据的效能发挥，并阻碍数字经济持续发展。因此，对限制行为的《反不正当竞争法》规制需确立清晰的分析框架，以恰当平衡数据的流通与控制。具言之，实践中限制数据抓取行为的规制存在两种情形，需要分别确定《反不正当竞争法》一般条款的不同适用规则。

面对竞争对手的数据访问，数据持有者的限制行为通常包括两种类型，分别是全面限制和歧视性限制。前者是数据持有者对各竞争对手的数据请求进行一概的限制访问，这种情形多围绕个别数据密集型企业发生。对这类企业实施的限制数据抓取行为，适用《反不正当竞争法》一般条款应在综合衡

〔1〕张占江：《论反不正当竞争法的谦抑性》，载《法学》2019年第3期，第55页。

〔2〕参见宋亚辉：《网络干扰行为的竞争法规制——“非公益必要不干扰原则”的检讨与修正》，载《法商研究》2017年第4期，第98页。

量三重利益的基础上，判断行为的正当性。具体的考量因素包括数据属性、限制抓取的动机、行为产生的竞争损害以及对三重利益的各自影响等，除此之外，还要对行为人限制抓取的抗辩理由进行分析，考察其是否具有限制数据开放的合理性。后者是数据持有者对部分竞争对手封锁数据，对不同竞争者采取歧视性限制。有学者认为，这种情形适用《反不正当竞争法》一般条款可考虑引入 FRAND 原则，要求数据持有者基于公平、合理、非歧视的条件有偿提供数据。[1]应当肯定，将此原则纳入一般条款的规范内涵有其合理性，可作为歧视性限制数据抓取行为的规制依据。

综上，竞争法规制限制数据抓取行为存在两个维度。其一，在反垄断领域通过必需设施理论强制数据开放，间接规制限制数据抓取行为。该种理论进路在《禁止滥用市场支配地位行为规定》第 16 条中有所提及，初步具备嵌入数据方面的可行性，是未来解决限制数据抓取纠纷的主要路径。其二，在反不正当竞争领域可借助《反不正当竞争法》一般条款，直接规制竞争对手的限制数据抓取行为。具体可通过三重利益衡量和 FRAND 原则，综合判断行为的正当性。由此，在抛弃限制行为的绝对正当性后，运用竞争法工具，针对不同情形选择恰当路径并优化，可以实现限制数据抓取行为的妥善规制。

## 结　语

自 2021 年以来，中央在多个重要会议和文件中提出“强化反垄断和防止资本无序扩张”的政策目标，尤其体现在数字经济领域。这对限制数据抓取行为的规制立场具有重要的指引意义，加上现有研究肯定限制行为正当性的浅薄论断，让人不得不怀疑行为背后的反竞争问题。经过分析，为限制行为开解的论据并不当然成立，如笼统地适用《反不正当竞争法》一般条款出现财产权排他范式的谬误，企业的自主经营权抗辩也并非百试百灵，盲目迷信投资保护理论存有颇多隐忧。在此基础上，需探究限制数据抓取行为的具体规制问题，但只是凭借反垄断法的拒绝交易制度无法有效解决目前的规制问题。因此，较优的对策是从竞争法的两大维度对限制行为分而治之，采用必需设施理论和《反不正当竞争法》一般条款实现行为的系统规制，这将有效回应现实难题，促进数据流通共享。

---

〔1〕 参见周樨平：《大数据时代企业数据权益保护论》，载《法学》2022 年第 5 期，第 174 页。

# 论已公开的个人信息的保护与合理利用

高范芹 *

**摘要**：尽管《民法典》和《个人信息保护法》已明确公开个人信息的保护和使用规则，但其具体适用在实践中仍存在争议。现有立法对个人信息“合法公开”的不同类型采取“一刀切式”的保护模式，已公开个人信息的利用规则缺乏类型化的选择，这使得已公开个人信息制度在大数据时代表现出严重的利益失衡。在完善我国已公开个人信息保护与利用规则时，应从类型化角度出发，针对不同的合法公开情形，从信息处理者的义务、处理信息行为的合理范围、对信息所有者权益的影响、信息处理拒绝权的行使及例外等方面入手，平衡已公开个人信息中的公共利益价值与个人权益。

**关键词**：已公开的个人信息；信息利用；个人信息保护法

## 引　言

在信息化时代，个体不可避免地将个人信息与社会交互，享受信息化、智能化带来的便利，但同时也面临着信息泄露和不当利用的风险。挖掘信息效用、重构使用价值已成为各类信息处理主体的迫切需求。对于大数据而言，信息使用已无法满足现实需求，更多应用场景关涉信息的二次处理和利用。已公开个人信息的衍生利用在不同领域发生，涉及公私主体以及其他多方，其功能既包括公益性利用，也有商业价值的追求。信息公开对社会发展具有促进作用，个体因此能收获学习、联系和协作的机会，政府通过公开信息获得信任、维持公信力，企业也能利用此手段深化顾客印象和构建品牌形象。然而，已公开个人信息的处理也可能对信息主体造成隐性侵害，不仅伤害隐

* 作者简介：高范芹，男，湖南桃江人，1979 年 6 月出生，原系军队转业干部，经自学法律知识通过司法考试后进入法院工作，现任职于湖南省湘潭市雨湖区人民法院。

私权，还可能引发财产或人身上的实际损害。[1]因此，如何在促进信息自由流通和保护个人信息人格利益之间找到平衡，一直是我国个人信息立法的关键问题，尤其在已公开个人信息的处理与利用过程中，尤为突出。[2]在司法实践中，法院对于已公开个人信息的处理纠纷进行了积极探索。由于侵权法要求侵害绝对权的构成要件，在个人信息立法尚未完善时，裁判思路通过扩展名誉权的保护边界来保护个人信息。而在个人信息立法时代，法院主要审查信息利用的积极要件。尽管法院已不再执着于判断已公开个人信息在何种条件下不能使用，但具体的规制仍未形成统一意见，甚至存在明显差异。典型的案例，如 2019 年苏州市中级人民法院和 2021 年北京市第四中级人民法院的判决，在二次利用个人信息的侵权问题上，作出了截然不同的裁决。

随着信息化社会的持续演进，政府、互联网企业等大量主体基于各种不同目的，对已公开个人信息进行了多维度的利用。这一现象致使信息处理主体与信息所有者之间的法律纠纷愈发频繁。以“启信宝案”和“汇法正信案”为代表的典型案例，清晰地展现出不同法院在裁判规则上存在分歧，这种分歧会进一步造成已公开个人信息在“权益保护”与“合理利用”之间难以维持平衡。[3]通过检索北大法宝数据库中的司法判决文书，发现以“人格权纠纷”为案由，涉及已公开个人信息的问题案件高达 437 件，经过筛选，最终符合研究条件的裁判文书为 41 份。这些案例表明，已公开个人信息保护与利用的纠纷在实践中频发，涉及多个层面的问题，亟须解决规则适用与构建等关键问题。

在立法层面，《民法典》和《个人信息保护法》对已公开个人信息的保护与合理利用作出规定，但由于条文过于宽泛，给法院在判定相关问题时带来了挑战。此外，现有立法对不同类型个人信息采取“一刀切”的保护模式，缺乏对已公开个人信息利用规则的类型化选择，导致其在大数据时代面临利益失衡的问题，难以有效促进信息资源的流通。因此，本文提出应从现有的“一刀切”保护模式转向“类型化保护”模式，在此框架下完善已公开个人

〔1〕 刘晓春、孟繁宇:《从司法判例解读处理已公开个人信息的合法性标准》，载《中国对外贸易》2022 年第 12 期，第 36~39 页。

〔2〕 马新彦、刘睿佳:《已公开个人信息弱化保护的解释论矫正》，载《吉林大学社会科学学报》2022 年第 3 期，第 62~76 页。

〔3〕 史晓宇:《信托关系视角下个人信息处理行为规则的类型化》，载《上海大学学报（社会科学版）》2022 年第 4 期，第 124~140 页。

信息的利用规则，并对相关法律条文和构成要件进行进一步解释，以弥补当前在已公开个人信息保护与利用领域的不足。通过这种转型思路，本文期望解决已公开个人信息“权益保护”与“合理利用”之间的矛盾与冲突，推进立法与司法实践的协调，促进信息资源的有效流通，并为大数据时代的转型提供有力支持。

## 一、现有已公开个人信息的保护模式及其弊端

关于已公开个人信息的保护，国际上存有三种不一样的立法模式，这些模式反映出在已公开个人信息保护方面制度定位的差别以及价值取向的不同抉择。不过，当下已有的已公开个人信息保护模式都着重单一价值的保护，这使得已公开个人信息制度陷入了“一刀切”的局面。

### （一）已公开个人信息的不同保护模式与理论梳理

#### 1. 已公开个人信息的三种保护模式之比较

第一种模式秉持已公开个人信息原则上遵循一般个人信息处理规则的观点，其中欧盟的《通用数据保护条例》（GDPR）极具代表性。自2018年起生效后，GDPR打造出世界范围内极为严苛的个人信息保护架构。此条例的第5条和第6条明确界定了数据处理的基础性规范与合法合规的依据，而第7条则对同意方面的相关要求予以清晰阐明。[1] 尤其值得一提的是，GDPR针对特殊个人数据（如种族、民族以及生物识别信息等）处理作出了特殊规定。第9条严禁处理特殊数据，但也给出若干例外情形，其中涵盖“数据主体明确公开的个人数据”，这表明只要数据主体自愿公开，信息处理者便可据此展开后续处理。不过，GDPR并未将已公开个人信息视作可自动合法处理的依据，处理此类信息依旧要遵循第5条与第6条中的合法性原则。第6条列举出六种合法性基础，其中第（a）项是数据主体同意，第（b）项为合同需求，第（f）项为“合法利益”——这一条款应用最为普遍，常被用于平衡个人信息保护与信息流通。因此，GDPR并未将已公开个人信息排除在保护范畴之外，依然采用一般性规定，仅在特殊个人数据处理时提及自行公开的情况。[2]此外，GDPR在针对个人信息处理原则与合法性基础的规定中，并未

〔1〕 宁园：《“个人信息已公开”作为合法处理事由的法理基础和规则适用》，载《环球法律评论》2022年第2期，第69~84页。

〔2〕 解正山：《论已公开个人信息的“合理处理”》，载《学习与探索》2022年第9期，第69~78页。

针对已公开信息这一类型作出特别设定。这意味着，对信息的使用必须获得信息主体的同意，或者符合特定的例外情形。这与我国立法将已公开个人信息的利用设定为“同意”例外情形的处理方式，有着显著区别。GDPR 赋予了信息主体一系列广泛的权利，其中包括知情权、访问权、删除权以及限制处理权等，删除权在其中尤为突出。在处理公开数据时，处理行为的合法性判定，很大程度上取决于合法利益能否成为处理行为的依据。即便处理行为本身符合法律规定，数据主体依旧能够依据第 21 条的规定，行使拒绝权或者删除权。然而，删除权并非绝对不受限制。当数据处理是基于“行使言论自由”等涉及公共利益的目的时，信息主体便无法行使该项权利。值得一提的是，日本的《个人信息保护法》在对敏感个人信息进行保护时，同样将“自行公开”视为处理的例外情形，在原则与合法性要求方面，与 GDPR 遵循相似的路径。

第二种模式提出，应把“公开可得信息”从“个人信息”的概念里剔除，使其不被纳入立法保护范围，美国是这一模式的代表。美国的个人信息保护立法呈现出“去中心化”特征，不存在统一的立法文件，而是分散于涉及个人信息处理的诸多具体领域，主要借助“隐私权”予以保护。美国把个人信息保护当作隐私权的一部分，隐私权分布于普通法、宪法、成文法以及国际法等不同层面。美国各州在隐私和个人信息保护立法方面，普遍延续了特定的立法思路。[1]在联邦法律层面，诸如《家庭教育权利和隐私法》《金融隐私法》以及《健康保险可携带性和责任法案》等，聚焦于对“非公开个人信息”的保护，这类信息指的是公众无法轻易获取的那部分个人信息。在州一级的立法中，加利福尼亚州的两部法律颇具代表性，即 2018 年颁布的《加利福尼亚消费者隐私法》与 2020 年出台的《加利福尼亚隐私权法》。这两部法律均清晰地将“公开获取的信息”划出个人信息的定义范围。按照法律规定，不管是个人主动自行公开披露的信息，还是经由政府行为、新闻报道等途径公开的信息，都不被视作个人信息，也就无法依据该法律得到相应的保护措施。美国对于已公开的个人信息整体上持一种较为开放的态度，这种态度背后体现的是宪法所倡导的言论自由理念。不过，这并不意味着该态度适用于所有情况，特别是涉及未成年人公开的信息时，存在特殊考量。例如，加州专门制定了“橡皮擦法案”，以此保障未成年人有权删除其在社交平台上

〔1〕 宁园：《“个人信息已公开”作为合法处理事由的法理基础和规则适用》，载《环球法律评论》2022 年第 2 期，第 69~84 页。

发布的信息。另外，2021 年，美国统一法律委员会提出了《统一个人数据保护法案》，其目的在于为各州的隐私立法提供可参考的示范样本。但截至目前，该法案尚未获得通过，所以尚不具备实际的法律效力。

从司法实践来看，美国法院一般会将公开信息排除在隐私保护的范畴之外。以“hiQ 诉 LinkedIn 案”为例，法院在审理中判定，LinkedIn 公开的数据可以被理解为对他人使用该数据的一种默示同意，因此 hiQ 公司收集这些公开信息的行为并不违法，联邦第九巡回法院也认同并维持了这一判决结果。

第三种模式倡导把已公开个人信息当作一个独立类别，为之制定特殊规定，中国便是此模式的典型代表。与前面提到的国外模式有所差异，我国针对已公开个人信息的保护，采用将其作为“同意”例外的特殊处置方式，此点于《民法典》第 1036 条与《个人信息保护法》第 13 条、第 27 条的相关条文之中有所彰显。其主要涵盖三个方面：其一，明确阐释处理已公开个人信息的法律原理根基为“合理处理自然人自行公开的或者其他已经合法公开的信息”，此情形被视作个人同意规则之外的特殊情形；其二，确定处理已公开个人信息的边界在于“在合理范围内”，且不可“对个人权益产生重大影响”，不然仍需获取个人同意；其三，个人具备通过明确表达拒绝的方式，来抵制相关处理活动的权利。无论已公开信息属于哪一种“合法公开”的类别，上述条款均一体适用。

2. 理论梳理：已公开个人信息的制度定位

总的来说，在上述三种立法模式中，GDPR 未专门针对已公开个人信息设立类型化规定，信息的利用需基于信息主体同意或符合例外情形。这种保护模式源于二战后对人权保护的不断强化，完全站在严格保护信息主体自决权的立场，确保个人信息在各个处理环节均受法律规制。然而，单一强调信息承载的人格利益，将不同类型信息同质化处理，忽视其经济与公共价值，会限制信息的交流和资源利用。

美国模式则通过隐私权全面保护个人信息，将已公开信息排除在个人信息定义之外。其信息隐私制度基于自由主义原则和“消费者主权”传统。其主要着眼于个人信息的经济价值，体现为高度鼓励利用和流通已公开个人信息的倾向，同时弱化了消费者作为信息隐私权利人的基础性利益，使得已公开个人信息无法得到有效的法律规范保护。

我国针对公开个人信息处理的规范独具特色，与美国模式不同，亦和欧盟模式存在差别。我国立法把已公开个人信息当作独立类别予以特殊设定，让其成为个人信息处理时获取“同意”的特殊情况，这体现出我国已留意到已公开个人信息蕴含着人格利益与经济利益的双重价值。已公开个人信息处于弱化保护状态，而对不同类别已公开个人信息采用相同规制手段，会致使信息的流通价值以及公共利益的保障难以达成。

### （二）现有保护模式弊端：已公开个人信息的利用缺乏类型化界定

上述三种对于已公开个人信息的不同保护模式有着不同的制度定位，却将已公开个人信息的保护推向了相同的现实问题，即武断地对于不同类型的个人信息采取“一刀切”式的保护模式，从而只有单一价值的实现，使已公开个人信息“权益保护”与“资源利用”之间产生了严重的利益失衡。就我国的保护模式来看，不同类型的已公开个人信息在公开的依据、承载的利益方面均存在差异，已公开个人信息的立法既要强调对信息主体的人格利益与自决权的保护，同时又不能忽视对于其流通与利用过程中所体现的经济价值和公共利益的保护。[1]基于我国现有的已公开个人信息保护模式存在上述弊端，我们迫切需要妥善安排好已公开个人信息所承载的各项利益关系，对已公开个人信息的利用规则进行类型化选择，差别对待，使各方主体的利益得到最大化的实现。[2]在法律上，已公开个人信息指的是已被公开且合法公开的个人信息。关于“已公开”的认定存在分歧。主流观点认为，个人信息一旦进入公共领域并可被不特定人群获取，就被视为公开，这通常是通过大众媒体（如报刊、网站等）实现的。但也有一种观点认为，公共领域并不局限于社会意义上的广泛范围，某些特定场所或团体中的信息公开也可被视为公开，尽管这一公开信息的获取便利程度可能有所不同。在特定范围内公开的个人信息，虽然可以被特定群体知悉，但是否构成“已公开”仍需综合考虑其他因素。此外，信息过多时，个体可能难以做到全面关注信息，而只会对与自己相关的内容给予更多关注，因此，在人数相对有限的公共场合中，个人信息的公开状态可能难以达到与媒体介质相同的信息普遍程度。[3]这种分歧的关键在于对“已公开”效果的理解。公开个人信息不仅是信息的公开行为，还包括接收者对该信息的知悉与回应。主流观点认为，只要信息能被不

---

〔1〕 唐彬彬：《疫情防控中个人信息保护的边界——一种利益相关者理论的视角》，载《中国政法大学学报》2020 年第 4 期，第 195~205 页。

〔2〕 张新宝：《论个人信息权益的构造》，载《中外法学》2021 年第 5 期，第 1144~1166 页。

〔3〕 齐英程：《已公开个人信息处理规则的类型化阐释》，载《法制与社会发展》2022 年第 5 期，第 210~224 页。

特定主体获取，即视为公开，不考虑是否有回应。而另一观点认为，即使信息处于可被不特定主体获取的状态，若没有人关注或回应，该信息的公开效果也应视为有限，等同于未公开。〔1〕我国立法针对“合法公开”的各类个人信息运用相同的后续利用规则，未考量不同已公开个人信息间的本质区别。这一情况加大了准确把握规则里“合理范围”“对个人权益有重大影响”等概念界限的难度，使信息处理者难以确定自身义务范畴，并且由于这种“一刀切”的保护模式，“拒绝权”的行使也未设置适用的例外情形，会致使其在运用时缺乏灵活性与变通性。

## 二、已公开个人信息保护模式的转型：“类型化保护”的提出

不同类型的已公开个人信息在公开的依据、承载的利益方面均存在差异，这些差异是立法对于其不同类型进行区别保护的前提。而已公开个人信息的保护与合理利用必须以个人信息“合法公开”的不同类型为基石，综合考量已公开个人信息的利益主体、利益形态等因素，促进已公开个人信息保护模式的转型，以实现已公开个人信息的类型化选择，使已公开个人信息保护制度更加灵活，更具有实效性。

### （一）已公开个人信息的类型划分

“个人信息已公开”是处理个人信息豁免于知情同意规则的合法性基础，同时在此前提之下，个人信息“合法公开”的不同类型作为价值权益判断的重要标准之一，会导致对于已公开个人信息合理利用的具体规则的不同适用倾向，所以其对于相关规则的构建颇为重要。依据不同信息在根本特征上的差异，可以将已公开个人信息划分为两种类型：一是自行公开的个人信息，二是其他已合法公开的个人信息。

#### 1. 自行公开的个人信息

“自行公开的个人信息”是指基于信息主体意愿公开的信息，包括“个人自主公开的个人信息”和“个人同意他人公开的信息”两种类型。相比之下，“其他已合法公开”的信息因与权力机关或其他组织行为相关，通常较易界定，而“个人自行公开”的信息界定可能存在争议，尤其是在社交媒体上的行为中，如公开的微信朋友圈。有观点认为此类信息的处理已脱离原用途，不应视为合理使用。由于相关法律未明确“自行公开”的范围，实践中争议

〔1〕宁园：《“个人信息已公开”作为合法处理事由的法理基础和规则适用》，载《环球法律评论》2022年第2期，第69~84页。

较多，有必要对其进行限缩理解。[1]个人“自行公开”信息并不等同于放弃对该信息的保护。这类信息通常承载着信息主体的人格要素及其对后续使用的合理预期。因此，判断信息是否属于“自行公开”，关键在于确定个人是否在充分了解可能后果的前提下，主动对外公开了自己的信息。[2]例如，以方便学术交流为目的，一些学者在学术网站上公开其联系方式等个人信息，进而使这些信息可以很容易地被不特定的人获取，此时说明信息的公开是出于个人的意愿。但若只是在仅有几个人组成的学术课题组中发布了一些个人信息，这个时候信息主体或许并不希望外界都了解自己的个人信息。尤其值得注意的是，当个人在毫不知情的状况下，其信息被采集并披露，比如公共场所的信息采集行为，这种情形并不属于“个人自行公开”。此外，在司法实践过程中，我国各地法院会综合权衡平台的访问权限、平台性质以及信息所涉及的关系等诸多因素，以此来判定某一信息是否属于“个人自行公开”的范畴。[3]所以，关于哪些信息属于个人自行公开的个人信息，其认定标准并非一成不变、一概而论，而是需要裁判者在处理纠纷时，凭借生活经验针对具体个案进行分析认定。

2. 法定公开的个人信息

“法定公开的个人信息”，即信息使用者在未得到信息主体同意时，依据相关法律法规进行公开的个人信息。在实践中，“其他已合法公开的个人信息”通常包含政府信息公开、合法新闻报道以及其他个人或企业的合法公开等情形。就政府信息公开中的个人信息而言，这类信息多依据立法、行政或司法要求而公开，像裁判文书公开、政府主动公开或依申请公开等。国家机关只有在履行法定职责时，才能依照法律和行政法规规定的权限与程序公开个人信息，且必须遵循职责范围与限度。并且，在制定信息公开规则时，应充分考虑各方主体利益的多元性，重点关注公共利益。

合法新闻报道中涉及的个人信息属于合法公开情形，但可能与《个人信息保护法》第 13 条第 1 款第 5 项的规定冲突。该条款规定新闻媒体报道与舆论监督基于公共利益目的且受一定限制。因《个人信息保护法》是专门法，

---

〔1〕 张薇薇：《公开个人信息处理的默认规则——基于〈个人信息保护法〉第 27 条第 1 分句》，载《法律科学（西北政法大学学报）》2023 年第 3 期，第 62~75 页。

〔2〕 宁园：《“个人信息已公开”作为合法处理事由的法理基础和规则适用》，载《环球法律评论》2022 年第 2 期，第 69~84 页。

〔3〕 袁泉、王思庆：《个人信息分类保护制度及其体系研究》，载《江西社会科学》2020 年第 7 期，第 192~200 页。

按特殊法优于基本法原则，新闻报道与舆论监督中处理个人信息应优先适用该条款。〔1〕需注意，新闻报道中的个人信息虽受合法性与公共利益双重约束，但其后续利用要在合理限度内，不能超出当事人合理预期，避免对其人身财产造成损害。此外，“法定公开的个人信息”还包括其他个人或企业合法公开所涉及的个人信息。现实中，部分个人或企业未获个人同意就公开信息，易被认定为非法公开。但实际公开情况复杂，也有兼具合法性与合理性的公开情形，如基于个人言论和信息自由行使、企业经营权行使等情况的公开。

（二）类型化保护：已公开个人信息利用规则的类型化

对个人信息予以类型化保护，已成为解决其所承载多元利益冲突的核心策略。近年来，诸多学者相继提出多种类型化保护的构想。例如，张新宝教授在其论文中倡导区分敏感信息与一般个人信息，重点突出对敏感信息的保护以及对一般个人信息的高效运用。〔2〕同时，《个人信息保护法》对敏感信息与一般个人信息、未公开信息与已公开信息予以区分，也展现出类型化的思维方式。可以看出，就已公开个人信息保护实施类型化选择，与我国个人信息领域长期遵循的类型化保护法律观念是一致的。

此外，对已公开个人信息的类型化保护也回应了现实需求。对于已公开个人信息的保护主要体现在已公开个人信息的后续利用活动的规制，所以对于已公开个人的分类保护，实际上就是对于已公开个人信息利用规制的类型化选择。另外，已公开个人信息利用规则的类型化亦能适应目前个人信息利用活动复杂性的特点。

信息主体已公开个人信息权益的损害方式和环节具有极大的不确定性，其不一定存在于信息的收集阶段，还可能存在于传输、分享等多个环节。〔3〕而大数据的发展使得企业的信息收集、分析、整合能力不断提升，不同类型的已公开个人信息的利用活动愈发复杂。另外，数据经济背景下，信息主体与信息处理者在已公开个人信息后续利用活动中呈现出既冲突又合作的对立统一关系。〔4〕冲突性表现在如果对于已公开个人信息利用活动缺乏法律规

〔1〕王海洋、郭春镇：《公开的个人信息的认定与处理规则》，载《苏州大学学报（法学版）》2021年第4期，第64~76页。

〔2〕张婉婷：《个人信息“合理利用”的规范分析》，载《法学评论》2023年第6期，第109~120页。

〔3〕赵艺、杨洁：《论依法公开个人信息的“合理”处理》，载《人权》2023年第1期，第157~182页。

〔4〕王华伟：《已公开个人信息的刑法保护》，载《法学研究》2022年第2期，第191~208页。

制，则会对信息主体的信息权益造成损害。合作性则是指信息处理者对于已公开个人信息的合理利用可以产生相应的经济价值，使信息主体享受到更加丰富的信息产品和服务。而对于已公开个人信息利用规制的类型化选择使得在对不同种类的已公开个人信息的利用活动中，信息处理者的义务都得到了相应的安排，在一定程度上降低了信息主体与信息处理者之间冲突的发生，有助于建立起两者之间可持续合作的信息关系。

鉴于上述关于已公开个人信息类型化保护的理论支撑与现实需要，深入分析不同类型已公开个人信息的差异很有必要。已公开个人信息可分为自行公开和法定公开这两类，它们在公开途径、所承载利益等方面，有着本质区别，这种差异成为差别保护的客观依据。具体而言，个人自行公开的个人信息，与信息主体的人格利益紧密相连，一般不涉及他人利益以及公共利益的达成。[1]基于此，针对自行公开的个人信息，立法者应将重点置于信息主体的意思自治与自决权上，保障其能自主决定是否删除信息，或拒绝他人对信息的处理。另外，要是信息处理者的行为可能会“对个人权益造成重大影响”，就必须告知信息主体，并获取其同意。而对于法定公开的个人信息的规制则需要较多地考量其所承载的公共利益。此类信息的公开通常是以政府的行为为主导，例如政府信息公开、司法裁判公开，所以这类信息一经公开，便成为一种可以利用的公共资源。因此，对于法定公开的个人信息应当尽可能弱化信息主体对其的控制，对于其拒绝权和删除权的行使也应该有所保留，以助力此类信息所承载的公共利益能够得到最大限度的实现。

## 三、类型化保护视角下已公开个人信息利用规则的完善

已公开个人信息不仅具备“权利”特性，亦兼具“公益”特性。故而，在已公开个人信息保护的制度构建中，一方面要对个人自治与自主决定权予以尊重，另一方面则要推动信息资源的高效流转，以此在价值冲突里达成精妙的平衡。鉴于已公开个人信息处于弱化保护的情形之下，信息处理者通常而言能够直接处理已公开个人信息，而无需获取个人同意。不过，对于这类公共性资源的利用行为必须加以规范，并且由于个人信息“合法公开”的类型存在差异，这也致使已公开个人信息合理利用的具体规则在适用倾向上有所不同。后续将从类型化保护的维度出发，以信息处理者的注意义务、处理

[1] 马新彦、刘睿佳：《已公开个人信息弱化保护的解释论矫正》，载《吉林大学社会科学学报》2022年第3期，第62~76页。

限度、前端预防以及补救措施等方面为切入点，提出完善已公开个人信息利用规则的思路，期望借此规范已公开个人信息的处理活动，进而实现“权益保护”与“合理利用”的平衡状态。

（一）注意义务：不同类型信息“合法公开”的认定应存在区别

第一，鉴于不同场景下所涉及的利益平衡状况各有不同，“合法公开”作为处理已公开个人信息的合法性依据，其不同类别会致使在已公开个人信息的利用过程中，信息处理者所需承担的注意义务有所区别。因此，在作出判断时，需依据“合法公开”的不同类型，制定差异化的判断标准，并为信息处理者设定不同程度的注意义务，避免采用一概而论的规则设定方式，以便为规则的适用保留一定的弹性空间。

根据“合法公开”的不同类型，信息处理者应承担不同的注意义务。意定公开是信息主体根据个人意愿主动公开的个人信息。这种公开通常是信息主体自愿的，并不意味着放弃对信息的保护。信息本身承载着个人的身份特征和财产价值，信息主体对信息的后续处理仍然有合理期待。意定公开可以分为两种情况：一是信息主体主动公开个人信息；二是信息主体同意处理者公开其处理后的信息。[1]后一种情况通常涉及《个人信息保护法》第25条规定的同意情形，实践中也有专门区分为“经过同意的公开”，以便更好地适用相关规则。法定公开是根据法律规定，出于特定目的将个人信息公开。[2]此时，信息主体的公开意愿可能较弱，甚至与其公开意愿相反。合法公开必须有明确的法律或事实依据，并严格遵守相关规定。判断是否为合法公开可通过两方面来确定。首先，通过排除非法公开的情形来界定合法性。例如，未经信息主体同意或不符合法律条件的公开通常被认为是非法的。其次，正向确认合法公开的方式，包括合法的新闻报道、政府信息公开、司法裁判文书公开等。法定公开的个人信息可能关涉信息自由流通和公共利益的实现，比如政府网站已公开的个人信息、新闻报道的公开情形，因此比较容易认定其信息公开的合法性，一般偏向于给予信息处理者较低的判断注意义务，并且拒绝权的行使也受到相应的限制。因此，可以推断出个人信息“法定公开”的这类案件，合法性判断标准应当兼顾个人权益保护和合理利用的双重治理目的，确保信息主体权益得以充分行使，并最大限度充分发挥信息价值。

---

〔1〕 齐英程：《已公开个人信息处理规则的类型化阐释》，载《法制与社会发展》2022年第5期，第210~224页。

〔2〕 程啸：《论公开的个人信息处理的法律规制》，载《中国法学》2022年第3期，第82~101页。

自行公开的个人信息并未完全转化为公共物品。一方面，个人公开信息通常是为了满足生活、工作、娱乐等需求，与外界进行交流，因此个人对信息的使用处于从属地位，无法抗拒信息主体的自我决定。〔1〕另一方面，通常情况下，自行公开的个人信息并不涉及个人利益向公共利益作出让步的情况。所以，针对“自行公开”个人信息的“合法公开”情形，应当秉持严格保护个人权利的立场，无需开展利益权衡。在这种情况下，信息处理者需要承担较多的判断注意义务。

第二，根据个人信息的不同类型，信息处理者应承担不同程度的注意义务。信息处理者的行为往往是个人信息权益面临侵害风险的潜在源头。基于处理者作为“危险开启者”这一角色以及交易成本理论，处理者理应承担注意义务，而且该义务会因处理者的规模、信息处理阶段、信息类型以及所处条件的不同而有所差异。〔2〕《个人信息保护法》第五章对处理者的义务作了全面的规定。除此之外，处理者还需依据诚信原则，履行合理且谨慎的注意义务，也就是说，在秉持善意的前提下，一个理性的人应当采取合理的注意措施与安全保护手段，以此降低信息被滥用的风险。〔3〕在意定公开的情形中，信息主体是出于自愿公开个人信息，并且一般而言，他们能够较为清晰地知晓和预估后续的处理行为。对于信息公开的合法性，处理者无需承担过高的证明责任，可参考美国《加州隐私权法》里“有合理依据相信”的标准，即处理者能够凭借证据表明，在特定场景下，有合理的理由相信某一信息来源是可靠的。〔4〕同时，处理者还应当依据信息公开的平台性质以及隐私政策等诸多因素，合理推测信息的使用目的，若在某些情况下不太明确，可参照《个人信息保护法》中关于敏感信息处理的规则。像政府和司法公开这类法定公开的情况较为明晰，处理者通常能够推定这些信息具有合法性，无需承担额外的注意义务。对于其他合法公开的信息，处理者可以依据公开者的公共服务属性来判断信息的用途。比如，政府公开信息的目的在于提升透明度，新闻报道具备较高的社会公信力，所以处理者在获取这类信息时，可以合理

---

〔1〕 喻海松：《〈民法典〉视域下侵犯公民个人信息罪的司法适用》，载《北京航空航天大学学报（社会科学版）》2020年第6期，第1~8页。

〔2〕 周光权：《侵犯公民个人信息罪的行为对象》，载《清华法学》2021年第3期，第25~40页。

〔3〕 史晓宇：《信托关系视角下个人信息处理行为规则的类型化》，载《上海大学学报（社会科学版）》2022年第4期，第124~140页。

〔4〕 王爽：《合法公开个人信息衍生利用的有限告知同意制度研究》，载《浙江工商大学学报》2022年第2期，第158~168页。

地信赖其合法性，并按照正常的流程对信息进行处理。

（二）处理限度：信息处理的“合理范围”的限定

根据《个人信息保护法》第27条的规定，直接处理已合法公开的个人信息并不自动合法。如果处理行为超出了“合理范围”，即使该信息已经“合法公开”，该处理行为仍然不具备合法性。该规定体现了处理已合法公开个人信息的合法性依据，但“合理范围”一词扩张了个人信息处理者处理已公开个人信息的自决程度和范围，不同的个人信息处理者对“合理”的理解有着极大的个体差异性和模糊性，在实践过程中更是难以把握并容易产生争议，并且不同类型的已公开个人信息，其处理的“合理范围”的认定也不同，因此有必要对该规定中的“合理范围”展开解释。

1.“合理范围”与“信息初始公开用途”的关系

理解“合理范围”，关键在于厘清它与个人信息“初始公开用途”的关系。关于二者关系，理论界观点不一。部分学者主张，处理公开信息时若改变初始公开的目的与用途，应视作超出合理范围。然而，也有学者认为，为保障信息自由流通，原则上，只要法律法规未明令禁止的处理行为，均可认定为合理。“处理已公开个人信息需符合信息初始公开用途”，这一规定旨在确保信息后续处理的可预测性与确定性。但在实际中，尤其是在互联网环境下，界定信息公开与处理的“用途”困难重重，有效将“信息初始公开用途”传达给信息处理者更是难上加难。〔1〕立法过程中，立法者鉴于确定初始公开用途难度过高，舍弃了“符合初始公开用途”这一限定标准，改用更为宽泛的“合理范围”表述，这在一定程度上回应了相关疑问。〔2〕尽管“合理范围”标准较为宽泛，却更贴近立法本意。若过度强调信息后续处理必须契合初始公开目的，将严重限制信息资源的流通，背离立法初衷。所以，现行立法对于已公开个人信息处理的“合理范围”理解，不应受初始公开用途与目的的束缚。不过在实践中，符合初始公开用途的处理行为，一般应认定为处于“合理范围”内。

2.不同类型的已公开个人信息处理的“合理范围”之认定

我国法律处理已公开个人信息时具有灵活性，具体判断标准依不同情形

---

〔1〕王爽：《合法公开个人信息衍生利用的有限告知同意制度研究》，载《浙江工商大学学报》2022年第2期，第158~168页。

〔2〕房绍坤、曹相见：《论个人信息人格利益的隐私本质》，载《法制与社会发展》2019年第4期，第99~120页。

灵活调整。对于个人自行公开的信息，处理需符合信息主体的合理预期。若信息主体公开信息时隐含特定用途或范围限制，后续处理应遵循该预期。例如，个人在社交平台发布照片，他人若用于商业推广，需考虑信息主体是否合理预期信息会如此公开与利用。当信息主体授权第三方公开自身信息，处理者有责任告知公开具体用途，并确保后续处理与初始目的一致。一旦处理行为偏离初始公开目的，必须重新获得信息主体同意。[1]对于依法公开的个人信息，特别是涉及公共利益的部分，处理行为限制相对宽松，信息主体需有较高容忍度。因为政府公开个人信息多出于社会公共利益考量或为促进信息合理利用，信息主体应明白此类公开可能导致信息被以多种方式使用。

相较于个人自行公开的个人信息，对于法定公开的个人信息，其处理的"合理范围"应尽量作更宽泛的理解。这里的法定公开主要指因政府行为公开的个人信息以及新闻媒体公开的个人信息。[2]通常，这类信息公开基于公共职权行使或公共利益实现。所以在此前提下，对已公开个人信息进行收集、加工和利用时，除非信息主体能证明处理行为会对其权益造成重大损害和实质性威胁，否则应认定处理活动符合"合理范围"。

（三）前端预防：处理已公开个人信息不得对个人权益有重大影响

在当今网络信息发达的社会，公开个人信息的处理行为呈现出频繁、广泛且复杂的特性。信息处理者相较于信息主体，拥有更为丰富的资源与便利条件，在信息的流转与使用过程中占据相对优势地位。因此，信息处理者理应主动采取审慎的处理措施，而不应只是在个人信息主体提出拒绝后才做出被动反应。由于对已公开个人信息的保护有所弱化，信息处理的准入门槛相应降低，所以，对已公开个人信息实施事先或预防性保护就显得尤为关键。

在这样的背景之下，《个人信息保护法》第 27 条作出了明确规定：倘若对已公开个人信息进行处理的行为有可能给个人权益带来重大影响，那么信息处理者就有责任征得个人的同意。[3]这一规定实际上是对传统知情同意规则在特定情形下的适用予以了排除。通过这样的制度设计，《个人信息保护法》就从前端即预防的角度更好地实现了对个人信息权益的保护，同时兼顾了个人信息的保护与利用，促进信息资源在社会经济发展等多方面发挥积极

[1] 齐英程：《已公开个人信息处理规则的类型化阐释》，载《法制与社会发展》2022 年第 5 期，第 210~224 页。

[2] 程啸：《论公开的个人信息处理的法律规制》，载《中国法学》2022 年第 3 期，第 82~101 页。

[3] 姜涛、郭欣怡：《已公开个人信息刑法规制的边界》，载《学术界》2023 年第 3 期，第 95~111 页。

价值。

然而，“对个人权益有重大影响”在执行中如何理解和具体判断仍然有待解释，需要结合具体不同的场景从所涉利益、处理行为、侵害结果等多个方面综合认定。具体而言，“对个人权益有重大影响”指的是信息处理者对合法公开个人信息的处理可能导致信息主体的个人权益无法行使，或遭受侵害等严重不利后果。而“个人权益”涵盖范围广泛，涉及的不仅是个人的法律地位和经济地位，还包括受教育、求职、申请社会福利等社会、文化和政治地位。有学者认为，“重大影响”应体现为处理公开信息的行为对人格权益造成了客观上难以恢复的影响，在实践中还须结合各种因素综合认定。例如，对于不同的主体，衡量影响是否“重大”的考量因素与客观标准不同，应针对特定对象具体分析。〔1〕如信息主体原本应正常享有的个人权益，因该处理行为而无法顺利行使，或者直接遭受诸如名誉受损、财产损失、隐私泄露等侵害，进而产生一系列较为严重的负面后果，这些结果可能对信息主体在社会生活、经济活动以及个人心理等多方面造成显著不利的影响，干扰其正常的生活秩序与发展轨迹，甚至可能对其长期的个人发展与社会融入产生深远的阻碍作用。这里的“个人权益”范畴十分宽泛，不仅涉及个人的法律地位与经济地位，还涵盖了个人在教育、求职、申请社会福利等社会、文化以及政治层面地位所受的影响。有学者指出，“重大影响”应体现为处理公开信息的行为对人格权益造成了客观上难以恢复的损害，并且在实践中，必须综合考虑各种因素来加以认定。〔2〕例如，针对不同的主体，衡量影响是否“重大”的考量因素和客观标准会有所不同，需要针对特定对象进行具体分析。此外，从第 27 条的表述可以看出，“是否有重大影响”这一判断职责被赋予了个人信息处理者。但鉴于其自身所处的利益立场和商业需求，在判断过程中难免会出现放宽标准或有所疏漏的情况。所以，针对处理行为实际上已经造成重大影响，但个人信息处理者却未察觉或未主动获取个人同意的情形，还需设置相应的救济措施，以便及时制止侵害行为，降低损害程度。

（四）补救措施：信息主体拒绝权的行使及例外

在努力实现各方利益平衡并切实保障信息主体自我决定权的目标导向下，能够将《个人信息保护法》第 27 条所规定的“明确拒绝的权利”与第 47 条的“删除权”有机地结合起来，以此构建信息主体的补救性权利体系。就个

〔1〕 程啸：《论公开的个人信息处理的法律规制》，载《中国法学》2022 年第 3 期，第 82~101 页。

〔2〕 周光权：《侵犯公民个人信息罪的行为对象》，载《清华法学》2021 年第 3 期，第 25~40 页。

人自行公开个人信息的情形而言，信息主体在公开信息之际，实际上是默许了信息处理者在合理限度内对其信息予以处理。而在授权他人同意后公开个人信息的状况下，信息处理者绝对不可以借助格式条款来对信息主体的拒绝权加以约束与限制。[1]个人信息从本质属性上看，属于不可随意减损的人格权益范畴，它同时兼具私人属性与公共属性这两种特性。这就意味着信息主体即便公开了个人信息，也绝不代表其主动放弃了后续的拒绝权，这一情形类似于在法律规定中不允许随意处分个人生命的条款那般重要且具有原则性。并且，如果信息处理者未能构建明确的表意机制，反而强制信息主体同意后续的处理行为，那么这种做法无疑是不合理地对信息主体的拒绝权进行了限制与剥夺。即便信息主体之前已经同意了后续的处理活动，其依然依法享有拒绝那些不必要处理行为的权利。

应当注意到，在《民法典》与《个人信息保护法》之中，针对已公开个人信息的拒绝权并没有设定特殊的例外情形。[2]然而，在面对不同类型的“合法公开”个人信息时，是否能够不加区分地统一适用拒绝权和删除权，这是一个极具探讨价值的问题。就个人自行公开的个人信息而言，其行使拒绝权在通常情况下并不会引发过多的争议与分歧。但是，当涉及由政府公开、媒体报道或者舆论传播而公开的信息时，由于这些信息往往与公共职权的履行以及公共利益的达成有着紧密的关联，所以个人在行使拒绝权和删除权时是否应当受到一定程度的限制，就成为一个亟待深入研究与探讨的关键议题。依据现有的相关立法规定，无论信息处理者对于公开信息的利用是否合理，也不论其是否对个人信息权益造成了侵犯，个人在理论上都被赋予了拒绝权以及要求删除信息的权利。[3]然而，这种一概而论的规定方式在实际的信息处理与社会运行过程中，可能会对个人信息的合理有效利用产生一定的阻碍作用，不利于个人信息资源在合法合规的框架内实现其最大价值。例如，在“启信宝案”和“汇法网案”中，尽管案件事实相似，但法院的观点不同：苏州市中级人民法院认为个人有权行使拒绝权，而北京市第四中级人民法院则认为，裁判文书的公开涉及公共利益，个人的拒绝权在此情况下应受到限

---

〔1〕 宁园：《“个人信息已公开”作为合法处理事由的法理基础和规则适用》，载《环球法律评论》2022年第2期，第69~84页。

〔2〕 史晓宇：《信托关系视角下个人信息处理行为规则的类型化》，载《上海大学学报（社会科学版）》2022年第4期，第124~140页。

〔3〕 房绍坤、曹相见：《论个人信息人格利益的隐私本质》，载《法制与社会发展》2019年第4期，第99~120页。

制。可见，司法实践中关于事后拒绝权与删除权的行使空间判断并不是绝对的，个人原则上有权拒绝信息使用者处理已公开个人信息，但这不是一项绝对性权利。[1]除此之外，倘若个人信息是依据法律规定被强制公开的，那么信息主体是否依然有权对后续的信息处理行为予以拒绝，同样也是一个存在较大争议的法律问题。[2]部分法院秉持着信息主体的人格权益应当优先于后续信息处理所产生的财产利益的观点，认为在这种情况下不应剥夺信息主体的拒绝权；而另一些法院则着重强调司法裁判文书公开所具有的公共利益属性，主张在处理此类问题时应当优先考虑公共利益的维护与实现，从而允许信息处理者继续对相关信息进行处理。

鉴于拒绝权作为一种绝对权，其在行使过程中与个人信息权益、信息处理者利益以及社会公共利益等多方面的平衡息息相关，所以有必要按照个人信息“合法公开”的不同类别，针对拒绝权的行使制定特殊的例外条款。[3]基于此，本文提出应当借助司法解释来对个人明确拒绝的运用条件予以严格的限缩性阐释：个人信息主体所拥有的拒绝权和删除权，仅仅在个人自行公开个人信息并且在公开的当时就清晰明确地拒绝他人对该信息进行处理的情形下才能够适用。而对于那些在自行公开时并未明确拒绝他人处理的个人信息，又或者是被动公开的个人信息，诸如因政府信息公开或者新闻媒体公开而被公开的个人信息，信息主体对这类已公开的个人信息负有一定的容忍责任，需要允许其在合理的界限内自由地流转与使用。只有当已公开个人信息在后续的利用过程中会给个人权益带来客观存在且程度重大的损害时，信息主体才拥有拒绝公开个人信息后续合理利用的权利，否则其无权进行拒绝。

## 结　语

数据时代背景下，已公开个人信息的利用现状对相关法律制度提出了更高的要求。既要认识到社会各方对个人信息的合理需求在促进社会发展中的重要作用，同时也要确保公民个人信息权益得到有效保障，从而维护公民的人格独立和尊严。在已公开个人信息保护这一范畴，我国的立法与司法裁判

---

〔1〕 周汉华：《平行还是交叉　个人信息保护与隐私权的关系》，载《中外法学》2021年第5期，第1167~1187页。

〔2〕 解正山：《论已公开个人信息的“合理处理”》，载《学习与探索》2022年第9期，第69~78页。

〔3〕 齐英程：《已公开个人信息处理规则的类型化阐释》，载《法制与社会发展》2022年第5期，第210~224页。

有必要对自行公开和法定公开这两种不同类型加以区分对待。针对自行公开的个人信息，在保护与利用过程中，应将重心更多地置于信息主体的意思自治上，充分尊重其自主意愿。而对于法定公开的个人信息，鉴于其公共利益价值属性，可对信息主体的自我决定权进行适度限制，以更好地实现公共利益目标。通过对已公开个人信息利用规则的类型化选择，协调保护与利用之间的冲突，促进信息资源的有效流通。然而，本文未涉及已公开个人信息权益纠纷案件中举证责任分配、侵权责任承担方式及归责原则等重要问题，这些尚需进一步研究。

# 个性化算法推荐的技术风险及其法律规制

王佳凝 *

**摘要**：在大数据与人工智能深度融合背景下，个性化算法推荐成为应对信息过载问题的核心手段，广泛应用于各个领域。个性化算法推荐风险可归纳为信息茧房、算法歧视、算法操纵、算法黑箱四种类型。针对不同类型风险，我国建立起个性化算法推荐初步规制的法律框架，但仍存在规范依据欠缺、监管规范可操作性不足以及用户维权成本较高等问题。为此，我们可从立法、监管、备案以及权利救济等方面入手，优化宽严相济的多层次立法结构、完善分级分类联动的监管方案、明确备案主体和评估标准、畅通司法救济通道，拓展国际合作以达成科技向善的共识性经验，为全球算法推荐治理提供中国特色方案。

**关键词**：算法推荐；技术风险；法律规制；信息茧房

## 一、提出问题

伴随着大数据和人工智能的迅速发展，数据信息量过载现象日益突出，传统的搜索引擎无法适应高效的信息分发需求，而致力于提高信息使用效率，优化资源配置，改善用户个性化体验的个性化算法推荐成为更广泛的技术应用方案，出现在短视频平台、新闻传播、电子商务等多个领域。统计数据显示，2018 年，全球人们每天累计观看 YouTube 时间超过 10 亿小时，比 2012 年增加了 10 倍，其用户浏览的视频中有 70%都源于个性化算法推荐。[1]

个性化算法推荐是指“推荐系统根据用户需求、兴趣等，通过推荐算法从海量数据中挖掘出用户感兴趣的项目，并将结果以个性化列表的形式推荐

---

* 作者简介：王佳凝（1999 年—），汉族，河南开封人，郑州大学法学院法学理论硕士研究生，主要研究方向为法学理论。

〔1〕 See Jack Nicas, “How YouTube Drives People to the Internet’s Darkest Corners”, *Wall Street Journal*, February 7, 2018.

给用户”的信息推荐服务。[1]根据个性化算法推荐的演变进化，我们可以将之细分为传统的推荐方法（协同过滤推荐、基于内容的推荐和混合推荐）和基于深度学习的推荐方法。“大体而言，个性化推荐系统是一个信息过滤系统，是用户历史数据、推荐模型和用户交互行为循环交互的过程。”[2]

作为新型的信息分发模式，个性化算法推荐具有跨行业的实用性价值，但也伴随着技术风险。我国政府对个性化算法推荐产生的网络乱象与社会风险给予高度重视。2022年，国家互联网信息办公室等发布《互联网信息服务算法推荐管理规定》，并指出“在互联网信息服务领域出台具有针对性的算法推荐规章制度，是防范化解安全风险的需要，也是促进算法推荐服务健康发展、提升监管能力水平的需要”。[3]中央网信办2024年开展“清朗系列”专项行动，以其中的“整治‘自媒体’乱象”专项活动为例，在两个多月内，“重点平台累计清理违规信息141.09万余条，处置违规账号92.76万余个，其中永久关闭账号6.66万余个，对外发布公告110余期”。[4]这意味着对算法推荐风险的法律规制是防范化解风险的必然需求，也是推动算法推荐服务绿色发展和国家治理体系、治理能力现代化的必然选择。

目前算法推荐风险治理的相关研究集中于新闻传播、思政教育和意识形态领域。有学者提出算法推荐新闻存在潜在风险，采用法律规制路径进行治理是保证算法推荐成为新闻传播有力工具的有效手段；[5]也有学者认为算法推荐暗含着意识形态安全风险，需从技术的意识形态向度审视算法属性。[6]在算法推荐风险方面，有学者将算法推荐风险分为五类：算法黑箱、算法滥用、算法操纵、算法霸权和算法问责；[7]也有学者聚焦于算法推荐的法律风

[1] 黄立威等：《基于深度学习的推荐系统研究综述》，载《计算机学报》2018年第7期，第1620页。

[2] 杨莹莹：《算法推荐服务提供者注意义务扩张的合理边界》，载《兰州学刊》2024年第8期，第90页。

[3] 《国家互联网信息办公室等四部门发布〈互联网信息服务算法推荐管理规定〉》，载https://www.cac.gov.cn/2022-01/04/c_1642894606258238.htm，最后访问日期：2025年5月1日。

[4] 《“清朗·从严整治‘自媒体’乱象”专项行动取得阶段性成效》，载https://www.cac.gov.cn/2023-05/27/c_1686747724239100.htm，最后访问日期：2025年5月1日。

[5] 参见申艳红、赵宣：《算法推荐新闻的潜在风险及法律规范路径》，载《新闻爱好者》2025年第3期，第72页。

[6] 参见修明圆、张新宁：《智能算法推荐的意识形态安全风险：生成原因与防范策略》，载《思想政治教育研究》2025年第2期，第116页。

[7] 参见徐伟、韦红梅：《数智时代算法推荐风险的法律治理》，载《科技与法律（中英文）》2024年第3期，第28页。

险，从侵犯人格权、侵犯知识产权、扰乱竞争秩序、侵害消费者权益以及侵害劳动者权益五个方面展开论述。[1]尽管研究成果丰硕，但尚未有研究对个性化算法推荐风险进行系统检视，更遑论在此基础上对其规制方案进行全面建构。为此，本文将重点放在个性化算法推荐风险的规制上，通过法律规制消解个性化算法推荐风险，确保个性化算法推荐的有序展开。

## 二、个性化算法推荐的技术风险

算法推荐技术特有的信息分发功能使得其技术风险呈现出高风险、范围大、易扩散的特征。基于经验素材的归纳和总结，个性化算法推荐的技术风险可归为四类：信息茧房风险、算法歧视风险、算法操纵风险以及算法黑箱风险。

### （一）信息茧房风险

信息茧房这一概念是由桑斯坦提出的，[2]指的是信息接收的封闭性和局限性。“算法推荐技术是算法时代‘信息茧房’产生的根源”，[3]该现象易引发个人意识形态扭曲和社会秩序混乱的双重后果。首先，算法推荐系统作为目前时代背景下的信息把关人，目前尚未具备识别虚假、低俗或夸张信息的能力，此类信息的传播易产生负面价值观传播、网络暴力、公众恐慌等隐患，这种群体极化[4]的分裂现象不仅体现在意识形态和网络言论中，还会引发现实生活中的对立和冲突，威胁社会主义核心价值观的传播，危及网络生态安全和社会秩序的稳定。其次，算法推荐技术下的信息分发模式由于过度倾向对用户情绪价值的补给，根据用户的偏好为其量身定做一个封闭的“信息接收站”，造成用户被动输入的信息内容同质化严重，“公众接收越来越多与自身态度相近的信息，情绪不断强化并转向怀疑与批判，政府可能会陷入无人相信的‘塔西佗陷阱’里”，[5]这样一来，不被信任的政府就没有权威，政策无法被顺利有效地实施，甚至带来政治秩序混乱、经济倒退等多米诺骨牌式的连锁反应。

---

〔1〕参见张惠彬、仲思睿：《数字经济时代算法推荐技术的应用风险与规范进路》，载《杭州师范大学学报（社会科学版）》2022年第5期，第124页。

〔2〕参见［美］凯斯·R. 桑斯坦：《信息乌托邦——众人如何生产知识》，毕竟悦译，法律出版社2008年版，第7页。

〔3〕张省、蔡永涛：《算法时代“信息茧房”生成机制研究》，载《情报理论与实践》2023年第4期，第67页。

〔4〕参见李苏、潘金刚：《算法推荐赋能网络历史虚无主义治理：机遇、症候与进路》，载《领导科学》2025年第2期，第116页。

〔5〕蔡可心：《算法推荐的新闻公共性风险与应对》，载《青年记者》2021年第24期，第96页。

（二）算法歧视风险

算法歧视是指“由算法内部演算和数据分析所导致的对特定群体或个人的不公正对待”。[1]它是算法推荐下难以避免的一个技术风险，[2]主要体现在价格歧视和资源分配不公两个方面。首先，价格歧视在电子商务领域中尤为典型，通常表现为“大数据杀熟”现象，即平台通过算法针对同一商品或服务给老用户推送价格更高的情况，同物不同价的现象严重损害了消费者的权益。根据2022年9月北京市消费者协会发布的大数据“杀熟”问题调查报告，七成多（76.77%）受访者认为存在大数据“杀熟”现象，有六成多（64.33%）受访者表示有过被大数据“杀熟”经历。[3]其次，资源分配不公也是算法歧视的表现之一，算法可能根据用户的性别、种族等特征进行不公平的资源分配。例如亚马逊算法求职者性别歧视事件，该平台算法通过对简历中的性别信息进行识别，从而对女性求职者的简历分数进行打压，限制其就业机会，[4]损害了劳动者的平等就业权。

（三）算法操纵风险

算法操纵是指部分或全部算法代替“人”作为指令发出者或决策者时，部分主体因丧失控制权而带来一系列后果的现象。[5]这种操纵的受害者主要包括消费者、数字劳动者和平台商户。其一，针对消费者，算法操纵主要体现在推荐内容和定价上。算法通过推送“限时抢购”“每单限购”等虚假标签，操纵消费者的消费心理和购买行为，诱导消费者过度消费。同时，消费者可能遭遇“大数据杀熟”，算法基于用户的历史行为进行个性化定价，导致老用户支付更高的价格，侵害其合法权益。其二，算法操纵下的数字劳动者长期受到剥削，基本权益无法保障。“在数字资本主义阶段，算法控制成为资本主义劳动控制的新形式”，[6]表面便捷合理的算法系统，在操纵下逐渐成为

---

〔1〕 石颖：《算法歧视的缘起、挑战与法律应对》，载《甘肃政法大学学报》2022年第3期，第60页。

〔2〕 参见匡文波：《智能算法推荐技术的逻辑理路、伦理问题及规制方略》，载《深圳大学学报（人文社会科学版）》2021年第1期，第146页。

〔3〕 参见《北京市消协发布大数据“杀熟”问题调查报告》，载 https://www.bj315.org/xfdc/202209/t20220909_35058.shtml，最后访问日期：2025年5月1日。

〔4〕 参见张凌寒：《共享经济平台用工中的性别不平等及其法律应对》，载《苏州大学学报（哲学社会科学版）》2021年第1期，第87页。

〔5〕 参见金雪涛：《算法治理：体系建构与措施进路》，载《人民论坛（学术前沿）》2022年第10期，第48页。

〔6〕 王利云、王宝珠：《数字资本主义中的数字劳动控制与反抗：资本的算法逻辑与劳动者的逆算法实践》，载《社会主义研究》2024年第2期，第125页。

资本主义压榨劳动者的工具，甚至为了效益不顾劳动者人身安全。以最典型的数字劳动者——外卖骑手为例，两公里配送距离的时长从先前的32分钟变为30分钟，多位外卖骑手表示，他们都经历过同样的“时间失踪事件”。[1]其三，针对平台商户的算法操纵主要表现为限制流量曝光。一些算法设计者或网络购物平台通过算法操纵或算法合谋实施限制交易、虚假宣传等不正当竞争和垄断行为，实施自我优待，打破了数字市场经济秩序的稳定，[2]例如对商品搜索结果的进行操纵干预、流量限制、大数据杀熟等。

（四）算法黑箱风险

算法黑箱是指在算法推荐系统运行的过程中，由于其排他性和技术性而产生的无法被人所了解或解释的部分。算法黑箱作为算法推荐技术的内生性风险，[3]会引发技术信任危机和算法问责难题。一方面，算法深度学习的底层逻辑是无法被人类理性所理解的，即使是算法设计者本人也很难对每一次算法推荐结果的依据进行明确解释，加之算法语言的抽象性和专业性使得用户对数据的输入、输出再到转化的每一个环节都难以完全理解且成本极高，培养信任更是无稽之谈。另一方面，算法黑箱使得算法推荐的问责环节变得模糊。由于算法推荐技术从开发、编程再到应用的过程涉及多个主体，且其损害后果具有长期性和扩散性，责任主体很难确定。同时，算法黑箱使得系统风险难以被排查，其调试和优化陷入窘境，无法对风险和漏洞进行及时改进，形成恶性循环。

## 三、我国个性化算法推荐法律规制的实践经验及其不足

现有个性化算法推荐法律规制的相关政策文件散见于不同的法律规范当中，整体呈现出体系分散和碎片化、[4]“软法”与“硬法”相结合的规制特点，[5]对用户个人权益保障、公共风险防控、技术监管等方面进行了重点规

---

〔1〕参见赖祐萱：《外卖骑手，困在系统里》，载 https://mp.weixin.qq.com/s/Mes1RqIOdp48CMw4pXTwXw，最后访问日期：2025年5月1日。

〔2〕参见胡坚波：《多措并举推进我国算法治理》，载《人民论坛（学术前沿）》2022年第10期，第22页。

〔3〕参见徐伟、韦红梅：《数智时代算法推荐风险的法律治理》，载《科技与法律（中英文）》2024年第3期，第28页。

〔4〕参见徐伟、韦红梅：《数智时代算法推荐风险的法律治理》，载《科技与法律（中英文）》2024年第3期，第34页。

〔5〕参见张惠彬、仲思睿：《数字经济时代算法推荐技术的应用风险与规范进路》，载《杭州师范大学学报（社会科学版）》2022年第5期，第128页。

制，但仍存在规范依据欠缺、监管规范可操作性不足以及用户维权成本较高等问题。

（一）我国个性化算法推荐法律规制的实践经验

近年来，我国根据《法治社会建设的实施纲要（2020—2025年）》关于制定完善对算法推荐等新技术应用的规范管理办法的战略部署，[1]制定了一系列法律法规，开始了以总体国家安全观为指导、坚持发展与安全共存的初步尝试。

1. 用户个人权益保障落地

首先，形成了权益保护与安全托底、微观治理与宏观监管相结合的个人信息保护机制。《个人信息保护法》构建起个人信息保护的原则性法律框架，主要对用户个人信息处理的限度进行规制，《数据安全法》又进一步对将部分个人信息进行处理转化而来的数据进行风险审查和防控，侧重数据安全的技术监管。其次，赋予了用户对于算法推荐服务的拒绝权和质疑权。《个人信息保护法》第24条规定，用户对基于自动化决策而产生的个性化算法推荐技术服务享有拒绝权，且个人权益受到重大影响的用户有权要求信息处理者予以说明。用户享有的拒绝权可以从根本上解决算法推荐服务带来的侵权现象，直接打破算法或平台对信息分发模式的垄断，而质疑权则是破解算法黑箱的有效手段，保障用户在体验个性化服务的同时维护自身权益。最后，对于用户个人权益的保护还考虑到了特殊群体的需求。《互联网信息服务算法推荐管理规定》第18、19条分别规定了算法推荐服务提供者针对未成年人的网络保护义务和老年人的权益保障义务。对为未成年人和老年人群体提供的算法推荐服务提出了专门性要求，通过差别化的规定回应了数字弱势群体的特殊诉求。

2. 公共风险防控能力提升

首先，信息治理工作形成“法律—行政部门—平台”的合力治理格局。《互联网信息服务算法推荐管理规定》第9条明确要求算法推荐服务者加强信息安全管理，建立起“特征库审核”和“人工干预”的双重筛选机制，并且将虚假信息分为违法信息和不良信息两个层级分别进行处理。以此为制度支撑，中央网信办2024年持续开展“清朗系列”专项行动，并取得了阶段性成效。在实践中，越来越多的大型平台也开始重视对信息安全的治理问题，今日头条APP建立了用于检测虚假、夸张等不真实标题的算法模型，“减少给

[1] 参见《法治社会建设实施纲要（2020—2025年）》第22条。

‘标题党’的分发资源，而提升那些优秀内容得到分发资源的概率”。〔1〕其次，现有相关法律制度推动了数字平台经济秩序的重构。《互联网信息服务算法推荐管理规定》第15条首先界定了算法推荐技术下市场竞争关系的红线，明确算法推荐服务提供者不得利用算法实施垄断和不正当竞争行为，《电子商务法》第40条又进一步规定了电子商务平台经营者对于竞价排名得出的商品或服务具有标明义务，将《互联网信息服务算法推荐管理规定》中的模糊禁止性规范转化为可操作的行为指引。

3. 技术监管机制初步构建

首先，形成了贯穿算法推荐服务事前事中事后全过程的技术监管体系。〔2〕《互联网信息服务算法推荐管理规定》设置的分级分类管理、备案、安全评估以及监督检查等机制，从风险防控到事后追责的完整治理方案形成闭环，实现了算法推荐治理从被动解决到主动治理的转型。根据网信办发布的深度合成服务算法备案信息的公告，截至2025年3月，共有3234个境内深度合成算法服务完成备案，第十批新增备案算法395个，较2023年6月第一批增加了超过800%。〔3〕其次，算法黑箱问题有所缓解，公众对算法的信任感和安全感得到提升。《互联网信息服务算法推荐管理规定》第12条提出了对算法透明度和可解释性的原则性要求，第16条概括性总结了算法推荐服务者的告知义务和公示义务，这为平台算法推荐的透明度的治理奠定了总基调。最后，个性化算法推荐治理的某些环节已形成了统一的国家标准。这为算法设计者划定了红线，助力算法分级分类管理，〔4〕具有一定的指导性意义，同时也有助于多元主体协同治理的局面形成。目前，我国已经形成了《人工智能深度学习算法安全评估规范》《信息安全技术个人信息安全规范》以及《信息安全技术机器学习算法安全评估规范》等国家标准，将算法推荐服务的合规性要求上升到了国家统一标准的高度。

（二）我国个性化算法推荐法律规制的不足

我国目前对于个性化算法推荐的法律规制还处于初步尝试的阶段，虽然

---

〔1〕刘志毅：《今日头条如何用算法打击“标题党”》，载《传媒》2017年第8期，第16页。

〔2〕参见《专家解读丨聚焦算法推荐乱象问题 构建算法安全治理体系》，载 https://www.cac.gov.cn/2022-01/04/c_1642894653080250.htm，最后访问日期：2025年5月1日。

〔3〕根据国家互联网信息办公室关于发布第一批至第十批深度合成服务算法备案信息的公告计算所得。

〔4〕参见冯向辉、李蝶：《算法嵌入公共治理的内在逻辑与风险规制》，载《哈尔滨工业大学学报（社会科学版）》2024年第4期，第49页。

在个人权益保障、公共风险防控以及技术监管等方面都已取得了明显成效，但相关法律政策的体系化、可操作性和实效性仍表现出不足，如规范依据欠缺、监管规范可操作性不足、用户维权成本较高等问题亟待完善。

1. 规范依据欠缺

总则式的专项立法能够在现阶段凝聚各方共识，确立基本制度框架，满足当下算法推荐治理迫切需要的同时还为未来算法推荐立法留足了发展空间。[1]然而，由于缺乏立法经验，我国相关规定分散在《个人信息保护法》《数据安全法》以及《网络安全法》等法律中，尚未形成总则式的专项立法，导致规范依据欠缺。其具体不足表现在以下两个方面：首先，立法层级较低导致制度化支撑不足。尽管有大量行政法规、部门规章出台，对个性化算法推荐的管理和风险防范等方面作出了初步规制，但这些法律政策的效力级别较低，无法为个性化算法推荐的制度化提供基础性支撑作用，[2]例如《互联网信息服务算法推荐管理规定》作为部门规章，仅能指导执法，缺乏强制约束力，也难以成为法院进行裁量时的依据。其次，分散立法导致监管重叠与真空。“政府机构内部往往存在‘监管竞争’，部门之间容易立足自身职能出台有关算法治理的法律文件”，[3]比如网信办主要负责互联网信息服务领域的算法推荐风险，而市场监管部门则关注算法推荐可能引发的垄断问题。但这种分散化、碎片化立法模式会使“算法的整个生命周期落入不同部门的监管范围内，这种多头监管的格局可能产生监管重叠或监管真空，不利于落实算法的可信控制”。[4]

2. 监管规范可操作性不足

为应对算法推荐技术的复杂性，《互联网信息服务算法推荐管理规定》提出了分级分类管理制度与备案审查，旨在既避免“一刀切”的高强度监管，为高风险技术领域划定红线，是实现安全与效率平衡的重要工具，确立了算法推荐技术治理的监管框架。然而，由于缺乏具体的操作细则，在实践中难以完全落地，具体表现为：首先，分级分类标准模糊导致风险匹配不足。《互

---

〔1〕 参见张凌寒：《中国人工智能立法需凝聚“总则式”立法共识》，载《探索与争鸣》2024年第10期，第12页。

〔2〕 参见张涛：《通过算法审计规制自动化决策以社会技术系统理论为视角》，载《中外法学》2024年第1期，第274页。

〔3〕 曲世闻、张本祥：《算法治理的实践发展与体系构建》，载《人民论坛（学术前沿）》2023年第3期，第109页。

〔4〕 曾雄、梁正、张辉：《欧美算法治理实践的新发展与我国算法综合治理框架的构建》，载《电子政务》2022年第7期，第71页。

联网信息服务算法推荐管理规定》只明确了舆论属性、社会动员能力、用户规模以及技术处理的数据重要程度等风险等级划分的参考因素，但缺乏具体的量化指标，易导致标准不统一，风险等级与类型评估不准确。其次，区分规制具体操作不明确导致规定形式化。第23条仅笼统地规定了对算法推荐服务提供者实施分级分类管理，但未提出切实可行的具体措施，可能导致高风险算法监管不足、低风险算法监管过度，造成监管资源浪费，无法达到预期效果。最后，备案审查提交材料缺乏权威性。在算法备案过程中由服务提供者自行准备自评估报告，无监督主体且未规定统一的报告内容与形式，易导致报告质量参差不齐、部分企业可能会为了逃避监管而隐瞒高风险技术，使备案形式化和流于表面；同时，对算法推荐技术进行自我评估需要一定的专业技术能力，大多数企业可能需要求助专业机构或专业人员，增加了企业合规成本，对中小型企业来说是较大的负担。

3. 用户维权成本较高

尽管我国对个性化算法推荐的个人权益保护采取了事前监管措施，但算法推荐系统具有复杂性、专业性和不确定性，仅仅依赖监管预防进行个人权益保护是远远不够的，现有的救济途径仅包括对自动化决策产生的个性化算法推荐技术服务而享有的拒绝权、质疑权以及申诉举报等少数渠道，导致用户事后维权困难和成本较高，具体表现为：首先，算法推荐侵权的举证责任倒置原则未法定化。《个人信息保护法》虽明确规定了当个人权益受到重大影响时有权要求个人信息处理者予以说明，但一旦进入司法程序，平台仍可以“谁主张，谁举证”的举证原则为由拒绝举证，在实践中，部分法院可能会依据案情适度减轻原告的举证责任或要求被告主动提供证据协助查明事实，但仍不足以有效维护用户作为“弱势群体”的合法权益，降低用户维权积极性。其次，诉讼成本与收益失衡。在用户与平台的算法推荐侵权案件中，通常损失金额较少，或涉及精神损害赔偿，损害难以量化，大多数用户可能会自认倒霉，即使原告积极维权，在诉讼过程中需投入大量时间和金钱，也会造成诉讼成本与收益失衡的后果，这与用户维权的本意相背离。

## 四、个性化算法推荐法律规制的优化与完善

“算法的价值非中立性也使其具备法律的可规制性”，[1]面对个性化算法

---

〔1〕 曲亮、张智敏、刘瑾：《人工智能算法技术异化研究框架的整合构建——“内涵特征—异化归因—算法治理”的逻辑视角》，载《科技管理研究》2023年第21期，第243页。

推荐技术带来的治理挑战，我国应提高立法效率，完善相关法律规范。针对上文列举的不足，本文将从优化宽严相济的多层次立法结构、完善分级分类联动的监管方案、明确备案主体和评估标准以及畅通司法救济通道四个方面提出切实可行的优化方案：

（一）优化宽严相济的多层次立法结构

我国目前针对算法推荐的法律规制呈现出“补丁式立法”的特征，为破解效力支撑不足和监管重叠或真空的难题，我国应以体系化思维重构立法结构，形成专项立法—行业细则—地方立法相协同的制度框架，既有法律可依，对于非原则性的不当行为也有部门规章、行业标准予以警告和兜底，软法硬法并存，在鼓励科技创新和风险治理问题上找到最优解。首先，制定专项法律。我国应尽快推出《算法推荐治理法》，在明确算法推荐治理的核心原则和权力义务边界的基础上，确立算法推荐全周期的管理要求，授权设立国家算法推荐治理委员会、算法推荐系统评估机构等专业部门。其次，完善行业细则的可操作性。行业细则可以作为《算法推荐治理法》的配套规则起到填补漏洞的作用。具体而言，一方面应制定算法评估、算法备案等相关内容的全流程行为指南，如申请条件、申请对象、需准备资料以及提供资料模板等内容，降低企业报备成本；另一方面，应根据行业发展趋势等现状及时完善行业标准，使其处于一个不断被调整的动态发展状态。最后，鼓励地方立法。各个地区可以根据其自身发展与优势行业发布地方性法规，及时响应《算法推荐治理法》所作出的原则性规定，在不突破法律规定义务边界的情况下自行灵活调整，如部分互联网经济发展较为缓慢的地区，可以制定鼓励性的放宽政策。

（二）完善分级分类联动的监管方案

以算法推荐的分级分类为起点，构建不同层次的算法推荐管理机制，具有承担起算法综合治理核心功能的价值与定位。[1]我们应先明确分级解决的是“怎么管”的问题，分类解决的是“管什么”的问题，在理解该制度核心逻辑——“风险准确评估，场景精准监管”的基础之上进行完善。首先，完善以算法工具性、自主性以及风险为导向的算法推荐分级机制。[2]由于算法

---

〔1〕 参见陈兵、董思琰：《分类分级治理算法的基本内涵及实践进路》，载《西安财经大学学报》2023年第6期，第70页。

〔2〕 参见许可：《驯服算法：算法治理的历史展开与当代体系》，载《华东政法大学学报》2022年第1期，第99页。

推荐规制之难题就在于其技术性的复杂性与黑箱性，故在算法推荐的评估阶段，我们可以只考虑算法本身的风险与复杂程度，而不考虑其应用场景，以算法的复杂性、可解释性以及透明性作为指标并进行风险评分，分数越高则代表风险越高，最终根据分数将算法分为复杂技术和简单技术两个级别。其次，构建结合算法推荐主要功能的场景化管理机制。将算法推荐技术的应用主要归于新闻推送、电子商务、社交媒体以及公共服务等几个场景，在此基础之上，将新闻推送、社交媒体归类于高风险场景，电子商务、公共服务归类于低风险场景。最后，制定分级分类联动的规制方案。总的来说，“对于自主性强和风险程度低的算法，鉴于其在数字经济发展和社会治理中的重要工具性价值，则应适当放松规制，以更具激励性、包容性的手段加以引导”，[1] 反之则应对其进行严格限制。具言之，在分级分类的基础之上，建立起四种不同的规制方案：其一，在“复杂技术+高风险场景”的情况下，实行“强制备案+第三方定期评估+加重平台责任”的规制模式。其二，在“复杂技术+低风险场景”的情况下，实行“强制备案+抽查评估+平台自律”的规制模式。其三，在“简单技术+高风险场景”的情况下，实行“重点信息备案+抽查评估+平台自律”的规制模式。其四，在”简单技术+低风险场景”的情况下，施行“抽查评估+平台自律+用户监督”的规制模式。

（三）明确备案主体和评估标准

现有算法推荐备案审查的不足主要在于主体不明确和不合理的评估制度，备案主体很可能会由于监管漏洞或备案成本较高而逃避监管。我们应从以下两个方面进行完善：首先，明确备案主体。由于现有规定所描述的备案主体没有明确的界定标准且无法涵盖所有高风险场景，故应当重新对其进行界定。可以借鉴上文所描述的分级分类管理制度进行明确的界定，符合“复杂技术+高风险场景”“复杂技术+低风险场景”“简单技术+高风险场景”三种标准的服务提供者必须主动进行备案。这样一来，备案主体不仅有明确的量化标准，而且所有高风险情况都被纳入其中。其次，建立自我评估+第三方认证的双轨评估机制。一方面，自我评估模式不仅可以降低企业成本，在评估的同时也是对技术风险进行排查的过程，具有一定的合理性，所以应予以保留；另一方面，为了弥补评估真实性和权威性不足的问题，部分企业有必要寻求第三方权威机构的认证，评估过后，可以选择在企业自我评估报告上盖章或重新

---

〔1〕黄新华、温永林：《算法规制的善治之道：缘起、挑战与路径》，载《东南学术》2023年第2期，第121页。

开具评估报告两种认证途径，且应降低收费，减少中小型企业的合规成本。

（四）畅通司法救济通道

我国个性化算法推荐治理的事前监管主要倾向于对侵害公共利益风险的防范，但在实践中仍有用户个人权益受损的情况出现，因此应对事后救济给予重视，对个人权益受损进行有效的司法救济。〔1〕首先，确立举证责任倒置原则。由于用户相较于算法推荐服务提供者处于劣势地位，且无法对算法的技术逻辑和运作流程完全了解，所以当用户主张权益受损时，只需要初步证明其损害事实即可，由平台在任何情况下承担无过错举证责任。但这样的规定可能会导致用户随意诉讼甚至是通过对方举证获取其算法核心技术代码的可能，所以应加重恶意诉讼主体的责任，承担举证成本的同时予以高额赔偿。其次，应鼓励公益组织作为民事公益诉讼的主体代为起诉。应将算法推荐侵权纳入公益诉讼范围，鼓励消费者保护协会、互联网协会等公益组织参与算法治理。一方面，公益组织通常拥有相关领域的专家，能更好地分析处理侵权案件中的复杂事实；另一方面，避免个人诉讼动力不足的同时还降低了用户的维权成本。

## 结　语

个性化算法推荐既是信息效率革命的推动者，也是社会权力重构的隐形推手。该技术的数据依赖性、非中立性及其权力属性为信息茧房、算法歧视、算法操纵以及算法黑箱等技术风险埋下了隐患。我国虽然已建立起“事前—事中—事后”“权益保障—风险防控—技术监管”的法律规制框架，但其规范依据欠缺、监管依据可操作性不足与用户维权成本较高等问题，仍然暴露出法律规制与技术迭代的深层张力。未来的规制路径需在技术理性与价值理性的平衡中寻求突破：其一，通过优化宽严相济的多层次立法结构为技术治理制度化提供效力支撑，改善立法碎片化不足；其二，完善分级分类联动的监管方案，实现精准施策；其三，明确备案主体和评估标准，依托第三方评估机构与动态备案流程破解算法黑箱，实现有效风险防范；其四，畅通司法救济通道，通过举证责任倒置以及公益诉讼制度构建维权最后防线。个性化算法推荐的法律规制是对数字文明秩序的重构，唯有将国家安全与个人权益置于技术效率之上，将公平正义的价值伦理嵌入技术逻辑之中，才能避免算法推荐沦为权力的工具，达成“以人为本”的共识，构建高效包容的数字社会。

〔1〕参见李文超、武一帆：《算法侵害行为的事前规制与侵权救济研究》，载《法律适用》2023年第3期，第126页。

# 刑事法论丛

# 认罪认罚案件证据开示的实践异化和规则修正 *

刘鲁晋 **

**摘要**：认罪认罚案件证据开示制度存在权力行使逻辑和权利保障逻辑两种逻辑，前者将证据开示作为促使被追诉人认罪认罚的手段，后者以保障被追诉人的知情权作为主要目的。然而规范期待秉持权利保障逻辑，实践样态异化为权力行使逻辑。规范与实践的逻辑背离蕴藏着被追诉人不明智认罪认罚、检察机关非法取证和法院难以发现非自愿认罪认罚的风险。逻辑异化的原因在于证据开示制度供给不足、量刑协商的提前秘密实现、检察机关当事人属性突出、不当开示行为缺乏有效的外部制约。对此应当坚持权利保障逻辑，在证据开示的主体、方式、范围、时间、程序、后果等方面进行规则修正以增强权利保障内核，通过强调检察机关客观中立义务、强化对检察机关的制约等方式制约权力行使逻辑，制约检察机关不当的开示行为。

**关键词**：认罪认罚；证据开示；权利保障逻辑；权力行使逻辑

## 一、问题的提出

证据开示，即一方向另一方展示与案件有关的证据材料，其主要目的在于保障辩方的知情权，实现控辩平等对抗，体现刑事诉讼中权利保障的价值。证据开示制度曾经是我国学界研究的重要面向，[1]研究成果以对抗式的司法

---

* 本文系中国刑事诉讼法学研究会“刑事诉讼法制完善”重点项目“认罪认罚案件证据开示制度研究”的研究成果，获江苏省刑事诉讼法学年会征文二等奖、中伦文德杯第三届东北地区卓越法治人才研究生创新论文优秀奖、西南政法大学举办的未法杯三等奖、第二十一届沈阳科学学术年会论文集——社会科学类二等奖。

** 作者简介：刘鲁晋（2001 年—），山西忻州人，辽宁大学硕士研究生，研究方向：刑事诉讼法。

〔1〕 代表性文献，参见龙宗智：《刑事诉讼中的证据开示制度研究（上）》，载《政法论坛》1998 年第 1 期，第 2~9 页；孙长永：《当事人主义刑事诉讼与证据开示》，载《法律科学（西北政法学院学报）》2000 年第 4 期，第 83 页；梁玉霞：《比较：刑事证据开示的基础》，载《法律科学（西北政法学院学报）》2001 年第 3 期，第 91~101 页；马贵翔：《刑事证据开示的程序设计》，载《政治与法律》2008 年第 5 期，第 139~143 页。

模式为背景。但是，自2012年《刑事诉讼法》规定辩护律师享有完整的阅卷权后，证据开示制度的讨论趋冷。随着认罪认罚从宽制度的推行，承担公诉职能的检察官在认罪认罚案件中事实上决定了案件的结局，呈现了所谓“检察官司法”的局面，这为如何防范冤假错案提出了新的挑战。在非认罪认罚程序中，辩护律师或法律援助律师可以通过阅卷权充分了解案情，但是在认罪认罚程序中，囿于值班律师的权利、动力、能力不足，阅卷权未能得到充分行使，证据开示制度对于保障被追诉人的知情权具有重要作用，再次受到学界关注。总体看来，学者们对构建认罪认罚案件中证据开示制度的必要性〔1〕、域外经验如何借鉴〔2〕等问题展开了充分的论证，但缺少对实践中各地证据开示制度运行现状的考察。证据开示制度在实践中与规范期待存在背离。基于此，笔者拟分析认罪认罚案件中证据开示制度的规范期待与实践样态，揭示诱发证据开示实践异化的原因，实现功能的复归，以期对认罪认罚案件的程序规制有所裨益。

## 二、认罪认罚案件中证据开示制度的两种逻辑

通过模式化的方式分析实践中证据开示的运行状况，可以发现存有两种逻辑，一种是权力行使逻辑，另一种是权利保障逻辑。两种逻辑相互对立，各自形塑的证据开示样态也大相径庭。

### （一）权力行使逻辑

认罪认罚案件中证据开示的权力行使逻辑，指的是检察机关将证据开示视为一种依职权行使的追诉性活动，而非对被追诉人的权利保障活动。〔3〕申言之，检察机关意图凭借向被追诉人展示证据，使其明白控方已掌握充足证据认定其有罪，促使被追诉人认罪认罚。

权力行使逻辑的产生，主要依托于检察机关对程序的工具价值和效率价值的追求。工具价值即检察机关希望通过程序发现积极意义上的实体真实，开示证据是使用证据说服被追诉人从而获得口供的一种有效手段。效率价值即在诉

〔1〕 参见鲍文强：《认罪认罚案件中的证据开示制度》，载《国家检察官学院学报》2020年第6期，第116页；李子龙：《认罪认罚从宽制度之证据开示规则形塑》，载《浙江工商大学学报》2022年第3期，第156页。

〔2〕 参见李昌盛、李艳飞：《比较法视野下认罪认罚案件证据开示制度之构建》，载《河北法学》2021年第9期，第58~74页。

〔3〕 参见陈子奇：《论认罪认罚案件证据开示的两种逻辑》，载《法律科学（西北政法大学学报）》2022年第4期，第169页。

讼中投入最小的司法资源以实现最大的诉讼成果，通过证据开示，检察机关将被追诉人不稳定的认罪认罚转变为稳定的认罪认罚，避免日后被追诉人反悔。

在权力行使逻辑的作用下，证据开示作为一种交涉策略，在实践中被用以引导被追诉人签署认罪认罚具结书，并保持认罪认罚的稳定性，而且证据开示的主体、范围、时间、条件等都由检察机关决定。首先，证据开示的启动与否完全由检察机关决定，当事人即便提出证据开示的请求，检察机关也可以根据案件情况裁量决定是否开示，如果检察机关拒绝开示，被追诉人没有救济的途径。其次，检察机关通常会选择开示对被追诉人不利的证据。再次，检察机关往往在讯问被追诉人时开示，或在被追诉人签署具结书的当天开示，开示后就要求被追诉人签署认罪认罚具结书。最后，在检察机关选择证据开示的案件中，被追诉人通常存有心理防线，不认罪或者对部分犯罪事实、量刑事实提出异议，检察院将证据开示作为突破被追诉人心理防线的手段。以霍州市人民检察院办理的屠某掩饰隐瞒犯罪所得案为例，被追诉人屠某对部分细节仍存有异议。对此，检察官决定向屠某出示部分证据，面对确凿的证据，屠某表示认罪认罚，最终签署了认罪认罚具结书。“通过证据开示，让犯罪嫌疑人明白即使不认罪公诉机关也有证据支撑，从而敦促犯罪嫌疑人放弃侥幸心理，自愿认罪认罚。”〔1〕此为权力行使逻辑下的证据开示制度之体现。

（二）权利保障逻辑

认罪认罚案件中证据开示的权利保障逻辑，指的是检察机关将证据开示视为一种保障被追诉人知情权的活动。不同于权力行使逻辑的功能在于促进认罪认罚的适用，保障知情权带来的结果一方面可能使被追诉人心悦诚服地认罪，另一方面也可能使被追诉人坚定地不认罪。

权利保障逻辑主要体现了程序的独立价值，使得与案件有利害关系的人可以获得有效影响诉讼结果的机会。通过参与证据开示，被追诉人能够了解案件情况，从而对所指控的事实、罪名、量刑建议提出意见。

权利保障逻辑下，保障被追诉人的知情权得以实现是证据开示的目的，开示证据是控方的义务，并且控方有责任全面展现整个案件的所有证据，不论对其指控立场有利还是无利。此外，证据开示应当在签署认罪认罚具结书前一段时间进行，以留给被追诉人一定时间考虑是否认罪认罚。目前一些地

〔1〕白洁：《霍州市检察院：证据开示让嫌疑人认罪认罚》，载 http://www.lfxww.com/huozhoushi/2620420.html，最后访问日期：2025 年 2 月 29 日。

区的制度探索可以体现权利保障精神，例如安新县对于认罪认罚的轻微案件全部适用证据开示制度，检察院进行证据开示时，会全面出示有关定罪量刑的各种证据，并且全程录音录像。安新县检察院表示证据开示制度弥补了特定案件被追诉人无法了解证据材料的问题。〔1〕

有观点认为两种逻辑并不相互排斥，就如同一项制度既可以体现工具价值也可以体现独立价值。这种观点其实是简单地将有利于促使被追诉人认罪认罚视为权力行使逻辑，将有利于保障被追诉人知情权视为权利保障逻辑。不可否认，权力行使逻辑也可以一定程度上使被追诉人知悉案卷情况，体现程序的独立价值。权利保障逻辑作用下被追诉人也可能更快速地认罪认罚，同样体现程序的工具价值。不同逻辑实质反映了工具价值与独立价值之间的不同优位性。在权利保障逻辑看来，诉讼效率的提高是完善证据开示制度的重要目的，然而，将其视为主要目的则是一种错误认识〔2〕，如此会使检察机关既要考量开示是否产生程序简化的收益，也要考量开示是否妨碍程序运作。那么，被追诉人将因检察机关不同程度的开示获得随机的证据信息，难以被保障完整的知情权。在同类危害程度相当的案件中，也可能因为信息量的差异而产生协商结果的差距。但在充分保障被追诉人知情权的基础上，权利保障逻辑并不排斥通过证据开示激励被追诉人认罪认罚，一项制度若能在实现主要价值的基础上发挥其他价值，自然应该得到推崇。

（三）应然逻辑选择

两种逻辑各有其存在的意义，但结合认罪认罚程序的正当性要求、功能追求以及域外证据开示制度的发展趋势，权利保障逻辑应成为证据开示制度的应然逻辑选择。

第一，权利保障逻辑与认罪认罚程序的正当性要求不谋而合。认罪认罚程序简化可能导致被追诉人权利的克减，权力行使逻辑带来的诉讼效率的提高并不能证成权利克减的正当性，认罪认罚程序的正当性应当来源于被追诉人有效同意，即认罪认罚的自愿性，自愿性需要建立在控辩双方所掌握信息对称的基础上。但被追诉人的调查取证能力受限，难以知悉诉讼信息，另外大量被追诉人并没有委托律师辩护，值班律师因为职责与权限、待遇的失衡，

〔1〕《让公平正义“看得见”安新县人民检察院探索建立证据开示制度》，载 https://mp.weixin.qq.com/s/xRLkp8lMtI9ClPO7ggZj-A，最后访问日期：2024 年 10 月 21 日。

〔2〕 陈瑞华：《认罪认罚从宽制度的若干争议问题》，载《中国法学（文摘）》2017 年第 1 期，第 35~52 页。

在实践中往往沦为“见证人”，仅提供临时性的法律帮助而不进行阅卷，这导致认罪认罚案件中的被追诉人知悉权尤其需要关照，权利保障逻辑契合认罪认罚从宽制度所需。

第二，权利保障逻辑有利于提高诉讼效率与办案质量。在调研的过程中发现，检察人员认为权利保障逻辑将使得程序繁琐，这与认罪认罚程序提高诉讼效率的目的相违背。但简化的诉讼程序本身并不必然带来诉讼效率的提升，如果被追诉人因为知情权并未得到保障，作出认罪认罚决定后不断地反悔甚至上诉，不仅会造成诉讼拖延，还会浪费司法资源。认罪认罚程序带来的效率提升应当取决于协商结果的确定性与稳定性。权利保障逻辑充分保障被追诉人知悉权，避免因为被追诉人认罪认罚态度的摇摆而影响效率，此外还可以引导检察人员发现缺漏的证据，从长远看提高了诉讼效率。

第三，域外证据开示制度同样迈向权利保障逻辑。证据开示制度最初发源于英美法系，目的在于避免控辩之间过度强调对抗而阻碍案件真相的发现。目前，美国大多数州采用全面且早期的证据开示，并且未来更早期全面的证据开示将成为趋势。〔1〕以纽约州为例，纽约州曾经采用部分开示的制度设计，并且是美国开示证据最少的州之一，〔2〕但是后续不断制定出更为早期全面的开示制度。2019 年修改后的《纽约州刑事诉讼法》第 245 条要求检察机关主动进行证据开示，〔3〕开示的证据几乎涵盖了所有证据类型，若后续发现新的证据，应当补充开示，〔4〕如果检察机关未开示部分或全部证据，被告人向法院提出后，法院将采取一定的补救措施，包括排除证据或者宣布审判无效，〔5〕通过审视条文内容，可以发现权利保障逻辑得到了贯彻。

此外，权利保障逻辑下的证据开示制度目的在于保障被追诉人的知情权，但是同为保障知情权的阅卷制度在我国已经得到较为完善的规定。如何厘清两者的关系，成为论证权利保障逻辑具有存在必要性所必须回答的问题。事实上，阅卷制度与证据开示制度二者相辅相成：

一方面，权利保障逻辑下的证据开示制度弥补了阅卷制度在认罪认罚场

---

〔1〕“Movement to Reform New York's Discovery Statute Faces a Familiar Foe: Prosecutors”, at https://theappeal.org/movement-to-reform-new-yorks-discovery-statute-faces-a-familiar-foe-prosecutors-4b2bd2f8ac/.

〔2〕Wayne R. LaFave et al., Criminal Procedure § 20.2 (b), n. 31 (2012).

〔3〕N. Y. Crim. Proc. Law § 245.20 (2019).

〔4〕N. Y. Crim. Proc. Law § 245.60 (2019).

〔5〕N. Y. Crim. Proc. Law § 245.80 (2019).

域的运行缺憾。证据开示制度在缓解值班律师怠于阅卷的危害之外，还解决被追诉人在认罪认罚程序中不能阅卷的窘境。阅卷权被学界视为被追诉人的权利，但是该权利一直由辩护律师行使，权利保障逻辑则将知悉案卷的权利行使转移给了被追诉人。以往学界一直对被追诉人阅卷制度的探讨讳莫如深[1]，理由在于被追诉人的“言词证据提供者”角色更为突出。如果被追诉人阅卷，可能推翻原有供述，做出虚假陈述，打击报复证人，或是唆使证人改变证言。[2]即使被追诉人不了解证据材料，也有法官积极查明案件真相，但在认罪认罚程序中，被追诉人主体身份应当发生转变、主体地位应当得到增强，主要在于：其一，在刑事诉讼第三范式中，有中立的裁判者审查制约控方的行为，但是进入第四范式后，控辩双方的协商结果事实上直接影响案件结果，为防止检察机关倚仗强大的力量使双方之间的“协商”转变为单方的“屈从”，被追诉人的地位与话语权应当得到增强。其二，法律赋予被追诉人更多的诉讼权利，如认罪认罚权、反悔权、程序选择权、保障认罪认罚自愿性不受影响的权利。其三，2021年《人民检察院办理认罪认罚案件开展量刑建议工作的指导意见》(以下简称《量刑建议指导意见》）第25条规定，被追诉人在量刑协商过程中可以针对量刑建议提出不同意见或是提交证据材料，该条文从协商过程层面也提高了其主体地位。因此被追诉人主体身份已经转变为“主动协商参与者”，被追诉人应当有权直接了解证据材料，证据开示制度改变了被追诉人不能直接阅卷的现状，适应了认罪认罚程序的需要。

另一方面，阅卷制度仍然是我国刑事诉讼程序中辩方了解案情的主要手段。阅卷制度更契合职权主义诉讼模式，在全案移送的背景下，通过阅卷了解案件材料不必担心检察机关隐匿部分证据，也不必受制于特定的时间，部分国家仍主要采用阅卷的方式保障被追诉人知情权，这也可以印证阅卷制度的优越性。此外，我国阅卷制度发展较为完善，与其他的诉讼制度相适应，并且多样化的阅卷方式不断涌现，如电子阅卷，这更方便律师查阅、摘抄、复制案卷材料。如果被追诉人有辩护律师或有法律援助辩护律师提供辩护，已有的阅卷、会见等较为成熟的制度可以更充分保障被追诉人的知悉权实现。目前许多国家采用律师为主、被追诉人为补充的阅卷方式，我国也可以构建律师阅卷为主、不阅卷情况下向被追诉人开示证据为补充的保障知悉权制度

---

〔1〕 梁玉霞、岳静：《论被追诉人享有阅卷权的必要性及程序设计》，载《政法学刊》2017年第4期，第41页。

〔2〕 陈瑞华：《论被告人的阅卷权》，载《当代法学》2013年第3期，第132页。

体系。

## 三、规范期待与实践样态的述评

### （一）规范期待与实践样态的逻辑背离

在 2019 年《关于适用认罪认罚从宽制度的指导意见》（以下简称《指导意见》）提出要探索证据开示制度后，各地纷纷出台相关法规加以推行。基于对各省市出台规范性文件的分析、司法案例的释明，可以实现对证据开示制度运行现状的深度检视。具体而言，在规范层面上，在北大法宝以“证据开示”“认罪认罚”为关键词进行检索并经过筛选，统计各省市确定证据开示制度的地方性文件内容如下：

**表 1　规定证据开示制度的地方性文件汇总表**

| 序号 | 省市名称 | 文件名称 | 有关证据开示的规定 | 落脚点 |
| --- | --- | --- | --- | --- |
| 1 | 河南省 | 《关于适用认罪认罚从宽制度的实施细则》 | 第 31 条：证据开示。人民检察院可以针对案件具体情况，探索证据开示制度，在诉前与犯罪嫌疑人、辩护人或者值班律师沟通，将与案件指控事实相关的证据进行简化集中展示，增强犯罪嫌疑人对认罪认罚结果的预测性，保障犯罪嫌疑人的知情权和认罪认罚的真实性及自愿性。 | 保障犯罪嫌疑人的知情权和认罪认罚的真实性及自愿性 |
| 2 | 湖北省 | 《关于适用认罪认罚从宽制度实施细则（试行）》 | 第 46 条：人民检察院可以针对案件具体情况，探索证据开示制度，保障犯罪嫌疑人的知情权和认罪认罚的真实性及自愿性。 | 保障犯罪嫌疑人的知情权和认罪认罚的真实性及自愿性 |
| 3 | 广东省 | 《广州市检察机关捕诉部门适用认罪认罚从宽制度办案指引（试行）》 | 第 17 条：犯罪嫌疑人认罪认罚，可以在辩护人或者值班律师的见证下，向犯罪嫌疑人开示证据。 | 保障犯罪嫌疑人认罪认罚的自愿性和真实性 |
| 4 | 山东省 | 《关于适用认罪认罚从宽制度办理刑事案件的实施细则（试行）》 | 第 33 条：人民检察院可以针对案件具体情况，探索证据开示制度，在诉前与犯罪嫌疑人、辩护人或者值班律师沟通，将与案件指控事 | 保障犯罪嫌疑人的知情权和认罪认罚的真实性及自愿性 |

续表

| 序号 | 省市名称 | 文件名称 | 有关证据开示的规定 | 落脚点 |
| --- | --- | --- | --- | --- |
| | | | 实相关的证据进行简化并集中展示，增强犯罪嫌疑人对认罪认罚结果的预测性，保障犯罪嫌疑人的知情权和认罪认罚的真实性及自愿性。 | |
| 5 | 广西壮族自治区 | 《关于适用认罪认罚从宽制度的实施细则（试行）》 | 第41条：人民检察院可以针对案件具体情况，探索证据开示制度，在诉前与犯罪嫌疑人、辩护人或者值班律师沟通，将与案件指控事实相关的证据进行集中展示，增强犯罪嫌疑人的知情权和认罪认罚的真实性及自愿性。 | 保障犯罪嫌疑人的知情权和认罪认罚的真实性及自愿性 |
| 6 | 黑龙江省 | 《关于适用认罪认罚从宽制度办理刑事案件实施细则》 | 第31条：人民检察院可以针对案件具体情况，由辩护人、值班律师在场，进行证据开示，在诉前与犯罪嫌疑人、辩护人、值班律师交换案件事实、证据意见，增强犯罪嫌疑人认罪认罚的积极性、主动性，保障犯罪嫌疑人认罪认罚的知情权、参与权，保证认罪认罚的真实性、自愿性。 | 保障犯罪嫌疑人认罪认罚的知情权、参与权，保证认罪认罚的真实性、自愿性 |
| 7 | 江苏省 | 《江苏省检察机关办理认罪认罚刑事案件工作办案指引（试行）》 | 第27条：人民检察院审查认为案件事实清楚，证据确实充分，符合起诉条件，犯罪嫌疑人可能认罪认罚，但对犯罪事实和量刑建议存在疑问的，在提起公诉前，可以进行证据开示。 | 促进认罪认罚的适用 |

审视不同地方性文件的具体内容时，可以明显观察到一个共通之处，即它们普遍采用权利保障逻辑，将“强化被追诉人的知情权保护”设定为证据开示制度的落脚点。

在实践层面上，少部分案例中的证据开示秉持着权利保障逻辑。例如，在孙某某等三人非法占用农用地案中，有一名犯罪嫌疑人对涉案林地鉴定面积提出异议，检察官为确保认罪认罚的自愿性、真实性，进行现场勘验，采用证据开示的方法，解释了测算的范围与依据，并释法说理。在全面知悉相关案情后，三位涉案嫌疑人均表达了自愿认罪并接受处罚的意愿，并签署了认罪认罚具结书。[1]部分检察机关还在证据开示过程中倡导不得隐瞒不利于被追诉人的有关事项。但是，实践中大多数证据开示采用权力行使逻辑，例如在南京市鼓楼区人民检察院发布的首例证据开示案件——张某某盗窃案中，张某某始终辩解自己处于醉酒状态，针对张某某的辩解，检察官通过出示监控视频等关键证据破除其侥幸心理。[2]在上海市人民检察院发布的2021年网络犯罪典型案例——牟某某、姚某某等14人诈骗案中，检察机关通过部分出示证据逐一击破被追诉人的心理防线。[3]还有一些地区的检察院通过证据开示获取被追诉人的口供，以查清被追诉人更多犯罪事实。例如在北京市人民检察院办理的赵某某诈骗案中，赵某某以涉嫌诈骗张某80万元款项被立案调查，而检察机关通过审查资金流向的证据，认定赵某某涉嫌诈骗金额不止80万元，在进行适度的证据开示与释法说理后，赵某某供认还存有诈骗其他5名老人的犯罪行为。[4]此外，在北大法宝以“证据开示”为关键词对全文内容进行检索呈现的8份刑事案例报道[5]，以及各地的媒体报道[6]也均体现了权力行使逻辑。一些基层检察官对适用认罪认罚证据开示的认知也显露出证据开示是促使被追诉人认罪认罚工具的思维模式。有检察官持有这样的观点，通过展示证据，旨在揭示犯罪嫌疑人行为的违法本质，促使其意识到自

---

[1]《福建省检察院发布首批适用认罪认罚从宽制度典型案例》，载https://www.pkulaw.com/lar/3015a47249e0cbe0a542c088c5280df8bdfb.html?keyword=%E8%AF%81%E6%8D%AE%E5%BC%80%E7%A4%BA%20%E8%AE%A4%E7%BD%AA%E8%AE%A4%E7%BD%9A&way=listView，最后访问日期：2024年4月9日。

[2]《证据开示，鼓楼检察这样让她自愿认罪认罚》，载https://mp.weixin.qq.com/s/bbgM3c3FEgX8Mfsnuqprmg，最后访问日期：2024年10月15日。

[3]《上海市人民检察院发布2021年网络犯罪检察十大典型案例》，载https://www.pkulaw.com/lar/2109bd2b5d98ba4fc6f7a6e00a5ecc10bdfb.html?keyword=上海市检察院 2021年网络犯罪&way=listView，最后访问日期：2024年10月12日。

[4]《北京市人民检察院发布6起打击整治养老诈骗犯罪典型案例》，载https://www.pkulaw.com/pal/a3ecfd5d734f711d87ded7baf71b74c586ff31d9017f5945bdfb.html?tiao=1&keyword=证据开示，最后访问日期：2024年11月19日。

[5] 这些案例报道分别是《最高人民检察院发布5起检察机关依法妥善办理轻伤害案件典型案例》《最高人民检察院发布6起依法惩治妨害国（边）境管理犯罪典型案例》《最高人民检察院发布7起检察机关依法追诉诈骗犯罪典型案例》《北京市人民检察院发布5起打击治理洗钱犯罪典型案例》《北京市监察委员会、北京市人民检察院联合发布5起行贿犯罪典型案例》《安徽省人民检察院发布6件涉军维权典型案例》《北京市人民检察院发布10起打击治理电信网络诈骗犯罪典型案例》《北京市海淀区人民检察院发布12起网络科技犯罪典型案例》。

[6] 代表性案例，参见白洁：《霍州市检察院：证据开示让嫌疑人认罪认罚》，载http://www.lfxww.com/huozhoushi/2620420.html，最后访问日期：2024年2月29日；高关、陈颖智：《证据开示力促犯罪嫌疑人认罪认罚》，载《慈溪日报》2020年6月3日。

身行为对社会造成的危害性，进而诚心悔悟，并积极面对司法机关的裁判结果。〔1〕

（二）逻辑背离的隐患

权力行使逻辑在提升认罪认罚适用率方面的效果是不可否认的，但是也不可避免地会带来以下三个方面的隐患。

第一，增加被追诉人非明智认罪认罚的可能。虽然在假定的理想状态下，被追诉人不会作出不利于自己的决定，但是被追诉人可能因为存在记忆障碍、案发时处于醉酒状态，或不知晓犯罪构成、出罪事由，抑或处于羁押状态，身陷心理强制环境，受片面开示证据的影响，认定自己有罪，也可能因为控方隐瞒有利于被追诉人的证据，仅开示不利的证据，使得被追诉人产生错误的量刑预期而不理智认罪认罚。

有观点认为审查起诉阶段被追诉人的认罪认罚并不具有终局性，权力行使逻辑并不会产生如此大的危害。此种观点建立在审判阶段法院仍然会帮助被追诉人全面感知案件全貌的前提下，但在认罪认罚程序中，由于法庭调查、法庭辩论的程序简化或省略，庭审中几乎不涉及证据信息，这就意味着被追诉人仍然无法通过完整的程序改变非自愿认罪认罚意愿。

第二，增加检察机关非法取证的风险。被追诉人认罪认罚将为检察机关提供最为关键的口供，减轻检察机关的办案负担。如果检察机关在已掌握证据并不充分的情况下，为了获取被追诉人的口供，在证据开示时仅开示不利证据进行引导，并且辅之以认罪认罚将宽大处理的说理，促使被追诉人认罪认罚，此时的权力行使逻辑就带有欺骗、引诱的属性。

第三，加大法院发现非自愿认罪认罚的难度。证据开示表现为让被追诉人掌握更多信息，缩小控辩双方对案情掌握程度的差距。法律并没有要求法官进行认罪认罚自愿性的实质性审查，认罪认罚案件庭审流程简化，促使法官以直觉思维决策〔2〕，法官可能会凭借检察机关开展证据开示工作，就相信检察机关已经切实保障了被追诉人的知情权，被追诉人自愿认罪认罚。但是如果证据开示本身存在瑕疵，导致被追诉人作出非自愿的决定，认罪认罚的非自愿性会被“平等协商”的外观掩藏，更难以被发掘。

综上，可以得出认罪认罚案件中证据开示的运行逻辑在规范期待和实践样态两部分存在偏差。权利保障逻辑体现程序的独立价值，奠定认罪认罚正

〔1〕参见范小云：《认罪认罚案件证据开示制度内容及方式》，载《检察日报》2020年7月30日。

〔2〕参见李安：《司法过程的直觉及其偏差控制》，载《中国社会科学》2013年第5期，第148页。

当性基础，应当得到贯彻，但是权力行使逻辑在实践中占据主导地位，成为抑制权利保障逻辑发展的瓶颈，与此同时也带来了一系列负面风险。证据开示出现逻辑背离的窘境，亟待反思。

## 四、实践中证据开示制度的异化归因

从权力行使逻辑和权利保障逻辑的价值理念观察，权力行使逻辑能得到检察机关青睐，一方面在于实现对诉讼效率的过度追求；另一方面在于强调程序的工具价值，通过诉讼程序以查明案件真相。笔者认为产生此种现象的原因，可以从以下几个方面理解：

### （一）证据开示制度供给不足

在辩方获取证据信息的路径选择上，证据开示制度契合当事人主义，阅卷制度契合职权主义。我国并未采用当事人主义诉讼模式，将证据开示制度嵌入我国认罪认罚程序，需要关照本土资源特性和职权主义的属性，而不能全盘接受。诚然，《指导意见》第 29 条的宣示性规定赋予了各地结合本地诉讼资源灵活落实证据开示制度的权力，但针对“舶来”制度，权力下放易出现地方性规则的随意性，从而影响法秩序的统一性，尤其在上层司法解释内部存在看似冲突的情形下。例如，虽然《指导意见》第 29 条呈现出权利保障逻辑，但是 2021 年《量刑建议指导意见》第 26 条仅凭字面意思似乎将证据开示转向职权行使逻辑。[1]正如上文所言，权利保障逻辑并不排斥对效率的追求，因此《量刑建议指导意见》第 26 条需在已保障被追诉人知情权的前提下加以理解，并非立法者将证据开示制度主要功能从保障知情权转为促进认罪认罚。但正是现行立法对证据开示制度的缺乏使基层司法机关在立法认识上存在分歧，执行规定呈现随意性和选择性。对此，秉持权利保障逻辑应当成为细化证据开示制度的方向。

### （二）量刑协商的提前秘密实现

笔者在 L 省 S 市的 4 所基层人民检察院的调研中得知，虽然有地方性法规将量刑协商规定为独立的环节，并且要求全过程录音录像，但在实践中，量刑协商并不具有独立性，控辩之间真正的协商实际被嵌入同步录音录像之前的讯问犯罪嫌疑人环节，产生这一现象的主要原因是法律并没有将认罪认

---

〔1〕《人民检察院办理认罪认罚案件开展量刑建议工作的指导意见》第 26 条第 1 款规定：“人民检察院在听取意见的过程中，必要时可以通过出示、宣读、播放等方式向犯罪嫌疑人开示或部分开示影响定罪量刑的主要证据材料，说明证据证明的内容，促使犯罪嫌疑人认罪认罚。”

罚程序作为一个独立的程序，而是附着在原有的普通、简易、速裁程序中。[1]另外，“量刑协商”目前主要以“听取意见”的方式进行，《刑事诉讼法》第173条第1款总括性地规定检察机关应当讯问犯罪嫌疑人，第2款具体规定犯罪嫌疑人认罪认罚的，检察机关应当听取犯罪嫌疑人的意见。结合这两款可以得出，检察机关可以在讯问过程中听取犯罪嫌疑人意见。量刑协商的嵌入讯问环节，将导致两种证据开示异化的可能。其一，讯问环节控辩双方已经对如何定罪量刑达成一致意见，被追诉人没有在讯问结束后申请证据开示的必要。讯问环节之后的证据开示将成为检察机关预防被追诉人反悔或者强化被追诉人认罪认罚意愿的工具。其二，讯问环节中检察机关为了与被追诉人达成一致意见，可能会进行证据开示。但是讯问过程带有刑事追诉色彩，加之律师在场权阙如，控辩之间的地位不对等，双方获取的信息不对称，检察机关的证据开示很容易演化为只开示不利于被追诉人的证据。例如在安徽省人民检察院发布的涉军维权典型案例——张某某过失损害军事通信权案中，承办检察官就在讯问中向犯罪嫌疑人开示不利证据，向其说明可以认定其构成犯罪的依据与行为的危害。[2]针对以上两种结果，首先，应当尽可能使证据开示提前至讯问之前，以避免在讯问环节证据开示。其次，倘若讯问前未能进行证据开示，讯问环节控辩双方完成了量刑协商，讯问结束后，检察机关应当主动进行一次完整的开示，此时开示带有权利保障属性，防止被追诉人在讯问阶段见到不利于自己的证据而被动达成量刑协议。

（三）检察机关的当事人属性突出

检察机关应当既承担控诉职能，同时作为法律监督机关，又担负着客观公正义务。但是在实践中，检察机关的当事人属性突出，表现为办案过程积极追求定罪结果。这一现象成因有二：一是绩效考评机制的影响。虽然新一轮检察业务考评机制改革精简了大量考核指标，淡化了指标通报、评比的功能，但是在具体指标上，仍有许多指标聚焦于案件结果，例如“捕后不诉”“无罪判决”等还充当重要考核指标，检察人员想要“立功”也通常以攻破要案等作为评价标准，在竞争性考评的作用下，检察机关会努力使排名靠前。并且，不同机关的考核指标也在相互作用，尽管检察机关对考核指标做出了

〔1〕参见贾志强：《从嵌入式的“听取意见”到独立式的“量刑协商”：我国量刑协商程序模式的反思与重塑》，载《当代法学》2023年第5期，第131页。

〔2〕《安徽检察机关依法惩治危害国防利益、侵犯军人军属合法权益犯罪典型案例》，载 https://www.pkulaw.com/pal/a3ecfd5d734f711d1d381b0c8110d1e12f270902839e016dbdfb.html? tiao=1&keyword=安徽检察机关依法惩治危害国防利益，最后访问日期：2024年12月7日。

精减，但公安机关、法院并没有做出对应调整，公安机关仍然将批捕率、起诉率等作为重要指标，检察机关在审查起诉阶段仍然会受公安机关考核标准的影响。二是检察官职业伦理规范尚不完善。证据开示是检察官承担客观公正义务的体现，但不同于英美各国将证据开示明确列为检察官的行动准则，〔1〕我国的《检察官法》并未将其明确，此外法律中确定的检察官职业道德也仅是指引性规范，并不具有强制力。

（四）不当开示行为缺乏有效的外部制约

缺少外部制约可从以下两个方面理解：一方面，控辩双方调查取证能力整体存在差距，辩方难以发现检察机关的不当开示行为。辩护律师拥有阅卷权，但我国的律师辩护率常年维持在20%~30%之间，总占比非常低〔2〕，辩护率低下、阅卷权难以有效实现，这也代表控辩之间的协商主要在检控方与被追诉人之间进行。被追诉人缺乏专业的法律知识和应对协商性司法的经验，协商能力较低。值班律师是加强被追诉人协商能力的关键，了解案件情况是提供有效法律帮助的前提。但是权利、工作条件的受限和待遇的不足难以支撑值班律师充分了解案情，比如值班律师只能“查阅”，而不能“摘抄”“复制”，这意味着值班律师难以深入分析案件，也难以携带案卷的复制材料与被追诉人展开讨论掌握更多情况。〔3〕部分公安司法机关在权利告知书中未写入有关值班律师的内容，影响值班律师的介入。另外笔者在调研中发现，一名值班律师半日需要办理数十宗案件却只获得200元左右的补贴，这易造成值班律师无充足动力阅卷。在律师对案件未能充分了解的情况下，律师自然无法对检察院的开示行为提出意见，无法制约检察院的不当开示行为。另一方面，法院对被追诉人认罪认罚自愿性审查的力度也稍弱，无法限制检察机关的不当开示行为。最高人民法院《关于适用〈中华人民共和国刑事诉讼法〉的解释》仅规定通过程序性审查判断自愿性，但是程序性合法并不能倒推认罪认罚自愿性。《指导意见》规定对主观要件、程序要件等进行综合审查，但是对主观要件的验证方法缺乏规定。另外，审查过程的仓促、审查方式的简

〔1〕 American Bar Association（ABA）Model Rules of Professional Conduct § 3.8（d）（2011）；齐树洁主编：《英国证据法》（第2版），厦门大学出版社2014年版，第271页；The New South Wales Barrister's Rule（1987，amended at 2008）.

〔2〕 参见陈光中：《〈刑事诉讼法〉再修改中辩护制度的完善》，载《河北学刊》2024年第3期，第1页。

〔3〕 参见刘玲胜军：《认罪认罚案件的风险反制与证据开示》，载《广西社会科学》2023年第2期，第115页。

单，也限制了法官对检察机关审前行为进行制约。

## 五、认罪认罚案件中证据开示制度的规则修正

如前所述，认罪认罚案件证据开示制度的适用暴露出权力行使与权利保障的二元冲突，上述问题与证据开示制度供给不足、量刑协商的提前秘密实现、检察机关的当事人属性突出和不当开示行为缺乏有效的外部制约不无关系。基于此，为实现证据开示制度所欲实现的理想图景，坚持权利保障为主导，可以从强化权利保障逻辑和抑制权力行使逻辑两条路径入手。

### （一）强化权利保障逻辑

制度供给不足客观上为证据开示的异化创造条件，量刑协商的提前秘密实现使得权利保障逻辑主观上没有存在必要。为修正证据开示异化的现象，应当将证据开示制度进行具体规定，并且突出权利保障逻辑。具体规则涉及证据开示的主体、证据开示的方式、证据开示的范围、证据开示的时间、证据开示的程序、违反证据开示制度的后果等方面。

#### 1. 证据开示的主体仅限于检察机关

在证据开示的主体上，学界有两种观点，一种是控辩双方双向开示，另一种是仅控方开示证据。持有控辩双方都应当开示观点的学者，主要基于更快查清案件事实，提高检察机关证据开示的积极性〔1〕、辩方调查取证能力得到增强〔2〕等方面论证，但是以上理由均不充分。首先，前两方面体现了权利保障逻辑的意旨，权利保障逻辑主要目的是保障知情权，控方应当在满足主要目的的前提下追求效率。其次，辩方调查取证能力增强的观点仅是孤立地从历史角度纵向考量辩方取证能力，而没有置于协商式司法体系中与控方横向比较，认罪认罚程序应当致力于追求协商地位平等。在美国等国家也并非辩方负有完全的开示义务，在采用“封闭案卷”模式的州，辩方仅开示不在犯罪现场等方面的证据。〔3〕对此，《刑事诉讼法》第42条已经规定辩护人需要将被追诉人无罪证据及时告知公安机关和检察院，因此没有必要规定辩方在证据开示环节开示证据。笔者认为，证据开示制度应当是控方向检察机关

〔1〕 林战波、贾文琴：《认罪认罚证据开示把握的原则及具体操作》，载《检察日报》2020年7月2日。

〔2〕 参见韩旭：《认罪认罚从宽制度中证据开示制度的构建》，载《甘肃社会科学》2023年第3期，第116页。

〔3〕 参见李昌盛、李艳飞：《比较法视野下认罪认罚案件证据开示制度之构建》，载《河北法学》2021年第9期，第62页。

的单向开示。在我国证据开示的主体应当仅为以检察官为核心的控方。

2. 主动证据开示为原则

我国证据开示应当以检察机关主动开示为原则。理由在于：其一，主动开示是检察机关承担客观义务的体现，也是权利保障逻辑的要求。其二，当犯罪事实清楚，证据确实充分时，主动开示有利于激励被追诉人认罪认罚，提高诉讼效率；当证据存在瑕疵时，主动开示证据有利于检察机关发现缺漏，提高案件质量。其三，主动开示能避免检察机关在被追诉人请求证据开示时以加重处罚相威胁。其四，从比较法而言，采用证据开示的国家几乎均规定主动开示是控方的义务。

主动证据开示也存在例外，如果所有案件都进行证据开示，可能会一定程度上影响诉讼效率。美国的检察官就曾表示证据开示制度对司法系统造成了不必要的负担。[1]鉴于我国存在较为完善的阅卷制度，且随着辩护全覆盖的推进，在大量刑事案件中被追诉人都有委托律师或法律援助律师提供辩护，如果这些律师已经进行全面的阅卷并且与被追诉人核实有关证据材料，经与检察机关沟通，检察机关可以不再进行证据开示。需要注意的是，不能因为被追诉人已经在讯问环节与检察官达成协商合意，检察官就可以简化证据开示环节。在权利保障逻辑下，证据开示对于已经认罪认罚的被追诉人的作用在于提供检视案件证据材料的机会，避免屈从性自愿。

3. 全面开示原则下的证据三分

在权力行使逻辑下，检察机关开示的证据范围取决于其谈判策略。而在权利保障逻辑下，检察机关应坚持全面开示，即控方无需先行研判证据的可能效用，将证据全部开示于辩方。我国应当倡导全面证据开示的原则。尽管笔者倡导全面证据开示原则，但考虑到程序公正与实体公正之间有时存在矛盾，特别是当公布同案犯供述、证人证言，被追诉人存在攻守同盟、阻碍真相发现的风险时，可以免除控方的开示义务，或者对证据进行技术性处理后开示。另外，考虑到保护国家秘密、社会公共利益，对于涉及国家机密、商业秘密的证据也应当限制开示。因此，可以根据开示影响程序顺利进行的危险程度和侵害法益的大小，将证据分为直接开示、处理后开示和不予开示三类。

其一，实物证据和犯罪嫌疑人自身的供述和辩解可以直接开示。实物证据如物证、书证、勘验笔录，或形成于案发过程中，或属于案发现场的记载，

---

〔1〕 Ashley Southall, Jan Ransom, "Once as Pro-prosecution as Any Red State, New York Makes a Big Shift on Trials", at https://www.nytimes.com/2019/05/02/ nyregion/prosecutors-evidence-turned-over.html.

其客观性、稳定性较强，开示的危险性较低。犯罪嫌疑人的供述和辩解因为是自己作出的，也不具有开示的危险性。其二，其他言词证据属于可以处理后开示的证据。言词证据的主观性强，可能受外界影响作出不同的判断。直接开示言词证据全部信息，可能带来威胁、恐吓证人，收买鉴定人，与同案犯、证人达成攻守同盟等一系列风险，因此控方在开示此类证据时应当慎重。控方可以在个案评估风险性之后对言词证据中的部分信息进行技术性处理再向被追诉人开示。其三，以上证据如果无法进行技术性处理或者涉及国家秘密、商业利益，应当属于不予以开示的证据。

4. 灵活调整证据开示时间

笔者在调研过程中发现证据开示被规定于讯问之后的录音录像环节。但是证据何时开示，应当具有一定的灵活性，原因在于：其一，被追诉人在诉讼过程中，随时可能产生认罪认罚意愿，控辩双方的量刑协商也往往提前实现，证据开示主要服务于被追诉人认罪认罚与控辩双方量刑协商，所以应当尽可能在辩方产生认罪认罚意愿或控辩双方展开量刑协商之前完成。其二，证据并非在案件进入审查起诉阶段就必然收集固定完毕。在后续仍然存在被补充的可能性。

《指导意见》将探索证据开示的主体限定为检察机关，所以证据开示主要发生于审查起诉阶段。可以根据被追诉人产生认罪认罚意愿的时间，将开示的时间细分为三个阶段：其一，案件进入审查起诉阶段，检察机关就组织证据开示。这种情况发生于被追诉人在侦查阶段认罪认罚。根据笔者的调研，犯罪嫌疑人在侦查终结时的认罪率可达到90%，所以第一种情况也是最为常见的。在理想情况下，证据开示应当开始于被追诉人产生认罪认罚意愿，但是因为侦查阶段证据收集的不完备性与侦查秘密原则，不宜将证据展示给犯罪嫌疑人。因此，案件进入审查起诉阶段，检察机关初步审核案卷材料，在起诉意见书中得知犯罪嫌疑人认罪认罚后，应当立即在值班律师或辩护律师、犯罪嫌疑人均在场的情况下组织证据开示。如果控方将证据开示的时间推迟于讯问之后，很可能发生在讯问环节辩方在“信息封锁”情况下因威胁、引诱、欺骗控方达成协商一致的情况。其二，在审查起诉阶段讯问犯罪嫌疑人结束后，检察机关及时组织进行证据开示。这种情况产生于被追诉人在讯问过程中认罪认罚。基于讯问阶段律师无法介入的现状，证据开示只能在讯问结束后进行。其三，在讯问结束后，检察机关进行证据开示。在审查起诉阶段讯问犯罪嫌疑人结束后，犯罪嫌疑人产生认罪认罚意愿，检察机关应当在得知意愿后立即进行证据开示。

不论上述何种情况，应当保证最后一次证据开示结束到组织签署认罪认罚具结书之间留有一段时间供被追诉人评估证据。美国纽约州具体预留的时间依照被追诉人所面临的指控罪行性质：如果面临重罪指控，检察机关应当在认罪协议期限届满前 3 日履行证据开示义务；如果面临非重罪指控，检察机关应当在 7 日前履行证据开示义务。[1]当前我国可参考美国纽约州上述经验，在向被追诉人开示证据后，根据案件的复杂程度，至少应当预留出 3 天的考虑期限，期限届满与被追诉人签署具结书。还需要注意，如果在审查起诉阶段首次证据开示结束后，出现新的证据，检察机关应当将新的证据专门进行开示。

5. 明确开示操作机制

检察官在向被追诉人开示证据时，应当以充分保障被追诉人知情权为主，在此基础上可以兼顾效率。首先，检察机关应当确保开示时被追诉人及其辩护律师或值班律师均在场。律师在场一方面可以帮助被追诉人梳理证据之间的关系，提高开示的效率；另一方面可以监督检察机关是否存在不当开示的行为。其次，应当制作《证据开示一览表》交由被追诉人及律师查看。《证据开示一览表》中的证据应当按照证据的作用大小、证据之间的关系加以排列，而不能机械式地根据证据种类罗列。对于其中将要展示的证据予以注明，对不进行展示的证据需要标注理由。再次，在展示证据时，关键证据优先出示，其他较为次要的证据就可以简要出示，如果有关联证据，还应当同时出示，以避免耽误开示进程。言词证据如可能影响证人、鉴定人安全的证人证言、鉴定意见等可作匿名化处理，但是证据的证明目的需要注明。开示过程中，如果被追诉人存有疑问，检察机关应当承担释明义务。最后，为了提高开示的效率、解决开示的场所等方面的难题，深圳等地的检察院借助“智慧检务”系统进行开示，其他各地检察机关也可以尝试远程示证。

6. 设置不当开示的后果

对于检察机关而言，权利保障逻辑下的证据开示具有义务属性，证据开示将会为检察机关带来许多负担，包括但不限于投入更多精力编制证据开示清单，肩负更大的协商难度等，检察机关缺乏开示证据的积极性。只有设置违反证据开示制度的不利后果，检察机关才具有开展证据开示的主动性。由于发现不当开示行为的阶段不同，未开示证据的作用不同，不开示证据的后

[1] N. Y. Crim. Proc. Law § 245. 25 (2019).

果也应当有所不同。如果未能开示科学证据，例如现场的DNA比对不一致等，这对被追诉人是否认罪认罚有决定性作用，此时法院应当转为普通程序审理。如果未能开示对认罪认罚影响较小的证据，法院没有必要直接转为普通程序而否认认罪认罚具结书的效力。因此，应根据所处诉讼阶段与不同证据对认罪认罚自愿性的影响大小，分别规定不同的后果。如果在审查起诉阶段，上级检察机关依犯罪嫌疑人申请或依职权发现未开示的证据时，应当责令下级检察机关重新进行证据开示与量刑协商。若下级检察机关未按时组织证据开示或证据开示后未预留考虑时间，下级检察机关也应该重新进行量刑协商或补足考虑时间再进行量刑协商；如果在审判阶段，法院主动发现或经被告人申请发现检察机关并未开示证据或未预留一定的考虑时间，则推定被追诉人不具有认罪认罚的自愿性，直接宣告认罪认罚具结书无效，案件转为普通程序审理。若检察机关只是部分开示证据，则需要分情况讨论：当法院认为未开示证据对被追诉人认罪认罚自愿性影响较大，或者证据属于检察院认为不应当开示而法院认为应当开示的证据时，案件同样转为普通程序处理；当法院认为未开示的证据对被追诉人认罪认罚自愿性影响较小时，责令检察院补充开示相关证据，控辩双方重新进行量刑协商。

（二）抑制权力行使逻辑

权力行使逻辑和权利保障逻辑是相互对立的两个方面，一方强大就会制约另一方的发展。因此有必要从抑制权力行使逻辑入手来确保证据开示制度正常运行。根据前文可知，权力行使逻辑强大与检察机关的当事人属性突出以及权力缺乏有效制约有关，故可以从强调检察机关客观中立义务、强化对检察机关的制约两方面出发去抑制权力行使内核。

1. 强调检察机关客观中立义务

（1）调整考核机制

首先，将竞争式考核机制转为达标式考核机制。各地检察院只需要达到设定的最低考核标准即为合格，避免竞争式考核机制下相互内卷的情况发生。其次，综合性调整各机关的考核标准。各机关的考核指标应当均指向同一目标，即保证高质量办案，因此各机关应当在修改考核机制时相互协调，同步做出改变。最后，设立反馈机制。检察机关以线性思维制定考核指标，但是这种目的理性思维存在局限性，可能产生与预设目标不一样的结果，因此需要检察机关在落实指标的过程中，听取检察机关、群众、监督管理部门的意见，不断更新指标。可以建立检察系统运行的动态监测平台，对考核指标涉及的工作情况实时采集数据，并通过数据分析发现异常或改进空间。

（2）完善职业伦理规范

可以引入国际先进标准，借鉴美国检察官协会、国际检察官协会的职业标准，使我国职业伦理规范与国际接轨。另外，完善监督与问责机制。在检察系统内部设立职业伦理委员会，负责受理和调查检察官在职业行为中的伦理问题，建立检察职业行为的公众监督渠道，例如开设举报平台，定期公布结果，增强透明度。还应当明确问责规则，对违反职业伦理规范的检察官建立明确的惩戒措施，包括纪律处分、调离办案岗位或终身禁业等，同时公开处理结果，警示他人。

2. 强化对检察机关制约

（1）强化法院的审查力度

法院应当对认罪认罚自愿性进行实质性审查。在过去的实践中，法官可能会将证据开示后被追诉人的认罪认罚推定为具有自愿性和真实性，然而在权力行使逻辑下片面地开示证据反而会加剧不平等状况的发生。所以，一方面法官应当提高审查标准，对认罪认罚的自愿性进行审查时也应当达到排除合理怀疑的证明标准。[1]另一方面，增加法院的审查内容。《刑事诉讼法》司法解释规定人民法院在审查自愿性时，仅对程序性事项进行审查，但是控方是否移送笔录与被追诉人的自愿与否并无因果关系，笔者认为法院应当对能反映自愿性的材料内容进行审查，另外，因为笔录等书面材料易被篡改，且无法记录非语言线索，笔者认为应当增加对同步录音录像的审查。《人民检察院办理认罪认罚案件听取意见同步录音录像规定》要求将辩方提出的意见以及签署具结书的活动过程同步录音录像。该规定并未将证据开示涵盖在内。但在笔者所调研的区域，证据开示被规定为需要被同步录音录像的事项，此举属于先进做法，有利于加强协商过程的透明性与正式性，在其他探索证据开示的地区也应当推行。

（2）实现值班律师的有效法律帮助

随着刑事辩护全覆盖的深入推进，未来应当由法律援助辩护律师替代值班律师参与认罪认罚案件，实现认罪认罚案件辩护全覆盖，但目前仍需要值班律师过渡，如何使值班律师发挥有效法律帮助是亟待解决的问题。值班律师主要面临权能、待遇、工作方式三方面的限制，因此，应从以上三方面切

〔1〕陈子奇：《论认罪认罚案件证据开示的两种逻辑》，载《法律科学（西北政法大学学报）》2022年第4期，第180页。

入：其一，在权能上，赋予值班律师更多的权利，如赋予值班律师可以“摘抄”“复制”案卷材料、可以单独会见被追诉人，会见过程不被监听的权利。其二，在待遇上，建立值班律师的监督管理机制，规定职责清单制度，清单上记录值班律师从介入案件到案件审理结束提供的全部法律帮助，清单由办案机关填写。监督管理机构可以根据清单上记录的内容，采用“多劳多得”的方式配置对值班律师的财政补贴数额，还应当对未尽到职责的值班律师进行约谈、惩罚。其三，在工作方式上，值班律师由申请指派介入案件转为强制指派介入案件，并且允许视频会见等多种会见方式，以确保介入的及时性。

## 结　语

随着认罪认罚程序的推行，检察机关在案件处理中的话语权愈发强大，如何保障被追诉人认罪认罚的自愿性与真实性成为研究重点。自愿真实认罪认罚需要被追诉人对案件信息知悉，但是现有阅卷制度在认罪认罚程序中运行不佳，证据开示制度对于保障被追诉人知情权具有重要意义。证据开示制度在规范上和实践中出现了逻辑背离的窘境，表现为规范期待主要呈现权利保障逻辑，而实践样态异化为权力行使逻辑。实践中的权力行使逻辑限制了权利保障逻辑的发展，并且产生被追诉人非自愿认罪认罚、检察机关非法取证和法院难以发现认罪认罚瑕疵的风险，产生逻辑异化的原因主要在于证据开示制度供给不足、量刑协商提前秘密实现、检察机关当事人属性突出以及不当开示行为缺乏有效制约。对此，应当一方面从加强权利保障逻辑出发，将证据开示的主体仅限定为检察机关，并明确其担负主动开示的义务，此外依照证据的特性对开示范围予以细化，明确开示的操作机制，设置不当开示的后果。另一方面从限制权力行使逻辑出发，通过调整考核机制、完善职业伦理规范以强调检察机关的客观中立义务，通过强化法院审查力度、实现值班律师有效法律帮助以强化对检察机关的外部制约。

# 单位犯罪诉讼中径行裁判程序的正当性问题研究*

彭俊　廉超　杜晓玮**

**摘要**：2021 年《刑事诉讼法》司法解释第 340 条在修改 2012 年《刑事诉讼法》司法解释第 283 条的基础上，确立了在检察院未起诉单位犯罪的情况下，法庭可以径行对相关责任人按照单位犯罪相关规定进行裁判的程序。该程序在司法实践中呈现出冲击控审分离、损害单位权利、适用不统一等失范化样态，正当性质疑问题凸显。这与程序时代价值、缺乏合法性依据、主体认定问题、检法办案模式以及规范文义不明确等原因息息相关。通过限缩适用案件范围、细化依法审理职责、强化论证说理义务等路径能够适当缓解违背控审分离的危害，保障单位权利，统一司法适用，维护程序正义。

**关键词**：单位犯罪径行裁判；正当性；控审分离；司法适用

## 一、问题的提出：正当性质疑与规范适用之间的张力

2012 年最高人民法院《关于适用〈中华人民共和国刑事诉讼法〉的解释》（以下简称《刑事诉讼法》司法解释）第 283 条规定，对应当认定为单位犯罪的案件，人民检察院只作为自然人犯罪起诉的，人民法院应当建议人民检察院对犯罪单位补充起诉。人民检察院仍以自然人犯罪起诉的，人民法院应当依法审理，按照单位犯罪直接负责的主管人员或者其他直接责任人员追究刑事责任，并援引刑法分则关于追究单位犯罪中直接负责的主管人员和其他直接责任人员刑事责任的条款。2021 年《刑事诉讼法》司法解释第 340

---

* 本文为新疆法学会新时代市域社会治理现代化法治研究基地（编号：FXHJD202201）的研究成果。

** 作者简介：彭俊（1971 年—），湖北钟祥人，桂林电子科技大学法学院院长、教授、硕士生导师；廉超（1993 年—），新疆乌鲁木齐人，桂林电子科技大学法学院硕士研究生；杜晓玮（1993 年—），新疆乌鲁木齐人，新疆警察学院治安系教师。

条将其中的“补充起诉”改为了“追加起诉”，二者共同确立了在检察院未起诉单位犯罪的情况下，法院可以径行认定单位犯罪，并对相关责任人按照单位犯罪相关规定进行裁判的制度。因为这与二审中的径行裁判方有异曲同工之处——都是在当事人不出庭的情况下作出判决的程序，是故本文将这种针对单位的裁判称为“单位犯罪诉讼程序中的径行裁判”，也即单位无需出庭、无需参诉，法院甚至未经审理，就可以直接认定单位犯罪，并进而按照单位犯罪规定对相关自然人判处刑罚。

多年来，学界对该规范的批判和反思多从实体法角度出发，而少有从程序法角度对其实践现状中的正当性问题进行分析。[1]其实该程序不仅欠缺法律层面的依据，而且冲击控审分离这一刑事诉讼法基石，在司法实践中呈现失范化样态，在实践中各地法院在做法上也有所不同，有的法院在认定单位犯罪的情况下予以适用，有的则对单位犯罪不置可否，造成司法适用存在较大差异，程序正当性存在较多疑问。然而，该规范历经跃迁并不断完善，所适用的案件范围也呈现逐渐扩大的趋势，虽然从2021年《刑事诉讼法》司法解释颁行至今适用案件数量有所降低，但从适用状况来看该条规范仍有存在的必要。随着刑事司法对于单位犯罪中单位和直接责任人员等其他人员处理政策和理念的变化，该条规范的功能也面临着新的时代转型，如何规范司法实践适用以缓和该规范的正当性矛盾应成为理论角度所需要考虑的重要问题。

基于上述，本文首先以中国裁判文书网上适用“最高人民法院《关于适用〈中华人民共和国刑事诉讼法〉的解释》第283条”以及“最高人民法院《关于适用〈中华人民共和国刑事诉讼法〉的解释》第340条”的裁判文书为研究样本，经初步筛选适用第283条的裁判文书共183份，适用第340条的裁判文书共11份，总计有效样本数量194份。其次选取其中单位出庭案件、检察院补充起诉单位案件、检察院起诉自然人原因、法院适用模式等因素作

---

〔1〕有学者在研究单位犯罪主体理论、单位责任归属等实体法争议时对该问题有所涉及，但大致都还是将该问题所表现出的程序现象视为支撑实体法论点的相关论据，旨在用司法实践中的程序乱象说明单位犯罪背后实体法理念的问题，而未从程序法角度予以详论。黎宏：《组织体刑事责任论及其应用》，载《法学研究》2020年第2期，第71~88页；邹玉祥：《单位犯罪的困境与出路——单位固有责任论之提倡》，载《北京社会科学（北京）》2019年第9期，第116~128页；耿佳宁：《单位固有刑事责任的提倡及其教义学形塑》，载《中外法学》2020年第6期，第1489~1508页；林荫茂：《单位犯罪理念与实践的冲突》，载《政治与法律》2006年第2期，第37~45页。有学者指出该问题体现了单位犯罪在程序理论层面研究的不足之处。王志远、邹玉祥：《刑事合规视域下单位犯罪刑事治理的检视与完善》，载《甘肃社会科学》2020年第5期，第127~134页。

为分析维度，[1]一方面对单位犯罪径行裁判程序全景有所展示，另一方面呈现该程序现有司法实践现状。在此基础之上依次分析程序本身所产生的正当性质疑问题，并探索质疑背后的多重制约因素，最后提出程序的相应改进路径。

## 二、正当性质疑：单位犯罪径行裁判程序的实践话语

**表 1　单位犯罪径行裁判程序样本一览表**

| 样本总量 | 明知或可推知起诉原因 | 单位出庭案件 | 检察院补充起诉单位 |
| --- | --- | --- | --- |
| 194 | 113 | 0 | 1 |

**表 2　检察院起诉模式统计表**

| 起诉模式 | 检察院仅起诉自然人的具体原因 | 数量 | 总计 |
| --- | --- | --- | --- |
| 主动起诉 | 认为是自然人犯罪而起诉自然人 | 70 | 75 |
| | 认为是单位犯罪但仅需要起诉自然人 | 5 | |
| 被动起诉 | 单位犯罪证据不足无法移送而仅起诉自然人 | 7 | 38 |
| | 因单位主体资格丧失而仅起诉自然人 | 10 | |
| | 无法确定诉讼代表人而仅起诉自然人 | 21 | |

### （一）违背控审分离

根据研究样本，不论检察院基于何种原因仅起诉自然人，但从客观上来看，检察院均仅对自然人提起了正式指控，而法院最终均适用了单位犯罪径行裁判程序，这无疑违背了控审分离原则。尤其是在检察院与法院在犯罪主体是否应为单位问题上存在认定差异的情况下，也就是上表检察院主动起诉情形中认为是自然人犯罪而仅起诉自然人的情形，更是对控审分离原则的实质性违背。

没有控诉便没有审判。法院针对被提起指控的自然人的审判都是被动的，

[1] 关于研究维度的选取原因：其一，通过单位出庭数量能够表明单位权利行使现状。其二，通过检察院补充起诉数量能够说明规范适用的现状以及违背控审分离原则的程度。其三，选取检察院起诉模式是因为有起诉才有审判，单位犯罪中的径行裁判程序的起点是检察院的起诉，法院根据检察院提起的指控对象和审理认定的事实来决定是否适用该规范。试想如果检察院未对单位中的直接责任人等提起自然人犯罪的指控，而是直接提起相关单位犯罪的指控，该条规范就不存在适用的空间了，检察院起诉原因能够说明该程序适用的条件。其四，法院是适用该程序的具体机关，其适用模式能够表现出司法适用中存在的差异化样态。

在这种情况下，无论单位是否构成犯罪，自然人都是受到指控的主体，除非经法庭正当程序被宣告无罪或者不予追究刑事责任，否则都要承担刑事责任。但是法院针对该单位的裁判却表现为一种主动的“径行裁判”，这本身就是一种客观的、程序上的僭越。刑事司法是一项极为复杂的系统工程，这一工程的有效运转依赖于侦查、控诉和审判三个环节的联动，三者有机统一、缺一不可，〔1〕而且出于分工负责、互相配合的原则，这三者需各尽其责，不得突破一定的界限。然而根据该规范内容，如果检察院坚持以自然人犯罪起诉，法院可以直接在单位犯罪基础上追究自然人责任，即事实上法院直接将未经检察院起诉的单位进行审判，这样做集控诉和审判这两大职能于一身，直接冲击控审分离原则，具体则体现在违背诉审分离原则与诉审同一原则两个方面。

第一，诉审分离与辩诉平等、审判中立等内容共同构成刑事诉讼最基本的特质。〔2〕诉审分离原则意在审判须经由控诉来提起，未经起诉，便不可能有审判。既然检察机关并未对公司提起控诉，法院就不能主动发起审判，否则将与其中立性、被动性相悖，因此此种诉审关系可以表述为“主动的控诉”与“被动的审判”，其中也正好折射出“不告不理”的诉讼原理。〔3〕因此，该程序前半段尚且体现了对诉审分离原则的维护——法院应当建议检察院对单位补充起诉，不再会违背控审分离，而程序后半段则意味着法院在检察院不予追加单位主体的情况下需要同时行使两项权力——先主动追加，再予以审判。在先的主动追加虽然未在形式上予以体现，却通过在后的审判程序予以实质性的体现。这种越过检察院控诉环节主动行为的决定，其实是对诉审分离原则的违反。

第二，诉审同一原则，也即公诉事实同一性原则，它是不告不理原则在功能和内涵上发展延伸的必然结果，体现在检察院的控诉范围对法院审判范围的规制和界定。法院不能超越起诉书的范围，主动对检察院未指控的人进行审判，否则就会形成一种事实上的越权。〔4〕在法院审判对象的问题上，我国采类似于“公诉事实”一说，也即检察院起诉书中所记载的被告人的案件事实。尽管公诉事实并未像英美法系国家所采诉因制度所记载那样简要和直

〔1〕 孙远：《“一般应当采纳”条款的立法失误及解释论应对》，载《法学杂志》2020年第6期，第112~120页。

〔2〕 龙宗智：《相对合理主义》，中国政法大学出版社1999年版，第99~103页。

〔3〕 谢进杰：《刑事审判对象理论》，中国政法大学出版社2011年版，第81页。

〔4〕 陈瑞华：《刑事审判原理论》，北京大学出版社1997年版，第235页。

观，但其对犯罪主体的记载还是十分明确的。这就说明在审判中，非经检察院追加起诉，法院只应对记载在起诉书中的特定被追诉人进行审理，而直接将检察院未写入起诉书的主体纳入审判范围，审判对象发生变化，这势必有违公诉事实同一性原则。如果检察院根据法院的建议予以补充起诉，则此时审判范围就会与起诉范围一致，就不会违背控审分离原则了，正如在安徽天柱会计师事务所等提供虚假证明罪一案中，检察院根据法院的建议对该单位进行了补充起诉，法院后续对单位的判罚就没有违背控审分离，这也是所有研究样本中唯一一份检察院补充起诉单位的情形。

（二）损害单位权利

研究样本显示，凡适用 2012 年《刑事诉讼法》司法解释第 283 条规定与 2021 年《刑事诉讼法》司法解释第 340 条规定的案件，涉案单位无一出庭，部分裁判甚至是在无法确定单位是否能够构成犯罪的基础上作出的。由于单位不能作为正式的被告人出庭参诉，其无法参与诉讼进程，无法影响诉讼结果，无从行使诉讼权利，进而实体权利可能也会遭受一定的侵犯。

首先，在法院适用第 340 条后半段时，检察院是未对单位实施追加指控的，因此法院基于单位犯罪的裁判对于单位主体来说，毫无疑问是一种超出预期、不利于己的裁判，毫无权利保障的单位主体相较于拥有强大职权的审判主体处于弱势地位。对于那些被“合法”地请上被告人席位的被追诉人，尚且不能使其在防御不充分的情况下仓促面对预期之外的裁判结果，更遑论该条规定语境下的未经正式指控但终需承担罪名的单位呢？既然如此，在理论上单位就应当如同正常被提起指控的被告一样，具有程序上充分的防御机会和防御方法，理应享有知道被指控的罪名，按照诉讼代表人产生方式派遣相应的代表人代表单位参加诉讼，有权聘请辩护人并行使相应的辩护权等防御性权利。

其次，第 340 条的后半段规定直接剥夺了单位上诉权，单位主体自诉讼一开始便不具备被告人身份，裁判之后该如何正当行使该权利？我国虽然没有规定上诉利益，在此种情况下，法院的判决罪名直指“单位犯罪”，是故单位应当具有上诉利益并有权行使上诉权。然而即使允许其上诉仍然存在问题，上诉的效力便是直接引发第二审程序，单位本身还未实际参与到一审审理程序中，若直接来到二审程序，势必会使其丧失审级利益，同样有失公允。更有甚者，在一审法院判决自然人犯罪的情况下，二审法院改判为单位犯罪，

使单位更加猝不及防。〔1〕

最后，单位主体在无法参与诉讼程序的情况下，其实体权益亦遭受侵害。法院的裁判与刑事责任的承担相关联，被告人因承担刑事责任所要接受的否定性评价和谴责则体现在刑罚的内容中。单位犯罪虽仅需要承担罚金刑，但定罪之后所带来的一系列附随性限制、剥夺和排斥性的制裁可能并不亚于刑罚，〔2〕最直观的就是名誉和声誉的受损。法院“xx 单位犯 xx 罪，判处罚金 xx 元”的裁判文书，不仅会降低其社会评价，还会以一种“前科效应”给单位今后的生产和经营带来诸如信用征信、招标投标、投资审查上的阻碍。政治、经济、社会生活中面临各项权利的限制，甚至可能使单位面临破产或倒闭的后果，不仅会侵犯投资人、股东、债权人等的合法权益，〔3〕还会违背设定单位犯罪的立法目的，导致社会冲突的发生和秩序的混乱。但这些对于一个未经检察院起诉以致未成为“合法”被追诉人的单位来说更为不公正。

综上，若该种情况下的单位主体诉讼权利无法得到保障，一来违背宪法关于公民基本权利的规定，二来也无法保障实体公正。有人或许会质疑宪法规定的是“公民基本权利”，因此该规定并不能成为第 340 条规定中单位诉讼权利的直接根据，因此即使未能保障单位诉讼权利至少不应构成“违宪”。的确，《宪法》第二章“公民的基本权利和义务”中“公民”这一汉语语词的限定性为基本权利主体扩展至法人〔4〕制造了障碍，但是也有学者认为，自从 2004 年“尊重和保障人权”入宪之后，该障碍也得以解决，因为法人和自然人均属于法律人格，基于人格平等也能够通过解释人权而将权利主体扩展至法人。〔5〕也就是说，法人尽管作为人的集合体而不应当具有自然人主体才能享有的人身自由、人格尊严等权利，但作为参与社会主义市场经济的重要主体也应当享有平等权、经济权、诉权和诉讼权利等。

---

〔1〕 浙江省高级人民法院［2017］浙刑终 296 号刑事判决书。在该案中，一审法院认定被告人李某的行为属于个人行为并对其进行判决，二审法院则认为李某所设立的金某 1 公司构成单位犯罪并根据《刑事诉讼法》司法解释第 283 条的规定予以认定，这不仅侵害其诉讼权利，更使其丧失审级利益，定罪程序失范化现象何其明显。

〔2〕 王瑞君：《“刑罚附随性制裁”的功能与边界》，载《法学》2021 年第 4 期，第 44~60 页。

〔3〕 娄秋琴：《从单位犯罪认定的视角谈公司企业权益的保护》，载《人民法院报》2018 年 9 月 12 日。

〔4〕 我国《宪法》并未规定法人概念，《刑事诉讼法》司法解释也并未规定“法人犯罪”，而规定的是“单位犯罪”相关诉讼程序，因此在本文语境下的单位犯罪与法人犯罪、企业犯罪视为同义，不作严格文义区分。

〔5〕 焦洪昌主编：《宪法学》（第 6 版），北京大学出版社 2020 年版，第 309 页。

### （三）司法适用不统一

“司法标准化是为了获得最佳司法秩序和效果”。[1]法院作为法律的适用者，本应遵循统一的适用标准，以提高司法质量，保证法律的正确实施。但对研究样本进行分析后可知，法院在司法实践中存在“认定单位犯罪后适用规范”与“未认定单位犯罪后适用规范”两种模式，易造成该条规范的司法适用失范。

**表 3　法院适用单位犯罪径行裁判程序模式统计表**

| 研究样本总量 | 适用模式 | 数量 |
| --- | --- | --- |
| 194 | 认定单位犯罪的情况下适用 | 175 |
| | 不认定单位犯罪的情况下适用 | 19 |

#### 1. 认定单位犯罪后适用

从表 3 中可以看出，认定单位犯罪后适用该规范的情形占大多数，表明法院基本秉持一个共识，若要适用单位犯罪的规定对相关自然人定罪量刑，就必须在肯定单位犯罪的前提下进行。在这种模式中，检察院所起诉的罪名包括纯正自然人犯罪和不纯正自然人犯罪，法院针对这两种类型的单位犯罪的判断和适用也有区别。

首先，针对检察院起诉的纯正自然人犯罪，法院采用一种“纠正罪名”的适用模式。典型如行贿罪、受贿罪，检察院若对自然人提起该种犯罪指控，法院经审理认为不构成行贿罪或者受贿罪，而应当构成单位行贿罪或者单位受贿罪，这时会首先要求检察院进行补充或者追加起诉，在检察院不补充或者追加的情况下，法院认定“检察院起诉罪名不当，非构成自然人犯罪，而应构成单位犯罪，应予以纠正”，之后再根据该条款和刑法相关单位犯罪的规定对相关自然人判处相应刑罚。正如在李某亮单位受贿罪一案中，法院认为检察院认定罪名有误，直接将罪名纠正为“单位受贿罪”。[2]但值得注意的是，“纠正罪名”的适用模式与《刑事诉讼法》司法解释第 295 条第 1 款第 2 项规定的法院进行的“变更罪名”是否具有相同的含义？答案是否定的。后者中的变更罪名有一个基本前提——“起诉指控的事实清楚，证据确实、充分”，说明法院亦认同检察院的起诉，认为案件事实已经查清并且有确实充分

---

〔1〕《司法标准化建设的内涵、价值与实现途径》，载《人民法院报》2014 年 12 月 31 日。
〔2〕 山东省青岛市城阳区人民法院［2013］城刑初字第 130 号刑事判决书。

的证据支持，这种情况下法院也仅有权对罪名也即犯罪事实的法律评价的内容作出变更，而不能对犯罪事实作出变更。但反观前者，尽管法院在最终认定的时候仅作出“纠正罪名”的表述，但其实是将犯罪的实施主体由单位调换为了自然人，实则是对犯罪事实的变更，同时间接地对单位和自然人犯罪事实的评价进行了扭转，这种间接扭转效果的外在表征就是在裁判文书中体现出“纠正罪名”的表述，这与法院正当的变更罪名是不一样的。

其次，针对检察院起诉的不纯正自然人犯罪，法院采用直接适用的模式。对该自然人在单位中的地位予以判断，并对单位犯罪予以认定，再适用该条款对该自然人按照单位犯罪相关规定判处刑罚。如在刘某梅、毕某岩非法吸收公众存款一案中，法院直接指出“建议公诉机关对哈尔滨宏泰药用胶囊有限责任公司补充起诉，但公诉机关仍以自然人犯罪起诉，故依据最高人民法院《关于适用〈中华人民共和国刑事诉讼法〉的解释》第283条之规定，应对刘某梅、毕某岩、丁某珍、韩某按照单位犯罪中的其他直接责任人员追究刑事责任”。〔1〕

在所有认定单位犯罪的适用模式案件中，不纯正单位犯罪的适用是数量最多，也是适用较为普遍的一种模式。这是因为刑法规定的单位犯罪大多数均为不纯正单位犯罪，因此检察院起诉的不纯正单位犯罪的数量本身就较多，再者，因为不纯正的自然人犯罪，是自然人和单位均可以进行的犯罪，单位也可以是犯罪的实施主体，因此相较于上述“纠正罪名”适用模式，这类犯罪的适用模式较为简单，通常情况下直接责任人需要和单位共同承担刑事责任，因此一旦认定为单位犯罪，当检察院仅起诉自然人时，法院在适用该规范时进行解释说理后直接适用即可。

2. 不认定单位犯罪后适用

从表3可知，在研究样本中有部分裁判文书显示法院对单位犯罪未予以认定，但仍然直接适用了该解释条款对相关自然人按照单位犯罪的罪刑规定判处了刑罚。该研究样本的数量并不算多，但是观察其趋势可知，在近几年仍然出现有法院在不认定单位犯罪的基础上对相关自然人适用该解释条款规定进行判罚，在2019年的霍某军、郝某珍非法吸收公众存款案中，〔2〕一审判决书更是出现了在全文对单位犯罪只字未提的情况下最后仍然适用了径行裁判程序的现象。

---

〔1〕 黑龙江省哈尔滨市平房区人民法院［2018］黑0108刑初180号刑事判决书。

〔2〕 河北省沙河市人民法院［2019］冀0582刑初175号刑事判决书。

不认定单位犯罪的类型可以归纳为直接不认定和间接不认定两种。直接不认定是指法院明确表明对单位犯罪不予认定，或者明确反对辩护人关于该犯罪是单位犯罪的辩护意见，在黄某甲犯非法吸收公众存款罪一案中，[1]法院在判决书中明确写明“本院不认定单位犯罪”，在何某非法转让土地使用权罪案中，[2]上诉人何某及其辩护人提出“本案经村两委会议集体研究属单位犯罪及区领导曾进行考察”等上诉及辩护意见，但最终法院认定“涉案土地使用权的转让是否经村两委会讨论通过等情况并不影响对上诉人何某构成非法转让土地使用权罪的认定。故对上诉人何某及其辩护人的以上上诉及辩护意见，不予采纳”。这实则均是对单位犯罪的直接不予认定。间接不予认定是指法院既不表明认定也不表明不认定，在单位犯罪无法确定或者需要另案处理的情况下直接适用该解释条款进行了判罚，比如在张某波合同诈骗罪一案中，法院最终认定“被告人张某波以非法占有为目的……其行为已构成合同诈骗罪，应依法惩处。公诉机关指控被告人张某波犯有合同诈骗罪的事实清楚，证据确实、充分，罪名成立”。其中也并未提及是否构成单位犯罪，但是最终又适用了该解释条款对张某波进行了判罚，是一种间接的不予认定。

综上，上述问题皆表现出单位犯罪径行裁判程序的正当性存疑。该程序适用不仅缺乏法理基础，冲击控审分离原则，更有损单位诉讼权利和实体权利，司法实践中也存在适用失范化样态，各地法院在究竟是否以认定单位犯罪为适用条件问题上做法不一，在适用模式上也有不小的区别。尤其是在纯正单位犯罪与纯正自然人犯罪的认定问题上，纯正单位犯罪仅能以单位主体为犯罪主体，但实践中却出现自然人构成单位受贿罪等纯正单位犯罪的情形。

## 三、程序正当性欠缺的多重成因

上述问题的产生不仅与单位犯罪径行裁判这一程序规范本身具有的时代意义有关，同时也与刑事诉讼法单位犯罪规定缺位、检法配合办案工作模式、规范文义不明确等刑事司法体系特点密不可分。

### （一）规范功能的时代意义

“存在的东西都有它发生的原因和存在的背景，它能一直存在，就说明它能够发挥某种特定的社会功能。”[3]单位犯罪径行裁判程序本身的法理问题与

---

〔1〕 湖北省十堰市茅箭区人民法院［2016］鄂0302刑初290号刑事判决书。

〔2〕 山西省太原市中级人民法院［2014］并刑终字第583号刑事判决书。

〔3〕 陈瑞华：《论法学研究方法》，法律出版社2017年版，第44页。

制定需要之间的矛盾恰恰说明了这一点。在1997年《刑法》新增不少金融犯罪的新罪名之后，人民法院在审判实践中出现大量新情况和新问题，单位、跨区域金融犯罪数量不断增多，加之金融犯罪极容易对社会主义市场经济体制造成严重破坏，因此法院需要严格依法惩处破坏金融管理秩序和金融诈骗的犯罪单位和犯罪个人，[1]因此最高人民法院对当时的审判经验进行了总结和提炼，塑造了这项程序的基础模型，[2]赋予法官以最终的单位犯罪的认定权，可以说在当时我国金融体制正经历变革的复杂情况下，基于打击犯罪的法律政策严防严打单位犯罪是极具时代价值的。可以说在当时，尽管该条规范将严重违背控审分离原则，但是其具有的打击犯罪的实体法价值将大大有利于我国社会、经济等多方面的发展，在某种程度上可以适当缓解违背刑事诉讼法原则所造成的危害。然而当该内容被写入2012年《刑事诉讼法》司法解释并被2021年《刑事诉讼法》司法解释所修改时，其制定意义也在上述基础之上有了进一步的丰富和发展，其不再仅是一条解决金融犯罪领域审判问题的专门规定，而成为一条普遍适用于所有单位犯罪领域的规范。从司法实践来看，该条的适用范围不仅涵盖非法吸收公众存款罪、骗取贷款、票据承兑、金融票证罪等破坏金融管理秩序犯罪，还延展至生产、销售伪劣产品罪、走私犯罪和贪污贿赂犯罪等范围。在蓝某萍侵犯公民个人信息罪案中，[3]该条款已可以适用于侵犯公民人身权利、民主权利罪。在信息化发展十分迅速的今天，单位可能会因其政策优势、市场地位、资源能力等原因更容易拓展信息渠道从而获取到更多的信息，但正因如此单位也承担了更大的社会责任，刑事司法体系对单位犯罪不再过度强调“入罪加惩罚”而将重心放在“出罪加治理”，在这种情况下该条规范的功能又将面临时代转型，冲击控审分离的危害也将不再能够被中和。如若再轻易仅在审判阶段将单位入罪，单位遭受名义上的判决将会极大影响单位环境的治理和单位政策上的改善，也会继续影响单位在实际经营活动中各方面的权益。

---

〔1〕 最高人民法院印发的《全国法院审理金融犯罪案件工作座谈会纪要》（法［2001］8号）。

〔2〕 最高人民法院《全国法院审理金融犯罪案件工作座谈会纪要》对未作为单位犯罪起诉的单位犯罪案件的处理：“对于应当认定为单位犯罪的案件，检察机关只作为自然人犯罪案件起诉的，人民法院应及时与检察机关协商，建议检察机关对犯罪单位补充起诉。如检察机关不补充起诉的，人民法院仍应依法审理，对被起诉的自然人根据指控的犯罪事实、证据及庭审查明的事实，依法按单位犯罪中的直接负责的主管人员或者其他直接责任人员追究刑事责任，并应引用刑罚分则关于单位犯罪追究直接负责的主管人员和其他直接责任人员刑事责任的有关条款。”

〔3〕 广东省佛山市禅城区人民法院［2020］粤0604刑初1590号刑事判决书。

### （二）单位犯罪与自然人犯罪的主体区分问题

单位犯罪与自然人犯罪的区分问题由来已久，若究其原因，最主要的则是我国《刑法》第30条并未对单位犯罪的定义给出具体规定，最高人民法院在《关于审理单位犯罪案件具体应用法律有关问题的解释》中也仅对其与自然人犯罪的界限进行基本界定，司法实践中认定标准一般包括是否以单位名义实施、能否体现单位意志、非法利益是否归属单位等，这导致对单位犯罪的认定在检察院开始进行判断的第一步就可能遭遇较大的阻力。

在单位犯罪的判断因素中，“以单位的名义实施”往往因具有外在表征而相对容易判断，而能否体现单位意志则判断起来难度较大，例如在郭某发、曾某串通投标罪一案中，二审法院在否定上诉人谢某美及其辩护人提出的本案属于单位犯罪的问题时写道，“没有证据可以证明朝晖公司开具介绍信的行为系经过朝晖公司的决策机构或者有权决策人员经过决策程序所作出，故不应认定为朝晖公司的单位犯罪行为”。[1]可见，单位意志虽然也有据可依，但是一些公司决策机构或者决策程序相对简单，有时甚至仅以公司决策层签字的文件为准，如果一旦未能妥当保存以致丢失则无迹可寻，这也使得检法两家因立场不同而判断相左。同理，“非法利益归属单位”这一事实性因素也因证据难以收集保全以致无法准确判断。[2]这种径行裁判程序正好为该问题设计了解决路径——在正常情况下，如果检察院认定为自然人犯罪而对其提起指控，此时若法院也认为是自然人犯罪，则此时该程序没有适用空间，若法院认为是单位犯罪，则首先需要履行保证最低限度的程序公正的程序倒流机制，即建议检察院补充或者追加起诉，若检察院仍坚持自然人犯罪，法院有权适用“径行裁判程序”依法审理，并作出相应判决。审判程序固然是由检察院起诉提起的，但是最终的事实认定权仍然由法院行使，相比之检法两家相互不能妥协而导致案件无法推进，在不能强制检察院对涉案单位提起指控的条件下，使单位承担“有名而无实”责任的裁判程序成为一种较为折中的衡平机制。

### （三）刑事诉讼法疏于规定单位诉讼权利

虽然我国刑法明确规定单位可以成为犯罪主体，但是单位是否能够成为刑事诉讼主体的问题始终没有得到立法层面的肯定。在理论上若要单位参与

---

〔1〕 江西省赣州市中级人民法院［2020］赣07刑终267号刑事判决书。

〔2〕 金耀华、胡强：《单位犯罪与自然人犯罪的界分——以浙江贵某贵金属有限公司、李某某单位行贿案为切入点》，载《人民检察》2022年第16期，第58~60页。

到单位犯罪案件中，其必须作为独立的犯罪嫌疑人、被告人，因此其也应当享有刑事诉讼法为自然人犯罪所设定的一切权利。然而，我国刑事诉讼法历经几次修改，其中均未规定“单位犯罪诉讼程序”，而仅由2012年《刑事诉讼法》司法解释初次进行了规定。司法解释具备合法性这一要素十分重要，因为这不仅影响着解释最终是否有效，更决定了解释的结论是否产生说服力以及说服力的大小，〔1〕因此解释一定不能超越法律，换言之，超越法律所进行的解释就不具有合法性，也不应成为诉讼的依据。〔2〕此外，正因缺乏专项规定，单位作为犯罪嫌疑人、被告人的诉讼权利也始终未曾得到重视。

我国刑事诉讼法为犯罪嫌疑人、被告人确立的一系列诉讼权利以宪法对于公民基本权利的规定为直接根据，〔3〕以作用为标准划分包括防御性权利和救济性权利两类。首先，防御性权利是为保证犯罪嫌疑人和被告人能够对抗指控、抵消控诉效果，〔4〕这是因为犯罪嫌疑人和被告人相较于享有强大国家追诉权的司法机关处于弱势地位，法律必须通过防御性权利的设置使其面临被追诉时享有能够与其相抗衡的能力。不仅如此，防御性权利的另一重要功能就是应对突袭性裁判。现代刑事诉讼更加强调将被追诉人从诉讼客体的地位中解救出来成为诉讼主体，强调涵盖辩护权在内的一切为维护程序正当所设置的权利，加之突袭性裁判的本质是审判超出了被追诉人的合理预期，使其在不能充分防御的情况下不知所措地面对预期之外的裁判结果，〔5〕因此在刑事诉讼中防止突袭性裁判的要义在于使被追诉人在可能遭受不利于己或超出预期的裁判时享有程序上充分的防御机会和方法。其次，救济权利是为保障犯罪嫌疑人、被告人能够对国家专门机关所作的决定进行申诉和控告的能力，自然人犯罪嫌疑人、被告人都享有行使申请回避、对侵害权利或违法强制措施等行为提起申诉或控告、对一审判决的上诉和对生效判决的申诉等权利。然而上述两项权利都未为刑事诉讼法所明确规定可以由单位所行使，正是权利的合法性缺位才导致实践中国家专门机关对单位主体的态度随意，一些中小型民营企业本身和其法定代表人经常面临着行政与刑事的双重处罚。在单位出罪政策倾向性明显的情况下，仍然需要增设并不断完善刑事诉讼法

---

〔1〕 陈金钊等:《法律解释学》，中国政法大学出版社2006年版，第13页。

〔2〕 汪海燕:《刑事诉讼法解释论纲》，载《清华法学》2013年第6期，第6~23页。

〔3〕《刑事诉讼法》第1条:“……根据宪法，制定本法。”

〔4〕 陈光中主编:《刑事诉讼法》(第6版)，北京大学出版社2016年版，第76页。

〔5〕 郭烁:《为被告人利益抗诉与上诉不加刑原则之适用——以上诉理由之限制为中心》，载《法学研究》2022年第5期，第157~172页。

中关于单位犯罪的专项规定以及单位主体的诉讼权利保障规定，这不仅使立法体系有所完善，也使单位主体在刑事诉讼中不再面临“无法可依”的境地。

(四)“分工负责、互相配合、互相制约”原则的影响

根据《宪法》和《刑事诉讼法》的规定，我国公检法办案需要遵循“分工负责、互相配合、互相制约”的原则，分工负责使三机关各自处于的侦查、起诉和审判程序成为一个封闭阶段，在该阶段中每个主体分别享有较大的权力，互相配合表现为“流水线式”的办案模式，各机关之间办案通常会进行协商或者提前介入，以保障诉讼效率或实现定罪需要，互相制约则表现为权力之间的制约，若无制约，每一个权力的行使都有可能危及犯罪嫌疑人、被告人的权利或者有损刑事司法体系。然而，在我国实践中，三机关却时常呈现出“配合过度而制约不足”的状态，这种关系在不同诉讼程序中均有体现，在单位犯罪径行裁判程序中也是如此。《刑事诉讼法》司法解释第340条的规定体现出检察院在起诉阶段的起诉权和法院在审判阶段的判决权之间的“分工”，在检察院不起诉单位的情况下法院有权判决单位犯罪，这从表面来看确实单纯表现为审判权对起诉权的逆向制约，但观察实践仍然可以发现互相配合办案模式的影响。

一方面，通过表2得知其中38份都是检察院出于客观原因而被动起诉自然人的情形。研究结果显示，检察院会基于证据不足无法对单位提起指控、单位主体资格丧失、无法确定诉讼代表人情形等原因而被动地对单位中的自然人提起诉讼。例如在金某某、桓某违法发放贷款、挪用资金罪案中，[1]因为嫩江县公安局未曾对涉案单位嫩江县联社侦查终结，检察院无法移送充分证据以证明单位犯罪，故而不能提起对单位的指控仅能起诉相关自然人。在罗某某合同诈骗罪案中，[2]检察机关经两次补充侦查仍然未能获得充足证据对单位进行移送起诉。再如在杨某安合同诈骗罪、非国家工作人员受贿罪一案中，[3]从法院裁判文书的表述可以推知，因为永安公司已停业，检察院无法对其提起指控，故而仅起诉其直接负责人。在这种情况下检察院与法院的立场一致均认为犯罪主体应当是单位，而仅因指控不能而指控自然人，法院也顺理成章适用径行裁判程序判决单位犯罪，自然人仅需承担单位犯罪的实体法责任。另一方面，在有的案件中，检察院认为单位无需承担刑事责任而没

〔1〕 黑龙江省嫩江县人民法院［2014］嫩刑初字第142号刑事判决书。

〔2〕 福建省莆田市涵江区人民法院［2014］涵刑初字第729号刑事判决书。

〔3〕 湖北省十堰市茅箭区人民法院［2016］鄂0302刑初947号刑事判决书。

有必要成为被追诉主体，故而不对单位提起指控，然而从程序法角度来看，不管单位是否最终应当承担刑事责任，犯罪主体仍然是单位，那么被追诉主体也仍然应当是单位。法院也认为检察院起诉理由正确，直接对自然人适用了单位犯罪条款判罚。

（五）第340条未明确规定“是否以认定单位犯罪为前提”

在刑事诉讼法关于单位犯罪规定缺位的情况下，《刑事诉讼法》司法解释对于第340条该程序的规定存在不明确之处也是造成司法实践中法院适用不统一的原因之一。有的法院不进行认定的原因，其中固然包括与前述的检察院被动起诉自然人情形相同的因素，如对单位因客观原因不能取证以致法院对单位无法作出明确的判断，法院对单位未被提起追诉而直接认定其犯罪的做法并不赞同，恰因法条并未明确规定需要先对单位犯罪进行认定，从而对该条款形成了路径依赖，出现勉为其难直接适用但不认定也不说理的裁判现象。这种现象也反映出该条款本身所存在的问题——其并未对是否需要在认定单位犯罪的基础上进行适用和判罚进行明确的规定。该条规范仅规定了人民法院“应当依法审理”的职责，但是对于是否应当以认定单位犯罪为条件进行适用并未写明，造成各地法院基于理解不同而造成适用上的差异性。

按道理说，法院作为审理并认定案件事实的主体负有为被追诉人定罪量刑的职责，对于检察院提起的指控是否正确，法院负有审查判断的权力，那么该条解释中所说的“认定”一定是指法院所作的最终认定。《刑事诉讼法》司法解释虽然没有明确规定法院需要先认定单位犯罪，但是规定了其“应当依法审理”的职责。“应当依法审理”就是指法院要依照法律的规定，在公诉人、当事人以及其他诉讼参与人的直接参加下，当庭核实证据材料，查明案件事实，听取辩论意见，确定被告人是否有罪，犯有何罪，应否判处刑罚，处以何种刑罚，[1]在此基础上才能依法作出判决。因此审理和裁判的先后顺序关系本身也决定了认定和判决的前后顺序。此外，根据《刑事诉讼法》第200条，合议庭是根据已经查明的事实、证据和有关的法律规定，分别作出判决的，“依据法律认定被告人有罪的，应当作出有罪判决”“依据法律认定被告人无罪的，应当作出无罪判决”“证据不足，不能认定被告人有罪的，应当作出证据不足、指控的犯罪不能成立的无罪判决”等都表明，在进行判决之前法院首先应当根据事实证据和法律规定对被告人是否有罪予以认定，认定之后才能进行相应的判决。

---

〔1〕 宋英辉主编:《刑事诉讼法学》，北京师范大学出版社2010年版，第314页。

因此，该解释条款中“按照单位犯罪直接负责的主管人员或者其他直接责任人员追究刑事责任，并援引刑法分则关于追究单位犯罪中直接负责的主管人员和其他直接责任人员刑事责任的条款”的表述规定了如何援引、如何判罚，这是针对判决环节所作的规定，那么在此之前的“应当依法审理”就意味着法院必须要对被告人是否有罪、构成何罪作出认定，否则将无法适用刑法规定进行具体的判罚。

## 四、缓解程序危害：单位犯罪径行裁判的改进路径

根据上述成因分析可以得知，单位犯罪径行裁判程序所存在的正当性质疑问题不仅与其依据的规范本身有关，更与中观层面的检法关系与宏观层面的时代意义息息相关。一方面，在公检法三机关配合过度、制约不足的宏观刑事司法体系之中，我们仍然无法克服这种关系为各项程序带来的一系列负面效应。因此对程序的完善和改进路径也应当符合现阶段刑事司法体系的特点才能够有实现的可能；另一方面，尽管在今天单位刑事合规政策已取得诸多阶段性成果，对中小型民营企业和企业家倾向于采取出罪、治理、保护等政策，但是不得不承认具备不同程度危害的单位犯罪仍然频出，有些严重危害到社会主义市场经济秩序等重大社会利益的犯罪，单位和其直接责任人仍然有可能面临入罪并承担刑事责任的可能，因此该程序仍然存在现实意义。是故在完善路径上，不仅关于单位犯罪的立法规定亟待归位和完善，为单位犯罪程序正本清源，而且还需通过限缩解释案件适用范围、细化法院依法审理职责和强化个案强制性说理义务等路径来缓解该程序对控审分离冲击的危害，保障单位诉讼权利，推进司法适用的统一以提升司法公信力。

### （一）适当限缩适用案件范围，缓解控审分离危害

该程序所依据的司法解释规范本身存在合法性依据缺位的固有缺陷，违背控审分离原则的危害必然不能完全消除，但是通过对适用案件范围的限缩解释可以在一定程度上对危害有所缓解或中和。通过上文分析可知，法官在面对不同类型自然人犯罪的指控时，其对该程序的适用模式是不同的。在单位并未受到指控，并未参诉也并未出庭的情况下，直接认定单位犯罪，无论针对哪种单位犯罪类型都是违背控审分离原则的。但是两种模式对其违背程度有所差别。以法律是否规定只能由单位为实施主体为标准，单位犯罪可以分为纯正的单位犯罪和不纯正的单位犯罪，对于大多数不纯正犯罪来说，单位犯罪与自然人犯罪的犯罪构成基本一致，直接负责的主管人员和其他责任

人员的处罚与自然人犯该罪的处罚也基本相同，然而对于纯正的自然人犯罪来说，不仅其犯罪构成与纯正的单位犯罪构成不一致，且刑罚后果也差异巨大，比如对单位行贿罪的直接负责的主管人员处罚最高是5年，而行贿罪处罚最高可达无期徒刑。因此，相较而言，纯正自然人犯罪的适用模式对控审分离等程序法原则的违反程度更高。对自然人适用纯正的单位犯罪罪名予以判罚明显违背程度更高。

不纯正的单位犯罪在刑法立法中通常表述为“单位犯罪的，对单位判处罚金，并对其直接负责的主管人员和其他直接责任人员判处刑罚”。这表明不纯正的单位犯罪中，单位犯罪与自然人犯罪的犯罪构成是一致的，并且大多数情况下其法定刑也是一致的。那么，此时若检察院仅起诉自然人且拒绝追加单位，法院径行判决单位犯罪，对直接责任主管人员和其他责任人员按照刑法分则中同一条款中的自然人犯罪的法定刑判处刑罚，可以保证刑罚适用的同一性。反观纯正的单位犯罪，罪名由刑法单独规定，犯罪构成较自然人犯罪构成也极具独特性，且单位犯罪与相关自然人犯罪法定刑相比普遍偏低，是故同样情况下法院若径行判决单位犯罪，不仅违背实体法中罪刑相一致原则，更有偷换程序法中审判对象之嫌，因此通过可以将纯正的单位犯罪排除在单位犯罪径行裁判程序之外，也就是将该条款中的单位犯罪限缩解释为不纯正的单位犯罪，可以稍微缓解该程序对控审分离原则的冲击程度，在一定程度上也能够有利于避免自然人借单位犯罪之名逃脱或减轻罪责的危险。

（二）细化“依法审理职责”，保障单位诉讼权利

首先，从程序上来看，若要适用该解释条款必须以单位犯罪的认定为前提。在该程序本身就存在内部正当性质疑的前提下，如若再不认定单位犯罪直接判罚不仅将会使相关判决的程序正当性处于双重欠缺以致有失公允，而且也会造成更多不利社会影响，即使最后单位无需承担实质的罚金刑，但却仍然承担了犯罪的名义。在金某某、桓某违法发放贷款、挪用资金罪案中，[1]因对嫩江县联社单位犯罪的侦查尚未终结，法院称单位犯罪的认定不影响二人违法发放贷款罪的认定，因此并未对其是否构成单位犯罪进行认定，并直接适用了2012年《刑事诉讼法》司法解释第283条规定进行了判罚，但通过查询该单位其他相关裁判文书可以推知，其后续一直处于正常运营状态，也并没有查到与该案相关的单位犯罪的判决。法院称“单位犯罪的认定不影响二人违法发放贷款罪的认定”，这里的“不影响”应当限缩理解为在刑罚执行效果

〔1〕 黑龙江省嫩江县人民法院［2014］嫩刑初字第142号刑事判决书。

上没有影响，因为违法发放贷款罪属于不纯正的单位犯罪，自然人在单位犯罪中承担的责任与其作为自然人直接犯罪的责任是相同的。反观曹某犯合同诈骗罪、非法吸收公众存款罪案中，[1]法院在判断富华公司和曹某的犯罪事实时，认为曹某作为富华公司直接负责的主管人员，其个人是否构成合同诈骗罪，需以富华公司是否构成合同诈骗罪为前提。这二者的差别进一步说明法院在认定单位犯罪这一程序上存在不同认知，同时也反映出实践中对于单位犯罪和自然人犯罪的区分亦存在矛盾和难题。

因此，我们可以得出结论，若要保证适用的正当性必须对单位犯罪加以认定，如若出现根据现有证据无法充分认定或者基于其他客观原因无法认定的情形，则不能适用该条款对相关自然人按照单位犯罪的规定进行判罚，而仅能作为自然人犯罪定罪量刑。正如在蓝某萍侵犯公民个人信息罪案中，法院在无法认定单位犯罪能否成立的基础上，并没有直接适用第 340 条规定按照单位犯罪的规定对蓝某萍定罪量刑，而是直接适用相关自然人犯罪条款进行判决，[2]这是研究样本中唯一一份在不能认定单位是否犯罪的情况下直接适用自然人犯罪的刑法规定而非适用该条款进行判决的裁判文书，并且进行了详细的裁判说理，这个趋势是否说明已经有司法实务者也开始注意到了该条款所体现出的定罪程序失范化、司法适用随意化等程序问题，并开始进行转变和完善？当然对于这点的验证还有赖于对今后该条款适用司法实践之观察。

其次，第 340 条后半段内容规定了法院在检察院不对相关单位追加起诉时应当依法履行审理的职责，这里的“依法审理”应当为保障相关单位诉讼权利之目的而作深层含义的解读。法院在适用第 340 条后半段规定时，尽管被追诉人并非单位，但是作为法院裁判文书中确定的罪名承担主体，其在毫无防备的情况下丧失防御权保障。这就意味着保证单位主体在诉讼程序中享有防御权这一内容，应当成为法院“依法审理”的应有之义。相关单位在此种情况下享有的防御性权利应当包括：有权及时获知被指控的内容和理由，有权自行或者在辩护人协助下进行辩护，有权参加法庭调查和法庭辩论，有权向法庭作最后陈述等。与法院变更罪名时所承担的义务相比，我国法院有权在保证公诉事实同一性的基础上对被追诉人的罪名作出与被指控罪名不一致的裁判，这就是《刑事诉讼法》司法解释第 295 条第 1 款第 2 项“起诉指

---

[1] 山西省晋中市中级人民法院［2014］晋中中法刑初字第 46 号刑事判决书。

[2] 广东省佛山市禅城区人民法院［2020］粤 0604 刑初 1590 号刑事判决书。

控的事实清楚，证据确实、充分，但指控的罪名不当的，应当依据法律和审理认定的事实作出有罪判决”所规定的内容，该内容再一次肯定了法院认定并评价犯罪事实的最终地位，也体现出在维持诉审同一原则的同时法院仅有权对罪名也即犯罪事实的法律评价的内容作出变更，而不能对犯罪事实作出变更。然而，第295条虽然规定了法院有变更罪名的权利，却也同时规定了其需要承担“应当在判决前听取控辩双方的意见，保障被告人、辩护人充分行使辩护权。必要时，可以再次开庭，组织控辩双方围绕被告人的行为构成何罪及如何量刑进行辩论”〔1〕等与之相关的义务，而且，违背或者不履行这些义务即对程序公正要求的违反，若其严重程度可能影响公正审判，二审法院仍然可以程序违法为由裁定撤销原判，发回重审。那么相比之下，第340条后半段的规定一旦得以适用，就意味着法院不同意检察院所起诉的以自然人为犯罪主体的犯罪事实，而将对以单位为犯罪主体的犯罪事实加以审查和裁判，此时已超出公诉事实同一性下法律评价变更的范围。因此法院若要适用该条规定，“依法审理”则必然包含对其课以的保障单位享有获知、参与、辩护、陈述等防御权的义务，否则就应当准许单位在裁判生效后能够行使申诉权，法院也应承担程序违法甚至可能影响公正审判而终被撤销的不利后果。

（三）强化个案论证义务，确保裁判公信力

观察适用裁判文书，可以发现：其一，法院几乎很少论证。其二，即使有体现论证的内容，论证过程也十分简单。解释性论证曾被武宏志教授在《论证型式》一书中描述为“法律的神经”〔2〕，可见其在法律推理中所具有的当然决定性作用。重结果、轻论证的推理过程往往不能令人信服，尤其是在单位犯罪与自然人犯罪这种需要谨慎认定且容易发生分歧的情况中。我国是公检法三机关分工负责、互相配合、互相制约的“流水线”刑事诉讼模式，这种模式具有可能导致先前程序对后续程序的捆绑束缚的程序惯性，〔3〕因此为了尽可能避免这种非正常的“正向制约”所带来的隐患，更应该对前一程序中的机关严格要求，除了应当完成“分工负责”的分内之事也即侦查终结、提起公诉、审理裁判，更应当对其课以在相关文书中详细阐述决定或判决理

〔1〕 2021年最高人民法院《关于适用〈中华人民共和国刑事诉讼法〉的解释》第295条第3款：“具有第一款第二项规定情形的，人民法院应当在判决前听取控辩双方的意见，保障被告人、辩护人充分行使辩护权。必要时，可以再次开庭，组织控辩双方围绕被告人的行为构成何罪及如何量刑进行辩论。”

〔2〕 武宏志：《论证型式》，中国社会科学出版社2013年版，第454页。

〔3〕 郑曦：《刑事诉讼中程序惯性的反思与规制》，载《中国法学》2021年第3期，第248~264页。

由的强制性义务。

其一，检察院的后端紧跟着法院，其提起公诉的决定将可能直接引起一场法院审理并裁判的审判活动，在第 340 条规定的语境下，检察院既然要发起追诉自然人的公诉要求，那就必须在起诉或发表公诉意见时阐述其追诉该自然人的理由，尤其是要对在此种情况下不按照单位犯罪提起公诉的原因予以详细解释论证。这样可以在源头处就尽可能降低法院发生意见相悖的概率。其二，相比检察院，法院负有为被追诉人定罪量刑的职责，其面对的是直接受其裁判影响的当事人和负有监督权利的社会公众，这也意味着法院肩上具有更为沉重的职责和负担。在我国，法院有权在公诉事实同一性的原则下对与案件有关的事实予以调查并最终认定。正因为其有这种把关的权力和较重的职责，其也更应承担较重的论证义务。法院在审理检察院认定为自然人犯罪的案件时，若发现该案件应认定为单位犯罪，则应当首先说明理由并按照规定建议检察院对相关单位补充起诉，在检察院不予补充起诉时按照单位犯罪进行审理之后作出判决时也应尽到充分论证说理的义务，这不仅是建立在事实调查基础上对检察院起诉理由有所偏差的充分回应，也能使裁判更具说服力不致引起涉案单位的强烈不满，社会公众对其可接受性和包容性程度也更高。

当然，解释论证义务仅能起到补强的作用，并不能充分修复第 340 条后半段规定对诉讼结构的破坏，但是这至少在进行上述限缩解释后予以适用的情况下，确保法定刑适用同一性以实现实体公正价值的同时使诉讼过程的进行有理可依，让当事人和公众可以看到诉讼过程中的各机关都是在一种理性的环境下经过充分思考和论证后作出严谨的决定的。

那么，强制论证义务既然作为一项程序法上的补强要求，也应当借由程序保障方能确保实际履行。也就是说，既然对法院课以该种论证义务，那就有可能发生在适用第 340 条时应论而未论或有论但论错的情况，此时该当如何？首先需要明确的是，在程序上来说应论而未论和有论但论错的性质是截然不同的。〔1〕其次分情况来看，论证义务意味着法院应当在判决书中详细阐释适用第 340 条规定用以判决应当构成单位犯罪的理由，若其缺少这种论述则说明其属于程序违法，〔2〕当程序违法可能造成影响公正审判的后果时，二

〔1〕 孙远：《“一般应当采纳”条款的立法失误及解释论应对》，载《法学杂志》2020 年第 6 期，第 112~120 页。

〔2〕［日］松尾浩也：《日本刑事诉讼法》（下卷），张凌译，中国人民大学出版社 2005 年版，第 227 页。

审法院则可以依据《刑事诉讼法》第238条第5项“其他违反法律规定的诉讼程序，可能影响公正审判的”裁定“撤销原判，发回原审人民法院重新审判”。再观有论但论错的情形，显然法院已然对认定为单位犯罪而非自然人犯罪的理由进行了详细阐述，但是这种论证理由是错误的。此时论证理由错误也就意味着法院在认定案件事实环节出了错，单位不应构成犯罪，更不应成为承担罪名的主体，让真正实施犯罪的自然人仅成为单位犯罪的替代承担者而逃脱谴责，那么二审可以依据《刑事诉讼法》第236条第1款第3项“原判决事实不清楚或证据不足的，可以在查清事实后改判；也可以裁定撤销原判，发回原审人民法院重新审判”的规定作出处理。

# 冒名发表人工智能“作品”的刑事规制研究*

何昀徽**

**摘要**：将人工智能“作品”假冒自己或他人作品，并将其发表牟利的行为正现实地动摇著作权法鼓励创作的基本理念，而要明确能否以刑事手段规制此类行为，当务之急是厘清 AI 创作物是否属于侵犯著作权罪的犯罪对象，也即著作权法意义上的作品。非作品论存在对创作物界定不明确、保护不周延，对人工智能企业激励不足等问题，作品论契合实践需求。在此基础上，需以刑法保护法益为指导，实质解释侵犯著作权罪的构成要件要素，而不必受著作权法定义及其刑事责任条款的限制，可依据《刑法》第 217 条第 1、5 项打击冒名发表行为，同时应以目的性限缩的方式将其他作者基于人工智能作品创作演绎作品的情形排除出犯罪圈。

**关键词**：生成式人工智能；人工智能“作品”；可版权性；侵犯著作权罪；刑事责任条款

## 一、问题的提出

人工智能已问世数十载，其以深奥的技术原理、广阔的应用前景与繁复的伴生风险吸引了社会各界的广泛关注。时至今日，以 ChatGPT 为代表的生成式人工智能已横空出世，与决策式人工智能相比，它实现了从机械模仿到推陈出新的飞跃。但是，与技术发展形影相随的不仅是便利，还有形态迥异的安全风险。一般认为，生成式人工智能存在数据安全风险、算法偏见风险与知识产权风险这三大风险。〔1〕其中，第一类风险的化解重心在于数据合规

* 本文为天津师范大学研究生科研创新项目“生成式人工智能刑事立法‘预防性’面向研究”（2024KYCX084Y）的成果。

** 作者简介：何昀徽，天津师范大学法学院刑法学硕士研究生。

〔1〕 参见刘艳红：《生成式人工智能的三大安全风险及法律规制——以 ChatGPT 为例》，载《东方法学》2023 年第 4 期，第 29~43 页。

制度的构建，第二类风险的化解重心在于技术手段的革新，〔1〕因而需要以增设行政法律规范的形式引导科技向善发展，并无亟待解决的刑事立法及法律解释问题。相比之下，第三类风险正现实地冲击著作权保护规范体系，甚至深刻影响着人类的创造格局。例如，在美国，人工智能图片生成应用 Midjourney 在未经授权的情况下，将互联网中公开的海量图片，包括受版权法保护的图片作为其训练数据，以生成全新图片。这一举措引发了人类作者的不满，提起诉讼指控其侵犯版权的情况不计其数。〔2〕在我国，中国作家协会观察到，网络作家已经开始大量使用人工智能软件辅助写作，同时，AI 也成了别有用心之人的抄袭洗稿工具。〔3〕宣称自己是人工智能"作品"的作者，或是将创作物署上其他知名作者的名，并以之发表营利的现象层出不穷。在法教义学的层面评价上述两类行为并非易事，但无论是著作权法还是刑法，都必须适时回应人工智能时代的新兴问题。

纵观新一代人工智能的"创作"过程，在"事中"的深度学习与人工标注阶段，事先输入的数据会被无数次地复制、模拟、再复制，这种"临时复制"并不被归为著作权侵权行为，而在"事前"的训练数据输入与"事后"的内容输出阶段，则存在相应的著作权侵权风险。〔4〕具体来说，就前者而言，人工智能的训练数据囊括海量的人类作品，对受保护作品的复制不可避免，因而属于对作者专有权的侵犯。但是，人工智能技术高度依赖于对数据乃至作品的大规模利用，若将此类复制行为一律依著作权侵权甚至犯罪处理，将极大遏制相关产业发展，为此，绝大多数观点呼吁修改著作权的限制与例外规则，将人工智能深度学习纳入合理使用的范畴，为科技创新保驾护航。〔5〕这也意味着将此种情形上升到犯罪的可能性微乎其微，刑法学界的研究不必以此为重心，就后者而言，考虑到人工智能生成的"作品"具有价值，也存在被他人滥用的可能，为了促进科学文化事业的繁荣，实现著作权法鼓励创作的目的，对其进行必要的保护，并将相关权利赋予人工智能的开发者、所

〔1〕参见王晓丽、严驰：《生成式 AI 大模型的风险问题与规制进路：以 GPT-4 为例》，载《北京航空航天大学学报（社会科学版）》2025 年第 2 期，第 17~27 页。

〔2〕参见赵觉理：《人工智能绘画，惊喜伴着争议》，载《环球时报》2023 年 3 月 24 日。

〔3〕参见田可新：《AI 写作：文学领域的搅局者?》，载《大众日报》2021 年 7 月 20 日。

〔4〕参见彭飞荣：《论算法创作中涉数据的著作权侵权风险及其化解》，载《法律适用》2023 年第 4 期，第 50 页。

〔5〕参见王文敏：《人工智能对著作权限制与例外规则的挑战与应对》，载《法律适用》2022 年第 11 期，第 152 页。

有者或投资者，而非用户之主张已然为多数学者所首肯。[1]不过，应否对其采取专有权的保护模式，也即对人工智能“作品”的侵犯能否构成著作权侵权甚至犯罪，学者们各执己见，这为司法实践也带来了诸多困扰。更为遗憾的是，如何防范在AI创作物上署自己或他人名后，将之冒名发表的行为，现有研究普遍论及，但大多浅尝辄止。本文将以此为出发点，明确作为冒名行为对象的人工智能“作品”的法律性质，探究AI创作物保护的民刑衔接方案以及刑法解释路径，以尝试提供遏制冒名发表人工智能“作品”行为的完善方案。

需要补充的是，本文所称的人工智能“作品”，仅指形似人类作品的人工智能创作物，其他的AI生成内容不在探讨之列。理由在于，生成式人工智能在与用户进行自然语言交互的过程中，很多情况下仅仅扮演了搜索引擎的角色，或是为用户提供简单的事实陈述、问题分析等服务。这些AI生成内容在外表上与人类作品存在较大差异，完全不需要以专有权的形式展开保护。仅当人工智能实际开展创作，也即AI生成的内容如果由人类创作就成立著作权法所规定的作品时，著作权相关制度才面临解释难题。

## 二、人工智能创作物作品性质的证成

### （一）人工智能“作品”法律性质认定的迷思

要探究对冒名发表AI“作品”行为的现行法规制进路，必须先行厘清人工智能创作物的法律性质，也即它是否属于著作权法意义上的作品。若给予肯定回答，不仅能为冒名行为前置法责任的确定积基树本，还可以顺理成章地将人工智能作品作为侵犯著作权罪的行为对象，[2]若给予否定回答，则绝对排除了成立著作权犯罪的可能。根据《著作权法实施条例》第2条之规定，作品是“文学、艺术和科学领域内具有独创性并能以某种有形形式复制的智力成果”。可复制性和处于文艺科学领域内二要件从形式上理解即可，对此并

---

〔1〕 参见丁晓东：《著作权的解构与重构：人工智能作品法律保护的法理反思》，载《法制与社会发展》2023年第5期，第117页。该学者指出：“对于人工智能企业而言，如果著作权落入海量用户手中，则企业在未来利用此类作品时将面对众多侵权风险，这将导致人工智能企业缺乏将其产品开放给普通用户使用的动力。此外，这一方案也可能引发大量著作权冲突。对于自动化生成的人工智能作品来说，用户的提词或提问具有高度重复性，其产生的作品也必然具有一致性或相似性，这将导致对同样或类似作品的权利被大量用户所主张。”笔者对此十分赞同。

〔2〕 这不是对“作品”的扩大解释，换言之，“人工智能作品”并非全新的作品类型，更不需要将所谓“人工智能作品”上升到法律法规之中，而是人工智能生成物必然以文字、美术作品等形式表现出来，因而对人工智能作品的侵犯在文义解释上就是对传统类型作品的侵犯。

无争论，自不待言，而独创性和智力成果要件的证成便是重中之重。如后所述，还有学者基于体系性的考察，主张成立作品还需具备不成文的要件。仅靠文义解释无法得出确切结论的各个成文与不成文的要件，不言自明地成了学术争鸣的焦点，笔者将以此类要件为重心，梳理立足传统著作权理论的AI创作物非作品论与新兴的AI创作物作品论的主张：

1. 人工智能创作物非作品论

总体而言，该说以大陆法系传统著作权理论为基础，始终以“人”为著作权制度建构的核心，不仅围绕劳动、个性等人之独有特质解释作品的各个要件，甚至直接将此设定为不成文的构成要件。依此观点，人工智能创作物难以符合作品的各个要件，被排除出作品的范畴理所应当：

第一，其无法满足创作的主体要件。根据《著作权法》第2条之规定，创作主体被限定为人类。虽然该法第11条第3款也将法人与非法人组织“视为作者”，但仍不能推翻法人作品是由其成员——“人”创作的事实，也无法否认法人作品制度的创设目的——鼓励对自然人创作的投资。总之，人工智能“作品”不符合自然人创作这一主体要件。

第二，创作物本身也不具有独创性。作者在独立完成体现其思想意识，并具有最低限度创造性的个性化表达之时，方为“独创”。反观现阶段的弱人工智能，其技术机理决定了它只能执行既定的流程、方法，并在计算后获得相对确定的结论。以ChatGPT为例，“当用户向ChatGPT发出指令后，模型会将指令转化为数字序列，分析用户指令的含义和意图，生成数字序列形式的内容，继而将数字序列转换为文本输出”[1]。这与体现个性的创作存在根本区别，也印证了人工智能生成过程的本质——计算而非创作。[2]

第三，就智力成果要件而言，即便新一代人工智能相较传统的计算机智能，已经具备了学习、记忆、交互等能力，但其“智能”仍不能与人之“智力”相提并论。如果不同用户以同一交互内容对同一人工智能程序进行提问，AI的回答不会存在实质性差异，这与人类的开放性思维存在本质区别。以论文写作为例，人类作者在面对同一命题时，很可能因思考的深入、心境的变化等情况而得出不同结论，甚至能够提出前人未曾虑及的新论点、论据，进

〔1〕 邓建鹏、朱怿成：《ChatGPT模型的法律风险及应对之策》，载《新疆师范大学学报（哲学社会科学版）》2023年第5期，第91~92页。

〔2〕 参见王迁：《论人工智能生成的内容在著作权法中的定性》，载《法律科学（西北政法大学学报）》2017年第5期，第151~152页。

而推动学术发展。反观弱人工智能，只能对现有观点进行归纳分析，得出的结论只是学界现有观点的同义表述，无法推动科研创新。〔1〕

第四，若将“人类个性”固定为不成文的构成要件要素（主观要件），因人工智能在生成内容的过程中并未体现人类必要的努力与情感个性，不满足“思想或情感的表达”这一要件，创作物也就不属于“作品”。〔2〕

2. 人工智能创作物作品论

该说认为，即便采取否定论者的判断思路，将自然人作为唯一的创作主体，将人之个性、主观思维等作为作品的各个构成要件要素的解释依据，也可以通过对生成式人工智能技术原理的剖析，肯定其创作物的独创性和智力成果等属性，进而明确其作品性质，具体而言：

第一，承认 AI 创作物的作品属性不会动摇著作权法的“人本观”。当下的生成式人工智能仍属于弱人工智能，无法脱离“工具”的范畴，其输出的表达必然是人类思想的延伸。〔3〕以 ChatGPT 的生成过程为例，无论是最初的数据输入、深度学习，还是最终与用户的自然语言交互、内容生成，都全面体现了人类思维模式的影响。一方面，开发者对人工智能学习的对象——数据文本的选择，以及在算法模型内部采取的人工标注辅助机器学习的模式就有人类智慧的体现；另一方面，在人工智能运算生成之时，也必然需要人类意志的介入。因为 ChatGPT 创作的前提是用户与之交互，对其输入生成的指令，这意味着“人”的因素贯穿 AI“创作”全过程。〔4〕

第二，能将 AI 创作的过程涵摄于作品的各个构成要件中。就独创性要件而言，之所以生成式人工智能在与用户交互后能够产生形似人类作品的创作内容，是因为人工智能开发、设计者的独创性智力劳动。〔5〕人工智能“作品”并不游离于人的思维之外，相反，其体现了开发者等对其学习内容、表

---

〔1〕 参见王琪：《技术赋能与问题衍生：ChatGPT 对学术期刊出版的影响》，载《河南大学学报（社会科学版）》2023 年第 5 期，第 142 页。

〔2〕 参见刘影：《人工智能生成物的著作权法保护初探》，载《知识产权》2017 年第 9 期，第 46 页。

〔3〕 参见王小夏、付强：《人工智能创作物著作权问题探析》，载《中国出版》2017 年第 17 期，第 33 页。

〔4〕 参见刘艳红：《生成式人工智能的三大安全风险及法律规制——以 ChatGPT 为例》，载《东方法学》2023 年第 4 期，第 30~40 页。

〔5〕 参见季连帅、何颖：《人工智能创作物著作权归属问题研究》，载《学习与探索》2018 年第 10 期，第 106~110 页。

达方式的个性化安排。[1]更进一步说，算法是人工智能创造力的源泉，而人类“创造”了算法，对算法负责。[2]开发、设计者思维的介入使人工智能输出的内容具备一定的独创性，能为著作权法调整，就智力成果要件而言，生成式人工智能已然并且未来仍会发展出复杂多样的神经元系统和神经网络连接方式，从而模拟人类神经元、脑区的相关行为、特性，[3]这将缩小AI与人类思考方式间的差距，强化创作物的“智力”属性。此外，智力成果要件的该当性不但要考量人之“智力”，还要考量创作物是否属于人类能理解的“成果”。与动物等非人类“创作的作品”不同的是，人工智能“作品”与人类作品都使用了人类独有的语言符号，双方的创作物均可被对方理解，因而符合著作权法对智力“成果”的要求。[4]

目前，也有少数学者另辟蹊径，主张彻底革新前述大陆法系传统著作权理论。代表性观点认为，以人类作者为中心的著作权保护理念已然与社会脱节，致使人工智能“作品”的知识产权保护遭遇制度障碍。[5]亟须脱离传统理论之樊篱，在解释作品的各个要件时坚持客观主义的基本立场，[6]并否定围绕“人”创设的不成文构成要件要素，以阐述人工智能时代的实践问题。至于如何把握作品认定的客观主义立场，部分观点采取客观上的“可区分性”标准，认为ChatGPT等拥有媲美人类的智能，其创作物只要在形式上与现有作品存在区别，就属于具有独创性的智力成果，应当给予保护，这种字面含义的理解也得到了刑法学者认可，[7]部分观点采取客观上的“可解读性”标准，认为在界定作品时应以受众的“可解读性”为标准。换言之，只要能在人类创设的符号意义之下解读出AI“作品”的创造性，便可肯定其作品性

〔1〕 参见刘强、彭南勇：《人工智能作品著作权问题研究》，载《南京理工大学学报（社会科学版）》2018年第2期，第35~44页。

〔2〕 参见叶良芳、李芳芳：《弱人工智能背景下侵犯著作权罪犯罪对象之扩张》，载《学习与探索》2019年第5期，第57页。

〔3〕 参见张熙、杨小汕、徐常胜：《ChatGPT及生成式人工智能现状及未来发展方向》，载《中国科学基金》2023年第5期，第744页。

〔4〕 参见孙山：《人工智能生成内容著作权法保护的困境与出路》，载《知识产权》2018年第11期，第62~64页。

〔5〕 参见梁志文：《论人工智能创造物的法律保护》，载《法律科学（西北政法大学学报）》2017年第5期，第156~164页。

〔6〕 参见黄汇、黄杰：《人工智能生成物被视为作品保护的合理性》，载《江西社会科学》2019年第2期，第33~42页。

〔7〕 参见刘宪权：《人工智能生成物刑法保护的基础和限度》，载《华东政法大学学报》2019年第6期，第60~62页。

质，而非考量作者的情感、个性。[1]

(二) 创作物作品属性争议的省思及疏释

1. 作品否定论的不足之处

肯定论者的担忧是，若不对人工智能创作物以专有权的形式保护，而是使其进入公共领域，任由社会公众使用、营利，则无法遏制将 AI“作品”冒充自己或他人作品的非法牟利行为，并最终打击人类的创作积极性。[2]否定论者对此并无辩驳之意，但就是否以及如何应对此问题两歧遂分。

多数观点主张对创作物采取邻接权的保护模式。理由在于，邻接权系“不构成作品的特定文化产品的创造者对该文化产品所依法享有的专有权利”，[3]只要求权利人为其成果付出少量的创造性投入，而不要求成果达到作品的独创性程度，这与非作品论的基本主张相契合。而且，现行法对邻接权的保护力度显著低于著作权，在采取此进路时，只会给予人工智能创作物有限但足以应对冒名行为的保护，能够实现各方利益的平衡。[4]但问题在于：一方面，邻接权的类型与内容需遵从法定主义，由于现行邻接权体系无法调整人工智能创作物，只能以修法的形式赋予相关主体这一权利。而立法者是否接受此提案尚不明确，在邻接权制度真正容纳 AI 创作物之前，司法实践将始终面临现实问题的诘问。另一方面，该说因降低了对客体的创造性的要求，使得在形式上与人类作品存在一定差距的人工智能生成物也具备了受法律保护的空间，导致难以准确把握对 AI 输出内容的保护范围，而这种判断标准的不明晰会给予法官过大的自由裁量空间，不利于“同案同判”目标的实现。总之，邻接权制度并非保护人工智能创作物的合理选择。

少数观点选择回避这一问题，坚持使人工智能“作品”回归公共领域，不给予它任何保护，甚至允许冒名行为人获得对创作物的法定权利。该说认为，在没有证据证明真实创作者的身份之时，即使用户在 AI 创作物上署名，宣称其对该内容享有著作权，也只能根据“署名即推定”的规则，将其视为作者。[5]

---

[1] 参见易继明：《人工智能创作物是作品吗?》，载《法律科学（西北政法大学学报）》2017 年第 5 期，第 139 页。

[2] 参见冯晓青、潘柏华：《人工智能“创作”认定及其财产权益保护研究——兼评“首例人工智能生成内容著作权侵权案”》，载《西北大学学报（哲学社会科学版）》2020 年第 2 期，第 40~41 页。

[3] 王迁：《知识产权法教程》（第 7 版），中国人民大学出版社 2021 年版，第 249~250 页。

[4] 参见许明月、谭玲：《论人工智能创作物的邻接权保护——理论证成与制度安排》，载《比较法研究》2018 年第 6 期，第 52 页。

[5] 参见王迁：《论人工智能生成的内容在著作权法中的定性》，载《法律科学（西北政法大学学报）》2017 年第 5 期，第 154 页。

但问题在于，首先，在生成式人工智能降生前，未参与创作之人径行在他人作品上署名之情形十分少见，因而这种推定在降低作者的举证负担，鼓励作者将更多精力投入创作的同时，副作用也相对较小。但在当下，考虑到大量宣称自己系AI创作物的作者的情况，若一概使之获权，明显是对著作权基本理论的践踏，正如持该说学者所言，“署名昭示的是作者与作品之间天然的、不可割裂的、类似于父子血缘关系的密切联系”，[1]而冒名行为人与创作物之间如此密切联系无从谈起。其次，举反证驳倒这一推定的创作事实绝非易事。如果冒名行为人以他人侵犯其著作权为由起诉，除无侵权事实外，被告人最有效的抗辩就是此内容并非由其创作，而是由AI自主生成的。但鉴于人工智能“作品”对人类作品的精湛模仿，人工智能开发、所有者以外的人对此举证的难度可想而知。最后，这可能在无形中鼓励投机者借助人工智能“作品”和人类作品难以分辨的特性，实施冒名发表行为以谋取不正当利益，而这将严重扰乱版权市场，进而打消潜在创作者的积极性，有违著作权制度的设计初衷。总之，单纯否定AI创作物的作品属性，不给予其任何保护的观点百弊丛生。

2. 作品肯定论之抉择与厘清

如前所述，肯定人工智能创作物的作品性质，并以著作权制度调整相关法律关系并不存在解释上的障碍。而且，相较创作物非作品论，作品论能将对人工智能输出内容的保护范围修正至适当区域，确保对权利主体的人身、财产权益乃至公共利益的周延、合理保护，最终可实现的法律效果也更为优越。

第一，该说更有利于实现著作权法的立法目的。根据《著作权法》第1条之规定，著作权法的建构理念在于“鼓励……作品的创作和传播，促进社会主义文化和科学事业的发展与繁荣”。一方面，这有利于推动科学文化领域的繁荣。[2]由于著作权法对独创性要件采取较低的智力投入标准，[3]受到制度激励的便不仅是具备较高创造性的智力成果。虽然人工智能“作品”在质

[1] 王迁:《论〈著作权法〉中“署名推定”的适用》，载《法学》2023年第5期，第100页。

[2] 参见曹源:《人工智能创作物获得版权保护的合理性》，载《科技与法律》2016年第3期，第505页。

[3] 代表性观点认为，考虑到著作权法追求文化多样性的旨趣，不能苛责创作性的标准，具有最低限度的一点创作性即符合著作权法对于作品“创作”要件的要求。具体言之，只要创作出的表达形式能反映创作人个性，并能区别于他人作品或者公有领域的表达形式，就符合创作性要求。参见李扬:《知识产权法基本原理（Ⅱ）——著作权法》，中国社会科学出版社2013年版，第32页。

量上大多无法与人类作品相媲美，但考虑到它被创作的效率较高，以及对人类作品模仿得很好等特征，它使得可供公众利用的作品总量大幅增加，进而增进文化市场的昌盛。另一方面，这对科学文化事业的发展也大有裨益。虽然人工智能的方兴未艾必然对相关行业的就业产生消极影响，但这淘汰了低创造性的人类作品，倒逼人类构思更优质的表达，因而拔高了人类创作的水平。〔1〕与此同时，实践证明，人工智能创作物具有经济价值，若将这种价值上升到法律层面，更能激发投资人对此类程序的开发意愿，以确保人工智能企业从作品的流转、运用中获益，进而巩固我国 AI 行业在国际竞争中的优势地位。〔2〕

第二，该说对人工智能输出的各类情形进行了价值上的筛选、判断。虽然 AI 在与用户进行交互时生成的答复具有一定的价值，但仅有形似作品的那部分内容才值得以专有权的形式进行特殊保护。除此之外的 AI 输出内容价值十分有限，甚至与搜索引擎等传统计算机智能的输出结果相当，即使其在未标注的情况下流入公共领域，也不可能被用于实施虚假署名等不当行为，因而确实没有必要对其过多关注甚至强制标识其来源。以此观之，著作权说不至于如否定论中的邻接权说一般陷入保护范围划定的僵局。

第三，该说能以专有权的形式有效约束公众借 AI 作品不当牟利之行为，特别是冒名发表行为。将人工智能创作物上承载的利益上升为权利后，就算身为权利人的人工智能企业怠于维权，在侵害创作物的不法行为损害公共利益之时，也可依据检察公益诉讼制度或是行政法、刑法的有关规范展开应对。

当然，变革我国著作权法所采取的作者权体系，并采取客观主义的作品判断标准并非上策，除扭转观念所需付出的成本太高外，这也与现行法规定存在一定矛盾，无法笃定捍卫人工智能创作物中蕴含的精神性权利。具体而言，在客观主义的基本立场下，作品主观的要素必然被淡化甚至消除，进而出现在肯定 AI 作品的著作财产权的同时，部分或完全否认其著作人身权的主张。〔3〕但著作权法只是规定著作人身权、财产权可分属不同主体享有，以及部分权利在保护期限届满后消灭，并未明确某种情况下的人身或财产权利可

〔1〕 参见孙山：《人工智能生成内容著作权法保护的困境与出路》，载《知识产权》2018 年第 11 期，第 64 页。

〔2〕 参见张惠彬、刘诗蕾：《挑战与回应：人工智能创作成果的版权议题》，载《大连理工大学学报（社会科学版）》2020 年第 1 期，第 78~79 页。

〔3〕 参见刘宪权：《人工智能生成物刑法保护的基础和限度》，载《华东政法大学学报》2019 年第 6 期，第 63 页。

以自始不存在。反过来说，脱离著作人身权也会使对AI创作物进行特殊保护之探讨丧失合理性。综上所述，在恪守传统著作权理论的同时，只要就人工智能技术原理开展深度剖析，对作品的各要件作出合理解释，就可以将人工智能创作物认定为著作权法所规定的作品。

## 三、冒名发表行为的民刑协同治理对策

在肯定AI创作物的作品性质之后，便已然明确了以刑事手段惩治冒名发表行为的核心罪名，侵犯著作权罪。通说认为，从本罪的立法背景及数次修订情况来看，可以肯定其法定犯性质。如何理解法定犯的双重违法性，对本罪的解释与适用至关重要。纵观学界对法定犯违法性的相关研究成果可以发现，目前针锋相对的几种观点，无论是违法相对论还是缓和的违法一元论，是相对从属性还是相对独立性说，是目的论层面还是存在论层面的法秩序统一性说，观点的差异主要体现为学者们个性化的研究视角，而非各理论间的冲突，至少有以下两点事实可对此加以印证：

一方面，各学说的基本观点日益同质化。例如，相对独立性说在强调违法判断的多元性的同时，也认可合法判断的统一性，[1]而这一直为相对从属性说所提倡。[2]相比之下，相对从属性说所为限定处罚范围而在行为一般的违法性外增设"可罚的违法性"的做法，[3]也是对相对独立性说的核心主张，刑法自有"独立之精神和自由之思想"的借鉴，[4]以寻求刑法解释的合理性。再如，目的论者认为，法秩序统一性体现为整个法律体系所崇尚，并贯彻于各法律目的之中的良善价值、正向道德准则，只要某一行为被任一法的目的所提倡，其他法域同样需要给予其肯定。[5]这与存在论的观点相悖，同一行为无法同时被法律允许且禁止也绝非对立，[6]因为法律的评价与道德

---

〔1〕参见吴镝飞：《法秩序统一视域下的刑事违法性判断》，载《法学评论》2019年第3期，第47页。

〔2〕参见于改之：《法域冲突的排除：立场、规则与适用》，载《中国法学》2018年第4期，第86页。

〔3〕参见王昭武：《法秩序统一性视野下违法判断的相对性》，载《中外法学》2015年第1期，第175页。

〔4〕参见田宏杰：《知识转型与教义坚守：行政刑法几个基本问题研究》，载《政法论坛》2018年第6期，第29页。

〔5〕参见邹玉祥：《行政犯违法判断的中国方案》，载《政治与法律》2023年第10期，第75页。

〔6〕参见［日］京藤哲久：《法秩序的统一性与违法判断的相对性》，王释锋译，载《苏州大学学报（法学版）》2020年第1期，第153页。

的评价高度一致，正如习近平总书记所指出的：“法律是成文的道德，道德是内心的法律。”〔1〕另一方面，只要选取相同的论证角度，依据上述学说得出的结论就不会存在实质区别。例如，只要知悉不法原因给付的民法效果是给付人丧失返还请求权，而非受让人获得拒不返还的权利，便会认为侵吞给付物的行为既不符合道德与良善价值，又违背现行法关于收缴赃物的规定，因而能同时被存在论与目的论给予否定评价。

学说间的融合、发展值得庆幸，理论的统一能为实践认定提供更清晰的指引。但这并不意味着对法定犯认定的争议完全消弭，对刑法用语的理解是否必须与前置法完全一致，以及如何理解前置法刑事责任条款的问题依然哓哓不休。以知识产权法学者为代表的观点认为，著作权民刑保护存在严重脱节。〔2〕具体而言，将出租、信息网络传播等解释为《刑法》第 217 条第 1 项的复制发行，不仅缺乏前置法根据，违反法秩序统一性原理，甚至超出了“复制发行”的文义射程范围，涉嫌违反罪刑法定原则。此外，既然《著作权法》第 52、53 条依据侵权行为的不同类型，明确区分侵犯著作权所应承担民事责任与刑事责任，〔3〕那么规定了刑事责任的第 53 条就为保障法划定了入罪的边界，而非仅具有象征性意义。笔者对此主张持怀疑态度，下文将就其分而述之。

### （一）对侵犯著作权罪用语的理解独立于著作权法

第一，该观点对法秩序统一性原理存在误读。法秩序统一性原理旨在保障由各部门法组成的法秩序整体及对各法的解释结论的协调，〔4〕维护法的行为指引功能，以避免置民众于两难境地。〔5〕法秩序统一性的实现并不要求对各个部门法的同一概念作出完全相同的解释，因为解释的差异并不代表行为指引的冲突。就本罪而言，刑法尊重并维护著作权法对侵权行为的否定评价，

〔1〕 习近平：《习近平谈治国理政》（第 2 卷），外文出版社 2017 年版，第 133 页。

〔2〕 参见王迁：《论著作权保护刑民衔接的正当性》，载《法学》2021 年第 8 期，第 3~19 页。

〔3〕《著作权法》第 52 条规定：“有下列侵权行为的，应当根据情况，承担停止侵害、消除影响、赔礼道歉、赔偿损失等民事责任：（一）未经著作权人许可，发表其作品的……”第 53 条规定：“有下列侵权行为……构成犯罪的，依法追究刑事责任：（一）未经著作权人许可，复制、发行、表演、放映、广播、汇编、通过信息网络向公众传播其作品的，本法另有规定的除外……”相比其他法律、行政法规的所谓“刑事责任条款”，著作权法对刑事责任条款的规定明确而具体，是极为罕见的立法例。

〔4〕 参见［日］松宫孝明：《刑法总论讲义》（第 4 版补正版），钱叶六译，中国人民大学出版社 2013 年版，第 81 页。

〔5〕 参见［德］G. 拉德布鲁赫：《法哲学》，王朴译，法律出版社 2005 年版，第 76 页。

在设定犯罪圈时坚持将前置法的违法性作为边界。虽未将全部的侵权行为均规定为犯罪，但这并不代表刑法允许犯罪圈之外的民事违法行为的发生。就著作权侵权行为的违法性判断而言，二法绝非对立。

第二，该观点没有关注各个部门法独特的思维模式及蕴含价值，导致刑法与前置法之间的界限模糊。著作权法以民事法的概念思维为基础，构建精细明确、分门别类、技术性特征明显的规范体系，以适应多姿多彩的市民生活，在赋予权利人更为周全的行权途径的同时，促进财产性权利的流转乃至经济的发展。[1]而侵犯著作权罪立足刑法的类型思维，为司法人员保留相对充分的解释空间，以应对激荡的社会变迁，在维护刑法稳定性的同时尽力实现法益保护的目的。因此，民刑思维的抵牾与目的的差异决定二法律在解释上的独立性。最为典型的是，出租权原本为发行权所囊括，2001年《著作权法》修改之际，立法者才基于国内国际双重现实，按照TRIPS协定将出租权独立。[2]

第三，侵犯著作权罪的罪状表述已然揭晓了刑民解释不一的缘由。根据《刑法》第217条的规定，刑法调整“有下列侵犯著作权……的情形之一”，也即只要求下述各类的行为侵犯著作权，至于具体是何种权利受侵犯在所不问。而不是“有侵犯下列著作权……的情形之一”，也即要求侵犯特定类型的著作权。与之对应的是，刑法惩罚以“复制发行、信息网络传播”的手段侵犯著作权的行为，而非仅规制侵犯“复制发行权、信息网络传播权”的行为。相比之下，著作权法将侵权行为与被保护的权利一一对应，因而著作权法内部概念具有一致性，而刑法显然并非如此，对二者进行差异化的解释也就理所应当。

第四，该观点会导致法益保护的滞后性。单就刑事责任条款来看，著作权法预设的足以入罪的侵权行为类型明显宽于侵犯著作权罪的行为类型。目前，部分社会危害性更严重的著作权侵权行为，如间接规避技术保护措施的行为，似乎并不为侵犯著作权罪的文义所包含。当司法工作人员意识到此问题之时，采取扩张解释的手段及时应对，而非寻求立法的修改显然更有助于保护法益。

---

〔1〕参见张燕龙：《著作权法与刑法的衔接》，载《国家检察官学院学报》2023年第2期，第111、119页。

〔2〕参见黄薇、王雷鸣主编：《中华人民共和国著作权法导读与释义》，中国民主法制出版社2021年版，第86~87页。

### （二）侵犯著作权罪的处罚范围受限于著作权法

#### 1. 受限于前置法的保护范围

一般认为，法定犯的二次违法性（也称双重违法性）使得对它的认定与自然犯存在本质区别。前置法违法性的具备是其成立前提和逻辑起点，以实现对拟入罪行为的初次筛选，因而法定犯的打击范围绝不能逾越前置法设定的违法边界，这是罪刑法定原则的应有之义。〔1〕此外，著作权法遵循权利法定原则，只有法定的专有权——基于著作权、邻接权客体配置的专有权以及反规避技术措施、权利管理信息的专有权，才能成为前置法的保护对象。作为保障法的刑法同样不应提供超出法定专有权范畴的保护，否则会导致法定犯的处罚缺乏正当性基础，引发法域间的实质冲突。〔2〕

上述结论也可以从著作权法与侵犯著作权罪的历次修正内容中推导出来。虽然著作权法的保护范围不断扩张，2020年修法时将“作品类型法定”主义调整为“作品类型开放”主义，〔3〕但刑法是拓展与限缩并行。《刑法修正案（十一）》出台前，侵犯著作权罪采取的是“作品类型开放”主义，本罪修正后，刑法反而回归著作权法修改前的“作品类型法定”主义，这看似与前置法的规定不协调，实际上真正落实了法定犯保护范围从属性的要求。一方面，在著作权法修改前，刑法采取的“作品类型开放”主义明显超出前置法对作品的把握，这导致率先直面新型作品的认定案件的不是深谙著作权法相关原理的知识产权审判庭，而是刑庭。但是，刑事司法实践不宜也不应作为知识产权保护的开拓者。另一方面，在著作权法修改后，刑法并未与之步调一致，而是转在更小范围内给予保护，这也有充分的理由。根据罪刑法定原则的实质侧面，刑法规范应具有明确性，以免因罪状表述过度抽象而损害其自由保障机能。采取“作品类型法定”主义，待知识产权法学界对新兴事物法律性质的争议尘埃落定，并于法律法规中确认其作品属性之后，再将之纳入刑法的保护范畴，能够合理限缩刑庭法官的自由裁量权，消解因对著作权制度把握不精确而不当入罪的现象。

#### 2. 不受限于前置法的刑事责任条款

不同于绝大部分法律法规的是，著作权法刑事责任条款（第53条）并非

---

〔1〕 参见邹玉祥：《行政犯概念的中国表达》，载《法制与社会发展》2022年第3期，第220页。

〔2〕 参见刘铁光：《著作权民刑保护之间的法域冲突及其化解》，载《法律科学（西北政法大学学报）》2023年第5期，第177~178页。

〔3〕 参见王迁：《〈著作权法〉修改：关键条款的解读与分析（上）》，载《知识产权》2021年第1期，第20页。

只象征性地指出“构成犯罪的，依法追究刑事责任”，而是事无巨细地描述了可能承担行政责任乃至刑事责任的行为，并与仅需承担民事责任的第52条相关情形形成完美对照。有观点据此主张，虽然不能直接依据著作权法刑事责任条款定罪量刑，但这一规定具有限制入罪的意义，因为该法只要求超出这一边界的行为承担民事责任，故第53条之外的情形不能成立侵犯著作权罪。〔1〕笔者认为，刑事责任条款的价值在于为刑事立法及解释提供理论支撑和方向指引，但其本身不能作为出罪的直接依据，对本罪的解释也不从属于刑事责任条款，因而仍是象征意义大于实际意义。理由在于：一方面，尽管它被冠以“刑事责任条款”之名，但其中同样掺杂着民事乃至行政责任，各部门法的价值冲突仍将体现，因而对需承担刑事责任的行为的界定未必专业，无法保证其内容均与刑法的特定目的相契合。另一方面，刑事责任条款的设计仍不够科学，“构成犯罪”是否指的一定是侵犯著作权罪？如果刑法解释应当从属于刑事责任条款，是否影响对侵犯著作权罪之外的犯罪的认定？在考虑此类问题后，只能否认对此条款的从属性。当然，若要排除刑事责任条款的影响而入罪，需要更为充分的论据支撑。

## 四、冒名发表行为刑事规制的理念与进路

### （一）冒名发表行为的规制理念：保护“著作权”法益

在对侵犯著作权罪的构成要件进行相对独立于前置法的解释，以确定刑法对冒名发表行为的评价时，“必须以法条的保护法益为指导，而不能仅停留在法条的字面含义上”〔2〕。过去，学界对本罪的保护法益主要存在三种理解：“著作权说”“著作权管理秩序说”以及二者的结合“复合法益说”。〔3〕著作权管理秩序说与复合法益说均无法回应著作权集体管理组织在性质上属于“社会团体”的事实，若国家倾向于以公权力调控、管理著作权市场，便不会以行业自治为主的形式展开对权利的保护。此外，二学说的内涵同样不明确，所谓的“管理秩序”甚至可能不具有实际意义，以致沦为著作权说的附庸，因而赞同这两种观点的学者并不多见。

〔1〕参见张燕龙：《著作权法与刑法的衔接》，载《国家检察官学院学报》2023年第2期，第114页。

〔2〕张明楷：《刑法学》（第6版）（上），法律出版社2021年版，第259页。

〔3〕参见周光权：《刑法各论》（第4版），中国人民大学出版社2021年版，第350页；谢焱：《知识产权刑法法益分析》，载《北方法学》2017年第4期，第109页；高铭暄、马克昌主编：《刑法学》（第10版），北京大学出版社、高等教育出版社2022年版，第444页。

最近，有学者提出了“激励秩序说”，该说认为，著作权制度以为作者提供经济收益为手段，其最终目的在于鼓励作品的创作与传播、促进表达自由、推动文化繁荣。著作权法经济激励机制的顺畅运行，即为“秩序”法益的实现。为此，刑法需要担起保障著作权法激励目的实现的重任，将严重损害著作权保护激励机制的侵权行为作为犯罪处理。若行为人仅对特定著作权人的财产权益造成损害，而未威胁著作权保护激励机制这一整体的，不构成犯罪，以民事责任处理即可。〔1〕但问题在于，著作权制度并不将经济看得很重，互联网时代的无偿创作模式之所以长盛不衰，就是因为著作权法对作者人身权的周延保护。这一点从著作权法对其立法目的的表述、编排体例的选择以及保护模式的确立中也可见一斑，该法第1条将“精神文明”置于“物质文明”之前，在体例结构中将著作人身权置于著作财产权之前，将著作人身权的核心内容——署名权与作者高度绑定，充分体现出对创作者人格的尊重以及民法典时代私法的人本观念。既然如此，该说便很难解释为什么本罪属于侵犯“经济”秩序的犯罪了。

笔者坚持著作权说。首先，该说最为契合前置法的目的。著作权法赋予相应主体专有权的首要目的在于鼓励创新，〔2〕而刑法同样“尊重创新劳动”〔3〕，以此观之，侵犯著作权罪的规范目的与著作权法的立法目的一致。其次，著作权法益也能得到立法背景资料的印证。立法机关认为，“必须对这些严重侵犯著作权的行为给予刑事处罚”〔4〕，因而于1994年通过了《关于惩治侵犯著作权的犯罪的决定》，将著作权侵权行为独立入罪，这一规定为1997年《刑法》所继承并延续至今。最后，这还与本罪的体系位置契合。侵犯著作权罪在刑法体系中的位置使得本罪并非以私益为保护核心。从形式上看，著作权系私益，因而著作权说似乎违背了体系解释的结论，但从实质上看，现代著作权制度承载着公益属性，其不断为作者的专有权增设例外规则等以维护社会公众的合理使用利益。

---

〔1〕 参见王志远、陈昊：《法秩序统一视域下侵犯著作权罪的罪质及展开》，载《烟台大学学报（哲学社会科学版）》2023年第4期，104~105页。

〔2〕 参见於兴中、郑戈、丁晓东：《生成式人工智能与法律的六大议题：以ChatGPT为例》，载《中国法律评论》2023年第2期，第14页。

〔3〕 王爱立主编：《中华人民共和国刑法条文说明、立法理由及相关规定》，北京大学出版社2021年版，第793页。

〔4〕 参见王叔文：《全国人大法律委员会关于〈惩治侵犯著作权的犯罪的决定（草案）〉审议结果的报告——1994年6月28日在第八届全国人民代表大会常务委员会第八次会议上》，载《全国人民代表大会常务委员会公报》1994年第5期，第57~58页。

可能有观点认为，著作权法将著作人身权与著作财产权并重，甚至更偏向于著作人身权，反观侵犯著作权罪，其经济秩序犯罪性质和以营利为目的的主观要件表明本罪只保护著作财产权，二者之间存在不可缓和的矛盾，因而不能视本罪法益为著作权。本文认为，侵犯著作权罪不仅能在事实上保护著作人身权，在规范层面也同样给予了肯定，《刑法》第217条第5项的“制作、出售假冒他人署名的美术作品”便是最好的例证。权威机关认为，这一规定打击的是在“自己”或“第三人”制作的美术作品上署“他人”之名的行为，因这两类行为“损害被假冒署名的人的声誉”〔1〕。在此基础上，学界对此项规定存在不同理解：通说认为，署名权是作者对自己创作的作品所享有的权利，而被署上他人之名的作品并非由被冒名者创作，被冒名者也就不是作者，因而假冒他人署名的行为事实上只侵犯了他人的姓名权，而非署名权。〔2〕也有观点认为，此种行为侵犯的既非作者的署名权，又非自然人的姓名权，而是作者身份权，因为冒名行为可能会对被冒名者的名誉、形象等产生负面影响。〔3〕除此之外，只有极少数观点坚持署名权的路径。但无论是姓名权、署名权还是作者身份权，显然均不能归于著作财产权的范畴，以此来看，著作权法益与市场经济秩序法益并不冲突。

综上所述，在解释侵犯著作权罪的构成要件要素时，应笃守保护著作权这一民事权利的目的。经济秩序犯罪的定位实际上是在限缩本罪的成立范围，也即基于营利目的实施的侵犯著作人身权的行为，才可能具有特别严重的社会危害性。若将不涉及经济利益的侵犯著作人身权行为入罪处理，会使得本罪与人身犯罪的处理极度不协调，毕竟与名誉有关的侮辱罪、诽谤罪的入罪标准极高。当然，将著作权视为保护法益，并不代表需要将全部著作权侵权行为纳入刑事法网，我国刑法所采取的“定性+定量”模式决定了必然有部分行为类型被排除在犯罪范围外，这就为冒名发表人工智能作品行为的规制指明了方向。

### （二）惩治冒名发表行为的具体解释进路

#### 1. 将人工智能作品冒充自己或他人作品的规制问题

顾名思义，只有将人工智能作品冒充他人作品，才属于《著作权法》第53条第8项的“假冒他人署名”，进而涉嫌触犯《刑法》第217条第5项的

〔1〕 参见王爱立主编：《中华人民共和国刑法释义》，法律出版社2021年版，第454页。

〔2〕 参见王迁：《知识产权法教程》（第7版），中国人民大学出版社2021年版，第154页。

〔3〕 参见吴汉东主编：《知识产权法学》（第6版），北京大学出版社2014年版，第58、103页。

对应规定。相比之下，在 AI 创作物上署自己的名的行为属于《著作权法》第 52 条第 3 项的“没有参加创作，为谋取个人名利，在他人作品上署名”，而非第 53 条第 8 项的“假冒他人署名”。[1]此类行为侵犯了人工智能所有者或投资者等对 AI 生成作品的署名权，在前置法上只需要承担民事责任，并未违反著作权刑事责任条款，在保障法层面也没有罪刑规范的文义支撑，因而无法作为犯罪处理。

事实上，对单纯假冒署名行为的法律适用问题毋庸置疑，争议的焦点在于：《刑法》第 217 条第 5 项的规定是否具有合理性？有观点认为，在著作权制度问世之前，私法领域一直使用“欺诈”概念来为冒名行为定性。当下，借助民事欺诈乃至诈骗犯罪的规定足以实现对被假冒署名主体的有效保护，完全可以删除《刑法》第 217 条第 5 项的“制作、出售假冒他人署名的美术作品”[2]。不过，这种观点一方面是对著作人身权的选择性忽视，于保护法益不利；另一方面，也无法回应冒名行为可能引发的现实问题。理由在于，部分冒名行为只会对被冒名人造成纯粹经济损失，例如将 AI 生成作品仿照名家作品予以公开展览，这种行为显然无法借助财产犯罪予以规制。

笔者认为，第 5 项规定的问题在于，刑法对被假冒署名的作品的范围进行了限定，除“美术作品”以外的各类作品均不能受到刑法的保护，而这与当下人工智能的技术特征并不契合。以 ChatGPT 为代表的新一代人工智能具备模仿特定作者创作风格的能力，足以生成非专业人士难以分辨的该类风格作品，“美术作品”之外的其他作品同样面临被高仿、假冒署名的风险。以营利为目的，命令 AI 学习某一作者的文字作品并生成类似内容，随后在创作物上假冒该作者的署名的行为，也能实现行为人的利益，且“损害被假冒署名的人的声誉”，因而与在美术作品上假冒署名的行为具有相当的社会危害性，应当作为犯罪处理。据此，删除对冒名行为指向的作品类型的限定，才能在人工智能时代更为周延地保护法益。

2. 发表人工智能作品行为的规制问题

在未经授权的情况下，若要实现对人工智能作品的冒名发表，行为人必须对被侵权作品进行复制发行、信息网络传播，否则其冒名的事实不会为他人知悉，也就不可能讨论侵权甚至犯罪问题。以此来看，可以借助侵犯著作

---

[1] 参见胡康生主编：《中华人民共和国著作权法释义》，法律出版社 2002 年版，第 77 页。

[2] 参见刘铁光：《著作权民刑保护之间的法域冲突及其化解》，载《法律科学（西北政法大学学报）》2023 年第 5 期，第 187~188 页。

权罪对复制发行、信息网络传播的规定，同时将冒名行为作为酌定量刑情节予以考虑，以实现对此类行为的有效规制。当然，如果行为人将生成式人工智能列为“合作作者”，且“合作作品”中确实有一部分内容是其独立创作的，那么就不应考虑对其施加刑事责任。因为这并非对人工智能作品的“冒名”发表，而是对AI创作事实的“标识”，不会使相关公众对创作主体产生混淆，排除犯罪的成立也不会对不当利用AI创作物的行为起到促进效果。

需要注意的是，成立冒名“发表”并不要求行为人一字不落地复制人工智能作品，对创作物进行少量修改也不代表排除构成冒名行为的可能，换言之，部分抄袭人工智能作品，也有被认定为冒名发表的余地。根据《著作权法实施条例》第3条第1款的规定，创作是指“直接产生……作品的智力活动”。此处的“直接”产生作品并不意味着作者需要决定作品的每一处细节，而是要求其决定作品的实质内容——表达性要素，也即现行法为作者保留了借鉴其他内容的必要空间，只要其他来源的贡献未实质改变作品的表达，便不影响其“创作”性质。〔1〕类似观点认为，利用其他作品后形成的表达只要与被利用的部分不构成实质性相似，便可归入“创作”范畴，否则就仍属于对该内容的复制，侵犯权利人的复制权，〔2〕进而可能涉嫌侵犯著作权罪。因此，在参照创作物的“思想”后采用具有独创性的新表达，形成独立的新作品，才能摆脱冒名发表的风险。

不过，经此理解，新的问题也随之而来。并非所有经“借鉴”而形成的作品都与原作品泾渭分明，最为典型的是演绎作品，它“既具有自身的独创性，又与原作受保护的表达构成实质性相似”〔3〕。由于非法演绎也属于著作权侵权行为，甚至涉嫌刑事责任条款中的“复制”，那么是否有必要将其解释为侵犯著作权罪中的“复制发行”以入罪处理呢？笔者持否定回答。立法者不会轻率地赋予非法演绎人著作权，若对非法演绎人施加刑罚，不利于演绎作品制度的立法目的以及保护著作权的罪刑规范目的的实现。此外，在AI辅助创作如火如荼的当下，先通过ChatGPT对各类文献、数据等进行汇总整理、分析评价，再以AI生成内容为基础写作、实验的做法已司空见惯。这显著提

---

〔1〕参见王迁：《再论人工智能生成的内容在著作权法中的定性》，载《政法论坛》2023年第4期，第24页。

〔2〕参见“王某被控侵犯著作权案”，广西壮族自治区玉林市玉州区人民法院［1998］玉区法刑自初字第1号刑事判决书；广西壮族自治区玉林市中级人民法院［1999］玉中刑终字第26号刑事判决书。

〔3〕梁志文：《论演绎权的保护范围》，载《中国法学》2015年第5期，第140页。

高了科研等工作的效率，使人类精力集中于前人未竟之事，并有望形成人机协作的创新格局。即便在借助人工智能作品再创作的过程中可能发生侵犯著作权的现象，其危害程度也显著轻微，不应以刑罚打击此类行为。因此，对侵犯著作权罪的“复制发行”进行目的性限缩确有必要，应将创造性的复制排除出刑法上的复制范畴，尽管在前置法上这仍属于对原作品的复制。总之，部分修改人工智能作品的行为只有在既与其实质性相似，又不属于对该作品的演绎之时，才有被认定为“复制”行为，进而以犯罪论处的可能。

## 结　语

“科技是第一生产力、人才是第一资源、创新是第一动力。”〔1〕习近平总书记指出：“加快实现科技自立自强，我们就一定能够不断提高我国发展的竞争力和持续力，在日趋激烈的国际竞争中把握主动、赢得未来。”〔2〕中共中央办公厅、国务院办公厅印发的《关于强化知识产权保护的意见》也强调，要“牢固树立保护知识产权就是保护创新的理念”。肯定人工智能创作物的作品属性，一方面能够激励相关企业加大对人工智能技术的研发投入，另一方面也能有效防范抑制创新的冒名发表人工智能作品行为。在冒名行为的巨大收益面前，民事责任的威慑力并不足以打消不法分子的侵权念想，保障法仍需适时介入，以民刑协同共治的方式保护人工智能作品。借助刑罚所意欲达成的理想平衡状态是，用户在AI的辅助下高效创作，而AI生成的内容也能被公众有效辨别，不会被用户冒名并用于谋取非法利益。当下，人工智能技术对著作权保护的挑战主要还是集中于AI作品的相关问题，未来，其可能会波及技术保护措施等著作权法调整的各个领域。面对人工智能时代的变局，对侵犯著作权罪的解释必须立足保护著作权法益的基本方向，当然，在著作权犯罪的罪状表述无法因应时代发展之时，修改立法也是应有之义。

---

〔1〕 习近平：《高举中国特色社会主义伟大旗帜　为全面建设社会主义现代化国家而团结奋斗——在中国共产党第二十次全国代表大会上的报告》，载 https://www.gov.cn/xinwen/2022-10/25/content_5721685.htm? eqid=f6ff0a61000896cc0000000264658aea，最后访问日期：2024年4月2日。

〔2〕 习近平：《习近平谈治国理政》（第4卷），外文出版社2022年版，第34~35页。

# 虚开增值税专用发票罪的困境与出路

## ——以税收中性原则为指导

李文峰*

**摘要：** 针对虚开增值税专用发票罪的司法适用问题，刑法理论和实务界相继提出了行为犯、目的犯、结果犯、危险犯等不同入罪模式。但上述模式均难免有体系化缺陷，无法妥善处理法条中四种类型化的虚开行为。认为本罪法益仅为“国家增值税税款收入”的观点不符合立法目的，同时因增值税征收的复杂性，司法实践中对何为“税款损失”的认识有争议。认为本罪法益为“增值税发票管理秩序”的观点则未对行政违法和刑事违法作本质上的区分，有违法秩序统一原理。实际上，从立法目的和客观实在性两方面看，本罪保护的法益可以是增值税为大统一市场带来的“税收中性”效益，该效益应当作为类似环境法益或“国家”法益的集体法益以累积犯的模式予以保护。在评价不同类型虚开专票行为的不法程度是否达到累积犯的标准时，可以具体虚开行为累积后对税收中性效益的“客观危害性”和行为“累积的可能性”两者为判断标准，进行先后的阶层化判断。

**关键词：** 入罪模式；集体法益；税收中性效益；累积犯；经济自由

## 引　言

近年来，虚开增值税专用发票罪在入罪模式和实务认定两方面均争议不断。究其原因，从法的内部视角看，市场经济的发展增加了增值税专票在企业经营中的功能，而简单罪状的立法模式并未对此作出回应。从法的内部视

* 作者简介：李文峰（1990年—），男，四川遂宁人，成都市都江堰市公安局法制大队三级警长，警务硕士，研究方向：经济刑法，经济犯罪侦查。

角看，行为犯、目的犯、结果犯、危险犯等基于不同立场下的解释学概念相互交织，遮蔽了法益保护的客体。面对层出不穷的行政违法意义上的虚开行为，实务的认定难免混乱。鉴于增值税制度对推进制度性开放与建立大统一市场的重要性，正确理解理论与实践对该罪的探索，并对虚开专票行为构建体系化的入罪方案成为现实而紧迫的问题。

## 一、理论争议与司法实践

1997 年，我国在刑法修订中首次将虚开增值税专票罪正式纳入《刑法》，并将可用于出口退税和抵扣税金的两类发票与增值税专票规定在同一条款中形成选择性罪名。该罪名在正式进入《刑法》后很快便在司法实践中出现“湖北汽车商场虚开增值税专用发票案”“泉州松苑锦涤实业有限公司等虚开增值税专用发票案”“张某强虚开增值税专用发票案”等争议案件。之后最高人民法院相继通过个案指导、疑难问题答复等方式提出“主观上不具有骗税目的，客观上未造成国家税收损失的虚开行为，不构成犯罪”的观点〔1〕。至 2024 年 3 月发布《关于办理危害税收征管刑事案件适用法律若干问题的解释》仍不能消除争议〔2〕，各级司法机关对具体情况常有不同认识，同案不同判较为普遍。下文将结合重点案例展示理论和实务中的争议焦点。

### （一）入罪模式简介

“增值税是以商品生产和流通中各个环节的新增价值额或商品附加值额为征税对象的一种流转税。”〔3〕理论上仅应当是针对企业销售商品的增值额征税。据考证，我国在 1984 年颁布的《增值税条例（草案）》中同时确定了“扣额法”和“扣税法”两种征收方式〔4〕。但实际经营中存在大量错配，税务部门很难完整高效地获得企业的真实成本和销售价格，实务中无法全面实

---

〔1〕 参见最高人民法院《关于湖北汽车商场虚开增值税专用发票案一案的批复》（［2001］刑他字第 36 号）；最高人民法院研究室《〈关于如何认定以“挂靠”有关公司名义实施经营活动并让有关公司为自己虚开增值税专用发票行为的性质〉征求意见的复函》（法研［2015］58 号）。

〔2〕《关于办理危害税收征管刑事案件适用法律若干问题的解释》（法释［2024］4 号）第 10 条第 1 款中以是否发生“实际业务”作为认定刑事犯罪中虚开的核心标准并不能平息争议。例如在“有货代开”型虚开中，就很难在“真实交易”和“虚假交易”之间划出清晰的边界。该条第 2 款中，以类型化的方式反向列举了为“虚增业绩”“融资”“贷款”三类虚开行为如未造成“税金被骗损失”不以虚开专票罪论处。实际上条文中列举的三类情形在司法实践中不作为本罪论处早有基本共识，但从该三类行为中抽象出的“不以骗抵税金为目的”“没有因抵扣造成税款被骗损失”两条规则，在其他各类虚开行为中如何运用则远未达成共识。

〔3〕 刘少军、翟继光：《税法学》，中国政法大学出版社 2008 年版，第 86 页。

〔4〕 参见《增值税条例（草案）》（已失效）第 4 条、第 5 条。

施扣额法。因此我国在1993年出台的《增值税暂行条例》中仅保留扣税法一种征收方式[1]，即上游企业作为开票方向下游出售货物并开具增值税销项发票时按比例代国家征收增值税税金，代征的款项在无进项抵扣情况下应当全部上缴给国家。受票方向上游缴税后获得增值税进项发票，以此证明抵扣权，在自己向国家上缴从下游代征的增值税税金时作为抵扣凭证。“价外税的设置决定了纳税人与实际负税人是分离的，税金由生产经营者缴纳并上缴国库，税负却最终由消费者负担，在税负可以充分转嫁的情况下，生产经营企业不承担增值税负担。”[2]换言之，增值税以扣税法作为征收方式时其“价外税”的特性使其实际上类似于“消费税”。因最终税负承担者应当是消费者而非企业，在澳大利亚、加拿大、新西兰、新加坡该税种被称为“商品及服务税”（Goods and services Tax，GST），在日本被称作消费税（Japanese Consumption Tax，JCT）。基于此，虽不能说上述增值税的学理定义有误，但确实遮蔽了其在实际运行中体现的“税收中性”的价值面向，这可能是人们对增值税运行中许多具体问题产生分歧的重要原因。

基于增值税价外税和上征下抵的特性，在虚开增值税专票偷逃税金的犯罪中，受票方与开票方获利方式不同。受票方从上游获得虚开的专票虚构抵扣权，进而抵扣自己向下游征收的本应当上缴给国家的增值税税金，抵扣金额减去虚构抵扣权的成本即为获利金额。开票方获利方式则较为复杂。开票方给下游虚开专票并收取开票费，根据一般商业逻辑，其收费必然低于当次虚开应向国家缴纳的销项税金。此时开票方如不逃脱本次虚开对应的缴税义务（或以其他方式获得补偿）则只能亏损。实践中开票方降低成本的方式主要有：一是注册空壳公司，开具销项专票后逃走。二是向更上游低价购入进项票，冲抵虚开销项。三是票货分离，销售货物不向下游开具专票，提前使进项税额（可抵扣税金）超过销项税额（应上缴税金），此时两者差额不用缴纳销项税即可用于虚开。四是将虚开的销项增值税正常申报并纳税，但利用税收洼地的税收返还政策弥补损失，或利用破产、核定征收等手段逃脱纳税义务。上述前三种方式是利用增值税上征下抵的特性逃脱纳税义务，其余则是利用政策逃脱纳税义务或骗取财政补贴。

### （二）行为犯之否定

“行为犯”一般是指与“结果犯”相对的一种对刑法罪名的理论分类。因

---

[1] 参见《增值税暂行条例》（国务院令第134号）第4条。

[2] 陈治、赵磊磊：《基于税收中性的增值税改革进路》，载《地方财政研究》2021年第9期，第68~77页。

本罪属于简单罪状的立法模式，且《关于适用〈全国人民代表大会常务委员会关于惩治虚开、伪造和非法出售增值税专用发票犯罪的决定〉的若干问题的解释》同时将无货虚开、有货代开、有货但不如实开具发票的情况规定为刑法中的“虚开”。[1]司法实务中较长时间内均是以特定的虚开行为在物理上是否完成来理解该罪。

此种理解在当下看来自然有不妥之处。“在增值税专用发票制度刚刚设立之时，虚开增值税专用发票无疑是为了骗取国家税金，除此别无其他目的。”[2]但随着市场经济不断复杂，增值税专票除用于企业抵扣进项税金外还产生了其他功能，例如虚增交易量便于企业上市、融资；特定行业无资质企业挂靠经营需求；特殊行业作为偷逃国家消费税、企业所得税或骗取地方财政补贴的凭证等。后者较为典型的是石油变票类案件和利用税收洼地骗补类案件。因后一种功能一般认为不直接危害国家增值税税金收入，引起争议主要是第一、二类行为。较为典型的如“泉州松苑锦涤实业有限公司等虚开增值税专用发票案”“湖北汽车商场虚开增值税专用发票案”“张某强虚开增值税专用发票案”三案。分析上述案例，“泉州松苑锦涤实业有限公司等虚开增值税专用发票案”中虚开的专票为假票，因不具有抵扣功能自然不可能造成国家税金损失。“湖北汽车商场虚开增值税专用发票案”中环开企业之间没有真实交易，但环开企业进项税和销项税同时增加，即便虚开的发票被全额抵扣，整个虚开链条中国家税收也并未减少。“张某强虚开增值税专用发票案”中开票方对虚开发票正常纳税，同时开票方成本由张某补足，也不存在可能导致国家税金损失的危险。

实务部门显然注意到了上述问题，例如最高人民法院在《关于湖北汽车商场虚开增值税专用发票案一案的批复》中谈到，“主观上不具有偷骗税款的目的，客观上亦未实际造成国家税收损失的虚开行为，不构成犯罪”；[3]最高人民法院在指导性案例中谈到“张某强并不具有偷逃税收的目的，其行为未对国家造成税收损失，不具有社会危害性”。[4]同样的观点在不断出现在各类

---

[1] 最高人民法院《关于适用〈全国人民代表大会常务委员会关于惩治虚开、伪造和非法出售增值税专用发票犯罪的决定〉的若干问题的解释》（已失效）第1条。

[2] 姚龙兵：《如何解读虚开增值税专用发票罪的“虚开”》，载《人民法院报》2016年11月16日。

[3] 最高人民法院《关于湖北汽车商场虚开增值税专用发票案一案的批复》（［2001］刑他字第36号）。

[4] 最高人民法院发布6起人民法院充分发挥审判职能作用保护产权和企业家合法权益典型案例（第二批）之一：张某强虚开增值税专用发票案。

司法文件或知名学者、实务工作者文章中。[1]上述意见突出了“无偷逃税目的”和“无国家税收损失”两大要素，该标准对上述三例案件具有较强解释力，但问题是自由市场中虚开专票行为样态繁多，该处虽使用了目的性限缩的解释方法，但经限缩后的“目的”是指“非法牟利”还是仅指“偷逃税金”抑或是更为狭窄的“偷逃增值税税金”？实务中如何认定是否具有某种目的？认定国家税收是否损失是以受票方抵扣金额为准还是全链条认定？仅否定行为犯的入罪模式似乎无法回答认定犯罪要面临的其他具体问题。

（三）目的犯之分歧

在行为犯之后，理论上出现了以“目的犯”模式入罪的声音。“法院在其裁判理由中并没有使用目的犯这个概念而是使用了‘没有抵扣税金的故意’这样一个用语我认为是不准确的，也表明法院虽然对这个问题作出了正确的判断但在理论根据上未能自觉地运用目的犯理论。”[2]“结合刑法原理及司法经验，以及征纳双方的利益平衡，虚开专票罪应定性为兼具行为犯和目的犯的双重属性，即虚开专票罪属于‘短缩的二行为犯’。”[3]但不管是将其解释为非法定目的犯抑或缩短的二行为犯，均具有以下不当之处。

第一，加入主观超过要素无法均衡地处理条文中四类虚开行为。为自己虚开、让他人为自己虚开的情况下尚好判断是否具有某种目的，但在为他人虚开、介绍他人虚开的情况下则需慎重审视。为他人虚开的主体（开票方）对自己纳税抵扣情况自然清楚，但对受票方购买进项发票的真实目的无法得知。换言之，开票方仅能根据自己的纳税情况判断虚开行为是否对国家税金产生危害。在介绍他人虚开的情形中，介绍人大概率具有谋取非法利益的动机，但很难说其对开票方和受票方之间的目的必然明知。同时，法条将介绍人拟制为本罪主犯而非帮助犯。换言之介绍人主观的动机也应当与开票人、受票人相同，而非“可能认识到他人偷逃国家税金”，正如牛克乾法官撰文谈到“为他人虚开或介绍他人虚开的行为，很难说行为人必须以偷逃税或骗税

[1] 参见最高人民法院研究室《〈关于如何认定以“挂靠”有关公司名义实施经营活动并让有关公司为自己虚开增值税专用发票行为的性质〉征求意见的复函》（法研［2015］58号）；最高人民检察院《关于充分发挥检察职能服务保障“六稳”“六保”的意见》；牛克乾：《虚开增值税专用发票罪与非罪之认定》，载《人民司法》2008年第22期，第16页。

[2] 陈兴良：《不以骗取税款为目的的虚开发票行为之定性研究——非法定目的犯的一种个案研究》，载《法商研究》2004年第3期，第132页。

[3] 樊聪颖、王宗涛：《虚开增值税专用发票罪量刑中“国家税款”的司法认定》，载《税法解释与判例评注》2020年第1期，第171页。

为目的”。〔1〕同时，因“我国的刑法理论的通说认为，目的犯只能由直接故意构成”，〔2〕“主张本罪除行为人主观上对于虚开行为的故意外，还应当具备骗取税金的主观目的，且该目的的成立以积极追求结果发生的直接故意为限”，〔3〕所以间接故意理论也不能妥善处理四种类型的虚开专票行为。

第二，司法实务中主观目的较难独立认定。即便在为自己虚开、让他人为自己虚开的情形下，企业从取得进项专票到抵扣需要时间，这期间行为人是否具有偷逃税金目的较难证明。实务中要么通过公安经侦部门找到资金回流证明存在开票费，且开票费率落在合理区间，同时双方未提出有力反证才能推定双方具有此目的，〔4〕要么只能待受票方抵扣税金后按照增值税金损失的结果来认定。问题是，当需要通过结果才能认定目的时，作为构成要件要素的“目的”便失去了认定犯罪和限缩犯罪的机能。这给目的犯异化为结果犯提供了逻辑上的可能。

第三，在某些特殊个案中缺乏解释力。在“金某某虚开增值税专用发票一案”中，〔5〕开票方以虚开专票为条件，要求受票方按比例抵消对其欠款。虽无真实交易，但开票方对虚开发票正常纳税，至案发时并未给国家造成税金损失。开票方原计划利用招商引资的退税政策弥补虚开成本，但还未待申请退税便案发。因骗取政府退税是在受票方抵扣结束后而非在增值税抵扣链条中，很难认为属于目的犯中主观的超过要素，最终只能以行为犯模式入罪。

第四，在该罪中加入主观超过要素无异于使该罪回到本罪前身，即1994年出台的《关于办理伪造、倒卖、盗窃发票刑事案件适用法律的规定》〔6〕中“投机倒把罪”的入罪逻辑。这与当下条文中简单罪状的入罪模式有较大区别，有法教义学僭越立法的嫌疑。“两高”实务观点亦不认可，“大多是以偷逃、骗取国家税金为目的，但不能认为本罪属于目的犯”“应以是否具有严重的社会危害性为根本标准”。〔7〕

---

〔1〕 牛克乾：《虚开专用发票犯罪的法律适用》，载《人民司法》2006年第7期，第14页。

〔2〕 张明楷：《刑法分则的解释原理》（第2版）（上），中国人民大学出版社2011年版，第422页。

〔3〕 陈兴良：《教义刑法学》，中国人民大学出版社2010年版，第453页。

〔4〕 王晓辉、葛似兰：《虚开增值税专用发票犯罪中资金回流问题研究》，载《法制博览》2022年第2期，第65页。

〔5〕 参见［2016］黑刑终12号。

〔6〕 参见最高人民法院、最高人民检察院于1994年6月联合印发《关于办理伪造、倒卖、盗窃发票刑事案件适用法律的规定》（已失效）。

〔7〕 胡云腾等主编：《刑法罪名精释》（第5版）（上），人民法院出版社2022版，第483页。

（四）结果犯之异化

实际上，司法实践中目的要素难以独立于结果要素，理论和实务界开始尝试结果限缩的解释路径。“行为人或单位没有实际支付进项税，却滥用抵扣权，相当于骗取国家税金，属于实害犯。只有具有导致国家税收利益受损的实害才成立该罪。”[1]着眼于抵扣权滥用更接近本罪法益保护的实质，但如要以结果犯模式归责，实务中必然要面临增值税税金损失认定的问题。这又涉及三个问题：一是如何判断是否产生税金损失；二是税金损失的金额是全链条认定还是分段认定；三是法秩序统一视野下行刑区分的问题。

第一个问题在“有货型代开”中显得格外突出。在“丁某某、段某某虚开增值税专用发票案”[2]（以下简称“丁某案”）中，开票人丁某某控制的美虹公司为空壳公司无实际经营业务，经人介绍向3家与其无真实交易的公司开具专票60余份。美虹公司虽对虚开的销项票纳税，但利用农产品增值税进项税额核定扣除政策降低虚开成本，而开票方原本无权适用该政策。受票方收到进项发票后全额抵扣。判决认为合法代开仅有两种形式：一是通过税务机关代开；二是票流、资金流与合同签订主体均一致的挂靠式代开。而本案不属于“复函”中规定的合法代开。[3]针对“偷逃税目的”有无，判决认为“只有在纳税公司已经实际负担税金的前提下，才能在销售货物时使用增值税专用发票予以抵扣税”。本案中受票方通过支付开票费获得进项发票并用于抵扣税款，未向开票方缴纳税金，双方均具有偷逃税金目的。针对“税金损失”的认定，判决认为应当以受票方抵扣金额认定，开票方向国家缴纳的税金应视作犯罪成本不予扣除。

而“王某某虚开增值税专用发票案”[4]（以下简称“王某某案”）的判决逻辑则不同。被告人王某某经营货车运营业务，因无法开具专票原本申请税务局代开（税率5.8%），后找到郭某通过支付开票费（价税合计金额的4.6%）让其名下“路路通”公司帮其开具专票，该公司也对虚开发票正常纳税，但很可能利用了国家对运输业差额征收的政策降低开票成本。该案一审判决构成“虚开用于抵扣税金发票罪”，后经山东省高级人民法院再审宣判无

[1] 李勇：《虚开增值税专用发票罪本质特征在于滥用抵扣权》，载《检察日报》2023年4月22日。

[2] 参见［2019］京01刑终275号。

[3] 参见最高人民法院研究室《〈关于如何认定以“挂靠”有关公司名义实施经营活动并让有关公司为自己虚开增值税专用发票行为的性质〉征求意见的复函》（法研［2015］58号）。

[4] 参见［2021］鲁刑再4号。

罪。针对是否具有“偷逃税目的”，判决认为“开具的增值税专用发票都是按照真实的运费数额开具。其开发票的目的是与收货单位结算运费，而不是抵扣税金”。针对是否造成国家税金损失，判决认为受票单位获取的进项票与支付的费用相同理应获得抵扣权，国家税金没有在抵扣环节受损。

实质上，“王某某案”的判决逻辑是围绕“真实交易”为核心展开。而“丁某某案”的法官则关注到了增值税价外税的特性，认为下游的抵扣权实质上是来自向上游缴纳的增值税，如果未向上游缴纳增值税就获得了可用于抵扣的进项专票则属于虚构抵扣权。利用虚构的抵扣权进行抵扣即可认定有税金损失。然而在真实的市场经济中企业生产和销售之间必然产生大量错配，以是否具有“真实交易”为核心的裁判逻辑中的漏洞可以被无限放大。根据“滑坡理论”，如果认为只要有真实交易且虚开的金额不超过真实交易额，大量正常经营的企业可以利用该漏洞向开票公司购买专票抵扣剩余销项税款，且在案发时声称具有真实交易属于合法代开。

第二个问题的实质是，认定税金损失的金额是分段认定还是全链条认定。该问题在双向虚开和单向虚开中均会涉及，不同的认定思路可能导致量刑差异巨大。在“良旭公司虚开增值税专票案”中，被告人刘某良控制空壳的良旭公司分别向两家公司虚开 66 454 元和 82 185 元增值税专用发票，两家公司基本全额抵扣。为降低良旭公司虚开的纳税成本，刘某良虚构 11 家公司为自己供货方，向自己虚开合计税额 211 万余元专票且全部抵扣。其间被告人向税务机关缴税 2.5 万元。〔1〕认定税金损失金额时，一审法院将被告人进项和销项税额加总，认定其偷逃国家税金 226 万元，判处无期徒刑。二审法院则认为被告人无真实交易没有纳税义务，仅造成国家税金损失 9.7 万元。改判有期徒刑 15 年。针对上述争议，有学者通过判例的实证研究发现，法院在单向虚开中有三种认定思路，分别是：开票方虚开数额、受票方抵扣额、受票方实际抵扣额减去开票方纳税额。在双向虚开中也有三种思路，分别是：受票方实际抵扣额、开票方虚开后受票方实际抵扣额加上开票方让他人给自己开票并抵扣的税额总和、不提及国家税金被骗数额。〔2〕可以看出分歧较大。

第三个问题涉及不同虚开模式在法秩序统一原理视野下的行刑交叉问题。

---

〔1〕 参见［2001］沪高刑终字 173 号。

〔2〕 樊聪颖、王宗涛：《虚开增值税专用发票罪量刑中“国家税款”的司法认定》，载《税法解释与判例评注》2020 年第 1 期，第 160~162 页。

以下试举三类特殊虚开模式以说明问题所在：

**表1　三类虚开行为重点环节对照表**

| 行为模式 | 开票方是否有进项 | 开票方与受票方是否有真实交易 | 开票方是否对虚开的专票纳税 | 受票方是否抵扣 | 开票方获利方式 | 受票方获利方式 |
|---|---|---|---|---|---|---|
| **第一类：** 购票方用于除抵扣以外的目的 | 无 | 无 | 全部纳税 | 全部抵扣 | 开票费（收取的开票费必然超过向国家缴纳的销项税） | 支付的开票费可能高于抵扣金额，但将专票用于其他目的 |
| **第二类：** 利用政策获利 | 无 | 无 | 全部纳税（利用核定征收、财政返还或其他国家或地方政府政策降低开票成本） | 全部抵扣 | 开票费减去各类政策减免额 | 开票费与抵扣差额 |
| **第三类：** 利用富余票虚开 | 有未抵扣的富余进项票 | 无 | 全部纳税（使用真实交易产生的未抵扣富余进项） | 全部抵扣 | 开票费 | 开票费与抵扣差额 |

上述第一类虚开，因无真实交易在税务部门的视角下必然属于税收法律关系中的虚开专票。根据《增值税暂行条例》〔1〕《营业税改征增值税试点实施办法》〔2〕《关于纳税人虚开增值税专用发票征补税款问题的公告》〔3〕等规范性文件，即使开票方正常纳税受票方仍无权抵扣销项税金。该规定体现了税法的隐形帝王原则——“形式重于实质”，此种情况下受票方全额抵扣必然

〔1〕 参见《增值税暂行条例》第8条第1款：“纳税人购进货物……或者负担的增值税额，为进项税额。”

〔2〕 参见《营业税改征增值税试点实施办法》第23条第1款：“纳税人取得的增值税扣税凭证不符合法律、行政法规或者国家税务总局有关规定的，其进项税额不得从销项税额中抵扣。”

〔3〕 参见《关于纳税人虚开增值税专用发票征补税款问题的公告》（国家税务总局公告2012年第33号）中“纳税人虚开增值税专用发票，未就其虚开金额申报并缴纳增值税的，应按照其虚开金额补缴增值税”“纳税人取得虚开的增值税专用发票，不得作为增值税合法有效的扣税凭证抵扣其进项税额”。

造成了税收法律关系中的“增值税税金损失”，但问题是能否评价为刑法意义上税金损失？第二类虚开行为本质上属于骗取国家或地方政府政策补贴，该行为更类似于诈骗，明显具有刑事不法性。第三类行为形式上不造成税金损失，但实质是开票方将待抵扣的进项税额打折贴现给受票方，国家损失税金的时间利益。在法秩序统一原理的视野下，上述三类行为很难单纯以“国家税金损失”作为刑事不法的判断标准。据此，入罪模式由目的犯异化为结果犯且将结果理解为狭义的国家税金损失似有不妥。

（五）危险犯之争与类行为犯的回归

因目的犯与结果犯均有体系不协调的问题，有学者开始提出危险犯的模式。如张明楷教授持有的具体危险犯的观点“如果行为人虚开增值税专用发票，进而骗取了国家税金或者抵扣了增值税金，成立本罪的既遂犯；如果虚开、代开增值税专用发票的行为具有骗取国家税金的具体危险，行为人也具有骗取国家税金的故意与非法占有目的的，则认定为本罪的未遂犯”。[1]也有学者持有抽象危险犯的观点，“不管行为人是否具有骗税的目的，是否‘如实代开’，只要存在致使国家税收损失的抽象性危险，即构成犯罪”。[2]

但两者在司法实践中均有难以克服的障碍。如认为本罪属于抽象危险犯，司法机关仅需证明行为人开具了足额专票且该批专票具有抵扣可能性。此种入罪模式与行为犯的区别在于赋予了被告人反证开票行为不具有法益侵害性的权利。但作为链条型犯罪，受票人、介绍人在“让他人为自己虚开”，特别是“介绍他人虚开”的情境下很难独立完成不具有法益侵害性的反证。这可能使不同案件中相同的受票、介绍行为得到不同的评价。是否构成犯罪完全取决于链条犯罪中的其他参与方的具体情况以及侦查机关是否全链条打击，这显然与现代刑法中的“责任主义”原则相悖。除非我们将“造成国家税金损失的危险”作为“客观的处罚条件”。但在教义学内对客观处罚条件的机能是规制刑法还是扩张刑法本就具有争议，在不成文的情况下为化解本罪体系性失调而引入该概念似有不妥。“客观处罚条件作为责任主义原则的例外亦只能作为个别、特殊和偶然的刑法现象可被容忍于现代刑法体系之中”。[3]同时，如以抽象危险犯的模式入罪，在犯罪金额认定上可能使税金损失的结果

---

〔1〕张明楷：《刑法学》（第6版）（下），法律出版社2021年版，第1059页。

〔2〕杜文俊：《发票犯罪若干问题辨析》，载《政治与法律》2013年第6期，第48页。

〔3〕梁根林：《责任主义原则及其例外——立足于客观处罚条件的考察》，载《清华法学》2009年第2期，第56页。

虚置，在单向虚开中将已抵扣金额和未抵扣金额等同对待，在双向虚开中将向下游开票金额和为给下游开票让上游给自己开票的金额等同对待，这有违“罪责刑相适应”原则。

如认为本罪属于具体危险犯首先要面临的问题便是如何判断具体危险。“具体危险都是紧迫的危险，缓和的危险不可能评价为具体危险；具体危险意味着没有发生实害，结果属于偶然。对于具体危险的有无，需要以事后查明的全部事实为基础，进行具体的判断。正因为如此，具体危险犯中的具体危险被公认为构成要件要素。”〔1〕既然作为构成要件要素，便与本罪的法益保护对象不可分割。如认为本罪保护的法益仅包括国家增值税税金收入，虽可将对开、环开或为偷逃消费税进行的变票等虚开行为排除在外，但在双向虚开甚至链条更长的虚开犯罪中如不能全链条打击，很难证明虚开行为对国家增值税税金的具体危险是否存在。但果真如此，上文中提及的利用税收洼地、核定征收以及票货分离等方式进行虚开的案件则很难被评价为对国家增值税税金造成了具体危险。但上述虚开行为常具有严重的社会危害性，真实的司法实践并非完全按此逻辑展开。

如前所述，历经了行为犯、目的犯、实害犯、危险犯四种入罪模式，对该罪的限缩性解释依然不够妥当。因此，田宏杰教授提出“以‘抵退计征机制’作为《刑法》第205条的保护法益，既能矫正‘行为犯说’的刑法过度规制倾向，又能克服‘目的犯说’和‘抽象危险犯说’的国库主义教义误区”。〔2〕但上述观点仅能将虚开不具抵扣功能的专票的虚开行为排除在犯罪之外，而对开、环开、非法代开但开票方如实纳税等情形均无法出罪。在电票时代，大头小尾、鸳鸯票、拆本填开等行为基本绝迹，该观点未起到在本质上区分行政违法和刑事犯罪的作用，入罪范围基本等同于行为犯，笔者将该种观点称为“类行为犯”。

## 二、法益再发现

在结果无价值论中“法益值得刑法保护的前提下，如何确定和表述法益内容，直接影响相应的犯罪是实害犯、具体危险犯还是抽象危险犯”〔3〕。即

---

〔1〕张明楷：《危险驾驶罪的基本问题——与冯军教授商榷》，载《政法论坛》2012年第6期，第137页。

〔2〕田宏杰：《虚开增值税专用发票罪的理论误区与治理重塑》，载《中国法学》2023年第4期，第228页。

〔3〕张明楷：《集体法益的刑法保护》，载《法学评论》2023年第1期，第54页。

便是在二元的行为无价值论中，法益也有其不可取代的位置。“行为无价值论则主张：刑法保护未来的、其他的、一般人的法益”“但这里的法益保护是以积极的一般预防为导向的法益保护，而不是对已然受到犯罪侵害的具体法益的保护”〔1〕。因此，前文关于入罪模式的争议仍需追本溯源。

（一）本罪法益保护对象的争议

对此主流观点有从“税收征管秩序”转向纯粹的“国家税金收入”的倾向。〔2〕甚至在石油变票行为构成何罪的讨论中，将逃脱消费税的结果也排除在本罪保护的法益之外，认为本罪仅保护增值税税金收入。〔3〕另一方则认为从立法演变、制度性法益的证立、虚开行为多样的社会危害性，以及将国家税金收入作为本罪法益有“国库主义”倾向等方面论证了“国家增值税专用发票管理秩序”或“抵退计征机制”等抽象制度才是该罪保护的适格法益。〔4〕也有学者敏锐地指出司法适用的症结在于“该罪的罪刑设置与法益之间的关联性不足”“现象对本质的反映是或然的，以现象描摹为内容的构成要件就不足以充分‘代表’法益侵害这一实质处罚根据”。〔5〕该文承认不管适用何种入罪模式均显得左右为难。将单纯的国家增值税税金作为本罪法益无法妥善评价巨额的代开、利用富余票虚开（黄金变票案属于此种类型）、利用税收洼地虚开等行为。且“真实交易”和“税金损失”两大要件要素的规范内涵在司法实践中很难达成统一认识。天平的另一端同样弊病丛生。最有力的指控是针对将行政管理秩序直接作为刑法法益保护，造成行政不法和刑事不法无法在性质上进行区分。“在几乎所有的情形下，前置法与刑法的目的都有重大差异，不存在前置法能够对于犯罪的认定提供‘质’上的根据的问题。”〔6〕同时，在税法学领域，认为税收法律关系作为一种公法上的法定之债的关系而非一种权力关系的观点普遍获得接受。在刑法上的反映则是偷税罪向逃税

---

〔1〕 周光权：《行为无价值论的法益观》，载《中外法学》2011 年第 5 期，第 944 页。

〔2〕 参见陈兴良：《虚开增值税专用发票罪的不法性质与司法认定》，载《法律科学（西北政法大学学报）》2021 年第 4 期，第 145 页；马春晓：《经济刑法的法益研究》，中国社会科学出版社 2020 年版，第 297 页；张明楷：《刑法学》（第 6 版）（下），法律出版社 2021 年版，第 1059 页。

〔3〕 黄俊涛：《石化企业以变票方式逃避及抵扣消费税的定性问题研究》，载《税法解释与判例评注》2021 年第 1 期，第 86 页。

〔4〕 董飞武：《虚开增值税专用发票罪“国家税收利益保护”观点之检视》，载《河南财经政法大学学报》2020 年第 1 期，第 66 页；田宏杰：《虚开增值税专用发票罪的理论误区与治理重塑》，载《中国法学》2023 年第 4 期，第 224 页。

〔5〕 陈金林：《虚开增值税专用发票罪的困境与出路——以法益关联性为切入点》，载《中国刑事法杂志》2020 年第 2 期，第 38~58 页。

〔6〕 周光权：《法秩序统一性原理的实践展开》，载《法治社会》2021 年第 4 期，第 3 页。

罪的转变。[1]在一种“体现私法精神”的法律关系中，直接损害税金收入的逃税罪尚有免责条款，虚开专票行为如不区分性质直接以刑事手段打击难免落以国库主义的口实。正如何荣功教授所言“法定犯的判定如果过分依附行政认定将会导致刑法对行政法的依附，形成‘刑法行政化取向’，刑法将面临沦为保护纯粹行政利益的危险，甚至可能导致国家动用刑法保护垄断或特定部门利益的严重后果”。[2]

（二）将税收中性效益作为本罪保护法益的合理性

从法解释学的角度，本文倾向于以部分学者提出的经济刑法法益的“二元双环结构”的思路来解构本罪。[3]将“国家税收收入”理解为“主体性法益”（对应“二元双环结构”中的可溯源的“个人法益”），将增值税特有的抵退计征机制所代表的其他税种不具备的税收中性效益作为具有独立性的“集体法益”。[4]该效益在市场机制向更完善、统一、高效配置资源的方向进化的过程中不可或缺，应当作为集体法益以累积犯模式予以保护。“国家税收收入”和“税收中性效益”，前者为提示性法益，后者则为本罪的核心法益，司法实践中如何归责将在后文论述，此处先论述核心法益的适格性。

税收中性原则是关于政府的税收活动对市场造成何种影响的经济原则。该原则发轫于自由资本主义时期古典经济学家亚当·斯密、李嘉图等人的赋税理论。亚当·斯密提出公平、确实、便利、节约的税收四原则，李嘉图则反对一切国家对市场的干预，认为最少最轻的赋税就是最好的赋税。至 20 世纪 70 年代新自由主义的兴起，供给学派推崇次优原则，论证在市场存在某些缺陷的条件下，应合理选择税种和安排税收结构，最大限度地减少税收对经济的负面影响，即“相对税收中性”原则得以确立。[5]至此税收中性原则形成了以下核心内涵：一是征税应尽可能不给纳税人或社会带来额外损失或负担；二是征税应避免干扰市场竞争，不能使税收超越市场机制成为资源配置

---

〔1〕 丁作提：《偷税，逃税，抑或骗税：基于税法律概念和税法律关系理论的解释》，载《财税法论丛》2012 年第 0 期，第 85～105 页。

〔2〕 何荣功：《社会治理“过度刑法化”的法哲学批判》，载《中外法学》2015 年第 2 期，第 532 页。

〔3〕 参见涂龙科、郑力凡：《经济刑法法益二元“双环结构”之证成、判断与展开》，载《国家检察官学院学报》2020 年第 6 期，第 101～114 页。

〔4〕 本文使用的“税收中性效益”对应“税收中性原则”，该原则是一种针对政府设计税制、税种的抽象原则，该效益则是在税收制度设计和执行过程中贯彻该原则所带来的一种效果。该种效果的实质主要指向保障市场的竞争自由和竞争秩序。

〔5〕 苏彦：《从税收中性原则看我国营改增试点》，载《财会月刊》2013 年第 6 期，第 53 页。

的决定性因素。[1]而增值税价外税、抵退计征的特质在三个方面均能起到其他税种不可替代的中性效果：一是减少征收成本，上征下抵的模式使企业相互监督减少增税成本；二是作为价外税可以避免重复征收使得税收因素不影响企业生产经营决策，鼓励产业链上企业的分工协作；三是在税率相对统一的情况下，使政府隐身于市场之外保持市场的竞争秩序；四是有利于打破地方保护主义，促进大统一市场的形成和完善。“增值税的计征原理可以使政府对市场竞争保持中立，为市场主体展开公平竞争提供最佳的税收环境。”[2]

增值税体现的税收中性效益之于市场经济如此重要，但能否成为适格的刑法法益还需做如下考察。首先，法的外部视角以目的解释的方式融入法教义学具有正当性。法的外部视角得出的观点不仅要融入以规范研究和法律适用为核心的教义学，还应当作为决定性因素。但完全如此，法的内部视角将完全丧失，司法适用的完全政策化将动摇罪刑法定的根基。其实在真实的法律世界，法的内部视角往往以规范思维为导向，而法的外部视角以结果思维为导向，双方主要以目的解释的方式进行有限融入。“因为结果合目的的实然有机会涵摄于手段目的的应然，社科的知识也就转换为法规范的内涵”。[3]其次，税收中性效益作为一种抽象的制度性利益完全能够通过刑法解释学成为适格的集体法益。

晚近以来，风险社会的威胁一再给各国敲响警钟，对消极权利的追求开始转向对共同体积极作为的要求。刑法中集体法益概念的活跃与社会越来越依赖政府在经济、社会层面给予风险控制和制度保障密切相关。在此背景下，通过引入财政学中“公共财”的概念填充集体法益内涵的观点逐渐成为通说。德国黑芬德尔（Roland Hefendehl）教授指出，集体法益具有不可分配性或者不可拆分性，[4]不归属于社会上某个或某部分特定成员，每个社会成员都可以利用。[5]集体法益不具有排他性，即受益人的多寡并不增加其成本。集体

---

[1] 侯卓：《重识税收中性原则及其治理价值——以竞争中性和税收中性的结合研究为视角》，载《财政研究》2020 年第 9 期，第 94 页。

[2] 叶姗：《增值税法的设计：基于税收负担的公平分配》，载《环球法律评论》2017 年第 5 期，第 52~53 页。

[3] 苏永钦：《法学为体，社科为用——大陆法系国家需要的社科法学》，载《中国法律评论》2021 年第 4 期，第 83 页。

[4] 洪银兴、尚长风编著：《公共财政学》，南京大学出版社 2017 年版，第 40 页。

[5] 钟宏彬：《法益理论的宪法基础》，元照出版有限公司 2012 年版，第 256~257 页。

法益虽然不能被少量的不法行为侵害，但如果大量的实施同类不法行为则会导致其受损[1]，即只有能被累积行为损害的符合“公共财产”特性的客体才属于集体法益。集体法益与行政管理秩序最大的区别在于“这些社会制度并不是对个人法益的前置保护，而是一种具有独立价值的真实存在”[2]。将税收中性效益置于上述标准进行检视，我们可以发现其完全能够符合该标准。

从立法目的来说，增值税的引入与经济体制转型密切相关。1978年党的十一届三中全会的召开开启了我国经济体制转型之路。其中，城市企业改革推行“利改税”便是抱有“为企业创造平等竞争环境”的目的。[3]但随着制度推进，“实践中，由国家与企业的特定关系所决定的公有制企业的不平等也没能得到改变，陷入了国家政策与企业对策的循环”[4]。简单将利润上缴改为普通商业税的做法并没有达到目的。随着改革开放领域的扩大和经济不断发展，传统税制重复征税、无法促进专业化分工和协作等弊端愈加明显，改革呼声越来越高。[5]有学者和税务系统高层关注到欧共体普遍施行的增值税具有避免重复征税、平衡企业税负、平衡国际税负（在我国可类比为平衡地方税负）、促进产业分工协作、增强产品竞争力等特点。基于此，增值税最早于1979年在湖北省开始试点，于1984年在全国推开。[6]

从税收中性的特性来说，该特性是一种客观效益而非普通的行政制度，且具有不可分性。增值税带来的税收中性效益与税收管理制度最大的不同在于其作为·种客观环境和状态独立于税收管理制度。可类比的是同样作为集体法益保护的“国家”。英国哲学家托马斯·霍布斯首先论证了国家起源的政治哲学逻辑。“在一个没有共同的权力使众人敬畏的时代，人们往往处于战争状态，而这种战争是个人对个人的战争。”[7]因此，在一个没有政治权力提供基本安全、法律与秩序的地方，财产权无从确立。“换言之，‘国家革命’是

---

〔1〕 张明楷：《集体法益的刑法保护》，载《法学评论》2023年第1期，第45页。

〔2〕 李志恒：《集体法益的刑法保护原理及其实践展开》，载《法制与社会发展》2021年第6期，第117页。

〔3〕 厉以宁等：《走向繁荣的战略选择》，经济日报出版社2013年版，第8页。

〔4〕 厉以宁等：《走向繁荣的战略选择》，经济日报出版社2013年版，第9页。

〔5〕 刘佐、肖乃夫：《中国增值税制度的演进和展望（上）》，载《财政监督》2023年第7期，第41页。

〔6〕 财政科学研究所外国财政室：《西欧九国共同体的增值税》，载《财务与会计》1979年第2期，第32页。

〔7〕 ［英］霍布斯：《利维坦》，刘胜军、胡婷婷译，中国社会科学出版社2007版，第599页。

人类群体演化到一定阶段的产物。"〔1〕各国刑事法律中危害国家安全罪保护的法益正是上述"国家"作为想象的共同体所带来的文明、互信的状态。至于构建"国家"的具体的政治、军事、经济、行政等制度则并非该法益保护的对象。税收中性效益之于市场经济具有提档升级的效果，在此种意义上很难认为其不具有客观实在性。同时该效益通过作用于市场经济必然被全民享有，而不能分配至个人。

## 三、归责方式与司法适用

### （一）累积犯的归责方式

该法益虽不会被单次小额的虚开专票行为损害，但必然会因虚开行为的累积而遭受破坏。目前，累积犯的入罪模式目前专用于对集体法益的保护〔2〕。根据累积犯原理，行为能否以累积犯模式归责，除保护对象应当是适格的集体法益外，还需要从行为累积以后对法益是否有确实的危险和客观上是否有累积性两方面判断。"从累积犯的角度来说，刑法所禁止的行为必须具有真实的累积效应，不能是猜想或者假设的。"〔3〕部分虚开专票行为对税收中性效益造成的损害与"向自然流域中倾倒危化物对环境的破坏"同样显而易见。企业单次虚开专票行为可能会直接造成国家税金流失、相关抵扣链条紊乱甚至断裂；间接造成产业链上企业税负不均匀、产业链经过地区税负不均匀、企业在价格上获得不公平的竞争优势。上述行为大量实施对国家在全国统一市场中营造的税收中性效益具有客观的危害性。而行为是否具有累积性则可借助犯罪学中的"破窗效应"〔4〕(broken windows theory）来解释，主要包括对不法行为的犯罪成本即执法部门的执法能力、不法行为的相互传播速率和模仿的可能性等方面来判断。

### （二）司法适用

基于上述分析，本文认为识别各类虚开专票行为实质违法性关键在于两步：一是行为累积后是否对税收中性效益具有危害；二是行为是否具有大规模累积的可能性。判断过程中，"国家税款收入"是否具有遭受损失的风险应

---

〔1〕 包刚升：《抵达：一部政治演化史》，上海三联书店 2023 版，第 40 页。

〔2〕 张明楷：《刑法学》（第 6 版）（上），法律出版社 2021 年版，第 82 页；张志钢：《论累积犯的法理——以污染环境罪为中心》，载《环球法律评论》2017 年第 2 期，第 162 页。

〔3〕 张明楷：《集体法益的刑法保护》，载《法学评论》2023 年第 1 期，第 44、57 页。

〔4〕 伍德志：《论破窗效应及其在犯罪治理中的应用》，载《安徽大学学报（哲学社会科学版）》2015 年第 2 期，第 125~126 页。

当作为“提示性法益”在两个阶段的判断中同时发挥作用。

（1）暴力虚开及其后续洗票行为。该类行为严重危害增值税抵扣链条，带来的巨额不法利益如不强力遏制将快速传播，必然构成犯罪。

（2）合法挂靠式代开。该类代开的票流、资金流对应合同签订主体，并以真实交易为基础，且开票方对开出的专票纳税。该种情况常因无相应领域经营资质产生，因不影响税款征收，既不会对抵扣链条背后的税收中性效益产生危害，也不具有累积性，不应构成本罪。

（3）违法代开，开票方未履行开票义务。该类代开的票流、资金流并不一定能对应合同签订主体，有货交易和无货交易均存在。但全部开票成本由受票方补足开票方依法纳税，因此受票方往往并无偷逃增值税目的。此种代开在无真实交易的情况下反而多缴纳了增值税，开票方和受票方均未在税款征收行为上获得不公平的竞争优势，未损害抵扣链条亦不具有累积性，不应构成本罪。

（4）违法代开，开票方逃脱纳税义务。该类代开与第三类不同之处在于开票方会以各种办法降低开票成本。此种类型需全链条打击，注意查明开票方以何种方式降低开票成本。不管是通过向上游以更低价格购票还是利用税收返还等政策，均会使得参与企业（或地方政府）在税收征收上获得不公平的竞争优势，进而破坏税收中性效益，且该类行为具有较强的牟利性，明显具有累积效应，应当构成本罪。需要注意的是，该类行为虽然有部分作案方式不会直接对增值税收入造成危害，例如开票方对虚开专票全额纳税仅利用税收返还政策牟利。但依然会破坏增值税的抵扣链条，所以仅将“国家税款收入”作为提示性法益是较为妥当的。

（5）对开、环开。此种情况下虚开的增值税专票并未汇入市场中的抵扣链条，在同一控制人的情况下对税收中性效益一般不具危害，一般不应构成本罪。

（6）低于真实交易额的虚开。产生此种情况，第一种原因是下游为直接消费者不需要发票；第二种原因则是故意制造富余票为后续虚开做准备，本质上属于票货分离式虚开的犯罪预备。第一种情况主要发生在日常消费品领域，第二种情况据笔者观察常出现在电子产品销售领域，黄金变票案亦属该类型。对此有观点认为“开票方以低于真实交易的价格虚开增值税专用发票，这样减少了开票方的销项税额，创设了应纳税额减少的危险状态，因此应当被归责。”[1]本文认为该种行为的后果仅及于开、受票双方而无外溢效果，虽

---

[1] 马春晓：《虚开增值税专用发票罪的抽象危险判断》，载《政治与法律》2019年第6期，第57页。

可获利应当认为具有累积性，但并不直接危害税收中性效益。在无后续虚开行为前提下仅可能构成逃税罪，不能构成本罪。

（7）利用富裕票虚开。此类型即为前一类型的后续行为，从客观危害性和累积性两方面均具可证成性，毫无疑问构成本罪。

（8）石油变票类案件。该类案件暴发初期均以本罪处理，但后续理论和实务界认为该行为仅危害国家消费税收入，炼化企业、中间贸易商、汽油零售商均无偷逃增值税目的，仅可能构成逃税罪[1]。但本文认为并不排除构成本罪的可能。

根据《消费税暂行条例》，应税消费品的纳税人为境内生产、委托加工和进口应税消费品的单位和个人。[2]汽油炼化企业为逃脱消费税纳税义务，与原油出口商及汽油零售商串通，在炼化企业与汽油零售商之间设置商贸公司进行虚拟交易。在抵扣链条通过商贸公司时将品名由进项“原油”变更为销项的“汽油”，此时商贸公司成为税法意义上的“生产者”即消费税纳税义务人，但该企业为空壳公司并不实际缴纳消费税。上述流程中炼化企业正常缴纳增值税，变票企业（商贸公司）进项额和销项额相同可以完全冲抵增值税金，看似并未偷逃增值税。但问题在于消费税属于“价内税”，炼油企业在偷逃消费税的前提下销售成品汽油的价格必然降低，这意味着增值税的税基同时降低。从全链条视角看增值税必然遭受损失。虽然该行为对增值税的影响是间接的，但毕竟客观上减少了国家增值税收入，也使得汽油零售商获得了不公平的竞争优势。以累积犯的视角来看，超大额的石油变票行为显然破坏了税收中性效益，且因有较大牟利空间具有累积性，本文认为并不能一概视为不构成本罪。

（9）虚开增值税专用发票罪与购买、出售增值税专用发票罪的关系。因购买、出售专票犯罪案例与理论观点较少，无法进行实证研究和观点总结。据笔者真实办案经验，实践中有倾向将部分定性有争议的虚开专票行为认定为买卖专票罪。

较为典型案例如“黄某波非法出售增值税专用发票案”。[3]该案中被告人黄某波作为电脑个体销售商无抵扣需求，在向上游批量进货时为获取非法

---

〔1〕 黄俊涛：《石化企业以变票方式逃避及抵扣消费税的定性问题研究》，载《税法解释与判例评注》2021 年第 1 期，第 87 页。

〔2〕 参见《消费税暂行条例（2008 修订）》第 1 条。

〔3〕 参见［2017］川 0106 刑初 1094 号。

利益，与上游开票单位商议将本应开具给自己的增值税专票开具给他人，自己从中收取4%~8%的开票费，通过此种方式虚开专票价税合计80余万元。法院认为该行为属于出售增值税专用发票行为，着重论述了量刑上应当比照虚开专票行为以《关于审理骗取出口退税刑事案件具体应用法律若干问题的解释》(已失效) 规定的刑格定罪处罚。从罪刑均衡的角度看本文完全认同上述观点，但本文认为该案应当构成虚开专票罪。一是本案模式是将应开具给电脑终端消费者的专票转开给他人，形式属于介绍他人虚开，实质上与利用富裕票虚开别无二致。二是本案中开票方和受票方无真实交易且有非法获利，受票方非法购买进项发票用于抵扣税金的行为明显破坏了抵扣链条的中性。三是根据《关于适用〈全国人民代表大会常务委员会关于惩治虚开、伪造和非法出售增值税专用发票犯罪的决定〉的若干问题的解释》(已失效)，出售增值税发票的刑格以份数或票面额划定，〔1〕这显然是因为手工开票时代空白专票可自行填写数额，考虑到买卖专票与虚开专票行为的样态不同从罪刑均衡的角度出发设立。本文认为，在全面电票化时代基本已无适用购买、出售增值税专用发票罪的空间。

## 结　语

有观点认为，如执行本罪过于刚性可能使市场活力受损。该观点不可谓不重要，其实这也是运用集体法益概念必然要面临的法哲学诘问。确实，如不加以审思，集体法益概念似乎使得法益内涵变得抽象化、虚拟化，这与古典刑法着重个体的自然权利特别是自由保障的理念不相协调，常给人以威权主义和干涉私权的不适感。但该观点可能一叶障目。“制度”与“权利”既有对立又有统一，正如欧洲中世纪产生的“法人团体”制度对孕育现代社会起到了重大作用，新制度的产生常常保护了新的社会形态进而增进了个体自由。现代社会人权的内涵不再仅包含言论自由、宗教自由、免于贫困的自由、免于恐惧的自由，个体人格的全面发展成为现代人权新的最高价值。“由于政府存在的意义和公法发达的价值乃在于最大限度地增进社会公共福祉，以实现公民的个性解放与自由发展。”〔2〕也正因此，制度性法益通过拓展个体的自

---

〔1〕 参见《关于适用〈全国人民代表大会常务委员会关于惩治虚开、伪造和非法出售增值税专用发票犯罪的决定〉的若干问题的解释》(已失效) 第2、3、4条。

〔2〕 田宏杰:《行政犯治理与现代刑法的政治使命》，载《中国人民大学学报》2022年第1期，第116页。

由空间获得了成为集体法益的正当性。同样，在市场经济领域保障经济自由则是现代刑法理性所要追求的重要价值，“没有理想就没有未来。保护和促进经济自由，既是我国经济刑法应当坚持的立场和理想，也是经济刑法发展的未来”。〔1〕在此种意义上，虚开增值税专用发票罪所保护的税收中性效益对经济自由具有不可取代的客观实在性，与增值税的行政管理秩序具有属性上的区别。但不可忽视的问题是，如何确定累积行为可能对法益造成损害并启动刑法保护的临界点。这需要从宪法内涵、比例原则和刑法谦抑性出发，充分贯彻全过程民主，科学制定司法解释，在罪量上予以合理化。

〔1〕 何荣功:《经济自由与经济刑法正当性的体系思考》，载《法学评论》2014 年第 6 期，第 67 页。

# 检察业务数据分析研判现代化范式转型与图景建构

苏金基　刘元见　宋伟*

**摘要：** 检察业务数据分析研判既是对检察业务工作科学管理、强化指导的重要手段，也是促进社会治理现代化的重要路径。通过审视检察业务数据分析研判的功能价值及分层结构化特征，深入分析实践中存在的业务数据质量不高、数据深度挖掘权威性不强、分析研判成果转化率不高、信息化发展程度不充分、专业化人才力量不足等问题，以实现服务科学决策、牵引高质效办案、有效促进社会治理相统一的范式转型为现代化进阶面向，从强化数据管理观、建立立体多元化分析研判体系、完善分析成果应用转化机制、拓展智能化应用场景、提升专业能力建设多维度建构检察业务数据之治图景。

**关键词：** 业务数据；分析研判；现代化；范式转型

党的二十大报告明确提出要加快建设网络强国、数字中国。最高人民检察院提出要深化实施数字检察战略，以数字革命赋能法律监督。《2023—2027年检察改革工作规划》明确要求，完善业务数据研判会商工作机制。加强检察机关信息化、智能化建设，充分运用数据信息进行分析研判是新时代检察机关法律监督提质增效的内在要求，是信息化时代发展的必然趋势。[1]检察业务数据分析研判是对检察业务工作科学管理、强化指导的重要手段，是领导科学决策和业务指导的基本依据，也是深化案件管理职能履行的重要抓手。如何适应新形势下检察业务数据管理和应用发展的需要，全面提升检察业务数据分析研判水平，促进“高质效办好每一个案件”，进而推动检察业务工作

---

* 作者简介：苏金基，广西壮族自治区人民检察院案件管理室主任、检委会委员；刘元见，广西壮族自治区人民检察院案件管理室高级检察官助理；宋伟，广西壮族自治区钟山县人民检察院检察委员会专职委员、第三检察部主任。

〔1〕 贾宇：《论数字检察》，载《中国法学》2023年第1期，第5~24页。

高质量发展，为法治建设及社会治理现代化工作提供重要的检察数据参考，成为新时代检察机关全面充分履职的重要课题。[1]

最高人民检察院强调要加强业务数据分析研判，为检察决策提供科学依据，就是要推动业务管理现代化，提升检察业务数据分析研判工作能力和水平。本文试图通过认识和审视检察业务数据分析研判的含义、特征及功能价值，认清业务数据分析研判的现实症结与掣肘，结合业务分析研判工作的现状和问题不足，为构建新时代检察业务研判工作现代化寻求新的努力方向和决策路径。

## 一、检察业务数据分析研判现代化题中之义

### （一）检察业务数据分析研判的概念厘清

检察业务数据分析研判是以检察统计分析为基础，对检察机关在办案活动中形成的案件信息数据，运用统计分析和数据分析的方法，汇总分析各项数据之间的联系，通过数据反映业务运行情况，发现业务运行问题，提出相应对策建议，为领导决策和业务指导提供依据和参考的业务管理活动。[2]在业务数据分析研判中，数据是基础，分析是过程，研判是目的。在此基础上检察机关各部门之间、上下级之间，围绕主要核心业务数据进行研究会商所形成的机制被称为检察业务数据分析研判会商机制，包括业务数据提醒、分析、会商、会商意见部署与反馈、发布与解读。[3]检察业务数据分析研判是检察长宏观管理办案工作的重要方式，研判的对象是检察业务工作，主要通过数据变化情况分析背后反映的业务工作问题、运行态势、主要特点等，基础是真实准确的业务数据，遵循实事求是、客观准确、问题导向、突出重点、及时有效的原则，为检察业务工作高质量发展提供科学有效的决策指导。[4]

### （二）检察业务数据分析研判效能的维度建构

检察业务数据分析研判效能提升涉及内部与外部两个维度，综合表现为案件管理职能整合及业务监管、服务决策、参与社会治理等能力的显著增强。经过近年来探索实践，检察机关业务数据分析研判工作在制度建设和体系推

---

〔1〕 王中开、丰建平：《做深做实检察业务态势分析》，载《人民检察》2023 年第 10 期，第 76 页。

〔2〕 库中勋：《浅议检察业务分析研判》，载《职工法律天地》2019 年第 8 期，第 62 页。

〔3〕 申国军：《检察业务数据分析研判会商机制的实施与完善》，载《人民检察》2021 年第 12 期，第 16~21 页。

〔4〕 安通、王仲良：《基层检察院检察业务数据深度分析应用探索》，载《中国检察官》2023 年第 7 期，第 78~80 页。

进层面渐趋完善，案件管理部门发挥“检察业务工作中枢”职能、强化案件办理与案件管理良性互动的作用日益明显，办案部门在提高办案质量的同时，更加注重通过业务数据分析研判强化案件管理，以业务数据分析研判为“拳头”，推动业务管理工作从局部管理向系统管理、从直线型管理向立体化管理转变，逐步拓展和延伸业务管理价值功能。

1. 内部：统筹推动业务数据融汇整合

检察机关案件管理业务点多面广，各领域、各环节的大量一手“数据”流转到案件管理部门，依托检察业务应用系统统计功能模块，使内部业务数据资源得以整合运用，数据资源的有机整合为开展业务分析研判奠定了基础，检察工作的质量得到了显著提升。案件管理部门以业务数据分析研判为平台载体，将孤立的数据“串”起来，形成“汇总运用数据—分析研判—发现不足—促进履职”的良性循环，是提升履职效能、提高“管理”“服务”履职“生产力”的重要途径。

（1）横向：保障“检察业务工作中枢”职能充分发挥。

第一，助力业务部门把脉业务工作。案件管理部门以数据分析研判为抓手，以定期召开全院年度、季度、双月或单月业务数据分析研判会商会议、专项指标研读会等方式，用全方位、多维度的数据研判报告“反哺”各项业务工作，推动业务提档升级。充分利用业务数据，聚焦检察机关案件质量，围绕业务态势开展动态全面分析，及时发现办案数量、质量、效率、效果等方面的苗头性、倾向性问题，发出检察业务数据质量预警，提示办案部门找准找实办案中的弱项、短板，提升办案工作质效，实现案件办理与案件管理的双赢、多赢、共赢。

第二，为重大决策部署提供参考依据。不同的阶段，检察业务工作开展中会出现很多新问题，需要增强敏锐性和洞察力，及时捕捉和发现业务工作中出现的“热点”“敏感”问题以及苗头性、倾向性问题，立足这些新情况、新问题，既要分析问题产生的原因，研究收集有利于解决问题的意见措施、方法，还要预测未来可能遇到的新情况、新问题，并提出相关对策和建议，为领导决策和业务指导提供具体思路。

（2）纵向：加强对业务运行的一体化指导。

随着近年来检察业务数据分析研判会商制度的发展完善，最高人民检察院加强了对全国各级检察机关检察业务工作的领导，上级检察机关重点发挥了对下业务管理与指导作用，相关重点业务工作自上而下得到部署推进，业务工作中存在的异常问题受到重点关注与指导。通过依托统一业务应用系统，发挥数据分析研判一体化优势，实现了上级检察机关对下指导、协作配合、高效管理，提升了检察机关业务监管的整体性、协同性、有效性。上级检察机关对下级检察机关业务的领导、指导、监督、协调作用得到了加强，实现了业务工作统一谋划、全局分析、一体推进，促进了检察业务整体提质增效。

2. 外部：发出社会治理“检察预警”

检察机关作为参与社会治理的重要主体，应主动服务党委政府中心工作，关注社会热点，积极回应社会关切，通过检察业务数据分析研判形成分析报告、检察建议等方式，充分发挥检察业务数据社会治理效能的重要作用。[1]检察机关作为法律监督机关，在办案工作环节中通过深挖检察业务数据价值，强化对数据之间的关联分析，发现总结数据蕴含的司法规律，及时发现数据背后的办案突出问题与社会治理重大风险隐患，从犯罪预防、治安防控、制度完善等方面提出提高社会治理效能的“检察方案”，引领社会公众法治意识提高，体现了检察机关的政治自觉、法治自觉和检察自觉，有利于促进社会治理。

## 二、检察业务数据分析研判的分层结构特征

### （一）业务分析研判基础的数据性

检察业务分析研判的数据信息来源于业务应用系统。开展检察业务分析研判活动是由数字形成概念，由概念形成判断，由判断进行推理，并由推理得出结论的过程，是通过分析研究大量的检察业务数据来认识检察业务工作变化规律的过程。统计数据是检察业务分析研判的工作基础。数据分析是指运用相应的统计分析方法对汇总整理的数据进行相应的分析，以求最大化地挖掘数据对业务决策指导的功能作用。通过数据收集、组合研判、清晰展示、指导实践等步骤，发挥大数据指导实践的功能。检察业务数据分析是对检察业务运行把握全局、有效优化决策的基本依据。

### （二）业务数据分析研判信息的客观性

业务分析研判所依据的信息是客观存在的事实，开展分析研判活动过程就是用客观事实数据信息说话的过程。同时，在阐述观点和评价说理时是客观的，不能夸大、缩小，也不能主观臆断，要根据数据信息进行客观分析判断。业务数据分析是对过去发生过的，或者现在正在发生的事情进行事实描

〔1〕杨建顺：《论社会治理检察建议的规范引领作用》，载《人民检察》2021年第17期，第12~17页。

述。检察业务数据分析是根据案件数据进行描述性分析，从而寻找案件办理过程中的难点和关键环节。数据的作用在于服务领导决策、业务指导和司法办案，这既是加强检察业务管理现代化的重要途径，也是推动检察工作高质量发展的必然要求。

（三）服务领导决策和业务指导的前瞻性

数据分析是发现问题、提出思路并推动解决问题的重要渠道。常用的指导方法有工作运行态势分析、各类案件专项分析、利用流程监控系统对办案情况进行动态监督、形成分析报告等。数据分析需要针对已经掌握的数据分析业务工作发展规律，研究发展的趋势，对下一步的发展作出判断，具有前瞻性。例如依据综合分析报告中业务数据变化情况，针对某一类案件的办理情况、发案特点、趋势变化、原因分析，及时强化效率管理的建议，避免形成案件积压。只有以基础数据为前提，对业务运行态势进行研判才能确保决策的前瞻性。

（四）对业务运行态势的评价

开展业务分析研判的过程既是对客观的业务数据信息进行分析和研判，从中提炼观点，进而总结工作规律的过程，也是对业务工作运行情况进行评价的过程，同时也是通过评价来反映和评估业务工作的过程。在业务分析研判过程中，除了客观的业务信息数据、图表和案例，还应在此基础上进行评价和点评，形成客观的观点并提出有价值的意见建议。增强业务数据分析研判的参考性，主要从业务工作的数量、质量、效率、效果等方面的考核指标反映情况进行评价，对内为业务决策提供参考性依据，对外为社会治理提出对策建议。

## 三、检察业务数据分析研判功能层次的价值效用

（一）检察业务科学管理的“新引擎”

检察机关案件管理部门可通过检察业务应用系统统计报表开展数据分析研判工作，统筹规划、组织协调、督促指导各项检察业务，全面掌握检察工作情况、检察业务发展态势以及存在的问题短板，提升检察专业化水平，激发检察工作内生动力，实现检察业务科学管理。〔1〕案件管理部门作为统筹业务管理的部门，构建多层次立体化的业务数据生产、采集和分析体系，实现

〔1〕 吴金喜：《改革叠加背景下检察业务分析研判机制的优化》，载《人民检察》2019年第6期，第33~36页。

对检察工作的全流程全业务数据支持，根据反映出的各项检察工作的整体情况和突出问题，以实现精准分析、对症施策的目的，确保业务分析对检察业务发展提供参谋作用，为制定正确的工作决策提供数据支撑，为检察业务顺利开展提供强有力的保障。

（二）开展条线工作的“指挥棒”

检察机关在业务数据分析研判中，通过在一定时间范围内地区横向和条线纵向对比等方式，紧盯落后指标，对数据动态变化进行分析，全面梳理数据反映的突出问题，重点关注数据长期空白、数据升降幅度较大等异常情况，突出问题导向，查明数据异常的原因，从而有助于发现工作薄弱点的重点环节，而对分析研判发现的重要指标变化、业务短板和薄弱环节及时预警和补强，提出有针对性的指导意见和具体措施，有利于推动各项检察业务工作全面平衡发展，促进检察工作现代化。〔1〕

（三）指导检察官办案的“校正仪”

检察业务数据分析研判中除了能对业务数据进行统计，还可以对检察官办理案件的数量、质量、效率、效果进行分析评价，通过对检察官办案组、独任检察官办案情况进行分析研判，将每一项业务数据对应到个案办理进行分析，能够直观反映每个检察官或者办案组办案的情况。同时，通过衔接检察官考核考评机制，加强对检察官办案的监督管理、精准评估和指导，优化绩效考核管理，激励检察官提升检察业务能力，不断提高司法规范化水平，实现对检察机关案件办理与检察官的双重管理，推进检察工作全面高质量发展。

（四）检察机关助力社会治理的“新抓手”

检察机关参与和服务社会治理现代化，是新时代检察工作的必然要求。随着数字社会时代的发展，通过强化检察业务数据分析，借力大数据进行比对、分析、碰撞，突出问题导向，开展类案监督，发现监督线索，提出对策建议，有益于完善社会管理制度，促进社会治理质效提升。检察机关处于司法办案的中间环节，具有数据资源优势，掌握着较为全面的司法办案“数据库”。检察机关聚焦党委政府工作大局和社会关注热点，立足检察监督职能，积极参与、融入社会治理，形成调研报告、检察建议等分析成果，为党委、政府社会治理提供关注重点、风险提示和决策参考。〔2〕

---

〔1〕 陈奥琳：《专题业务数据分析的具体进路》，载《人民检察》2021年第12期，第22~25页。

〔2〕 邹多品、刘媛媛：《案管视角下检察业务数据研判与社会治理》，载《人民检察》2023年第A1期，第74~76页。

## 四、检察业务数据分析研判的现实症结与掣肘

最高人民检察院业务数据分析研判会商工作办法出台后，虽然各地检察业务数据分析研判工作取得了明显成效，但与新时代检察工作高质量发展的要求相比，业务数据分析研判工作还存在诸多问题，需要进一步优化和改善工作路径。

### （一）业务数据质量和监管水平不高

数据真实准确是业务分析研判的基础和生命，更是前提和保障。数据真实客观性是检察数据社会化应用的生命，但现阶段检察业务数据基础不够牢固、数据质量不高，易导致服务参谋作用发挥不够充分。主要表现在，一是案卡填录不准确。随着检察业务应用系统的多次升级，各项业务案卡信息种类、数据量不断增多，检察官对案卡填录规则的学习意识不强，个人数据管理能力不高，导致案卡填录迟漏错。二是数据采集、数据监管制度仍需完善。一方面案件管理系统自动巡查案卡、自动纠错等智能化功能不健全，无法实现大量数据信息自动抓取、自动纠错。另一方面对案卡数据信息的流程监管、检查通报力度不足，未形成良性案件管理监督格局，易导致数据监管巡查力度不够。

### （二）业务数据分析研判深度挖掘专业性、权威性不足

部分检察数据社会化应用的层次不高，高质量的数据分析研判报告数量不多，“业务”“数据”“分析研判”结合度不够，数据分析与业务工作存在脱节的情况，报告内容对数据变化背后的原因分析和挖掘不深，深入分析、专项分析、针对性分析较少，涉及深层次问题的专题类分析研判更少。主要原因是有的数据统计员、流程监管人员缺乏办案亲历性，缺乏与业务部门充分深入沟通会商，对检察办案活动深层次谋划思考不足，难以提出有针对性的对策建议。尤其是数据的关联分析少，分析内容比较浅显、模式化，难以达到业务数据分析研判的深度和精度。

### （三）业务数据分析研判成果转化率普遍不高

只有将业务数据研判成果及时、有效地转化为检察改革、重要决策部署的参考依据，转化为推动办案人员改进司法办案工作的具体行动，分析研判的价值才能得到全面充分彰显。但目前在分析研判成果转化上，缺乏平台搭建与应用渠道，研判会商意见缺乏刚性的督办与反馈机制，业务部门大多是针对表面问题进行整改落实，未能全面深入分析业务数据，未能达到由“管

好个案”到“管好类案”的效果。同时，分析研判成果大多还停留在检察机关内部，与党委、政府部门联系较少，具有针对性、导向性的分析研判报告、检察建议不多，助力社会治理的作用不明显。

（四）业务数据基础信息化发展程度不充分、不均衡

检察机关运用内部数据资源开展业务分析研判的意识与能力薄弱，基于数据深层次分析、关联分析较少，可视化展现程度不深，对检察业务数据的智能化分析水平不高，对业务的辅助决策支撑不够。基于经费保障、软件研发等原因，部分检察机关智能管理辅助软件开发配置不足，信息化、智能化建设较为滞后，落后于案件办理需求和数字时代发展需要。当前检察机关主要依托业务应用系统等基础数据统计平台开展日常数据采集、汇总、分析工作，数据采集、自动分析研判的智能化水平不足，尚未实现业务数据管理由人工管理向数字化、智能化管理转型，影响了检察业务数据分析研判智能化发展。[1]

（五）业务数据分析研判专业人才匮乏

检察机关一线办案人员忙于办案，疏于提升数据应用能力，忽视检察大数据价值，案件管理人员具有数据处理能力、发现问题能力，却缺少提出有针对性的可行性建议的业务能力，其他综合部门的检察人员对业务数据分析研判的参与度不高。特别是内设机构改革后，基层检察机关案件管理部门集法律政策研究、刑事执行检察、控告申诉检察等业务职能于一体，人员往往身兼数职，各项业务都需投入大量时间，案件管理专人专岗较难实现，撰写的分析研判报告在深度和广度上均有不足，难以满足新形势下业务分析研判工作的专业性需求。

## 五、检察业务数据分析研判现代化的范式转型与图景建构

检察业务数据分析研判是促进检察工作高质量发展的重要抓手，也是加快推进检察业务管理现代化的必要路径。随着我国现代化建设进程的加快与数字检察战略的深入实施，检察业务数据分析研判现代化转型成为适应时代发展的必然趋势。要实现“数字赋能监督，监督促进治理”的法律监督模式现代化变革，应以提升业务数据分析研判理念、体系、机制和能力现代化促进新时代检察工作现代化，充分发挥数据分析研判工作的治理作用，不断增

[1] 何小华、杜娟：《试论大数据背景下案管部门检察业务分析工作的开展》，载《中国检察官》2017 年第 15 期，第 32~34 页。

强科学性、针对性、指导性、实效性，切实以提供业务数据分析研判为基础支撑，服务科学宏观决策；以完善多层次立体化业务数据分析研判机制为重要依托，牵引提升高质效办案；以提供专项分析研判为切入点和着力点，有效促进社会诉源治理，从而实现服务科学决策、高质效牵引、社会治理相统一的范式转型。[1]

（一）强化业务分析、研判数据管理观

强化数据战略服务大局观。一是坚持做到“从政治上看”。提高对数据变化反映的法治问题、社会治理问题的敏感性，加强对检察业务数据的分析应用，固强项、抓短板、补弱项，找准检察工作发力点，让数据服务科学决策与司法办案，进而推动检察工作高质量发展，以检察数据治理融入国家治理体系和治理能力现代化建设大局。二是及时更新新时代的法律监督理念，以系统观念服务大局。以检察视角开展业务数据分析研判，在开展检察业务数据研判中落实双赢、多赢、共赢理念，让业务数据分析研判更好地为检察工作高质量发展、党委政府决策优化、社会治理高效提供参考服务。三是牢固树立“数据战略”意识。深入落实数字检察战略，完善数据归集运用模式，紧密围绕业务需求和工作目标，对数据进行深度挖掘和有效利用，实时动态对地区法治建设情况进行量化评估、直观展现、动态检测、科学研判，实现“用数据说话、用数据决策、用数据管理、用数据创新”的目的。

（二）建立业务数据分析研判分层多元化体系

（1）构建以综合报告及各类专题报告为基础并行的研判依据模式。一是常态化开展检察业务数据定期报告工作。立足于检察职能，定期主动报告检察业务运行数据情况，为检察机关、地方党委政府及时掌握区域检察工作情况提供参考。二是落实法律监督年度报告工作。注重报告的系统集成和协同高效，明确年度报告的工作流程和规范、监督工作内容，向党委政府提出针对性强、操作性高的意见建议，确定被监督单位整改落实意见建议的期限和工作要求，强化检察业务数据社会化应用对促进基层社会治理的预防、警示功能，切实推动年度报告制度化、规范化、常态化。三是加强专项检察业务报告工作。结合专项工作部署与重点工作，通过业务数据专项报告实现“专题报告+专业意见”，结合白皮书、报告会、研讨会等多维度、立体化的方式主动服务检察机关、党委、政府决策，为强化社会治理提供参考依据。

---

〔1〕顾雪飞：《以习近平法治思想为指导推进检察案件管理职能建设现代化》，载《人民检察》2023年第16期，第1~7页。

（2）构建分析研判类案监督模式。要通过系统治理、源头治理的治理方法充分运用检察业务数据参与社会治理工作，将类案监督方法引入检察业务分析研判机制的业务数据分析环节，以个案为线索，通过同类业务数据汇总分析，由个案监督扩展到类案监督，并就此作类案分析研判报告。类案分析研判报告对于社会治理工作任务的落实，可以通过转化为社会治理检察建议这一法律监督方式予以落地。要善于运用类案专项分析研判成果，将成果进一步转换成社会治理检察建议，及时向有关单位部门提出检察建议，将类案分析研判报告作为检察建议书的附件，以提高社会治理检察建议的刚性内涵。

（3）构建检察业务分析研判新宣传模式。加强与新闻媒体的沟通，搭建数据分析研判成果展示和转化平台，让优秀分析研判成果通过新闻媒体的宣传，成为检察机关履行法律监督职能，参与社会治理、推进国家治理体系和治理能力现代化的重要渠道和手段。创新业务数据发布与解读模式，使用通俗化语言进行表达，截取时下社会治理重点、热点开展碎片化、主题式、形象化宣传，及时回应社会重大关切，便于社会更加全面深入了解数据变化情况。

（三）健全完善业务分析、研判成果应用转化机制

（1）健全数据质量管控制度。准确把握业务数据评价指标的价值导向，建立事前预防、事中控制、事后补救的业务数据质量监管机制，落实“谁办案谁负责，谁填录数据谁负责”的数据质量工作责任要求，督促各业务部门及办案人员准确、规范、及时、完整地填录各种案卡信息。依托流程监控系统和数据统计核查，完善日常数据审核、数据传递审核、专项数据核查、定期数据巡查制度和定期通报制度，提高数据质量。完善检察官和检察辅助人员绩效考核制度等评价机制，以强化“规范填录”为出发点，确保数据填录、传递、采集、汇总的及时、准确、完整、规范。

（2）完善推进数据分析研判会商制度。一是注重常态化数据分析研判。按照流程环节、数据节点，将反映整体业务运行格局与突出业务重点相结合，将静态数据指标与实时运行态势相结合，将总结工作经验与查找分析问题相结合，通过综合比对分析改革前后办案数量、质量、效率、效果。二是注重专项业务数据分析研判。在选题上要着眼大局、热点、难点，紧扣服务保障经济社会发展主题，将检察业务的动态规律，转化成对社会治理有决策参考、风险提示、制度完善等价值的专项治理分析报告。〔1〕三是注重分析研判成果

〔1〕 陈奥琳、秦婧雯：《检察业务数据分析研判会商机制的运行与完善》，载《中国检察官》2021年第13期，第74~76页。

转化。探索分析研判成果定期报送制度、激励制度、课题机制，促进数据监管、数据服务的融合，可以开展优秀业务分析研判成果评选活动，提升业务部门和办案检察官对检察业务数据的重视程度。

(3) 完善督办反馈机制。案件管理部门在业务分析研判中要加强与业务部门的沟通，形成良性互动，分析报告做到有数据、有情况、有观点、有分析、有对策。强化成果运用，针对分析报告提出的改进措施，要抓好反馈与落实，推动业务质效整体提升，注重在后续跟踪督办、反馈工作上下功夫。建立“督办单”“反馈表”等制度，对分析研判指出的重点问题列出督办清单，逐项明确改进举措、方法步骤、责任部门，确保整改一项、销号一项，汇总形成整改落实报告。强化跟踪落实解决问题，对数据分析研判发现的问题、提出的建议，要建立逐条跟踪落实机制。[1]

(四) 拓展检察业务数据之治智能化应用场景

(1) 注重不断更新完善业务系统统计数据指标和功能模块设置。在常态化数据模块中增加个性化分析功能，合理设置业务类别、统计数据项目，多维度呈现业务运行态势，方便数据灵活查询、指标配置、深度分析、模板生成、预警提示，提高数据分析功能的智能化运用，实现数据异常问题实时预警、动态管理、智能分析等多项功能集成。此外，对于常态化、周期性的综合类检察业务数据分析报告，预置数据采集计算规则等，按需“一键生成”数据基础报告，提高数据分析工作效率。

(2) 迭代升级各类适用辅助分析研判软件。有条件的地方检察机关可研究各类检察业务数据指标的计算逻辑、自动化提取规则，打造采集、存储、加工、处理各类检察工作数据的平台，围绕核心指标和其他业务场景，实现数据驱动管理、数据辅助决策、可视化呈现的应用软件，大力提高分析研判智能化程度。[2]

(五) 提升业务分析研判队伍专业化能力建设

(1) 强化人才资源一体化整合运用。业务数据分析研判工作涉及的业务领域多、面宽类广，仅靠某一个部门或某一两个人的力量很难持续高质量推动开展。要充分整合现有的人才资源，积极运用“检察一体化”工作机制，

---

[1] 王有凯、程伶：《新形势下加强检察业务数据分析研判的思考》，载《北京政法职业学院学报》2021年第3期，第6~10页。

[2] 郑成希、陈艳琳：《检察业务管理部门业务数据分析研判工作探讨》，载《法制博览》2022年第19期，第114~116页。

强化上下级联动、部门联动，选拔各条线钻研检察业务、数据分析能力强、文字功底深厚的骨干人才分层次、分类别组建专业化业务分析研判团队，通过共同参与“分析实战”“业务轮训”等方式，有效整合、培育分析研判人才，提高分析研判工作能力和水平，实现人才资源使用的聚合效应。

（2）进一步优化人才培养模式。将人才培养作为基础性、长期性、战略性的任务，纳入业务培训基本课程，突出综合业务素能的全面培养，推进综合部门与业务部门之间检察人员的轮岗锻炼，灵活运用条线培训、在岗培训、远程网络交流等培训方式，实现理论研究与实务操作相结合，专业素养与综合素能双提升，为业务分析研判工作提供源源不断的人才储备。建立人才考核激励机制，通过业绩考评、通报表彰、报告评选、成果汇编、人才评选等方式，充分发掘人才。

# 数字检察中数据权属检视与规制

拜荣静　王春美*

**摘要**：数字化浪潮席卷全球，数字社会蓬勃发展要求检察系统实现智慧化、信息化、数字化转型。由此衍生出检察数据概念，检察数据作为公共数据子集一种，数据权属问题贯穿整个数字生命周期，明晰数字检察数据权属不仅有利于释放数据要素价值，更有利于保障数据流通体系安全运行。针对现行检察数据权属立法规范及实践成果进行检视，发现当前检察数据权属配置存在理论供给不足、法律规制不明、部门信息壁垒高筑等问题。为实现数字检察依法合规，应明确检察数据权属配置理论逻辑。此后以《宪法》条款为引领，明确检察数据权属国家所有，权利内容则应有专门立法予以规制，并引入区块链技术以防范数字检察运行中的数据资源安全风险。

**关键词**：数字检察；数据权属；数据权利；数据安全

信息科技发展日新月异，数字技术蓬勃发展引领数字化浪潮席卷全球。习近平总书记曾于2021年致全球互联网大会贺信中强调："数字技术正以新理念、新业态、新模式全面融入人类经济、政治、文化、社会、生态文明建设各领域和全过程，给人类生产生活带来广泛而深刻的影响。"[1]由此，传统社会呈现数字化趋势，数字技术能力成为国家治理能力现代化衡量标准，此般种种均要求司法建设向信息化、智能化转型。检察监督工作作为国家司法体系重要环节，亦应遵循时代趋势，以构建智慧检察、数字检察为核心，深度推进检察大数据战略，助力检察监督工作全面提质增效。

---

* 作者简介：拜荣静，兰州大学法学院教授，博士生导师，研究方向为刑事诉讼法、司法制度、证据法。王春美，兰州大学法学院2023级硕士研究生。

〔1〕《习近平向2021年世界互联网大会乌镇峰会致贺信》，载 http://www.xinhuanet.com//politics/leaders/2021-09/26/c_ 1127903074.htm，最后访问日期：2024年8月31日。

2021年6月，中共中央发布《关于加强新时代检察机关法律监督工作的意见》。其中强调："加强检察机关信息化、智能化建设，运用大数据、区块链等技术推进公安机关、检察机关、审判机关、司法行政机关等跨部门大数据协同办案。"该意见高瞻远瞩，自顶层设计角度提点数字检察关键核心，即依托大数据资源，建构新时代检察监督工作模式。一般认为，数据资源实为大数据建模、生成式人工智能等技术的基础资源。"数据作为数字时代的生产资料和基础资源，其重要性早已不言而喻。"[1]数字检察系统亦基于海量数据资源支持，并由此产生检察数据概念。

从法教义学视角而言，各地检察实践工作虽已普遍开展大数据研判、智能化类案监督等工作，然遍历法制规范，针对数字检察所依托的数据资源之法律性质、权属配置及收集渠道尚缺乏统一规定。在立法问题上，学理界相关研究主要聚焦中共中央、国务院《关于构建数据基础制度更好发挥数据要素作用的意见》(以下简称《数据二十条》）出台后，有关公共数据授权使用、企业数据供给激励及个人数据受托机制等制度性及策略性课题。针对司法数据权属配置的相关理论研究尚显空白，故此，检察数据的概念定义、周延范畴等仍未获共识。然而，数字检察实践功能正逐渐增强，数据获取范围正逐渐扩大，检察数据确权及应用方式亟须理论支撑与立法规制。因此，本文拟以正面回应检察数据范畴及权属界定为核心，通过对当前数据权属立法现状及检察监督工作中，大数据应用实例的考察，从而归纳得出当前检察数据权属配置存在争议的节点问题，并进一步分析争议成因。从而在此基础上，自理论层面，阐明检察数据权属的法律属性及权利内容，以此证成检察数据归属检察体系专有并界定权属范围。最终通过制度展开，回归法规范学视角，为相关制度建设提供可行路径，以期为我国司法大数据权属配置及法制规范提供绵薄的智力支持。

## 一、检察数据权属配置的现状检视

### （一）关于数据权属的立法情况

#### 1. 数据资源价值机制及数据来源辨析

数据资源根植于信息技术产业，作为电子化的社会主体客观行为记录，"是基于一定的使用背景或者事物，在未经处理或经过处理后所反映出的对客

---

[1] 衣俊霖:《论公共数据国家所有》，载《法学论坛》2022年第4期，第107~118页。

观事物的逻辑表达，是信息、密码等客观事物组成的最基本元素”。[1]数字时代，多数包括商业交易数据、个人行为记录等在内的传统社会行为呈现电子化与网络化，社会主体进行生产、集散、交互等环节所产生的信息内容以电子数据形式留存于网络空间。而当数据资源累积量达到一定规模，通过数据分析技术，从不同角度对相关数据内容进行研判与推演，即可反应特定情形或时间内，信息主体的行为倾向及关联规律甚至社会经济的发展趋势，此类分析结果，将为进行数据分析的群体提供信息导向，进而因分析主体或为企业，或为政府，使得数据资源产生商业价值或治理价值。

以数据资源生成主体对数据来源进行分析，可将数据资源简略分为四类。其一，通过环境监测产生的数据，如气象、动植物生态等；其二，商业交易数据，如交易总额、单位时间交易量等；其三，主体进行交互行为产生的数据，如聊天记录、网络投稿等，主要涉及个体用户、网络平台、商业公司乃至政府机构等几乎全部社会主体；其四，由社会实体信息记载电子化而产生的数据，如税务记录、司法裁判文书等。上述四类数据资源，并无任何社会主体可对相关数据形成垄断占有，亦较少存在单一主体生产特定数据的情形。数据资源的产生及交互均呈现多元化缠绕共生趋势，因此，如何设计法律体系以规制各主体权利范畴，促进数据资源价值充分释放，理应为数据权属界分重要命题。因此，检察数据作为数据资源的子集，欲厘清检察数据权属界分、划定检察数据范畴内涵，则应首先检视当前针对数据资源权属配置的立法现状，以此明晰检察数据范围、采集及分析等是否存在法定规范。

2. 数据资源权属配置立法现状

正如前文，我国数据产业已呈现高速发展态势，基于数据资源分析社会经济发展趋势亦成为我国推进治理能力现代化的重要举措。纵观我国数据资源积累历程，自互联网技术深入市民生活及社会百业以来，已历数十载，近年则依托人工智能技术及数据模型建构技术，逐渐具备交换与流通能力，从而影响行业导向及社会治理。执法、司法工作中，应用数据资源辅助职能工作的实践亦缤彩纷呈。实践中诞生规则，规则进一步反馈实践，然论及有关数据资源的法制规范存在缺憾，相关规范散见于人大常委会决议及部分法律文件中。

以2012年全国人民代表大会常务委员会《关于加强网络信息保护的决

---

〔1〕 彭辉：《数据权属的逻辑结构与赋权边界——基于“公地悲剧”和“反公地悲剧”的视角》，载《比较法研究》2022年第1期，第101~115页。

定》(以下简称《人大信息保护决定》)为发源，至今已有七项法律法规级立法活动对数据资源问题加以规制。[1]其中，《人大信息保护决定》《民法典》第111条及《消费者权益保护法》作为第一阶段数据资源立法成果，重点在于确立个人信息数据保护规范，《网络安全法》《数据安全法》及《个人信息保护法》作为第二阶段立法成果，却并未超越前一阶段规制范围，实为针对个人信息数据的进一步保护措施，至于关键的数据资源权属配置及数据权利范畴内容等，均未涉及。

鉴于数据资源权属配置立法不足与执法、司法实践亟须法制规范引导合规这一矛盾，2022年，《数据二十条》横空出世，其中明确提出，应加快建设数据产权制度，推进建立数据分类分级确权授权机制。数据资源因其生成来源多元而具有生成主体复杂多样、生成与使用相分离等特征。因此，《数据二十条》将数据资源依据分析使用的目标场景，分类为公共数据、企业数据与个人数据，公共数据将原有政务数据、政府数据之称吸纳包容，后二者遂不再成为通用概念。《数据二十条》虽未明确各项数据权属界定，但对数据的分类标示仍然具有重要作用，遵循本文件相关标准，毫无疑问，检察数据作为服务于国家司法监督及公诉准备的数据类型，应被视为公共数据的子集之一。

### (二) 司法实践中检察数据的应用现状

有观点以数据使用主体为标准，将检察机关办理案件所收集数据资源分为内部数据和外部数据。内部数据是指检察机关办理案件过程中自行收集或调取的与检察业务相关联数据，内部数据作为检察机关职能管辖范围内数据，检察机关对内部数据进行使用及分析研判具有高度自主性与权属正当性。外部数据包括政法数据、政务数据及社会数据。[2]事实上，根据《数据二十条》所言之公共数据范畴，该分类标准按照数据管理主体对数据进行分类，但相关数据资源分析使用场景，依然主要为监察监督工作及公诉准备工作服务，因此，该分类标准自2022年后，已可统一概括为检察数据实为公共数据类型之一。

截至2023年12月25日，以“大数据法律监督平台”为关键词在最高人民检察院官网进行检索，共检索得到71条有关信息，其中，共有5个省份通

〔1〕 彭辉：《数据权属的逻辑结构与赋权边界——基于“公地悲剧”和“反公地悲剧”的视角》，载《比较法研究》2022年第1期，第101~115页。

〔2〕 余钊飞：《数字检察的梯次配置及纵深功能》，载《法律科学（西北政法大学学报）》2023年第4期，第94~103页。

过颁布施行地方性规范性文件的方式对检察大数据法律监督平台建设和运用作出相关规定，分别是山东、湖北、内蒙古、宁夏和浙江。而天津、安徽、浙江等地，大数据法律监督平台相继建立，依托大数据法律监督平台，大数据法律监督专项行动正如火如荼全面展开。2021年11月，最高人民检察院确定湖北省检察院、浙江省杭州市检察院、浙江省绍兴市检察院、广东省深圳市检察院为第一批全国检察机关大数据法律监督研发创新基地。[1]但于中央法规范层面，至今尚无相关规范性文件对大数据法律监督平台予以定位。大数据法律监督平台是指检察院基于内生的、外引的政法大数据等，通过专门算法智能化地履行检察职能，履行《宪法》、法律赋予的法律监督职责的专门办案平台。[2]基于上述实践成果，全国多地虽缺乏检察数据确权规范，但已基本开始推进检察大数据平台建设。此类平台核心概念主要包括：其一，数据收集与共享；其二，建立在算法基础上的算法模型。数据、模型与算法共同构成机器学习“三要素”。算法通过在数据上进行运算产生模型，即数据为基础条件，算法为技术媒介，模型实为最终目标。

数字检察实践成效表明，当前检察监督工作并非排斥使用数据资源，通过数据建模、AI智能研判等技术辅助司法监督工作成为检察系统推进现代化智能转型的关键举措。然而，遍历最高人民检察院及各地方人民检察院相关规范及实践措施，均对检察数据权属问题采取回避态度，并未遵循《数据二十条》有关公共数据应尽快实现确权、授权等要求。

正如前文，检察数据作为新时代建构智慧检察、实现检察监督工作数字化的基础资源，检察实践中已频繁应用于包括业务绩效研判、业务运行规律总结、业务问题警示等多项工作。自实践成果归纳检察数据内涵，不仅包含检察系统于内部运行时产生的数据资源，如“案件办理周期时长”“撤诉案件占比数量”等数据，亦包含同级乃至上级人民法院裁判文书或行政机关政务数据等跨部门数据，同时，办理企业合规案件中，检察机关尚需调取、采用涉案企业内部财务数据、人事组织数据等在内的一般意义上的企业数据。此般种种，无不显示检察数据涵盖范围之广、数据研判职责之重。由此可见，检察数据权属不明而应用广泛，实践中是否存在越权收集行为，是否可能导致企业或公民信息安全受到影响，政府机构又是否应向检察机关提供数据支

---

[1] 戴佳、赵晓明：《当法律监督遇上大数据——检察机关推行数字检察战略工作蹄疾步稳》，载https://www.spp.gov.cn/zdgz/202303/t20230322_609096.shtml，最后访问日期：2024年8月31日。

[2] 姜昕等：《检察大数据赋能法律监督三人谈》，载《人民检察》2022年第5期，第37~44页。

持？类似问题，均源于检察数据权属主体、权属范围及应用规则基本遵循经验主义，以实践惯例替代规范性文件，从而导致检察机关在应用大数据辅助工作时存在数据侵权可能的同时，又可能面临因部门利益或数据采集成本等造成的信息壁垒，从而削弱数字检察正当性或影响数字检察全面提质增效。

从法规范视角而言，为构建符合国情的数据资源配置及流通市场机制，当前中央立法亟须解决包括检察数据在内的数据资源权属配置难题。因此，2020年3月30日发布的中共中央、国务院《关于构建更加完善的要素市场化配置体制机制的意见》（以下简称《中共中央、国务院意见》）明确指出要研究根据数据性质完善产权性质，[1]此后《数据二十条》亦为数据分类确权提供纲领性指导。遍历地方性法规，其中，重庆、深圳等地都曾试图在地方公共数据立法中确立公共数据国家所有权。其他省市尽管讳言数据权属，但亦大幅借鉴国有资源资产的相关制度规则。[2]由此可见，地方立法成果中，亦缺乏针对作为检察数据权全集的公共数据权属配置规则，更遑论专门针对检察数据权属进行规制。最终致使各地数字检察工作进展不一，检察数据周延范围各不相同，同时亦存在与平台企业甚至个体公民产生数据收集、分析使用乃至利益责任等方面的冲突可能。

## 二、检察数据权属配置的现实障碍

### （一）检察数据权属确定的理论供给不足

“数字波兰尼时刻”被用来揭示数字治理为应对数字经济所带来的一系列负面影响，以高度数字化的逻辑重组治理架构、进行社会自我保护的努力。[3]由此回顾数字社会发展进程及数据资源发展历程，社会经济领域应被视为二者起源的原生环境。发端于政治经济学领域的数字化及数据资源概念起初实为商业交易、平台用户协议等经济项目而服务，二者事实上均非公法领域原生概念。与之存在相似特征的是知识产权制度，同该制度的学理探讨最初集中于著作权、发明权等权利确认及权利保护，针对数据资源的学理成果亦集中于针对个人及企业数据的确权方式及保护规范之中。

〔1〕 赵加兵：《公共数据的权属界定争议及其制度建构》，载《河南财经政法大学学报》2023年第3期，第83~93页。

〔2〕 衣俊霖：《论公共数据国家所有》，载《法学论坛》2022年第4期，第107~118页。

〔3〕 朱笑延：《数字治理的刑法介入模式——以电信网络诈骗的治理变革为例》，载《华中科技大学学报（社会科学版）》2023年第2期，第30~40页。

现有数据资源权属应隶属知识产权范畴[1]或数据资源应隶属财产资产权范畴[2]等研究结论，均基于企业数据法理构思及实践基础展开，其试图将聚焦于私法视角的企业数据权作为数据资源普适权属范例。并由此得出结论，即包括检察数据在内的公共数据并不需要分门别类进行确权与论述，无需针对检察机关在日常工作中所使用的数据权属进行专门构造。然而，事实上，检察数据因其使用主体的特殊性，从《数据二十条》划分数据门类的“场景+主体”规范视角而言，企业数据权属模式无法适配检察数据所需权属理论。究其原因在于，企业数据使用主体为私权利机构，相关数据采集者及所有者本身均为营利型企业，此类主体获得数据资源相关权属的理论根植于洛克式的自由经济主义，即劳动所获私有财产，因而天然获得相应赋权，此权应视为物权之一的所有权。然而，包含检察数据在内的公共数据却绝非因所谓政府机构或检察机关于司法监督活动中进行“劳动”所获。检察机构既非因牟利需求采集相关数据，更无法自检察数据的占有及处分中获得私利，同时鉴于公共数据资源具备数字化、无形化等特征，所依托的信息技术亦具有可复制等技术特征，故强行以物权或知识产权的所有权权属概念套用至检察数据，则不可避免将影响检察体系内部数据流通及交互。[3]故而相关理论不足以成为支撑检察数据权属分配的理论要素。

将视野放诸海外，欧美数字市场及数据资源发展情况同国内一致，呈现快速发展趋势。然而，欧陆国家与北美国家（不包含墨西哥等拉美地区国家）于数据权属理论方面亦存在较大区别，且难以为我国所借鉴参考。详细而言，欧陆数字经济发展事实上落后于我国及北美地区，人口严重老龄化及信息技术基础设施滞后使得欧陆国家并无信息技术领域的巨头公司。因此，有观点认为，欧盟之所以通过严格的个人信息保护法规（《通用数据保护条例》），其原因在于欧陆国家寄希望于通过严格市场准入及个人信息保护规定，形成市场壁垒，阻断北美公司对其信息市场领域形成垄断地位，以保护本国企业发展。[4]因此，即使《通用数据保护条例》得以通过欧洲议会，然而该条例并未赋予任何主体以数据所有权。由此可见，欧陆国家既不存在完善企业数

〔1〕 王渊、黄道丽、杨松儒：《数据权的权利性质及其归属研究》，载《科学管理研究》2017年第5期，第37~40、55页。

〔2〕 许可：《数据保护的三重进路——评新浪微博诉脉脉不正当竞争案》，载《上海大学学报（社会科学版）》2017年第6期，第15~27页。

〔3〕 韩旭至：《数据确权的困境及破解之道》，载《东方法学》2020年第1期，第97~107页。

〔4〕 张金平：《欧盟个人数据权的演进及其启示》，载《法商研究》2019年第5期，第182~192页。

据权属理论，亦不存在与之对应的公共数据权属概念。观之北美，则由于存在较之欧陆发达的数字经济市场，相关数据权属理论倾向于削弱公权及个人权利对信息数据的流通与限制，加之英美法系严格的“平等武装”原则，刑事诉讼构造本身并不提倡检察力量作为诉方应获得数据资源的加持，诉方亦无法律监督职能。因此，北美国家的检察权属理论亦无可供参考之处。

（二）检察数据权属分配的法律规制不明

《中共中央、国务院意见》与《数据二十条》虽均强调数据权属确权与基于分类分级数据权利进行授权以促进数据资源流通共享，然而，时至今日，中央立法层次仍未出现明确回应数据资源权属配置、权利内容及法律性质的规范性法律文件。地方立法实践及学理研究均表明，权利法律性质、权利内容与权属配置实为数据资源权利界分的一体两面，通过明确检察数据资源权属配置则可结合实践成果拟制相关权利内容，而明确检察数据内容周延及法律性质亦可由此概括相关资源的各自权属。然而中央立法至今未就上述任一方面进行明确规制，故而各地均采取因地制宜策略，以地方经济发展水平因素为主要考量，兼采地方数字化基础设施及人才力量储备等因素，对数据资源采集及流转进行规制。然而相关规范性文件如《浙江省公共数据条例》《上海市公共数据开放暂行办法》《深圳经济特区数据条例》《西安市政务数据资源共享管理办法》等，亦均未明确回答包括检察数据在内的公共数据权属界定及内容边界划分。其中具有突破性参考价值的为西安市于 2018 年所发布的《西安市政务数据资源共享管理办法》，该办法虽未就检察数据及其他种类的公共数据权属进行规制，然而其中将政务数据权利内容表述为所有权、管理权、采集权、使用权及收益权，相关规范突破基于企业数据的数据资源私权构造理论，将政务数据权利内容扩展向管理权，使得作为传统民法物权中的四项权能于公共数据领域向公权机能转变，为数据权属结合公私法构造学说提供参考。

上述地方立法或对数据权属规制讳莫如深，或积极主动尝试数据确权，均具备数据权属立法试点特征，然而，囿于缺乏上位法相关指导与示例，多数有关检察、司法数据及其他公共数据确权界分的规范文件实则倾向于地方数字社会治理政策。由此，部分学者认为既然无法自法律层面获得公共数据资源权属配置的依据，因此自《宪法》位阶开始，通过法教义学视角扩大解释《宪法》第 9 条之“自然资源”概念，以此为检察数据、政务数据、政府数据等公共数据进行确权。相关研究认为，《宪法》所言之自然资源并无文义限制，应视为开放性法律条文且文本重点应锚定于“资源”，即可根据社会认知变化及技术发展所获新型资源类型，对自然资源概念进行扩大解释，将公共数据资源解释为新型自然资源从而完成数据确权。[1]此类研究突破法律位阶，转而向《宪法》层次寻求确权依据的理论思路具有高度可采性，自《宪法》位阶规定检察数据资源权属无疑呼应相关公共数据资源于本世代检察体系智慧化转型的“柱石”作用。然而，相关研究结论却并不可取。根据《宪法》第9条的规定，所谓自然资源多为土地、矿产、水流、森林等非人工加工或社会生产活动中产生的资源，上述资源之所有权具有典型排他属性，资源利用方式存在显著竞争性，而检察数据资源作为可复制、可流通、可共享的电子信息载体，并不具有排他性与竞争性，故自法规范体系化解释层面而言，检察数据显然不应与上述自然资源并列于同一范畴。

### （三）部门信息壁垒限制数据权属流通

“做活大数据，赋智数字能力”，数据是数字检察的“生产资料”。实施数字检察战略，数据获取是基本前提，数据利用为重中之重。[2]数据采集坚持系统性原则，系统性原则体现在两个方面，即时间连续性和空间完整性。空间方面，数据采集强调把与某一问题相关信息收集齐全，此类信息散布于各个领域，需要实行跨部门、跨领域收集，即通过建立大数据平台打通各部门、各领域之间长期存在的“信息壁垒”，对关联数据进行共享。部门之间“信息孤岛”和“信息壁垒”是实践中阻碍检察机关获取外部数据信息的主要障碍。实践中，“数据孤岛”产生的原因主要包括：其一，各个职能部门之间业务数据互通尚未形成数据化；其二，数字化技术应用于数据将产生安全威胁和隐私泄露风险，为检察管理和审查带来挑战；其三，部分权力部门对本部门积累数据产生“部门私有”理念，出于自身权力和利益考虑，不愿对数据进行共享。除此以外，法律约束和考核机制不健全以及权力部门本身存在路径依赖也是目前制约检察数据共享的重要因素。

部门利益问题在全球各国多项司法或行政实务中均广泛存在，对于我国司法实践进行考察，部门利益问题亦常见于诸如司法鉴定、行政诉讼等工作。诚如前文，数据资源的价值机制基础为资源数量，唯有数据资源数量累积至一定阈值，方可产生揭示诸如社会趋向、行业动态及行业风险等使用及交互

[1] 张玉洁：《国家所有：数据资源权属的中国方案与制度展开》，载《政治与法律》2020年第8期，第15~26页。

[2] 宋春波：《全力推进数字检察建设》，载《法治日报》2022年10月17日。

价值。由于我国刑事诉讼程序呈现明显的阶段性特征，致使检察监督工作贯穿于我国刑事诉讼全流程、全链条，数字社会时代，数据采集及分析研判技术给检察机关以数据动能，法律监督及诉讼准备等职责呈现“关口前移”趋势，数据赋能检察高效引导侦查，实现侦查监督全过程留痕。同时，司法终身责任制得以确立亦要求检察机关实现针对起诉与否及裁判质量的终身监督。为实现上述职能，检察数据绝非仅限于检察系统内部数据，而需包括其他地区检察机关、公安系统、法院系统及其他政务部门的数据合作与支持。部门利益横行，信息孤岛孤悬，信息壁垒高筑致使检察数据权属难以协调多方，进而无从确权，检察数据权属不明，各地法律监督工作各自为战进而又导致数据壁垒日益坚固。

## 三、检察数据权属配置的法律界定

### （一）检察数据权的法律属性

数字检察工作推进过程中，所使用的大数据作为某种数据聚合，当前司法实践及学理研究并未就此类数据的法律性质进行规范或研究。然诚如前文，数据权属配置与数据权利法律属性及权利内容实为一体两面，明确检察数据资源相关权利的法律属性实为阐释检察数据权属配置方略的基础。多数研究成果虽并未直接阐明包括检察数据在内的司法数据聚合的法律属性，然有关作为全集及上级概念的公共数据的研究成果却颇为丰富。具体而言，有关公共数据法律属性的学理及实践观点大致可分为以下四类。

第一，“公共产品说”，该说认为对于公共数据的法律属性而言，公共数据体现的是“社会属性”。公共数据的社会属性决定它本质上是一种公共属性的产品。[1]本说将包含政府数据、政务数据、司法数据等要素的公共数据描述为某种不需支付对价即可获取并予以使用的产品，公共数据应被视为类似公共交通或公共卫生间等社会福利属性产品。该说所描述之数据属性，实质为与企业数据对比所得，因多数企业数据具有付费使用特征，实为付费产品，因而多数无需付费即可使用的公共数据应被视为公共产品。该观点描述并不符合检察数据实践要求，不同于部分政务数据应根据《数据二十条》实现授权流转及限制公开，所有内部检察数据均无需公开或不得公开，外部数据如企业合规案件中涉及企业商业秘密的数据亦不得授权流转或公开。

〔1〕 李扬、李晓宇：《大数据时代企业数据边界的界定与澄清——兼谈不同类型数据之间的分野与勾连》，载《福建论坛（人文社会科学版）》2019 年第 11 期，第 35~45 页。

因而，公共产品概念尚无法涵盖公共数据全集，遑论以此为检察数据的法律属性。

第二，“信息资源说”，该说认为公共数据是一种信息资源，在权属上应当为全民共同所有，但在价值实现机制上由作为数据控制者的平台政府进行收集、归集、共享和开放。〔1〕本观点自传统线下“阳光政府”建设应实现政府信息公开为逻辑起点，认为公共数据应于法律属性方面被视为电子化的政务、政府信息。该观点实质混淆了数据资源与电子信息概念，数据资源具有聚合特征，且刚需技术处理方可应用于行业工作实践。具体至检察数据，如需实现类案监督等职责要求，仅堆砌电子化的法律文书并无任何意义，如无AI等信息技术介入则无法形成数据聚合，因此，以单纯信息资源描述检察数据法律属性并不可取。

第三，“国有资产说”，该观点代表性立法实践为《福建省政务数据管理办法》，其中第3条表述为政务数据资源属于国家所有，纳入国有资产管理，并遵循统筹管理、充分利用、鼓励开发、安全可控的原则。该立法实践中，以政务数据为“抓手”，将公共数据权属归为国家所有，此为值得肯定与赞扬之处。然而，如若将范围限制于检察数据，虽同样应认定检察数据为国家所有，然国有资产的法律性质无法概括表述检察数据实践性质。类似福建省，多数地方立法实践将公共数据简单概括为国有资产，并遵循国有资产管理惯例以实现数据授权流转及公开，此类做法实质将数据资源等同于土地、森林等国有或集体所有财产，以此为法律属性，则无法解释检察数据专为服务国家法律监督及公诉事业的特征，换言之，检察数据资源不同于政务数据等其他公共数据，无需亦无从实现授权流转于公众。

第四，“公共财产说”，该说认为公共数据可被认定为属于《宪法》第12条所规定的“公共财产”〔2〕本观点从《宪法》层面解释公共数据法律性质及权属配置，认为《宪法》第12条所述之“公共财产”实为兜底性解释条款，条文并未明确限制公共财产涵盖范围，同时实践中亦存在将无立法规制的公权机构办公地、附近道路等通过扩大解释“公共财产”范围从而纳入法律规制范围，明确法律性质及权属界分的情形。由此，依此实践惯例，以《宪法》

〔1〕胡凌：《论地方立法中公共数据开放的法律性质》，载《地方立法研究》2019年第3期，第1~18页。

〔2〕徐伟：《公共数据权属：从宪法国家所有到民法国家所有权》，载《当代法学》2024年第1期，第121~133页。

条文为法律依据，将检察数据法律属性定义为公共财产实为可取之处。采纳此观点亦符合《数据二十条》所明确的数据分类以“主体+场景”为标准的规则，前文所述之检察数据应用场景，无不体现检察机关为公为民，为大局服务、为人民检察的理念，以公共财产法律属性将检察数据权属引申至国家所有，检察机关管理及使用亦符合由《宪法》统领，由实在法规制具体路径的法理原则。

（二）检察数据权的权利内容

检察数据作为公共数据子集之一，相关权利内容研究自然应基于公共数据因国家所具有的权利内容而展开。当前学理研究成果及地方立法实践显示，公共数据应由国家所有，相关权利内容应包含全部民法物权意义上的所有权内涵，即占有、使用、处分及收益。同时，针对公共数据“公”的底色特征及可复制、可传播的技术特点，对于部分公共数据，作为权利主体的国家亦应超越传统物权限制，从而享有管理权，即管控数据资源授权方式、流转方向等。然而，国家概念实为抽象共识，正如英国著名政治学家本尼迪克特·安德森所言，民族及国家实为社会群体的“想象共同体”。因此，从《宪法》规制及理论思路方面，虽可将检察数据权属及权利内容划归为国家，然为落实于检察实践，落实于智慧检察转型，则因数据来源及原始生成主体不同，而应分类讨论。

诚如前文，检察数据应分类为内部数据及外部数据，针对内部数据，检察机关可被视为“国家”概念的现实指代，同国务院及下属政府机构对自然资源享有所有权及管理权类似，针对生成于检察机关内部的检察数据，检察机关自然享有完整民法概念中的所有权，对于全部数据资源享有采集、占有、使用（分析）及处分权利，同时亦需对相关数据采取合理管理措施，防范数据灭失风险及数据泄露风险。对于外部数据，则应以不同案件类型、所联动不同数据原生主体为依据进行分类讨论。如对普通公诉案件进行公诉准备或对案件进行法律监督，则可能需联动执法、司法（此处特指法院系统）机关数据库，此时，检察机关则应仅对相关数据享有采集及使用权，其他权利应仍由执法、司法机关保留，如针对企业合规案件进行合规考核，则可能需联动企业内部数据，此时为督促涉案企业履行合规整改方案，防范企业篡改相关数据内容，则检察机关应对检察数据享有采集、占有、使用及管理权能，如处理公益诉讼案件，检察机关为获取相应证据材料，或需与相关政府机关数据系统进行联动，此时，检察机关应享有数据采集及使用权，其他权利仍应由政府机关保留。

## 四、检察数据权属配置的优化路径

### （一）《宪法》与法律双层规制检察数据确权制度

鉴于检察数据资源应用方式、合规考核等要素与推进数字检察持续智能化转型息息相关，前所述之地方立法虽无统一规制，然实践基础雄厚。因此以国家统一法规制度针对检察数据权属配置进行规范，已具备理论支撑与实践方案储备，现行法律体系理应针对检察数据权属配置进行明确回应，以此平息数据权利争议，并为数字检察应用大数据资源及相关技术提供法律依据。具体而言，应从《宪法》及法律双层次针对检察数据权属进行规制。

《宪法》层面，应明确包括检察数据、执法数据、司法数据等要素在内的公共数据属于公共财产，归国家所有即全民所有。以《宪法》明确检察数据权属分类为公共数据，进而将公共数据纳入国家财产、公共资产范围的相关理论依据前文已详细论述，在此不再赘述，仅就法规范体系角度作进一步阐明。数据资源被誉为21世纪的石油资源，此类比喻虽略显不适，但仍然明确强调了数据资源之于数字社会重要意义。当前《宪法》将土地、森林、水流等自然资源纳入国家所有范畴，并由下位各种法律规范进行详细规制，数据资源虽并非自然资源，然对于数字社会仍具有生产要素之实。以《宪法》将检察数据权属配属于国家，以具体法律规范将检察数据依据使用场景分类分级，并详细规范，既符合法规范体系由《宪法》引领，由法律阐释的理论逻辑，同时亦暗合实践要求。

法律层面，应考虑制定统一公共数据保护法，其中以专章形式针对检察数据权属界分、权利内容及数据使用规范进行规制。具体而言，应依托数字检察工作实践中应用的数据种类，以此为标准针对不同数据场景、不同案件类型进行分类规定，具体场景的权利内容前文已详细论述，此处不再赘述。

### （二）法政数据协同强化信息共享机制

#### 1. 关联数据共建共享

数据生命周期管理是一种基于策略的方法，对信息系统数据进行管理，使之在整个生命周期内流动。数据采集是数据生命周期的首要阶段，只有通过采集获取数据，才能进一步开展数据治理相关工作。数据采集强调采集数据的系统性和时效性，表现为对关联数据和办案数据进行共享传递，最大化保证采集数据的完整性和科学性，使建立于数据基础上的大数据平台所作出的决策更加具有说服力。

推进数字检察工作，必须加强数据要素治理，实现数据治理、聚合、管理以及应用，让数据“开口说话”。检察工作实现数字化和信息化需打通各单位、各部门之间数据壁垒，充分整合、运用检察机关办案数据。盘活内部数据、联通外部数据是激发数据这一生产要素的当务之急。充分获取各项司法执法数据是数字检察工作能够顺利开展的前提条件。〔1〕随着全国检察业务系统信息化变革，检察机关在办理案件过程中积累了大量办案数据，这些内部数据大多处于“沉睡”状态，价值尚未被开发，如果唤醒这些数据并对其进行研判分析，将为检察监督提供更多更有价值的案件信息。

检察大数据变革过程中，检察机关应当深刻认识到做好数字检察工作是检察责任，更是政治责任，要不断提高思想认识，增强数字检察工作责任感，必须树立数据共有新理念，不断增强数字意识和数字思维，提升数字能力，以理念变革引领实践创新。数据进行流通是数据实现共享的流程和路径，数据流通是数据实现增值的手段，而通过数据流通对数据价值进行充分挖掘，提高数据使用效益才是数字革命追求的终极目标。只有通过数据共享才能唤醒沉睡数据，实现数据保值增值，构建一体化关联大数据共享平台，整合数据资源、对接应用需求、优化办案流程等，不断疏通各部门、各单位之间“数据堵点”，从而破除数据共享上的信息壁垒，也是检察大数据的应有之义。

2. 办案数据实时传递、衔接

构建权威高效的矛盾化解机制，能够减少事后因矛盾化解而带来的社会资源损耗，促进社会可持续健康发展。〔2〕“溯源治理”是一种更加全面、深层的社会治理模式。因大量矛盾纠纷涌入司法渠道，司法治理面临着巨大现实压力，通过加强矛盾源头预防、前端化解和关口把控有利于从源头上减少诉讼增量。检察机关与政法部门、政务部门实时传递、衔接办案数据可以促进检察机关更加及时、敏锐掌握犯罪最新动态和社会发展形势，并根据所发现线索适时提出解决对策和建议。

数据采集系统集成完整性还强调数据采集时间的连续性，强调根据各个时期发展变化进行数据跟踪收集，以反映数据真实全貌。传统检察监督主要

〔1〕 马春晓：《数字检察的生成逻辑、实践范式与发展面向》，载《中国政法大学学报》2023年第6期，第242~254页。

〔2〕 陆军、杨常雨：《数字化改革视域下检察工作现代化实践路径探析》，载《广西政法管理干部学院学报》2023年第4期，第1~7页。

扮演案件处理者角色，以卷宗审查、书面审查为主，对案件监督往往在案发后介入，导致检察机关监督具有明显滞后性，在监督过程中往往处于被动地位。此外，传统检察监督工作模式以其本身具有的“碎片化”“浅层次”“被动性”“有限性”等问题降低了检察机关法律监督效率，阻碍了检察监督质效，已经难以适应新时代网络犯罪等案件层出不穷的现状。为了解决当下快速增长的新型犯罪演化速度和实践中对其打击难的问题，检察机关应当借助大数据平台与其他权力机关之间实时共享办案数据，对案件进行精准、有效预防和监督。

实现办案数据实时衔接需对人工智能进行深入学习，采取“数据驱动”方法，用人工智能代替本需要人类完成的工作，而深入学习需海量数据作支撑。[1]完整的数据驱动链条包括数据采集、建模、分析及数据反馈四个阶段。传统检察监督工作，检察机关主要局限于个案办理，通过“系统查、查系统”的模式，保证案件质量和社会公平正义，但难以实现“打击一案，治理一片”的社会效果。在数字检察背景下，大数据法律监督建模平台通过海量数据进行碰撞、分析，进而发现个案与个案之间存在关联线索，对发现的线索进行整合、汇集后形成数据链，促进个案监督向类案监督转变，变个案治理为类案治理、综合治理，增强检察监督的广度和深度，解决传统检察机关法律监督存在的被动化、碎片化以及浅层次等治理弊病。

（三）数字检察中的数据安全保护

数据共享与数据流通中安全与隐私保护问题时时面临着被攻击和威胁的风险。区块链作为数据资产流通、共享和隐私保护新技术，建立在其基础上的政府信息资源统一目录体系为大数据改革背景下政府治理和检察业务系统变革带来了新机遇。所谓区块链存证技术发源于互联网金融领域，通过将数据信息存储于分布式的记账本中，以数字加密技术及哈希值验证作为背书以保障数据真实性。区块链存证技术具有与刑事诉讼天然的契合性，以区块链为技术依凭存储的数据不容更改，使得一旦将信息录入，则不存在信息灭失或损毁可能。

区块链技术的出现和运用，为政府数据治理提供了新契机，区块链技术可以为数字政府治理提供包括分布式的数据确权认定、完整性保护、隐私保护

---

〔1〕 谢登科：《人工智能驱动数字检察的挑战与变革》，载《中国政法大学学报》2023年第6期，第231~241页。

和共享共治等基础数据信任体系架构。[1]智慧政府建设中“数据孤岛”“数据垄断”等现象比较普遍，区块链技术可以提高数据安全性。作为政府治理大数据平台的数据源，区块链技术运用私钥与公钥相结合的方式可以有效保护数据的隐私性以及数据收集、存储、传输以及运用整个数据生命周期安全。[2]作为计算机底层技术，区块链技术本质是一种分布式存储技术，基于大数据平台研发符合区块链技术的程序和接口，可以将分散、孤立的数据资源整合并汇集到大数据平台，形成分布式数据资源库，并进行统一管理。加之区块链技术即使面对网络攻击或物理骇入也具有极高抗性，侵入者如无法掌握超半数节点则不可能实现数据修改或数据提取，而技术实践证明，尚无黑客技术可攻破多节点区块链技术加持下的数据平台，因此，将检察数据资源依托现有全国区块链数据平台加以存储与访问，将有效规避数据安全风险。

## 结　语

党的二十大报告鲜明指出，应加快建设网络强国和数据中国，推进数据深入治理。数据基础制度建设事关国家发展和安全大局，将数字技术广泛应用于司法领域，促进司法体制深化改革，加快数字检察建设工作，将习近平法治思想融入司法改革全领域，是推动新时代检察工作实现高质量发展、检察监督质效穿透改革，不断满足人民群众新期待的必然选择。数字检察大数据权属实证研究根本目的是引导、规范、促进检察大数据变革。大数据时代数据开发应用对既有法律框架造成了严重冲击，对数字检察数据融通中的数据权利与数据安全进行统一化处理、明确权利主体，有利于构建责任承担机制，为数字检察提供制度保障。数据权属作为大数据产业的逻辑起点，决定了数据权益分配机制和产业规则建构等，明晰检察大数据归属基本规则，促进府检信息共享流通、健全政法协同平台才能为数字检察变革提供坚实基础。界定检察大数据权属直接目的是设计有效规范大数据的法律框架。

---

〔1〕 边哲：《区块链技术——为数字政府治理构建数据信任》，载《党的生活（江苏）》2019第11期，第26页。

〔2〕 祝守宇等：《数据治理：工业企业数字化转型之道》，电子工业出版社2020年版，第278~280页。

# 论未成年人涉有组织犯罪的防治

吴真文　宁　恺*

**摘要**：近年来，我国未成年人犯罪逐渐呈现出向共同犯罪、有组织犯罪的方向发展的趋势，更严重的是黑恶势力还会主动利用未成年人实施犯罪。在此种情况之下，未成年人涉有组织犯罪的治理工作需要社会各方共同参与。未成年人涉有组织犯罪与成年人所实施的有组织犯罪相比，其主体、违法形态、行为等存在特殊性。究其原因，既有来自家庭和学校的原因，又有来自社会和未成年人自身以及治理机制方面的问题。基于此，为了有效治理未成年人涉有组织犯罪问题，我们应该从家庭和学校教育、社会预防、未成年人自身素质和法律治理机制方面入手，以期能够保护未成年人健康成长、维护社会和谐稳定，遏制未成年人涉有组织犯罪活动。

**关键词**：未成年人犯罪；有组织犯罪；犯罪治理；犯罪预防

近年来，我国未成年人犯罪活动逐步从个体犯罪、偶然犯罪朝着共同犯罪、有组织犯罪的方向发展。根据最高人民检察院于2020年发布的数据，未成年人涉及有组织犯罪案件逐年增长，在2017年至2019年期间，全国检察机关办理的组织、领导、参加黑社会性质组织犯罪案件，受理审查起诉的未成年人人数在2018年、2019年与前年相比分别增长了410%、29%。根据公安部于2020年发布的数据，在扫黑除恶专项斗争中，未成年人参与的涉黑组织、恶势力犯罪集团占到总数的20%。[1]部分未成年人甚至属于有组织犯罪中的主力军和骨干分子。同时也有部分犯罪团伙为了逃避刑事处罚，大范围地吸收未成年人作为团伙成员。未成年人参与有组织犯罪不仅严重扰乱了社

---

* 作者简介：吴真文（1966年—），男，湖南茶陵人，湖南师范大学法学院教授，研究方向为刑法学；宁恺（2001年—），女，湖南株洲人，湖南师范大学法学院刑法学硕士研究生，研究方向为刑法学。本文为湖南省哲学社会科学基金项目“乡村振兴背景下农村有组织犯罪防治研究”（22YBA049）的成果。

〔1〕 参见万春：《依法严惩利用未成年人实施黑恶势力犯罪新闻发布会文字实录》，载 https://www.spp.gov.cn/spp/gjwzb/zgjzkyfyclywcnrssheslfz/wzsl/，最后访问日期：2024年11月2日。

会秩序，而且还使得未成年人的身心健康受到侵害。因此，有必要对我国未成年人涉有组织犯罪的现状、特点、原因进行分析，并有针对性地提出治理措施，让治理措施更符合当前的司法现状，增强其可操作性，更好地保护未成年人，促进社会的和谐稳定发展。

## 一、未成年人涉有组织犯罪的现状与特征

在对未成年人涉有组织犯罪的现状与特征进行分析之前，首先需要明确未成年人涉有组织犯罪的概念可定义为：已满 12 周岁不满 18 周岁的未成年人触犯刑法规定，组织、领导、参加黑社会性质组织，组织、领导、参加恶势力犯罪组织，通过实施暴力、威胁或者其他行为，以组织的形式开展相关的违法犯罪活动。

为了更好地治理未成年人涉有组织犯罪，将全国扫黑除恶专项斗争期间与扫黑除恶常态化以来的相关案件数据以及全国的未成年人涉有组织犯罪的典型案例深入进行分析，总结出当前我国未成年人涉有组织犯罪的现状与特征，为下文分析产生原因和有针对性地提出对策提供支撑。

### （一）未成年人涉有组织犯罪的现状

#### 1. 全国有组织犯罪的现状

2018 年，中共中央、国务院发出《关于开展扫黑除恶专项斗争的通知》，我国开始开展扫黑除恶专项工作；2021 年，中共中央办公厅、国务院办公厅印发了《关于常态化开展扫黑除恶斗争巩固专项斗争成果的意见》，三年的扫黑除恶专项斗争圆满收官。

在扫黑除恶专项斗争期间，2018 年，全国范围内的检察机关起诉有组织犯罪的犯罪嫌疑人为 7.2 万人；[1]2019 年，全国范围内的检察机关起诉有组织犯罪的犯罪嫌疑人为 9.8 万人；[2]2020 年，全国范围内的检察机关起诉有组织犯罪的犯罪嫌疑人为 6 万人；[3]在 3 年的专项斗争期间，共起诉有组织

---

〔1〕 参见张军：《最高人民检察院工作报告——2019 年 3 月 12 日在第十三届全国人民代表大会第二次会议上》，载 https://www.spp.gov.cn/spp/gzbg/201903/t20190312_411422.shtml，最后访问日期：2024 年 11 月 4 日。

〔2〕 参见张军：《最高人民检察院工作报告——2020 年 5 月 25 日在第十三届全国人民代表大会第三次会议上》，载 https://www.spp.gov.cn/spp/gzbg/202006/t20200601_463798.shtml，最后访问日期：2024 年 11 月 4 日。

〔3〕 参见张军：《最高人民检察院工作报告——2021 年 3 月 8 日在第十三届全国人民代表大会第四次会议上》，载 https://www.spp.gov.cn/spp/gzbg/202103/t20210315_512731.shtml，最后访问日期：2024 年 11 月 4 日。

犯罪的犯罪嫌疑人总计 24 万人。而在扫黑除恶转为常态化以来，2021 年，全国范围内的检察机关起诉有组织犯罪的犯罪嫌疑人为 1.8 万人；[1]2022 年，全国范围内的检察机关起诉有组织犯罪的犯罪嫌疑人为 1.7 万人。[2]

首先，有组织犯罪频率大幅度降低。从为期 3 年的扫黑除恶专项斗争到扫黑除恶转入常态化后，有组织犯罪人数大幅度减少，由此可以证明扫黑除恶专项斗争取得了巨大的成功，但扫黑除恶常态化仍值得我们予以重视。目前，尽管全国检察机关起诉的有组织犯罪嫌疑人的总数有所下降，但仍有一定余量。因此必须建立健全长效工作机制，在全社会范围内形成打击合力，依法继续严厉打击有组织犯罪，消除余量，打早打小，有效防止犯罪嫌疑人数量的回升。

其次，新型与传统的犯罪方式相交织。截至 2020 年 1 月，全国检察机关对“套路贷”犯罪共提起公诉 2500 余件 14 000 余人。[3]目前同时存在采取传统“硬暴力”和新型“软暴力”两种类型的有组织犯罪，部分案件还存在金融化的发展趋势。例如近年来频发的“套路贷”犯罪活动，犯罪人纠集多人通过分工合作的方式实施犯罪行为，为了催收债务而触犯了故意伤害、非法拘禁、敲诈勒索等犯罪，并逐渐演化成恶势力甚至黑社会性质组织。

最后，隐蔽性增强。根据公安部在 2024 年发布的数据，全国公安于 2023 年共打击了涉网黑恶犯罪组织 795 个，抓获犯罪嫌疑人 1.2 万余人，破获刑事案件 1.8 万起。[4]有组织犯罪活动随着社会的进步，不再只是局限于传统行业，开始朝着新兴行业如互联网领域渗透。同时也不再局限于使用杀人、抢劫等暴力性手段，而转为使用更具隐蔽性的犯罪手段。一些有组织犯罪往往利用互联网实施高利放贷、组织卖淫、开设赌场等具有极强蔓延性、隐蔽性的有组织犯罪活动；还有一部分将线上侵害与线下暴力相结合，通过这种方式对被害人实施侮辱、寻衅滋事、敲诈勒索等犯罪，极大地破坏了他人的正常社会生活。

---

〔1〕 参见张军：《最高人民检察院工作报告——2022 年 3 月 8 日在第十三届全国人民代表大会第五次会议上》，载 https://www.spp.gov.cn/spp/gzbg/202203/t20220315_549267.shtml，最后访问日期：2024 年 11 月 4 日。

〔2〕 参见张军：《最高人民检察院工作报告——2022 年 3 月 8 日在第十三届全国人民代表大会第五次会议上》，载 https://www.spp.gov.cn/spp/gzbg/202203/t20220315_549267.shtml，最后访问日期：2024 年 11 月 4 日。

〔3〕 参见曹红虹：《“套路贷”犯罪中恶势力与黑社会性质组织的审查认定》，载《中国检察官》2020 年第 10 期，第 3 页。

〔4〕 参见张诗淇：《公安部：打掉涉黑恶犯罪组织 1900 余个》，载 https://baijiahao.baidu.com/s?id=1788390898993693204&wfr=spider&for=pc，最后访问日期：2024 年 11 月 5 日。

2. 全国未成年人涉有组织犯罪现状

近年来，全国有组织犯罪呈现出上述犯罪频率大幅降低、犯罪方式新老手段交替、隐蔽性增强的趋势，其对社会秩序、公共安全以及人民群众的生命财产安全构成了严重威胁。然而，在这一严峻形势下，一个尤为令人担忧的现象逐渐浮出水面——未成年人的身影开始频繁地出现在有组织犯罪的阴影之中。未成年人作为社会的未来和希望，他们的涉入不仅加剧了有组织犯罪的恶性发展，更引发了社会各界对于青少年成长环境、教育体系以及法律保护机制的深刻反思。根据司法机关目前公布的2018年1月至2020年3月这段时期的未成年人涉有组织犯罪的相关数据，当前全国未成年人涉有组织犯罪的现状主要表现为：

第一，总人数不多，但数量存在逐年增长的情况。2020年，最高人民检察院发布的相关数据显示，2018年1月至2020年3月期间，全国检察机关受理审查黑恶势力犯罪案件共51 441件258 662人，经过审查决定起诉28 091件173 235人，在这些案件中涉及7277名未成年人，分别包括涉黑案件941人、涉恶案件6336人。2017年至2019年期间，全国检察机关经手的组织、领导、参加黑社会性质组织犯罪案件中，被受理审查起诉的未成年人人数分别为84人、428人、552人，2018年、2019年与上年相比分别增长了410%、29%。[1]从上述数据可以看出，虽然未成年人涉有组织犯罪的人数总量并不大，但人数呈现逐年增长的趋势。

第二，未成年人参加黑恶势力组织的比例较高。根据公安部在2020年发布的数据，在扫黑除恶专项斗争中，全国公安机关打掉的涉黑组织总计2954个，恶势力犯罪集团9814个，其中，未成年人参与的比例达到20%。[2]未成年人涉案人数虽然仅占总人数的7%，但其所参与的黑恶犯罪组织占比却达到了惊人的20%，此数据直接说明了我国未成年人犯罪存在从个体犯罪、偶然犯罪向共同犯罪、有组织犯罪转变的趋势，相当一部分的黑恶组织中出现了未成年人的身影，体现了未成年人涉有组织犯罪的严峻形势。

第三，黑恶势力主动利用未成年人实施犯罪。最高人民检察院于2020年

〔1〕 参见万春:《依法严惩利用未成年人实施黑恶势力犯罪新闻发布会文字实录》，载 https://www.spp.gov.cn/spp/gjwzb/zgjzkyfyclywcnrssheslfz/wzsl/，最后访问日期：2024年11月5日。

〔2〕 参见万春:《依法严惩利用未成年人实施黑恶势力犯罪新闻发布会文字实录》，载 https://www.spp.gov.cn/spp/gjwzb/zgjzkyfyclywcnrssheslfz/wzsl/，最后访问日期：2024年11月5日。

4月召开的“依法严惩利用未成年人实施黑恶势力犯罪”的新闻发布会中，检委会副部级专职委员指出，部分黑恶势力利用刑法中关于刑事责任年龄的规定，故意将未成年人作为黑恶势力的发展对象，在组织、成员中诱导未成年人加入有组织犯罪；一些黑恶势力专门招募、拉拢未成年人，在案发后刻意让不足16周岁的未成年人前往公安机关主动投案；还有的黑恶势力会使用更为恶劣的手段拉拢未成年人加入有组织犯罪，他们充分利用未成年人想要追求刺激、好奇的心理，以教唆和容留的方式让未成年人吸食毒品再引诱其加入有组织犯罪，以此来达到控制未成年人的目的。[1]此种手段不仅危害未成年人的成长，而且还会进一步对社会的和谐稳定产生极大的不良影响。

3. H省H市未成年人涉有组织犯罪现状

笔者通过调研，对位于H省西南部且为该省面积最大的地级市H市在扫黑除恶专项斗争期间以及扫黑除恶常态化以来的未成年人涉有组织犯罪案件进行数据分析。H市在扫黑除恶专项斗争期间以及自扫黑除恶常态化以来，起诉涉嫌有组织犯罪嫌疑人共1014人，其中包括96名未成年人，占比9.5%。通过将H省H市未成年人涉有组织犯罪的数据与全国的相关数据做对比，可以发现无论是H省H市，抑或是全国范围内，未成年人涉有组织犯罪的形势都较为严峻，这亟须引起学校、家长以及社会的关注，未成年人涉有组织犯罪这一问题必须获得足够的关注。

（二）未成年人涉有组织犯罪的特征

未成年人这一主体的特殊性导致他们所实施的有组织犯罪极具特色，为了对未成年人涉有组织犯罪进行进一步了解，笔者主要从主体、犯罪形态、行为等方面对其特征进行具体分析：

1. 主体特征

（1）性别特征

H省Z市某区检察院在扫黑除恶专项活动开展以来，该院的办案部门所进行的调研结果显示，近年来未成年人涉黑恶犯罪的主要以男性居多。[2]造成这种现象的原因是男性未成年人和女性未成年人在心理、生理上存在双重差异。在生理方面，处于青春期的男性未成年人的身体已经基本发育成熟，

---

〔1〕 参见万春：《依法严惩利用未成年人实施黑恶势力犯罪新闻发布会文字实录》，载https://www.spp.gov.cn/spp/gjwzb/zgjzkyfyclywcnrssheslfz/wzsl/，最后访问日期：2024年11月5日。

〔2〕 参见郭洪平：《检察机关多方协力切断引诱源头 推动解决未成年人涉黑恶犯罪问题》，载https://www.spp.gov.cn/spp/zdgz/202101/t20210129_508005.shtml，最后访问日期：2024年11月7日。

其身体与女性相比较为强壮，且精力充沛，雄性激素水平高，更为容易做出暴力、冲动的行为。在心理方面，男性未成年人与女性未成年人相比，其好胜心、自尊心、逆反心理都更为强烈，三观发育也不够成熟，容易在受到刺激后丧失理智进而做出暴力行为。

然而值得注意的是，虽然在全国范围内的有组织犯罪中男性未成年人占了相当一部分比例，但女性未成年人在有组织犯罪中也发挥出不容小觑的作用，女性未成年人在有组织犯罪中通常会参与到强迫卖淫、强奸、故意伤害等犯罪活动中。例如，江苏省扬州市人民检察院所办理的一起案件中，其中一名女性未成年人被告在加入了有组织犯罪后，自己不但多次卖淫，还时常以打耳光等暴力行为强迫一位年仅 10 岁的女孩实施卖淫行为，并强行押送该女孩去往卖淫房间，在收取嫖资后再将其押走。[1]像张某这种参与到有组织犯罪后又强迫其他女性未成年人甚至幼女卖淫的并不在少数，此类行为对于受到胁迫的女性未成年人、幼女的身心会造成极其严重的危害，因此必须采取相应的手段对此类行为进行治理。

（2）受教育程度

基于一份对 87 份判决书所进行的分析，在涉有组织犯罪的未成年人中，绝大部分学历水平在初中及以下，高中及以上的比例不足一半，同时其中很大一部分已经处于辍学的状态。[2]该数据可以说明涉及有组织犯罪的未成年人普遍学历水平不高，且以辍学人员为主。如在广州市“黑龙会”案件中，该黑社会性质组织为广州市第一个未成年人涉黑组织，该组织存在滥用私刑打死两人，为争夺生意枪杀毒贩，在当地发廊、夜宵店寻衅滋事、敲诈勒索等犯罪行为。组织的领导者冯某希、冯某钊均为辍学人员，其骨干人员大多是辍学人员，且有 10 人仅有小学文化。[3]由于在一定程度上学历高低与个人法律素养、自制力存在正比关系，学历较低的人其社会地位也相对较低，受到不良文化的侵蚀更为容易，且参与有组织犯罪也能够满足本人各方面的欲望。在未成年人这个年龄阶段理应在学校接受教育，形成良好的三观，但却因为种种原因而辍学，过早地接触到了社会，脱离了学校的教育、管束和家

---

〔1〕 参见郭洪平：《检察机关多方协力切断引诱源头 推动解决未成年人涉黑恶犯罪问题》，载 https://www.spp.gov.cn/spp/zdgz/202101/t20210129_508005.shtml，最后访问日期：2024 年 11 月 7 日。

〔2〕 参见赵炜佳：《青少年涉黑犯罪成因缕析与预防路径——以 87 份判决书为考察样本》，载《汕头大学学报（人文社会科学版）》2018 年第 9 期，第 78 页。

〔3〕 参见姚建龙：《帮派对校园之渗透与对策——以广州“黑龙会”为例的研究》，载《中国青年研究》2008 年第 1 期，第 77 页。

长的监管，提早接触到了社会上的不良人士，这很容易使得其在种种诱惑之下最终加入有组织犯罪，触碰法律的红线。

2. 犯罪形态特征

未成年人涉有组织犯罪以共同犯罪为主。共同犯罪是与个人犯罪这一概念相对的，主要指两人以上故意共同实施犯罪行为。共同犯罪这种犯罪形态是未成年人涉有组织犯罪的主要形式，在有组织犯罪中，多是由未成年人直接参与到具体的涉黑或涉恶组织，并与他人通过合作共同实施犯罪行为。由于未成年人在智力、胆量和经验等方面与成年人存在较大差距，个人作案的难度对未成年人来说过大，因此团体犯罪对于未成年人来说可以减轻作案难度。

3. 行为特征

未成年人涉有组织犯罪以暴力犯罪为主。这里提到的暴力犯罪指的是传统的硬暴力，而不包含软暴力等方式。未成年人所实施的有组织犯罪与大部分成年人所实施的有组织犯罪有着许多的不同之处。自扫黑除恶专项斗争期间以及扫黑除恶常态化以来，为了逃避司法机关的打击，成年人在参加有组织犯罪时不再通过传统的暴力手段来获取相应的资源或社会地位，而是采取寻找国家机关工作人员作为保护伞、将涉黑涉恶犯罪组织转变成合法的企业等方法来进行犯罪。〔1〕但未成年人所实施的有组织犯罪，因为犯罪人本身年纪较小，社会关系较为单一且社会地位也较低，无法像成年人那样寻找国家机关工作人员作为保护伞，也无法通过一定程序将犯罪组织转变成合法的企业继续实施犯罪活动。基于此，未成年人实施有组织犯罪时还是同传统的黑恶势力一样，通过硬暴力来实施犯罪。未成年人面对被害人时，一旦产生犯意，通常会直接付诸行动，通过实施暴力手段，给被害人造成肉体与精神上的双重压力，使得被害人只能忍气吞声，无法反抗也不敢反抗。在江苏省淮安市中级人民法院审理的“龙人帮”案中，该组织的成员中仅有两名成年人，该组织的成员数次使用实施暴力、威胁等方法，常常殴打无辜人员，造成聚众斗殴2起，故意伤害1起，寻衅滋事17起，致使数十名被害人受到不同程度的伤害，其中还有被害人经历过数分钟的活埋；此外还抢劫7起。他们所实施的犯罪具有极强的暴力性，对被害人的身心健康和社会的安宁稳定造成了极大的危害。

---

〔1〕 参见卢建平：《软暴力犯罪的现象、特征与惩治对策》，载《中国刑事法杂志》2018年第3期，第87页。

4. 经济性特征

未成年人所参加的有组织犯罪与成年人参与有组织犯罪的目的和动机是一致的，即为了获取经济利益并提升自己的社会地位。未成年人由于年龄不大，社会经验、经济实力也不如成年人丰富，因此只能单纯通过暴力等手段来获取非法经济利益，为运行组织提供相应的资金支持，并持续地通过各类非法手段来获取经济利益，以支持组织的发展，使得组织的规模和实力得以不断扩张。

一方面，未成年人参加有组织犯罪通过暴力等违法手段来获取非法经济利益。如在一起由广东省广州市荔湾区人民法院审理的案件中，蔡某某和蓝某某各自带领势力范围内的人员组成联盟，形成了黑社会性质组织，该组织以替人打架以及在广州市多所中学收取保护费为经济来源。在由邢台市人民法院审理的一起案件中，被告人温某成立了恶势力组织“黑衣社”，通过利用我国刑法中关于刑事责任年龄的规定，诱导在校学生实施违法犯罪活动，以收取保护费、为拆迁工地“站场”等行为为“黑衣社”谋取活动经费。

另一方面，未成年人实施有组织犯罪时还通过组织卖淫等性交易活动获取非法经济利益。参加有组织犯罪的未成年人与其他女性未成年人为同龄人，因此更容易获取被害女性的信任，随后再实施诱导、欺骗、强迫的手段，要求女性未成年人实施卖淫行为，以此来获取利益并支撑犯罪组织的日常开销。如甘肃省人民法院发布的一起案例中，被告人路某某、胡某通过吸纳学生，再利用微信联系嫖客，多次介绍李某等 6 名女性未成年人前往不同场所实施卖淫行为，所得赃款则被路某某、胡某等人挥霍，对女性未成年人的身心健康造成了极大的不良影响。

## 二、未成年人涉有组织犯罪的成因

解析未成年人涉有组织犯罪产生的原因，才能“对症下药”，有效地探究未成年人涉有组织犯罪的运作规律与解决方案。因此，明确未成年人涉有组织犯罪的成因极为重要。通过对司法实践活动进行总结，可以将未成年人涉有组织犯罪的成因归纳为以下方面。

### （一）未成年人涉有组织犯罪的家庭原因

对于未成年人而言，由于其本身还处于依附家庭的时期，因此与成年人相比，家庭因素对于未成年人的影响是更为巨大的。大部分未成年人在步入社会独自生活前都是在家庭中生活，因此若家庭教育存在弱化或缺失的问题，那么家庭原因将为未成年人实施有组织犯罪发挥“推动作用”。作为未成年人成长的摇篮，家庭能否保持和谐稳定，来自家庭的教育是否能够持续地贯穿于未成年人成长过程中，直接关系到未成年人的健康成长。但目前，部分家庭教育中普遍存在一定问题，使得未成年人与其父母之间容易存在难以跨越的鸿沟，最终导致未成年人误入歧途，走上有组织犯罪的道路。

第一，家庭结构不稳定。家庭结构的不稳定指的是家庭成员的缺失，能够致使家庭结构不稳定的因素很多，包括父母离异、父母外出打工等。在父母离异的情形中，会大量出现单亲家庭，而这也对未成年人正常成长的家庭环境造成了破坏。这种环境下成长的未成年人感受不到完整家庭应有的温暖，进而使得未成年人的世界观、价值观出现失衡，从而大大提高了犯罪的可能性。而在父母外出打工的情形中，未成年人又会被迫成为留守儿童，虽然有爷爷奶奶等老一辈的照顾，但由于老人年龄过大，无法如父母一般时刻关注孩子的问题和需求。此时，留守儿童因缺乏交流的对象，会更倾向于通过大量的外部交流来弥补情感上的缺失，但因年龄过小、缺乏辨别能力进而会导致不良行为甚至是违法犯罪。

第二，家庭教育方式存在不足。良好的家庭教育能够对未成年人的成长起到积极的引导作用，相反，错误的家庭教育方式会导致孩子走向犯罪的道路。而能够影响未成年人走向犯罪的错误的教育方式，主要有以下两种教育方式：一方面，过分地溺爱。溺爱孩子的家长更容易放纵自己的小孩，满足其提出的各种不合理的要求，使得未成年人逐渐成为家中“小霸王”，形成不健全的人格。此时，拥有不健全人格的未成年人一旦受到外界的刺激、诱惑，就有可能促使其为了实现自己的目的而加入有组织犯罪。另一方面，暴力。部分父母在教育子女的过程中，会采取简单粗暴的暴力手段来解决教育问题，然而这种教育方式不但不能纠正未成年人的不良行为，还易让他们模仿父母的暴力行为，使得其在今后与他人交往的过程中将暴力手段作为解决问题的唯一方式，为未成年人走向有组织的暴力犯罪埋下种子。

第三，家长整体素质不高。素质不高不单指文化水平，还包括道德观念、教育观念等与未成年人成长息息相关的因素。家长的素质直接决定了未成年人能够受到怎样的指导。然而在我国目前仍然有许多家庭的父母整体素质不高，这导致未成年人在成长过程中遇到的心理问题无法得到很好的解决，此时家长再一味地采取惩罚的方式对未成年人进行教育只会导致亲子矛盾进一步激化，使得未成年人对父母产生逆反心理。由于未成年人长期无法获得积极的正面影响，各种因素叠加在一起，未成年人最终走上有组织犯罪的道路并不难以预料。

（二）未成年人涉有组织犯罪的学校原因

未成年人的成长过程中，除家长的陪伴外，事实上有很大部分时间是在学校度过的，因此学校对于未成年人的健康成长也发挥着重要的作用。但有的未成年人却早早离开校园没有完成义务教育，或者刚刚完成义务教育就走上了社会，开始实施有组织犯罪，这与学校工作的疏忽也存在着必要的联系。

一方面，德育和法治工作流于形式。由于学校是学生受到教育的重要阵地，学校必然承担着培养未成年人法治观念的责任。然而在现实面前，目前部分学校过分强调应试教育，纯粹追求升学率，忽视学生道德、心理的全面发展。此外，部分学校和老师存在对思想行为、学习成绩差的学生区别对待的情况，甚至放任不管、让其自生自灭，这也会导致部分学生产生逆反心理和厌学情绪。而在法治教育方面，部分学校设置的法制课程如同虚设，只是形式化教育，并没有将法治教育融入日常的教学工作中，易导致学生法治意识淡薄，对参加有组织犯罪的法律后果不知情，最终走向犯罪的道路。

另一方面，学校对校园及其周边环境的监管有待完善。部分成绩不好的未成年人通过在学校拉帮结派来提升自己的学校地位，而这也是未成年人涉有组织犯罪的前身。如此校园帮派的出现体现了学校对校园内部的监管不力，如内蒙古的“王某案”，便是因为学校的不作为，导致校园帮派逐渐发展成未成年人参与的有组织犯罪。另外，校园周边复杂的环境也是导致未成年人参与有组织犯罪的重要原因。部分学校处于人员流动较大的地区，附近分布着大量的老旧小区，监控设施不够完备，因此校园周边存在不少安全盲区，同时还存在诸如网吧、游戏厅等娱乐场所，导致未成年人会与社会闲杂人员存在一定交集，进而提高了未成年人参加有组织犯罪的概率。校外人员与校内的未成年人在校园周边寻衅滋事，对校内的学生进行敲诈或者肆意殴打学生，形成有组织犯罪，不仅会严重影响学生的人身安全、财产安全，而且也容易使得校内的未成年人接触到有组织犯罪。

（三）未成年人涉有组织犯罪的社会原因

美国社会学家帕森斯指出，犯罪是社会不协调的产物。因此在解析未成年人涉有组织犯罪的原因时，也要从社会原因着手。

第一，不良文化的泛滥。传统媒体为了吸引观众的眼球，通过色情、暴力等元素来博取关注度，打造出一种不良的社会氛围。未成年人日常生活在如此不良文化包围的环境中，让本就心智不够成熟的他们成了不良文化的首要受害者。各种描述黑社会并充斥着暴力、血腥、色情的影视作品与文学作品持续地出现在未成年人的娱乐生活中，里面的情节受到他们的追捧和模仿，无形中便增强了未成年人实施有组织犯罪的可能性。

第二，网络的负面影响。我国正处于信息革命的关键阶段，网络的飞速发展、普及给人们的生活带来了不少便利，但同时也为犯罪提供了新的作案手段。截至2022年12月，我国已有10.67亿网民，其中，青少年网民高达2亿。可以说，网络所带来的不良影响集中作用在青少年身上。由于网络监管的缺失，未成年人很容易浏览到网络中的不良信息，抑或是在互联网中结交不良人员，这些都可能导致未成年人接触到有组织犯罪。此外，网络游戏作为未成年人的娱乐活动之一，其中部分游戏题材涉及“帮派”“江湖”，并通过“打打杀杀”来进行升级、提升游戏等级，在此类游戏的影响之下，未成年人的三观与行为都潜移默化地受到了影响。由此可见，互联网上大量有害信息的存在对未成年人造成的危害显而易见。

第三，司法治理体制存在问题。犯罪治理体制本身还存在漏洞，使得未成年人涉有组织犯罪的治理效果始终不尽如人意。首先，立法观念有待完善。当前我国法律过分强调对于未成年人的特殊保护，在未成年人涉有组织犯罪的立法方面始终秉持着“预防为主，惩罚为辅”的观念。但是由于有组织犯罪所带来的社会危害性过大，严重扰乱了社会秩序，如果只强调对于涉有组织犯罪的未成年人的保护，立法中所规定的预防性措施的针对性则不强，在这种情况之下，既难以拯救参与有组织犯罪的未成年人，也不利于维护社会秩序与司法权威。其次，刑事规制手段有待完善。一方面，未成年人能够适用的社区矫正刑罚不够完善，目前给未成年人适用社区矫正的社会支持、财政保障达不到治理未成年人涉有组织犯罪的效果。另一方面，监禁刑的实施也不尽完善。未成年人管教所作为未成年人罪犯的服刑场所，一般是由普通狱警对未成年人开展教育工作，不具有专业力量对未成年人开展教育，也就更无法谈及对涉及有组织犯罪的未成年人的专业矫正问题。最后，缺乏跟踪保障机制。我国针对犯罪后重返社会的未成年人缺乏完善的跟踪保障机制，这可能阻碍他们重新融入社会，也使得预防他们再次犯罪的难度加大。同时，社会对于有过案底的未成年人普遍存在偏见，这使得实施过犯罪的未成年人既无法回到学校继续读书也无法提前踏入社会就业。如此情形则可能导致这些未成年人再次走上有组织犯罪的道路。

### （四）未成年人涉有组织犯罪的自身原因

一方面，生理方面的影响。未成年人进入青春期以来，身体各部位进入急速发育阶段，这使得未成年人精力十分充沛、热爱体力活动，同时未成年人在生理上逐渐发育成熟，开始出现性意识。处于青春期的未成年人虽然与成年人在身体上的区别很小，但是心理和生理的发育情况还是与成年人存在差异，心理发育状况与生理发育状况并不适配。在青春期，冲动情绪容易主导他们的行为，使得未成年人的行为难以受到自我约束、控制，情绪容易在受到外界刺激的情况下变得极端不稳定甚至产生犯罪意图，也正是这一身体特征，让部分未成年人实施有组织犯罪。

另一方面，心理方面的影响。青春期是未成年人人生发展的黄金时期，正处于社会化形成、塑造阶段。在这个阶段，未成年人由无知逐渐走向成熟、由不承担责任能力到需要履行相应的责任能力，同时也是未成年人心理与生理产生急剧变化和发展的时期，心理发育与生理发育在这一时期矛盾冲突不断，未成年人个人情感也变得复杂多变，三观尚未稳固确立，这些特征容易使得他们的心理状态极不稳定。困惑、刺激和紧张是未成年人在这一时期的心理关键词。处于青春期的未成年人对于“社会地位”有着别样的追求，特别是在初高中阶段，一部分未成年人将与社会人士结交、组成小团体作为荣誉，这也体现出未成年人渴望得到他人关注和理解的特点。他们十分看重“义气”，认为义气大过一切，可以为了所谓的义气做很多事情，其中也包括为了义气伤人、盗窃等违法犯罪行为。〔1〕此外，未成年人由于其心理不够成熟，很容易受到他人的引导与教唆，出于对“义气”的渴望，再加上他人的刻意引导与教唆，未成年人会很容易参与到有组织犯罪中，并以此为荣，没有成人对于犯罪的羞耻心，反而认为自己是勇敢的人，在学校也会因此恃强凌弱。按照心理学关于交互效应的观点，未成年人之间进行的暗示，会在无形之间给予未成年人实施暴力犯罪的胆量，部分不良少年通过相互壮胆与暗示，就会参与到有组织犯罪中去。

## 三、未成年人涉有组织犯罪的治理对策

虽然我国对于未成年人涉有组织犯罪治理问题给予了高度的重视，例如修改了《未成年人保护法》《预防未成年人犯罪法》以及颁布了《关于依法

---

〔1〕 参见骆婧：《未成年人犯罪心理特征分析》，载《贵州工程应用技术学院学报》2021 年第 6 期，第 128 页。

严惩利用未成年人实施黑恶势力犯罪的意见》等一系列法律法规和司法解释，但当前所完成的预防性导向无法真正缓解未成年人涉有组织犯罪的态势，法律上针对未成年人涉有组织犯罪的治理规定仍然有待完善，家庭、学校、社会对于未成年人的保护和教育也存在不足之处。因此，通过前文对我国未成年人涉有组织犯罪的成因进行的分析，有针对性地提出完善未成年人涉有组织犯罪治理路径是迫在眉睫的。

（一）营造良好的家庭教育环境

第一，维护家庭结构。一方面，为了给未成年人带来良好的成长环境，在一个完整的家庭长大，成年男女应当谨慎对待婚姻，在双方都做好充分的准备后再选择走入婚姻、孕育新的生命，在结婚后应当互敬互爱，尽力维护家庭结构。即使在离异后，双方也应当尽力陪伴、关心未成年人成长，为未成年人打造一个合适的成长环境。另一方面，父母为了养家而不得不外出打工时，也应当尽到家庭教育义务，不能把孩子丢给自己的长辈之后就不管不问。作为家长，在孩子的衣食需求得到保障的同时，也不能忽视对孩子的三观教育。

第二，采用科学的教育方式。未成年人家长应当更新自己的教育观念，摒弃错误的教育方法。传统的“棍棒底下出孝子”的教育方式已经与现代社会脱节，不再是现在养育未成年人合理的教育方式，父母应当更为关注未成年人的心理与学习状况，根据未成年人的性格选择个性化的教育方式，而不是简单地选择粗暴或溺爱的教育方式。父母也不能再只是单纯地满足孩子的物质需求，还需要及时关注其心理状况。对于发现的不良行为，父母应当及时予以引导，而不能直接使用暴力或放任。此外，父母还可以运用互联网技术，在网络上学习育儿技巧并与其他家长进行交流，学习其他家长的教育经验。

第三，提升自身素质。父母作为未成年人人生之旅中第一个老师，对他们的成长起着非常重要的作用。在与父母的生活过程中，孩子会潜移默化地学习、模仿父母的行为，因此父母的素质在很大程度上会决定其对未成年人的教育内容与结果。基于此，父母应当积极主动提高自身道德素质、文化素质，这在无形中也能提升未成年人的素质。父母在日常生活中可以选择多多阅读提升个人修养的书籍，选择用书籍而不是手机等来消磨时间，这样可以很好地为孩子树立榜样。文化水平不高的家长则应当在提升文化知识上多下功夫，以便自己能够更好地教导孩子。

（二）学校要加强对未成年人的教育

学校是教育未成年人重要的一环，所以其应当为未成年人创造良好的成长与学习的环境，与家庭教育相衔接。

一方面，学校需要改进教育方式。首先，学校在日常的教学活动中，应当将知识课程同素质课程一起安排，推出个性化课程供学生选择，充分尊重学生的个性化成长。其次，学校应当重点关注对德育的培养。为了贴近学生的实际生活，让学生能更好地运用到生活中去，应当从日常生活的基本准则出发，同时还要加入相关的实践教育，比如要求学生定期完成一件助人为乐的事情，将从学校学习到的东西直接落实到实践中去。最后，加强法治教育。学校应当严格实施国家专门制定的法治教育工作安排，相关的主管部门也应当及时对学校的实施情况进行定期考核。针对未成年人的具体情况，可以选取典型案例进行以案释法，让未成年人对有组织犯罪的危害性有进一步的了解。学校还可以根据不同年龄的成长特色有针对性地制定教学方案，因材施教。此外，学校还可以与公检法系统进行联动，邀请公检法系统的工作人员定期进入校园开展普法宣传工作。

另一方面，学校还需要对校园环境进行整治。其一，在校纪校规中明确对校园霸凌行为的实施者的惩罚措施，这能够对蠢蠢欲动的校园霸凌实施者起到警示和震慑作用，防止其怀着侥幸心理对同学实施霸凌行为。其二，加大相关主题的宣传教育力度。对怎样预防校园霸凌行为进行大力宣传，通过讲解案例等方式对学生进行教育，告知其何种行为属于校园霸凌行为，同时鼓励学生在遭受校园霸凌时主动向老师及时报告。其三，学校应当建立校园霸凌的应对机制。包括建立霸凌行为报告系统，接受来自各方的监督。确立以校长为中心的校园霸凌治理主体，对于不积极履行管理职责的教职工进行责任追究。对于程度轻微的霸凌行为，可以根据校纪校规进行处理。若是较为严重的霸凌行为，则直接移交给相关部门进行处理并及时联系家长。其四，学校对于校园的周边环境，可以组织一定人员进行巡查，对巡查过程中发现的异常情况应当及时上报给学校和有关部门，防止校园周边成为校园霸凌的温床。

（三）加大社会治理的力度

首先，传统媒体应当学会规范自己的行为。一方面，相关从业人员应当避免过多地使用暴力、色情元素来吸引眼球，并对其进行不当的美化。创作者在进行创作的时候不能只考虑吸引眼球的问题，还需要考虑到所带来的社会影响。当未成年人作为作品的观众时，更应当避免“黑社会”“色情”等元素在作品中的出现，以免对未成年人产生错误暗示。另一方面，监管部门也应当发挥自己的监管职能。监管部门作为守门人，应当对在传统媒体上播放的各类影视作品进行严格审查，分年龄段构建分级制度。对于可能影响未成年人三观、引诱未成年人犯罪的作品，应当在片头进行警告并要求家长陪同观看。

其次，加强对未成年人的网络保护。对包括短视频、网络游戏等在内的网络内容，应当建立网络内容分级机制，从法律层面对网络内容分级制度进行规定，明确分级标准。同时，相关的网络平台还需要对平台内容进行及时的监管，平台上推送的内容应当经过电脑或人工审核才能进行推送，对于鼓动未成年人实施有组织犯罪等违法不良信息，平台应该及时删除并报告给有关部门，防止社会人士利用互联网引诱未成年人。在网络游戏方面，根据游戏类型、内容、玩法等方面进行分级，针对涉及“帮派”“江湖”等元素的网络游戏要么进行内容优化，要么直接禁止未成年人进入。同时还可以采取身份验证之类的技术手段，防止未成年人利用其他成人的信息进入网络游戏。

最后，完善未成年人涉有组织犯罪法律治理。其一，完善有关未成年人涉有组织犯罪的法律法规。在刑事侦查阶段，刑事立法应当明确对未成年人与成年人进行区分，并设置专门的侦查机构和人员进行专门化、专业化的侦查，在侦查程序中也要将未成年人进行保护性“隔离”。同时，根据主体的区别，应当在司法解释中明确未成年人涉及有组织犯罪时的起诉标准。同时，也需要由专门的司法解释规定量刑标准，对量刑尺度进行统一，并适当减少此类犯罪的量刑从宽幅度。其二，完善未成年人涉有组织犯罪的刑事规制措施。一是有关机关应当坚持审慎适用的原则，在作出判决前要对该部分的未成年人适用刑罚的必要性进行评估。二是国家要加强对社区矫正的支持力度，在对社区矫正投入大量资金的同时，也应当建立相应的人才库。三是针对被判处监禁刑的未成年人，应当严格执行明文规定的执行标准、程序。同时管教机构需要加强教育队伍建设，安排专人对未成年人罪犯进行教育，提高教育未成年人罪犯的专业度。其三，建立涉案未成年人跟踪保障机制。一方面，对于将要重返社会的涉及有组织犯罪的未成年人应当帮助其重返校园或走上工作岗位，可以通过建立专门的教育机构对此类未成年人进行针对性教育，帮助其恢复正常生活。另一方面，需要加强对此类未成年人的跟踪监督，由负责案件的工作人员定期进行回访，了解涉案未成年人的最新情况，持续地引导其建立正确的三观，助力其回到正常的社会生活轨道。

（四）提高未成年人素质

第一，未成年人应当树立责任意识。未成年人要想树立自己独立的责任意识，首先就需要主动接受义务教育，这是每个未成年人的权利也是义务。义务教育除了学习文化知识还包括学习人格教育、价值观教育等，这种思想教育对于帮助未成年人树立责任意识是十分必要的。其次，未成年人还可以学习一定的法律知识。通过积极接受父母、学校、社会所提供的普法教育，未成年人还可以主动通过互联网等途径了解未成年人涉有组织犯罪的案例，并了解参与有组织犯罪的严重后果。

第二，未成年人要学会抵制诱惑。相当一部分未成年人是因为没有抵制住有组织犯罪带来的物质、精神诱惑而陷入有组织犯罪的深渊。如此巨大的诱惑实际上是对未成年人意志的考验，他们无法抵御这种诱惑则体现了其意志力之薄弱、自我控制力较差的特点。未成年人应当自觉远离社会上的不良人士，提高自己抵抗不良行为的意志力，拒绝来自有组织犯罪的不良诱惑。

第三，未成年人应自觉维护自身合法权益。首先，未成年人应该主动了解法律保护自己的哪些权益。其次，未成年人也应当学会主动向他人寻求帮助。未成年人心智还不成熟，力量较为弱小，有时无法依靠自己来抵抗他人的不法侵害。因此在受到侵害时，应当及时向他人寻求帮助，提出自己的请求。最后，未成年人还需要提高自我保护意识，注意识别可能存在的危险，面对他人邀请或胁迫参加有组织犯罪，应当采取相应措施保护自己。

# 涉外法治

# 国家对个人数据保留和披露的权力及其限度*

欧洲委员会/欧洲人权法院　高一飞　朱佳鑫　译**

**摘要**：根据《欧洲人权公约》第 8 条，个人享有对其私人生活的尊重权，这一权利包括对个人数据的保护。欧洲人权法院在政府保留个人数据时侵犯个人基本权利的案例，而后表示个人在面对侵犯个人数据的情况时，拥有查阅自己的数据，更正、删除数据，享有特殊程序保障和维护个人权利的有效程序的权利。这不仅是对个体权利的保护，也是对国家干预行为的约束，确保在实施数据收集时不会侵犯个人的基本权利。

**关键词**：个人数据；数据保留；数据披露；国家权力；基本人权

> **《欧洲人权公约》第 8 条**
>
> "1. 每个人的私人和家庭生活、住宅和通信都有权受到尊重。2. 公共当局不得干涉这一权利的行使，除非符合法律规定，并且是在民主社会中为维护国家安全、公共安全或国家经济福祉，防止混乱或犯罪，保护健康或道德，或为保护他人的权利和自由所必需的。"

## 一、个人数据的保留

193. 公共当局存储与个人私人生活有关的信息，无论该信息是如何获得的，以及该数据随后是否被使用，均构成对第 8 条规定的尊重数据主体私人生活的权利的干涉。[1]这一信息固有的私密性要求法院对任何授权当局在未

---

* 本文摘译自欧洲委员会/欧洲人权法院编写的《关于数据保护的欧洲人权法院判例法指南》，原文地址：https://www.echr.coe.int/Documents/Guide_Data_ protection_ENG.pdf。

** 译者简介：高一飞（1965 年—），湖南桃江人，广西大学二级教授、博士生导师。朱佳鑫（1998 年—），广西桂林人，广西大学硕士研究生。

〔1〕 Amman v. Switzerland GC, 2000, § 69; Rotaru v. Romania GC, 2000, § 46; S. and Marper v. the United Kingdom GC, 2008, § 67; M. K. v. France, 2013, § 29; Aycaguer v. France, 2017 § 33.

经当事人同意的情况下保留和使用这一信息的国家措施进行仔细审查。[1]

(一) 为打击犯罪而储存个人数据

194. 保护数据主体和整个社会的个人信息（包括指纹和DNA信息）可能比预防犯罪更加重要。[2]为了保护本国人民的需要，国家当局可以合法地建立数据库，作为帮助惩罚和预防某些犯罪，包括性犯罪等最严重犯罪的有效手段。[3]虽然最初获取这些信息的目的是将某人与他/她涉嫌的特定罪行联系起来，但保留这些信息的更深层目的是帮助识别未来的罪犯。[4]法院不能质疑此类登记册的预防目的。[5]当今欧洲社会面临的挑战之一是打击犯罪，特别是打击有组织犯罪和恐怖主义，这在很大程度上取决于现代科学调查和鉴定技术的使用。[6]同时，由于保护个人数据对于个人享有《欧洲人权公约》第8条保障的尊重私人和家庭生活的权利至关重要，国内法必须提供适当的保障措施，防止任何可能与本条保障不符的个人数据使用。[7]

195. 法院审议了一系列案件，这些案件涉及在为了惩罚和预防犯罪的目的而设计的数据库中记录因犯轻罪[8]、重罪[9]或一系列既非轻罪也非特别严重犯罪[10]的个人数据。其他案件涉及在为了惩罚和预防犯罪的目的而设计的数据库中所储存的涉嫌犯罪但最终被释放[11]、无罪释放[12]，或者只是在诉讼后被警告但没有被定罪[13]的个人数据。其他案件涉及的预防措施包括仅凭怀疑就将个人数据储存在警方档案中。[14]

---

[1] S. and Marper v. the United Kingdom GC, 2008, § 104.

[2] S. and Marper v. the United Kingdom GC, 2008, § 104.

[3] B. B. v. France, 2009, § 62; Gardel v. France, 2009, § 63; M. B. v. France, 2009, § 54.

[4] S. and Marper v. the United Kingdom GC, 2008, § 100.

[5] Gardel v. France, 2009, § 63; B. B. v. France, 2009, § 62; M. B. v. France, 2009, § 54.

[6] S. and Marper v. the United Kingdom GC, 2008, § 105.

[7] Ibid, § 103.

[8] M. K. v. France, 2013, § § 6, 8, 41; Aycaguer v. France, 2017, § § 8, 43.

[9] B. B. v. France, 2009, § § 6, 62; Gardel v. France, 2009, § § 8, 9, 63; M. B. v. France, 2009, § § 6, 54; Peruzzo and Martens v. Germany (dec.), 2013, § § 6, 12, 37-38; Trajkovski and Chipovski v. North Macedonia, 2020, § § 6, 12.

[10] P. N. v. Germany, 2020, § § 6, 81.

[11] S. and Marper v. the United Kingdom GC, 2007, § § 10, 11, 113; M. K. v. France, 2013, § § 7, 9, 42; Brunet v. France, 2014, § § 6, 7, 40.

[12] S. and Marper v. the United Kingdom GC, 2008, § § 10, 113.

[13] M. M. v. the United Kingdom, 2012, § § 7-9.

[14] Shimovolos v. Russia, 2011, § 16; Khelili v. Switzerland, 2011, § § 8, 9, 59; Catt v. the United Kingdom, 2019, § § 6, 14, 119.

196. 在考虑警方存储个人数据目的的必要性时，以下因素非常重要。

1. 所存储数据不加区分和无差别

197. 在若干案件中，法院对当局安装的涉及广泛范围的数据存储系统提出了疑问，因为该系统未能根据导致定罪罪行的性质或严重程度加以区分[1]，也未能对数据主体是否因涉嫌犯罪而被定罪、无罪释放、释放或仅被警告、被怀疑犯罪[2]的情况作出区分。法院认为，当局可以为了协助惩治和预防某些罪行而设立某些设施，但滥用这些设施来最大限度地利用其中储存的信息。事实上，如果不尊重这种机制的合法目标所必需的相称性，它们的优势就会因为严重破坏各国必须根据《欧洲人权公约》保障在其管辖下的人的权利和自由被抵消。[3]

198. 在 2008 年 S. 和 Marper 诉英国案 GC（第 119、125 节）中，一个数据库可以收集和存储涉嫌犯罪但未被定罪的人的指纹、生物样本和 DNA 图谱，无论其年龄、犯罪性质和严重程度如何。而且没有时间限制，也没有根据规定的标准对保留数据的正当性进行任何独立审查，这违反了第 8 条的规定。这种判例法的笼统性和一概而论的性质未能反映出相互竞争的公共和私人利益之间的公平平衡。

199. 如果对被宣判没有犯任何罪行且享有无罪推定权的人与被定罪的人实施相同的待遇，那么前者就会有蒙受耻辱的风险。[4]虽然保留涉嫌犯罪但被宣告无罪或释放的个人的私人资料不等同于对他们表示怀疑，但他们认为自己没有被视为是清白的，因为他们的资料与被定罪的人的资料一样被无限期保留，而且未被怀疑涉嫌犯罪的人能要求销毁他们的资料。[5]因此，任何人因涉嫌犯罪后被释放，就有理由将其与被定罪的人区别对待。[6]因此，在 2014 年 Brunet 诉法国案（第 40 节）中，申诉人在接受调解后法院宣布中止判决，法院对当局在档案中不加区分地记录被定罪的人和案件被中止的人的个人数据提出了疑问。在 2017 年 Aycaguer 诉法国案（第 42~43 节）中，在没有被判定犯有最严重罪行的情况下收集和保留个人数据，法院质疑当局收

---

[1] M. K. v. France, 2013, § 41; Aycaguer v. France, 2017, § 43; Gaughran v. the United Kingdom, 2020, § 94.

[2] S. and Marper v. the United Kingdom GC, 2008, § 119; M. M. v. the United Kingdom, 2012, § 198; M. K. v. France, 2013, § 42; Brunet v. France, 2014, § 41.

[3] M. K. v. France, 2013, § 35 ; Aycaguer v. France, 2017, § 34.

[4] S. and Marper v. the United Kingdom GC, 2008, § 122.

[5] Ibid, § 122.

[6] Ibid. , § 122; M. K. v. France, 2013, § 42; Brunet v. France, 2014, § 40.

集个人数据的范围过于广泛，尽管在适用法律的过程中可能出现各种各样的情况，但当局没有根据犯罪行为的严重程度进行区分。法院认为，导致申诉人被定罪的行为，仅仅是在政治/工会背景下用伞击打宪兵，这无法与特别严重的犯罪行为，如性犯罪、恐怖主义犯罪、危害人类罪或贩卖人口等罪行相提并论。

200. 在2012年M. M. 诉英国案（第187~207节）[1]中，一个人为了阻止她的儿子在婚姻破裂后前往澳大利亚，就带着她的孙子（一个婴儿）失踪了一天，随后警方在她的记录中对她进行警告，警方这一行为被裁定违反了第8条的规定。法院对应用范围极其广泛的数据保留系统提出了疑问，系统不仅涵盖定罪判决，还包括警告、警示、谴责等非定罪的决定，以及警方根据一项准则记录的大量补充数据。这项准则规定，记录的数据应保留到数据主体年满100岁为止。[2]法院认为，记录系统的范围越广，保存和可供披露的数据的数量就越多，敏感性也越大，因此在数据后续处理的各个关键阶段适用的保障措施的内容就越重要。[3]同样的情况也适用于2020年Gaughran诉英国案（第94~97节），申诉人曾因酒后驾驶被定罪，从而导致无限期存储申诉人的生物识别数据和照片，这违反了第8条的规定。

201. 考虑到未成年人的特殊情况以及他们的发展和融入社会的重要性，保留未成年人的数据可能对他们尤为有害，应特别注意保护青少年免受这类伤害。[4]

2. 数据保留时间

202. 当局决定储存个人数据的期限虽然不是决定性因素，但却是评估警方在档案或数据库储存个人数据的目的是否与所追求的合法目标相称的一项重要的考虑因素，法院在下列案件中发现了违反第8条规定的行为：

- 无限期存储涉嫌犯罪但其诉讼程序以中止判决或无罪判决而结束的人员的指纹和DNA数据[5]；
- 即使在法定期限到期后，被判有罪的个人的定罪记录已从警方记录中

[1] M. M. v. the United Kingdom, 2012（§§ 187-207）.

[2] Ibid, § 202.

[3] Ibid, § 200.

[4] S. and Marper v. the United Kingdom GC, 2008, § 124.

[5] S. and Marper v. the United Kingdom GC, 2008.

删除，但仍然无限期存储其 DNA 图谱、指纹和照片[1]；

■ 在警察记录中终身保留与一个人有关的所有定罪、无罪释放、警告、警示和谴责的记录[2]；

■ 无限期存储被判犯有严重盗窃罪的人的 DNA 图谱[3]；

■ 保留被判犯有轻微罪行的个人的数据长达 40 年[4]；

■ 保留涉嫌盗窃书籍但未被定罪的个人的指纹长达 20 年[5]；

■ 某人曾控诉其伴侣对其实施暴力，在案件经调解终止后，保留该人的数据长达 20 年。[6]

203. 相反，法院在这几起案件中没有发现违反第 8 条的情况。这些案件涉及保留被判犯有性侵犯罪的个人的数据长达 30 年，但因为已经引入了相关程序，超过 30 年后在数据不再相关时会自动删除。[7]法院还宣布，有一宗案件无限期保留被判犯有严重罪行的人的个人数据，并每隔不超过 10 年的时间定期进行审查，以确定是否仍有必要存储这些数据，但显然是毫无根据的。[8]在 2020 年 P. n. 诉德国案（第 87~90 节）中，法院认为在有保障和个人审查的情况下，将惯犯的个人数据保留 5 年，以便在对他提起新的刑事诉讼后确定其身份，没有违反第 8 条的规定。

204. 关于被定罪者生物特征数据的保留制度，保留期的长短在评估一国在建立相关制度方面是否超过了可接受的判断范围时不一定是决定性的因素，但某些保障措施的存在和运作是决定性的。[9]当各国为被定罪者的生物特征数据设定保留限制，或决定无限期保留数据时，他们就将自己置于判断范围的极限，那么必须确保存在某些有效的保障措施。[10]根据既定标准，如犯罪的严重性、对此人的怀疑程度、以前的定罪情况和任何其他特殊情况，对保

[1] Gaughran v. the United Kingdom, 2020.

[2] M. M. v. the United Kingdom, 2012.

[3] Trajkovski and Chipovski v. Macédoine du Nord, 2020.

[4] Ayçaguer v. France, 2017.

[5] M. K. v. France, 2013.

[6] Brunet v. France, 2014.

[7] B. B. v. France, 2009, § 67; Gardel v. France, 2009, § 69; M. B. v. France, 2009, § 59.

[8] Peruzzo and Martens v. Germany (dec.), 2013, § § 44-49.

[9] Gaughran v. the United Kingdom, 2020, § 88.

[10] Ibid, § 88.

留信息的理由是否独立审查，是确保数据保留期相称性的主要保障。[1]

205. 没有规定个人数据的最长保留期限并不一定不符合第8条的规定[2]，但是如果数据的存储完全取决于当局是否尽职尽责地确保数据保留期的相称性，那么程序性保障措施就尤为必要。[3]

206. 在2013年12月Peruzzo and Martens诉德国案（第44节）[4]中，关于无限期保留被判定有可能再犯严重罪行的人的生物特征数据的问题，法院注意到，国内法要求联邦刑事局在不超过10年的时间间隔内定期检查是否仍然有必要存储数据或是否可以删除数据，并在每个案件中考虑保留数据的目的，以及记录个人数据的每个案件的性质和严重性。[5]法院认为，鉴于DNA图谱只能从犯罪达到特定严重程度的人那里获得，间隔时间的长度并非不合理。[6]

207. 在2020年Gaughran诉英国案（第96节）[7]中，无期限存储被判定酒后驾驶的人的指纹、DNA图谱和照片的行为违反第8条的规定。当局没有考虑到所犯罪行的严重性，没有考虑到无限期保留这些数据的必要性，也没有提供任何真正的审查设施。[8]

208. 如果在法律规定的期限届满之前当局接受删除数据请求的可能性仅是假设的话，那么国内法规定的个人数据最长存储期限在实践中可能更接近一种规范，而不是实际的最大存储期限。[9]法院在若干案件中发现了违反第8条的情况，因为这些案件的国家制度规定，对诉讼程序已中止的罪行的最长储存期限为20年或25年。[10]事实上，对于已被定罪但不是特别严重的罪行，最长可储存40年。[11]

---

〔1〕 Ibid, § 94; S. and Marper v. the United Kingdom GC, 2008, § 119; B. B. v. France, 2009, § 68; Gardel v. France, 2009, § 69; M. B. v. France, 2009, § 60.

〔2〕 Peruzzo and Martens v. Germany (dec.), 2013, § 46; Gaughran v. the United Kingdom, 2020, § 88.

〔3〕 Peruzzo and Martens v. Germany (dec.), 2013, § 46; Ayçaguer v. France, 2017, § 38.

〔4〕 Peruzzo and Martens v. Germany (dec.), 2013 (§ 44).

〔5〕 Ibid, § 46.

〔6〕 Ibid , § § 48-49.

〔7〕 Gaughran v. the United Kingdom, 2020 (§ 96).

〔8〕 Ibid, § 96.

〔9〕 M. K. v. France, 2013, § § 44-47; Brunet v. France, 2014, § § 41-45; Ayçaguer v. France, 2017, § § 44-46.

〔10〕 M. K. v. France, 2013, § § 44-47; Brunet v. France, 2014, § § 41-45.

〔11〕 Ayçaguer v. France, 2017, § 42.

209. 在 2019 年 Catt 诉英国案（第 120 节）[1]中，申诉人的个人数据在国家警察极端主义数据库中保留了至少 6 年，之后将接受定期审查，这一情况违反第 8 条的规定。申诉人完全依赖当局执行适用的实务守则规定的高度灵活的保障措施，以确保数据保留期的相称性。缺乏数据的保留期变得不相称时就立即删除数据的保障措施令人不安，因为暴露政治观点的数据受到了更高的保护，而这些数据却被无限期保留。[2]

210. 2012 年 M. M. 诉联合王国案涉及刑事记录个人数据保留期政策变化对数据主体就业前景的影响。[3]法院认为，如果没有明确和详细的法定条例规定适用的保障措施，并规定除其他外关于储存这种数据的期限的规则，不加区分和无限制地收集犯罪记录数据不可能符合第 8 条的要求。[4]

211. 另外，在不同的背景下，法院在诉讼过程中对包含医疗数据的证据规定了 10 年期限的保密期，例如在 1997 年 Z 诉芬兰案（第 111~113 节）中，揭示个人身份和艾滋病毒阳性状况。在该案中，10 年保密期不符合诉讼各方的意愿和利益，而且在没有申诉人同意的情况下提供有关资料已经严重干扰了其私人和家庭生活受到尊重的权利。如果医疗数据在 10 年后向公众公开，她将受到进一步的干扰，这没有任何令人信服的理由。

3. 销毁或删除存储数据的保障措施[5]

212. 法院认为，从出于警方目的而储存的数据库中删除数据并不是特别麻烦。[6]如果政府能够创建一个数据库，使其中的数据无法轻易被审查或编辑，然后以此为理由拒绝从该数据库中删除信息，这将完全违背第 8 条规定的保护私人生活的需要。[7]

213. 在平衡各种竞争利益时，一个重要因素是国家层面是否有删除数据的司法程序，该程序应规定根据明确的标准对保留信息的理由进行独立审查，并为尊重数据主体私生活的权利提供充分和有效的保障。[8]

214. 在一些案件中，即使数据被“长期”保留了长达 30 年的时间，或

---

〔1〕 Catt v. the United Kingdom, 2019（§ 120）.

〔2〕 Ibid, § § 122-123.

〔3〕 M. M. v. the United Kingdom, 2012（§ 204）

〔4〕 Ibid, § 199.

〔5〕 请参见上述关于删除数据的权利（“被遗忘的权利”）一节。

〔6〕 Catt v. the United Kingdom, 2019, § 127.

〔7〕 Ibid, § 127.

〔8〕 S. and Marper v. the United Kingdom GC, 2008, § 119; Gardel v. France, 2009, § 69.

者实际上是无限期的保留，法院也没有发现违反第8条的情况。因为数据主体从司法程序中受益，该程序根据规定的标准独立审查其数据存储的理由，使他们能够确保在法律规定的最长期限到期之前删除数据，或者在无限期保留数据的情况下，一旦保留的数据不再有意义就删除数据。〔1〕

215. 因此，在2009年B. B. 诉法国案（第68节）、Gardel诉法国案（第69节）和M. B. v. 法国案（第60节）中，法院裁定，数据主体只需向检察官提出简单的请求就可以启动删除数据的司法程序，并可对检察官的决定提起司法上诉，该程序规定根据明确的标准对保留信息的理由进行独立审查，并提供充分有效的保障。另见上文第204段，关于2013年12月Perzzo和Martens诉德国案（第44节）。

216. 在2020年P. N. 诉德国案（第81，88节）〔2〕中，存储罪行既非轻微也非特别严重的成年罪犯的个人数据，如果在5年间没有对数据主体进行任何新的刑事调查，那么删除此类数据的规定没有违反第8条。在司法审查的情况下，警察当局有可能审查进一步保留有关数据的必要性，因此，如果申诉人的行为表明警方不再需要该数据，则可以确保删除其数据。〔3〕

217. 对于需要加强保护的敏感个人数据类别来说，缺乏允许删除与最初目的不再相关的个人数据的有效保障措施，尤其令人关切。〔4〕

218. 根据国内法，删除数据的可能性是一种“理论上和虚幻”的保障，而不是一种“实际和有效”的保障。在这种情况下，随时提出删除数据要求的权利都可能与调查部门拥有尽可能多的参考资料的利益发生冲突。尽管只是部分矛盾，但所涉及的竞争利益还是相互冲突的。〔5〕在数据主体要求当局对删除或继续保留其数据提供解释遭到拒绝后，则删除数据的保障措施的影响也是有限的。〔6〕如果只有在特殊情况下才允许删除请求，或者在数据主体承认犯罪且数据准确的情况下拒绝删除请求，情况也是如此。〔7〕

219. 法院认为，被定罪的人也应该像宣告无罪或释放的人一样，有切实

〔1〕 另见反向效应，S. and Marper v. the United Kingdom GC，2008，§ 119.

〔2〕 P. N. v. Germany，2020（§ § 81，88）.

〔3〕 Ibid，§ 88.

〔4〕 Catt v. the United Kingdom，2019，§ 123.

〔5〕 M. K. v. France，2013，§ 44.

〔6〕 Catt v. the United Kingdom，2019，§ 122.

〔7〕 M. M. v. the United Kingdom，2012，§ 202.

可行的途径提出删除注册数据的请求。[1]在2017年的Ayçaguer诉法国案（第44节）[2]中，数据删除程序只适用于涉嫌犯罪的人，而不适用于已定罪的人，法院认为这违反了第8条的规定。法院认为，由于数据存续时间和缺乏删除的可能性，在国家数据库中储存DNA图谱的规定没有在相互竞争的公共利益和私人利益之间取得公平的平衡。[3]

220. 在2011年Khelili诉瑞士案（第68~70节）[4]中，法院认定违反了第8条的规定。申诉人在试图确保删除警察档案“职业”一节中的“妓女”条目时遇到了不确定性和困难，但她从未因非法卖淫被定罪。法院指出，从未有人声称由于技术原因不可能或难以删除警察档案中被质疑的条目。[5]

4. 旨在规范第三方访问和保护数据完整性和保密性的保障措施

221. 法院曾多次审议适用的国内法是否规定能够保证储存在官方数据库中的个人数据不被滥用和误用的保障措施。[6]在下列案件中有这种保障措施，例如：

■ 只有负有保密义务的当局才能查阅登记数据[7]；

■ 被授权查阅数据库的人员须遵守充分明确的程序查阅数据[8]；

■ 未向负责DNA分析的专家披露被提取DNA样本的人的身份；后者还被要求采取适当措施防止未经授权使用所检查的细胞材料。[9]一旦建立DNA图谱不再需要细胞材料，细胞材料本身就必须立即销毁。只有从这种细胞材料中提取的DNA图谱才能保留在联邦刑事警察局的数据库中。[10]此外，向有关当局披露保留的DNA图谱只能是出于刑事诉讼、预防性规避危险和提供有关

---

〔1〕 B. B. v. France, 2009, § 68; Brunet v. France, 2014, § § 41-43; Ayçaguer v. France, 2017, § 44.

〔2〕 Ayçaguer v. France, 2017 ( § 44).

〔3〕 Ibid, § 45.

〔4〕 Khelili v. Switzerland, 2011 ( § § 68-70).

〔5〕 Ibid, § 68.

〔6〕 S. and Marper v. the United Kingdom GC, 2008, § 103; B. B. v. France, 2009, § 61; Gardel v. France, 2009 § 62; M. M. v. the United Kingdom, 2012, § 195; M. K. v. France, 2013, § 35; Brunet v. France, 2014, § 35; Ayçaguer v. France, 2017, § 38.

〔7〕 B. B. v. France, 2009, § 69; Peruzzo and Martens v. Germany (dec.), 2013, § 47.

〔8〕 M. K. v. France, 2013, § 37; see, to converse effect, Khelili v. Switzerland, 2011, § 64.

〔9〕 Peruzzo and Martens v. Germany (dec.), 2013, § 45.

〔10〕 Ibid, § 45.

的国际法律援助的目的。[1]

222. 在2009年Gardel诉法国案（第70节）中，使用登记册的规则和有权查阅登记册的范围已多次扩大，不再局限于司法当局和警察，现在行政机构也可以查阅。法院注意到，登记册只能由负有保密义务的当局在明确规定的情况下查阅。

223. 在2020年P.N.诉德国案（第89节）中，没有任何证据表明从成年罪犯身上获取并由警方保存最多5年的身份数据未得到充分保护，无法防止滥用，例如未经授权的访问或传播。

224. 相反，在2012年M.M.诉英国案（第204节）中，关于终身保留个人在警察记录上的警告以及在求职背景下向未来雇主披露该数据的问题，法院质疑第三方查阅求职者犯罪记录的程序存在缺陷，该程序不允许在任何阶段评估中央记录中保存的数据与求职的关联性，也不允许评估数据主体在多大程度上可能被认为持续构成风险。

（二）保留医疗数据

225. 法院曾处理过储存与健康有关的敏感数据的问题。在2016年12月Malanicheva诉俄罗斯案（第13、15~18节）中，法院认为，为了保证医疗机构和司法决策过程的有效运作，有必要存储和共享相关数据。法院驳回了将申诉人的姓名登记在医院精神病患者登记册上，以及在随后的医疗机构内部通信之间和在法庭上发表的意见中错误地提及申诉人精神健康的各个方面的申诉，法院认为这些申诉显然毫无根据。没有任何迹象表明，有关的登记信息已向公众开放，或用于除为数据主体决定最合适的医疗服务外的任何其他目的。

226. 此前，委员会曾宣布一宗在精神病院档案中记录强制监禁病人的案件毫无根据，并驳回了该案件，国内法院已宣布该案件不合法。[2]委员会认为，记录精神病人的资料不仅有利于确保公立医院服务的有效运行，而且有利于保护病人本身的权利，因为它有助于防止任意监禁的风险，而且这是负责监督精神病院的行政或司法当局可以使用的一种调查手段。在本案中，申诉人记录在精神病院登记册上的个人资料已受到适当的保密规定的保护。

227. 参见上文第182段，关于2017年Surikov诉乌克兰案中违反第8条

[1] Ibid, § 47.

[2] Yvonne Chave née Jullien v. France, 1991.

的情况（第75~95节）。

（三）为新闻目的在线存储个人数据

228. 在2018年M. L. 和W. W. 诉德国案（第90节）中，法院指出，新闻界在保存以前报道过的新闻并向公众提供这些新闻方面起着次要但有价值的作用。在这方面，互联网档案对保存和提供新闻和信息作出了重大贡献，因为它们是教育和历史研究的重要来源，特别是因为公众可以随时查阅，而且通常是免费的。〔1〕

## 二、个人数据的披露

229. 在一些案件中，法院评估了数据处理者披露个人数据的措施：

■ 其他个人或法人〔2〕；

■ 公共当局〔3〕；

■ 公众〔4〕。

〔1〕 Times Newspapers Ltd v. the United Kingdom（nos. 1 and 2），2009，§§27，45；Węgrzynowski and Smolczewski v. Poland，2013，§59.

〔2〕 Mockutė v. Lithuania，2018，§§99-100，医院将病人的健康状况资料发给病人的一名家庭成员和记者；Y. v. Turkey（dec.），2015，§§70-72，救护人员向医院工作人员透露一名病人的艾滋病毒感染情况；Radu v. Republic of Moldova，2014，§27，医院向其雇主泄露病人的医疗信息；M. C. v. the United Kingdom，2021，§46，当局向其未来雇主披露有关申诉人犯罪记录的信息。

〔3〕 M. S. v. Sweden，1997，§35，妇科部门向社会保障基金会披露病人的医疗信息；P. T. v. Republic of Moldova，2020，§§5-6，29-31，在各种情况下出具的证书中不必要地包含敏感医疗数据。

〔4〕 Hájovský v. Slovakia，2021§§46-49，在电视新闻广播中发布个人身份信息，并包含他在虚假伪装下秘密拍摄的未模糊的照片；Peck v. the United Kingdom，2003，§63，闭路电视录像显示一个人试图在公共场所自杀的事件；Bremner v. Turkey，2015，§§71-85，电视播放用隐藏摄像机拍摄的一个人的未模糊、未剪辑的图像；Khadija Ismayilova v. Azerbaijan，2019，§§108-132，对一名记者在其私人住所进行秘密录像并将录像公开播放；Z v. Finland，1997，§§70-71，在司法判决中向新闻界披露个人的身份和健康状况；Apostu v. Romania，2015，§§121-132，向媒体披露来自调查文件的证据；Montera v. Italy（dec.），2002，议会委员会公开披露一份关于一名地方法官私生活和职业道德的报告；Von Hannover v. Germany，2004，§§61-81，关于在小报上刊登与公主私生活有关的照片；Polanco Torres and Movilla Polanco v. Spain，2010，§§44-54，根据一名前会计师的陈述撰写了一篇报刊文章，指控一名高级法官的妻子参与了与特定公司的非法交易；Alkaya v. Turkey，2012，§§30-31，一家发行量很大的日报披露了一位著名女演员的完整通信地址；Mityanin and Leonov v. Russia，2018，§§111-121，在媒体上传播一名嫌疑人的照片，并附上指控他犯有各种轻微和严重刑事罪行的声明；Bogomolova v. Russia，2017，§§54-58，一家心理、医疗和社会支持中心出版的题为“儿童需要家庭”的小册子封面上刊登了一张儿童照片。

(一) 事先同意的影响

230. 数据主体对其数据的传输、披露或公布的事先同意，是在特定情况下确定此类操作是否构成对尊重其私人生活权利的干涉[1]，或是否可以被视为第8条第2款所规定的“依法”[2]时的一个重要因素，但不是决定性因素。法院认为在一些案件中存在违反第8条的情况，其中包括数据处理者在未经数据主体同意的情况下披露个人数据。[3]

231. 为了使同意有效，数据主体的同意必须是知情和明确的。[4]在一起涉及一个公共机构（医院妇科）未经数据主体同意将个人的医疗档案发送给另一个公共机构（社会保障部）的案件中，引发的问题是，数据主体提起损害赔偿诉讼是否意味着放弃了其数据保密的权利。[5]法院裁定，由于数据披露不仅取决于申诉人提出赔偿请求的事实，而且还取决于她无法控制的一些因素，因此不能从她的赔偿请求中推断出她明确放弃了在医疗记录方面尊重其私人生活的权利。所以，第8条在该案中适用。

232. 如果个人没有真正的选择，例如，雇主坚持披露求职者犯罪记录中的个人数据，那么应其要求或经其同意披露个人数据的事实并不会剥夺第8条提供的保护。[6]在后案2012年M. M. 诉英国案（第187~207节）[7]中，申诉人要求向潜在雇主披露其刑事记录中的警示信息，法院认为这违反了第8条，因为保留和披露犯罪记录的系统缺乏足够的保障措施，没有在任何阶段对数据与求职的相关性进行评估，也没有规定数据主体在多大程度上会被认为继续构成风险进行评估。[8]在2021年M. C. 诉英国案（第47~57节）中，法院注意到在M. M. 诉英国案之后所作的立法修改和新引入的披露犯罪记录信息的制度符合第8条的相关要求：它以不同的方式区分不同类型的犯罪；提供确定性说明在任何特定时间将披露哪些前科；并规定了一个明确的、有限的披露期限，该期限将根据犯罪者的年龄和罪行严重程度而有所不同。

233. 获得数据主体的同意并不总是可行的，例如，当局为了帮助识别罪

---

[1] M. S. v. Sweden, 1997, § § 31, 35; M. M. v. the United Kingdom, 2012, § § 186, 189.

[2] Radu v. the Republic of Moldova, 2014, § 27; Mockutė v. Lithuania, 2018, § 101.

[3] Radu v. the Republic of Moldova, 2014, § § 30, 32; Mockutė v. Lithuania, 2018, § § 103, 106; Peck v. the United Kingdom, 2003, § § 85-87; Sõro v. Estonia, 2015, § § 17-19, 64.

[4] M. S. v. Sweden, 1997, § 32; Konovalova v. Russia, 2014, § § 47-48.

[5] M. S. v. Sweden, 1997, § § 31-32.

[6] M. M. v. the United Kingdom, 2012, § 189.

[7] M. M. v. the United Kingdom, 2012 ( § § 187-207).

[8] Ibid, § 204.

犯和预防犯罪而安装在街道上的闭路摄像机的录像中包括许多人的图像。[1]法院认为，在征得同意的情况下披露闭路电视摄像机系统的图像，实际上会破坏闭路电视系统在侦查和预防犯罪方面的任何有效行动，而通过宣传闭路电视系统及其好处，这一作用变得更加有效。[2]在这些情况下，如果当闭路电视录像中的个人拒绝同意传播其图像时，数据处理者应该考虑其他解决方案，例如在传播前遮盖图像[3]，或确保图像的接收者以适当和充分的方式屏蔽他们自己。[4]

234. 在 2003 年 Peck 诉英国案（第 87 节）[5]中，一个区议会在向媒体发布新闻稿中传播了闭路电视拍摄到的一名试图在公共场所自杀的个人的图像，这一行为违反第 8 条的规定。法院认为，由于该录像显然只针对一个人并且只与一个人有关，闭路电视操作员在报警并观察到警方介入后，本可以向警方查询以确定申诉人的身份，从而请求其同意披露该录像。[6]

235. 在 2015 年 Bremner 诉土耳其案（第 71~85 节）中，一部由隐藏摄像机拍摄的电视纪录片中播放一个未模糊、未剪辑的个人图像被法院认为违反了第 8 条的规定。特别是关于申诉人并不知名这一事实，没有任何证据表明上述传播具有任何内在的信息价值或已得到适当和充分的利用。

236. 此外，考虑到预先通知要求可能产生的寒蝉效应，对任何预先通知要求的有效性的重大怀疑以及国家当局在这一领域享有的选择空间，法院在 2011 年 Mosley 诉英国案（第 132 节）中裁定，第 8 条没有规定具有法律约束力的在公布某人私人生活信息之前必须通知个人的要求。

237. 在某些情况下，未经数据主体同意而向其近亲属披露个人精神健康数据，可能会侵犯其权利。在 2018 年Mockutė诉立陶宛案（第 100 节）中，法院认为，鉴于两个成年人之间的紧张关系，未经患者母亲同意而向其成年女儿披露其健康信息不符合第 8 条的规定。

238. 关于被逮捕或起诉的人，警察在未经申诉人同意的情况下就将申诉人的照片交给新闻部门，法院认定这一行为违反了第 8 条的规定。[7]他们在

---

〔1〕 Peck v. the United Kingdom, 2003, § 81.

〔2〕 Ibid, § 81.

〔3〕 Ibid, § 82.

〔4〕 Ibid, § 83.

〔5〕 Peck v. the United Kingdom, 2003 ( § 87).

〔6〕 Ibid, § 81.

〔7〕 Sciacca v. Italy, 2005, § § 29-31; Khuzhin and Others v. Russia, 2008, § § 115-118.

未经申诉人同意的情况下，邀请电视摄制组在警察局拍摄申诉人并在电视上播放图像[1]，或者在法律没有规定的情况下，在“通缉”布告栏上张贴申诉人的照片。[2]

239. 如果存在其他合理理由，如调查刑事犯罪和确保司法程序公开的必要性[3]，以及保护公共健康[4]、国家安全[5]或国家经济福祉[6]的必要性，则未获得数据主体事先同意传输、披露或公布其数据并不一定违反第8条的规定。

(二) 在司法程序中披露数据

240. 在一些案件中，法院审查了当局在司法程序中采取的可能导致当事人或第三方的个人数据被披露的措施，例如：

■ 法院在离婚判决中复制个人医疗记录的摘录[7]，并将包含医疗数据的证据的保密期限制为10年[8]；

■ 在公开听证会期间披露申诉人的精神病保密数据[9]，并核实为支持延期请求而出具的医疗证明[10]；

■ 在向新闻界公布的判决中披露个人身份和艾滋病毒阳性状态[11]；

■ 在没有事先通知第三方的情况下，在判决中披露第三方的全部身份信息[12]；

■ 尽管有令人满意的法律，但在判决中使用语言和论据披露了受害者的个人数据，传达了关于妇女角色的陈规定型观念，并可能阻碍对性暴力受害者的有效保护。[13]

241. 法院认为，保护某些类别的保密性个人数据的必要性，有时可能会

---

[1] Toma v. Romania, 2009, § § 90-93; Khmel v. Russia, 2013, § 41.

[2] Guiorgui Nikolaïchvili v. Georgia, 2009, § § 129-131.

[3] Avilkina and Others v. Russia, 2013, § 45; Z v. Finland, 1997, § 97.

[4] Y. v. Turkey (dec.), 2015, § 74.

[5] (Anchev v. Bulgaria (dec.), 2017, § 10.

[6] M. S. v. Sweden, 1997, § 38.

[7] L. L. v. France, 2006, § 46.

[8] Z v. Finland, 1997, § § 112-113.

[9] Panteleyenko v. Ukraine, 2006, § 57.

[10] Stokłosa v. Poland (dec.) 2021, § §43-44.

[11] Z v. Finland, 1997, § 113.

[12] Vicent Del Campo v. Spain, 2018, § § 47-51.

[13] J. L. v. Italy, 2021, § § 136-142.

被调查和起诉犯罪及公开法庭程序的利益所抵消。[1]应给予国家主管当局一定的回旋余地，以便在保护司法程序的公开性（这是维护公众对法院的信任所必需的）与在维护部分或第三方数据保密性的利益之间取得公平的平衡。[2]任何有可能公开个人数据的措施，无论他是司法程序的一方还是第三方都应满足压倒一切的社会需要[3]，并应尽可能限于因程序的具体特点而绝对必要的措施。[4]

242. 为了确定在任何特定情况下是否有充分理由在司法判决中披露个人的身份和有关个人的其他数据，一个重要的问题是，根据国内法律和惯例，是否可能采取其他侵扰性较低的措施。这包括法院在准许识别数据主体的判决书中省略提及任何姓名的可能性[5]；在一定时间内对判决理由全文保密，而是发布判决的节略版本、执行部分及其所适用法律的说明[6]；或限制查阅判决文本或其中的某些事项。[7]法院认为，此类措施通常被认为能够减少判决对数据主体私人生活保护权的影响。

243. 在2006年Panteleyenko诉乌克兰案（第82节）中，法院认为，非公开听证会可能有助于防止在公开听证会期间公开披露从精神病院获得的有关个人精神健康及其精神治疗的机密信息，尽管非公开听证会并不一定会阻止该信息引起当事方的注意并被纳入案件档案。

244. 在2020年Frâncu诉罗马尼亚案（第72~73节）中，上诉法院驳回了一起针对市长的腐败案件进行非公开审理的请求，从而未能确保申诉人医疗信息的保密性，这被认定违反了第8条的规定。法院认为，上诉法院仅宣布申诉人的案件不符合《刑事诉讼法》中非公开审理程序的“任何情况”，而未作进一步说明，因此未能在确保司法程序透明度的一般利益与诉讼人对其健康状况数据保密的利益之间取得公正的平衡。即使假设被告的高公众知名度可能是在分析要求非公开审理的相称性时要考虑的因素之一，但在本案中上诉法院并没有对这种措施的相称性进行个性化评估。

---

[1] Avilkina and Others v. Russia, 2013, § 45; Z v. Finland, 1997, § 97.

[2] C. C. v. Spain, 2009, § 35.

[3] Vicent Del Campo v. Spain, 2018, § 46.

[4] L. L. v. France, 2006, § 45.

[5] Z v. Finland, 1997, § 113; Vicent Del Campo v. Spain, 2018, § 50.

[6] Z v. Finland, 1997, § 113.

[7] Vicent Del Campo v. Spain, 2018, § 50.

245. 在2019年Khadija Ismayilova诉阿塞拜疆案（第105~132节）[1]中，法院裁定，检察机关在据称刑事调查进展报告的新闻稿中披露私人信息，包括敏感的个人数据，如申诉人（职业记者）的姓名和地址，以及其朋友、亲戚和同事的姓名，违反了第8条的规定。[2]

246. 在2021年M.P.诉葡萄牙案（第48~49节）中，在离婚诉讼中，申诉人的前夫在未经申诉人同意的情况下出示了其妻子在交友网站中的电子信息，而申诉人似乎允许其前夫访问，这并不违反第8条的规定，因为家庭法院最终没有考虑到这些因素，而且公众在这类程序中获取数据都受到了限制。

247. 在2015年12月的J.S.诉英国案（第71~73节）中，法院驳回了一项关于公诉机关在新闻稿中披露的个人信息的申诉，认为该申诉明显缺乏根据。因为该新闻稿的回答没有超出法庭诉讼程序询问时向媒体提供的常规信息，没有披露申诉人的姓名、年龄和学校（他是一名被指控袭击教师的未成年人），也没有披露任何其他个人信息。

248. 在2006年L.L.诉法国案（第46节）[3]中，法官在离婚诉讼中依靠一名医疗顾问与申诉人的全科医生之间的私人通信（其中包含一份机密医疗文件）作为替代和次要的依据，法官或调查官员本可以将有关医疗数据排除在判决推理之外，但仍得出相同结论，说明这是一个应考虑的重要因素。由于任何人都可以在不必证明具有特定利益的情况下获得判决理由的副本，尽管离婚双方之间的诉讼程序不是公开的，而且对第三方的有效判决只包含执行条款，但是鉴于个人数据保护发挥的重要作用，干涉申诉人私人生活受到尊重的权利是不合理的。[4]

249. 在2018年Vicent Del Campo诉西班牙案（第53、56节）中，申诉人作为司法程序的第三方，被剥夺了在作出判决前要求法院避免透露其身份的任何机会，这违反了对第8条的规定。申诉人没有被告知、询问、传唤或以任何方式通知。

250. 在一个案件中，国内法院将披露申诉人身份和艾滋病毒阳性状况的案卷文件的保密期限限定为10年，法院认为这违反了第8条的规定，理由是

---

[1] Khadija Ismayilova v. Azerbaijan, 2019 ( § § 105-132).

[2] Ibid, § § 142-150.

[3] L. L. v. France, 2006 ( § § 46).

[4] Ibid, § § 47, 33.

司法机关对保护当事人和第三方容易受到影响的个人数据的利益重视不够[1]。如果有关医疗信息在10年后向公众公开，在未经其同意的情况下在司法程序中提供有关其健康状况的信息，将进一步加剧对其私人生活受尊重的权利的严重干涉。[2]相反，在2015年12月Y. 诉土耳其案（第81~82节）中，申诉人的身份和艾滋病毒呈阳性状况在行政法院作出的拒绝管辖决定中被披露，该决定未以任何其他方式公布或公开，且公众无法查阅，而且在同一诉讼中作出的其他决定均未提及，因此不认为该裁决侵犯了数据主体的私人生活受尊重的权利。

251. 在2012年Drakšas诉立陶宛案（第60节）中，在弹劾程序中，在国家电视频道现场直播的宪法法院的公开听证会上披露了特工部门截获的申诉人（一位知名政治家）和被弹劾的总统之间的电话谈话录音，并不构成违反第8条的行为。法院认为，作为一名公众人物，申诉人的一言一行不可避免地受到记者和公众的密切关注。在这种情况下，为了保护他的权利，有必要依法披露他在宪法诉讼期间的非私人政治或商业电话交谈。

252. 另见上文第238段关于警察部门在未经被逮捕或起诉者同意的情况下向新闻界披露其照片的问题，以及上文第80~82段关于国家在涉及私人披露个人数据案件中承担的积极义务。

### （三）为保护公众健康而披露数据

253. 个人尊重医疗保密的权利不是绝对的，必须考虑到其他合法权利和利益，例如其雇主的抗辩权。[3]保护公共利益的基本方面可能削弱这一权利，如保护医院工作人员的安全和保护公共健康。[4]

254. 在医院和卫生系统内对患者进行治疗时，在某些情况下为了保证病人得到适当的治疗，也为了通过采取必要的预防措施确保参与治疗的医疗服务提供者和其他病人的权利和利益，传递有关病人病情的信息可能是相关和必要的。[5]如果医务工作者本身由于在履职期间接触病人而面临被感染的风险，医院工作人员的安全和保护公共健康可以证明在参与患者治疗的医务人员之间传递关于患者健康状况信息的合理性，以防止疾病在医院内传播的任

〔1〕 Z v. Finland, 1997, § § 111-112.

〔2〕 Ibid, § 112.

〔3〕 Eternit v. France (dec.), 2012, § 37.

〔4〕 Y. v. Turkey (dec.), 2015, § 74.

〔5〕 Y. v. Turkey (dec.), 2015, § 74.

何风险。[1]

255. 敏感信息（如患者健康状况数据）的传输方式应避免对数据主体造成任何形式的侮辱，并提供充分的保障措施消除任何滥用风险。[2]信息的接收方应遵守与卫生专业人员有关的具体保密规则或类似的保密要求。[3]

256. 在2015年12月Y. v. 土耳其案（第78~79节）中，法院驳回了一项关于患者在接受治疗的医院内与不同医疗服务提供者之间交换其艾滋病毒呈阳性信息的申诉，认为该申诉毫无依据。理由是尽管数据主体没有表示同意，但是从医院工作人员的安全和保护公共健康的角度来看，这种信息共享是合理的。法院重视这样一个事实，即根据国内法，所有医疗服务提供者都必须对向其传输的与其状况或职业相关的任何数据保密，否则将受到纪律处分或刑事制裁。

（四）为保护国家安全而披露数据

257. 在一系列关于拆除前共产主义政权遗产的案件中，法院考虑了为保护国家安全而收集和存储的个人遥远过去的数据的公开披露问题[4]。拆卸过程中采取的个性化措施、对这些措施的监管以及提供的保障措施都很重要。

258. 因此，在2015年Sõro诉爱沙尼亚案（第56~64节）[5]中，披露申诉人曾在前安全部门担任司机的信息违反了第8条的规定。尽管申诉人事先被告知数据将被公布，并能够对数据通信提出疑问，但目前还没有任何程序来评估前安全部门的个别雇员执行的具体任务，以区分他们在这些机构的职业生涯结束几年后可能对民主制度造成的危险。[6]法院认为，随着爱沙尼亚恢复独立和公布个人数据之间的时间推移，申诉人最初可能对新创建的民主制度构成的任何威胁肯定已大大降低。[7]尽管《披露法》本身没有对申诉人的新工作施加任何限制，但由于其同事采取的态度，他被迫辞职，这表明申诉人其私人生活受尊重的权利受到了严重干涉。[8]

259. 相反，在2017年12月Anchev诉保加利亚案（第92~116节）[9]

---

〔1〕 Ibid, § 78.

〔2〕 Y. v. Turkey (dec.), 2015, § 79.

〔3〕 Ibid, § 74.

〔4〕 Sõro v. Estonia, 2015, § 58; Anchev v. Bulgaria (dec.), 2017, § 100.

〔5〕 Sõro v. Estonia, 2015 (§ § 56-64).

〔6〕 Ibid, § 61.

〔7〕 Ibid, § 62.

〔8〕 Ibid, § 63.

〔9〕 Anchev v. Bulgaria (dec.), 2017 (§ § 92-116).

中，披露程序受到严格规范，并附有一系列防止任意性和滥用的保障措施，包括披露程序委托给一个特别的独立委员会，该委员会的决定受到两级司法机关的司法审查，公开披露与申诉人过去有关的数据被认为不符合第 8 条的规定。由于披露信息不会造成任何制裁或法律上的阻碍，因此这种干预没有超过当局所享有的选择空间。[1]法院表示，如果国家实施了更严重侵犯数据主体个人领域的措施，例如禁止工作或部分剥夺投票权，其结论可能会有所不同。[2]

（五）为保护国家经济福祉而披露数据

260. 为保护国家经济福祉而采取侵犯当局收集或存储的数据保密性的措施，如果附有有效和令人满意的保障措施，则不一定违反第 8 条的规定。[3]在平衡各种相互竞争的利益时，必须考虑的重要方面包括以下几点：国内法是否对数据处理者可能采取的措施作出了规定，在不遵守法律规定的情况下他们是否承担责任，以及数据接收方是否有义务遵守类似的规则和保证，特别是保密义务。[4]

261. 在 1997 年 M. S. 诉瑞典案（第 31～44 节）[5]中，一个公共机构（医院妇科）将个人的医疗记录转交给了另一个公共机构（社会保障部），负责评估申诉人是否符合领取其本人申请的福利金的法定条件，这并不违反第 8 条的规定。法院认为，数据通信有可能对将公共资金分配给应得的索赔人起到决定性作用，因此可被认为达到了保护国家经济福祉的目的。[6]在披露申诉人的机密数据的同时，还提供了有效和令人满意的防止滥用的保障措施：根据相关国内立法，提供相关数据的一个条件是该信息必须对《职业残疾保险法》的实施具有重要意义[7]；如果妇科工作人员未能遵守这些条件，他们可能会承担民事和/或刑事责任[8]；数据的接收者也同样有义务尊重数据的保密性。[9]

---

〔1〕 Ibid, § § 106-113.

〔2〕 Ibid, § 113.

〔3〕 M. S. v. Sweden, 1997, § 41.

〔4〕 Ibid, § 43.

〔5〕 M. S. v. Sweden, 1997 ( § § 31-44).

〔6〕 Ibid, § 38.

〔7〕 Ibid, § § 18, 43.

〔8〕 Ibid, § § 22, 43.

〔9〕 Ibid, § § 20, 22, 43.

（六）个人数据大量泄露

262. 在提供获取和允许收集大量税收数据方面存在公共利益，但这并不一定或自动意味着在没有任何分析投入的情况下以未经修改的形式大量传播此类原始数据也符合公共利益。在 2017 年 Satakunnan Markkinapörssi Oy 和 Satamedia Oy 诉芬兰 GC 案（第 175 节）[1]中，法院强调，应区分为新闻目的处理数据和新闻记者有权传播原始数据。在不符合国家法规和欧盟数据保护规则的程序下，阻止大规模披露个人税务数据本身并不构成制裁，即使对公布信息的数量进行限制也可能会导致申请公司的某些业务活动利润下降。[2]

---

〔1〕 Satakunnan Markkinapörssi Oy and Satamedia Oy v. Finland GC, 2017（§ 175）.

〔2〕 Ibid, § 197.

# 犯罪记录的保存与披露*

杰奎琳·贝德　黄泽梅　译**

**摘要**：犯罪记录信息保存在两个主要系统中。第一个是警察国家计算机（PNC），它记录定罪、警告、训诫、告诫和逮捕的细节。第二个是警察国家数据库（PND），它记录“软性”地方警察的情报，例如没有导致任何进一步行动的调查细节。政府通过2012年《保护自由法》立法，在披露非定罪信息方面引入了新的保障措施，例如新的独立争议处理程序。上诉法院于2013年1月裁定，认为作为犯罪记录审查的一部分，强制性和全面披露定罪不符合《欧洲人权公约》第8条尊重私生活的权利。2013年5月，引入新过滤机制以限制旧有和轻微定罪披露的立法生效。2019年1月，最高法院的一项判决指出，过滤机制的两个特定方面，即关于多次定罪以及儿童所受警告和训诫的披露，是不成比例的，因此与第8条不相符。政府于2020年11月修订了过滤规则，取消了对青少年警告、训诫和告诫的自动披露以及“多次定罪”规则。现在，学者还在呼吁进一步的犯罪记录信息制度改革。

**关键词**：犯罪记录；记录披露；过滤规则；犯罪记录审查

## 介　绍

### （一）警方掌握的信息

犯罪记录信息保存在两个主要系统中。第一个是警察国家计算机（PNC），它记录定罪、警告、训诫、告诫和逮捕的细节。第二个是警察国家数据库（PND），它记录“软性”地方警察的情报，例如没有导致任何进一步行动的

* 本文来自英国下议院简报，虽然有具体作者，但文章以英国下议院文件的公文形式发布，是政府约请专家写作并发布的普法文件。引用提示：Jacqueline Beard, Briefing paper: The retention and disclosure of criminal records, Number CBP6441, 10 February 2021, House of Common Library.

** 译者简介：黄泽梅（2002年—），广西贵港人，广西大学法学院研究生。

调查细节。

警察局长“拥有”其警队已经输入PNC的数据。在特殊情况下，他们可行使自由裁量权，删除由他们拥有并保留在PNC上的非法庭处置（例如警告）以及任何非定罪的结果。在某些情况下，个人可以申请从PNC删除记录。

（二）犯罪记录审查

警告、训诫、告诫以及一些定罪在一段时间之后就变成了“已失效”。一旦记录失效，通常不需要向雇主或志愿组织申报。当一个人申请所谓的“例外职位”时，他们可能会被要求通过披露与禁止服务局（DBS）进行的标准或增强型犯罪记录审查，提供其已失效和未失效的犯罪记录详细信息。例如，例外的职位包括与儿童或弱势成年人相关的工作、某些特许的职位或受信任的职位。

本简报中关于披露的信息适用于英格兰和威尔士。如需了解苏格兰的相关信息，请查看苏格兰披露局；如需了解北爱尔兰的相关信息，请查看北爱尔兰访问局。

标准审查包括所有已失效和未失效的定罪、警告、训诫和最终告诫（PNC持有），但根据过滤规则不应再披露的除外（见下文）。强化审查除包含标准审查的信息外，还包括相关且适度的非定罪信息的详细情况，例如PNC记录的逮捕情况或PND记录的警方情报。这些信息的披露不是自动的，而是由警方根据具体情况酌情决定。

（三）披露非定罪信息及旧的和轻微的定罪

关于犯罪记录审查，有两个特定问题存在争议：披露非定罪信息以及披露旧的和轻微的定罪信息。

政府通过2012年《保护自由法》立法，在披露非定罪信息方面引入了新的保障措施，例如新的独立争议处理程序。

2013年5月，引入新过滤机制以限制旧有和轻微定罪披露的立法生效。在此之前，上诉法院于2013年1月裁定，认为作为犯罪记录审查的一部分，强制性和全面披露定罪不符合《欧洲人权公约》第8条（尊重私生活的权利）。

2019年1月，最高法院的一项判决指出，过滤机制的两个特定方面，即关于多次定罪以及儿童所受警告和训诫的披露，是不成比例的，因此与第8条不相符。政府于2020年11月修订了过滤规则，取消了对青少年警告、训诫和告诫的自动披露以及“多次定罪”规则。

（四）呼吁更广泛的披露

改革法律委员会、司法委员会、查理·泰勒（Charlie Taylor）在其对青少年司法的审查报告中，以及大卫·拉米（David Lammy）在其对刑事司法系统中黑人、亚裔和少数族裔（BAME）的待遇和结果的审查报告中，都呼吁对披露犯罪记录进行更广泛的改革。

政府在 2020 年 9 月发表的《更明智的量刑方法》白皮书中表示，希望“在披露犯罪记录方面取得进一步进展，以支持那些过去曾犯罪的人继续生活，特别是改善有犯罪记录的人的就业机会”。除修改过滤规则外，政府还提议修改改造期，以控制定罪“已失效”的时间长度。

## 一、保存与披露的数据系统

（一）警察国家电脑中的名义记录

犯罪记录信息保存在两个主要系统上。第一个是警察国家计算机（PNC），它记录定罪、警告、训诫、告诫和逮捕的细节。第二个是警察国家数据库（PND），它记录“软性”地方警察的情报，例如没有导致任何进一步行动的调查细节。

被判定犯有可记录罪行的个人，其定罪的“名义记录”将被录入警察国家计算机（PNC）。因这类罪行受到警告、训诫、告诫或逮捕的个人也会创建名义记录。个人的名义记录将保留至其年满 100 岁。

警察局长“拥有”其警队输入 PNC 中的数据。在特殊情况下，他们可以酌情删除由其拥有并存储在 PNC 上的非法庭处置记录（例如警告）以及任何非定罪结果。

国家警察局长委员会（NPCC）[1]发布了《记录删除程序指南》[2]。该指南适用于 DNA 图谱、DNA 样本、指纹和 PNC 记录的删除[3]。其目的是确保相关警长在行使自由裁量权处理从国家警察系统中删除记录的申请时采取一致的方法。

附件 B 说，删除记录没有既定标准，应由警长根据现有信息进行专业判

---

〔1〕 国家警察局长委员会（NPCC）于 2015 年 4 月 1 日成立，取代了警察局长协会（Association of Chief Police Officers）。

〔2〕 NPCC, Deletion of Records from National Policing Systems, Version 2.0, 2018.

〔3〕 该指南取代了《警察国家计算机名义记录留存指南》（ACPO Retention Guidelines for Nominal Records on the Police National Computer）定义的“特殊情况程序”。该指南于 2006 年 3 月生效，是政府对比查德调查围绕索汉谋杀案情况所做回应的一部分。

断。附件B列举了警长应考虑删除记录的情形，包括：

• 没有犯罪。确定没有犯下可记录的罪行。例如，一个人在现场被捕并随后受到指控，但经过验尸后确定死者死于自然原因，而不是死于他杀。

• 恶意/虚假指控。针对个人的案件在任何阶段都被撤回，并且有确凿证据表明该案件是基于恶意或虚假指控的。

• 不在场证明。如果有确凿的证据表明该个人有可靠的不在场证明，他/她在被捕后被排除在调查之外。

• 逮捕时嫌疑人身份不明。在调查开始时某人被逮捕，犯罪者、受害者和证人的身份不明确，该人随后被排除嫌疑（但可能是证人或受害者）。[1]

个人可以使用NPCC网站上的表格申请从PNC中删除记录。表格必须填写完整，并连同身份证明和任何支持申请的文件一起寄至国家记录删除部门。申请随后将被转交给相关警长作出决定。

需要注意的是，有法庭定罪记录的个人不能根据记录删除程序申请删除其记录。正在接受调查或面临法庭诉讼的个人也不能申请。有关指导，请参阅ACRO犯罪记录办公室网站上的“从国家警察系统删除记录”页面。

（二）警察国家数据库情报

与PNC一起运作的是警察国家数据库（PND）。警方使用PNC来记录定罪、警告、训诫、告诫和逮捕，而使用PND来记录“软性”本地情报，例如未导致逮捕或指控的细节或警方调查情况。[2]

警方信息（包括PND上的信息）的审查、保留和处置受警务学院发布的《认可专业实践——信息管理》规范约束，其中规定：

审查、保留和销毁犯罪或与犯罪有关的警方信息程序的目的是：保障公众安全及协助管理已知罪犯及其他潜在危险人士所构成的风险；确保遵守相关法规。

审查犯罪或与犯罪相关的警方信息对于基于风险的决策、公共保护和法律合规至关重要。必须定期审查记录，以确保它们对于警务目的仍然是必要、

---

〔1〕 附件B。

〔2〕 直至2010年5月，地方情报由各警察部队在各自系统中保存。根据对比查德调查围绕索汉谋杀案相关情况所提建议，警察国家数据库得以设立，作为这类情报的中央存储库，以便各警察部队之间能更好地共享信息。

准确、充分和最新的，并且保存时间不超过必要期限。[1]

警方信息根据对情报所涉人员构成风险的评估分为三组，按每组规定的时间间隔进行定期审查。

第一组情报是与以下任何一项有关的信息：曾在多机构公共保护安排（MAPPA）下受到管理的罪犯；[2]因谋杀或2003年《刑事司法法》定义的“严重罪行”而被定罪、无罪释放、指控、逮捕、讯问或牵连的个人；[3]以及潜在的危险人物。

此类情报应予保留，直至其所涉及的个人被视为年满100岁。它应该每10年被审查一次，以确保它是充分的并且是最新的。

第二组是与第一组未涵盖的其他性犯罪、暴力犯罪或严重犯罪相关的信息。一旦情报所涉个人度过10年“清白期”，警方将审查该情报，并评估该人是否继续构成伤害风险。[4]如果不构成风险，则应销毁情报；如果构成风险，则应再保留10年清白期。在这一期限和随后的每个10年清白期届满时，都应进行同样的审查。

第三组情报涉及因不属于第一组或第二组的犯罪行为被定罪、无罪释放、指控、逮捕、讯问或牵连的个人。此类情报将在最初的6年清白期内保留。之后，警方可以删除记录，或者如果希望保留，则每5年进行一次审查和风险评估。

与未侦破且无明确嫌疑人的犯罪相关的信息，将根据犯罪类型按相关组进行保留。与未侦破的第一组犯罪相关的信息，应自向警方报告之日起保留100年。与其他未侦破犯罪相关的信息，应至少保留6年。

---

〔1〕 College of Policing, APP: Management of police information, retention, review and disposal.

〔2〕 2003年《刑事司法法》（The Criminal Justice Act 2003）要求地方刑事司法机构协同合作，制定措施评估和管控辖区内性犯罪者和暴力犯罪者带来的风险。这些措施被称为多机构公共保护安排（Multi-Agency Public Protection Arrangements，MAPPA）。

〔3〕 “严重犯罪”是指2003年法案（即2003年《刑事司法法》，前文提及的The Criminal Justice Act 2003）附表15中所列的犯罪，可判处无期徒刑或至少十年有期徒刑。此类犯罪的例子包括故意造成严重身体伤害的伤人罪、抢劫罪、纵火罪、故意持有枪支危害生命或制造暴力恐慌罪、强奸罪和性侵犯。

〔4〕 就这些目的而言，“清白期”指的是自某人上次因可被视为相关风险因素的行为而作为犯罪者或犯罪嫌疑人引起警方注意起所经过的时长。警方注意到的、表明存在相关伤害风险的进一步行为，其他执法机构的信息查询请求以及犯罪记录查询请求，都会重置个人的清白期。

## 二、披露和禁止服务局的审查机制

### （一）“已失效”定罪和“例外职位”

根据 1974 年《罪犯自新法》，定罪、[1]警告、训诫和告诫在一定的时间之后就“已失效”。[2]一旦记录失效，通常不需要向雇主或志愿组织申报。

然而，如果一个人申请所谓的“例外职位”，那么未来的雇主有权通过披露和禁止服务机构（DBS）进行的犯罪记录审查，要求提供已失效和未失效的定罪、警告、训诫和告诫的详细信息。[3]例外职位包括与儿童或弱势成年人相关的工作、某些特许职位或受信任职位，例如警察或律师。DBS 发布了资格指南，雇主可据此决定某个职位是否符合 DBS 审查条件以及适用的审查类型。

### （二）审查类型

DBS 提供四种类型的审查：

- 基本审查：仅显示未失效的定罪、警告、训诫和告诫。
- 标准审查：包含所有已失效和未失效的定罪、警告、训诫和最终告诫的详细信息（存储在 PNC 上），但根据“过滤规则”不应再披露的信息除外（见本简报第四节）。
- 强化审查：除标准审查的信息外，还包括当地警方情报。
- 强化带禁止名单审查：除强化审查的信息外，还包括相关个人是否在 DBS 维护的禁止与儿童和/或弱势成年人一起工作的人员名单中的详细信息。[4]

两种强化审查会提供相关且适度的非定罪信息，例如 PNC 上记录的逮捕细节或 PND 上记录的警方情报。此类信息的披露并非自动进行，而是由警方根据具体情况酌情决定。

---

〔1〕 除了被判处四年以上监禁的定罪情况，目前这类定罪不在 1974 年《罪犯自新法》的适用范围内，因此永远不会被视作已失效（注：“已失效”在原文语境中即指犯罪记录不再需向他人披露的状态）。

〔2〕 进一步的信息请参阅：Library Briefing the Rehabilitation of Offenders Act 1974，CBP1841.

〔3〕 披露与禁止服务局（Disclosure and Barring Service，DBS）于 2012 年 12 月 1 日由此前负责出具犯罪记录检查结果的犯罪记录局（Criminal Records Bureau）和独立保障机构（Independent Safeguarding Authority）合并而成：详见 DBS 官网“What we do”板块。

〔4〕 Gov. uk，DBS checks：guidance for employers.

## 三、披露非定罪信息

### （一）背景

在某些情况下，非定罪信息的披露存在争议，并且有一些针对强化审查中包含非定罪信息的司法审查挑战。

在2009年10月1日之前，关于强化审查中警方信息披露的主要案例是R（on the application of X）v. Chief Constable of the West Midlands Police and another［2005］1 All ER 610，上诉法院在该案中认为，为满足保护儿童和弱势成年人这一紧迫社会需求，相关立法政策规定，即使信息“可能”属实，警方也应将其披露给犯罪记录局。

然而，2009年10月，最高法院裁定，在保护儿童和弱势成年人的必要性方面，应同等重视申请加强披露的人的人权：在R（X）v. Chief Constable of the West Midlands Police之后，天平过于倾向不利于申请人的一方。[1]最高法院认为，所有强化披露都可能涉及《欧洲人权公约》第8条（尊重私人生活的权利），因为信息已被收集并存储在警方记录中，披露相关信息可能会降低申请人的就业前景。警方在决定是否披露非定罪信息时应考虑两个问题：其一，信息是否可靠和相关；其二，鉴于公共利益和对申请人可能产生的影响，披露信息是否适度。在评估适度性时应考虑的因素包括：信息的严重性；其可靠性和相关性；申请人反驳信息的机会；相关事件发生后经过的时间；以及披露的不利影响。

如果警察局局长认为申请人没有公平机会对相关信息中的任何指控作出回应，或者信息是历史久远或模糊不清的，或者他/她对信息的潜在相关性存在疑虑，则应给予申请人陈述不应包含该信息的理由的机会。

### （二）《内政部审查》和2012年《保护自由法》

2009年，时任内政大臣艾伦·约翰逊（Alan Johnson）要求新任命的犯罪信息管理独立顾问苏尼塔·梅森（Sunita Mason）审查保留犯罪记录信息的问题，以期制定一个“明确、原则性的方法”。审查结果已于2010年3月18日公布。[2]她的建议之一是政府审查非定罪信息的披露，看是否能采取更“平

〔1〕最高法院发布了该决定的新闻摘要，概述了判决中规定的关键问题，参见：R（L）v. Commissioner of Police of the Metropolis［2009］UKSC 3.

〔2〕Home Office, A Balanced Approach-Independent Review by Sunita Mason, March 2010（DEP 2010-0745）.

衡”的方法。[1]

在2010年大选之后，政府表示将“审查犯罪记录以及审查和禁止制度，并将其规模缩小到合理水平”。[2]该审查再次由梅森女士进行，她于2011年2月11日发表了第一阶段报告。[3]这涵盖了一系列问题，主要是过滤旧的或轻微的定罪信息（在本简报第四节进一步讨论）以及披露非定罪信息。

梅森女士提出了一些建议，旨在采取更加严格的方式来披露非定罪信息，作为加强犯罪记录审查的一部分。

首先，警方在决定是否披露未定罪信息时使用的法定标准应该更加严格。在梅森女士进行审查时，1997年《警察法》第113B（4）条要求警方只需认为信息“可能”相关就应披露。[4]她建议将其替换为要求警方“合理相信”这些信息是相关的。[5]

她还建议实行一项新的法定业务守则，规定警察在决定是否披露非定罪信息时遵循，以便“各警察部队之间保持一致和相称”。[6]她建议该守则应包括要求对以下内容作出解释：将非定罪信息列入强化证书的决定；可能构成的风险；信息来源（如相关）；以及披露对相关个人的潜在影响。

另一项建议是政府应建立一个“公开透明的陈述程序”，让个人能够对不准确或不适当的披露提出疑问。她表示，陈述应由独立专家监督，而不是由最初决定披露的警察部队负责。[7]

政府在2012年《保护自由法》第82条中实施了梅森女士关于新的披露标准、新的法定守则和新的独立争议解决程序的建议。[8]

根据经2012年《保护自由法》修正的1997年《警察法》第113b（4）条，警察在决定是否披露非定罪信息时使用的检验标准是，警察局局长是否“合理地认为它与审查的目的有关”，以及他们认为是否应当披露这些信息。

---

〔1〕 Ibid, p. 9 and pp. 25-26.

〔2〕 Cabinet Office, The Coalition: our programme for government, May 2010, p. 20.

〔3〕 Sunita Mason, A Common Sense Approach-Report on Phase 1, February 2011

〔4〕 Police Act 1997, s113B (4).

〔5〕 Sunita Mason, A Common Sense Approach-Report on Phase 1, February 2011, p. 33.

〔6〕 Ibid, p. 34.

〔7〕 Ibid, pp. 41-42.

〔8〕 The Protection of Freedoms Act 2012 (Commencement No. 3) Order 2012, SI 2012/2234. 更多背景信息载于 the Explanatory Notes to section 82, section 8. 2 of Library Research Paper 11/20 and section 4. 7 of Library Research Paper 11/54. 第82条于2012年9月10日生效。

英国内政部发布的《法定披露指南》[1]规定了警长在决定是否提供以及提供哪些信息以列入强化审查时应遵循的原则。

有关争议流程的详细信息，请参阅 Gov. uk 页面报告有关犯罪记录审查或禁止决定的问题。

（三）警方指南

由 DBS 和警察局长协会（ACPO）[2]联合发布的《质量保证框架》（Quality Assurance Framework，QAF）为警方在决定是否作为强化犯罪记录审查一部分披露情报提供了更详细的指导。

《质量保证框架：申请人对强化犯罪记录审查决策过程的介绍》（标准与合规部门，2014 年 3 月）概述了《质量保证框架》的结构和功能。《质量保证框架》规定了以下一般方法：

警察的职责是确定可能与雇主评估申请人是否合适有关的信息，并决定是否应予披露（如果将披露视为已批准的信息，则须考虑到可能对有关人士的私生活造成的影响）。

您必须考虑有关材料的严重性、所依据的资料的可靠性、有关事件发生后的时间，以及有关材料与有关申请的相关性。

无论您确定相关的任何信息，您还应该考虑是否需要提供陈述，以确信您的结论并非基于不准确、不完整的信息，或基于错误的前提或过时的情况——不应再被视为您审议因素的信息，或者应该以不同角度审视。

这些考虑因素应该有助于您得出结论，即理性的雇主在考虑雇佣求职者时，是否会认为这些信息对其决定有实质性意义。[3]

《质量保证框架》还规定了警方应为申请审查的个人提供机会，让他们就非定罪信息的披露作出陈述。它表明，如果存在以下任何一种因素，警方应考虑是否适合进行陈述：

- 如果不清楚申请人所申请的职位是否确实要求披露这些信息；
- 如果这些信息可能表明一种过时或不再真实的状态；
- 如果申请人从未有机会回答法律代表团的问题；
- 如果申请人似乎不知道考虑披露的信息；

---

[1] 2015 年 8 月第 2 版。

[2] 现已被国家警察局长委员会（National Police Chiefs' Council，NPCC）取代。

[3] DBS/ACPO, Quality Assurance Framework, MP7a and MP7b v9 disclosure rationale and method: General Guidance, March 2014, p. 6.

• 如果事实不明确，存在争议。[1]

在某些情况下，可能无需当事人进行陈述，例如信息与即将进行的起诉相关，或者是为警察国家计算机上的定罪提供背景信息。[2]

如果警方认为应该给申请人提供陈述的机会，他们会直接联系他们，通知他们这一点。申请人所作的任何陈述都会被加入警方掌握的信息中，并成为他们决策的一个因素："他们可能因此决定不披露部分或全部信息，或者改写披露内容，使其更加平衡、准确和公平"。[3]

如果警方遵循《质量保证框架》程序后，决定在强化审查中披露任何非定罪信息，申请人可以依据2012年《保护自由法》第82条的规定，向独立监察员提出申请，对这一决定提出疑问：

2012年《保护自由法》规定了一种新的独立程序，即"审查"，由指定的独立披露监察员进行监督，为申请人提供进一步质疑披露决定的机会。《质量保证框架》将为这一独立审查提供支持，因为独立监察员会评估警方在处理申请时是否正确应用了《质量保证框架》。如有必要，独立监察员还可能就《质量保证框架》应做出的修改提出建议，以使其尽可能保持有效性，从而确保《质量保证框架》持续符合法律和判例法的要求。

如果您收到了一个您知道不准确或者认为不应该披露的信息（无论是全部还是部分），请不要惊慌或者担心：请记住，有一些机制可以纠正问题。[4]

提出争议的表格和相关指南可以在Cov. uk的DBS上查阅：请参阅"DBS证书争议和指纹同意表格"。

## 四、披露旧的及/或轻微的定罪信息

### （一）内政部审查

作为审查犯罪记录的一部分，犯罪信息管理独立顾问苏尼塔·梅森也考虑了披露旧的和轻微的定罪信息的问题，作为标准和强化犯罪记录审查的一部分。

她不建议对允许个人的PNC记录保留到其100岁生日的规则作任何修改。

---

〔1〕 DBS/ACPO, QAF GD4: Representations Guidance, June 2013, p. 1.

〔2〕 Ibid.

〔3〕 Standards and Compliance Unit, Quality Assurance Framework: An applicant's introduction to the decision-making process for Enhanced Criminal Record Checks, March 2014, p. 10.

〔4〕 Ibid, p. 13.

不过，她确实建议引进一种新的“过滤机制”，以防止旧的和/或轻微的定罪出现在犯罪记录审查中。[1]

梅森女士在第一阶段报告中说，在许多情况下，披露未成年人的信息给“个人的生活带来了不必要的负担”，特别是在定罪时间较长而且有关个人对儿童或弱势成年人不构成重大的公共保护风险的情况下。然而，她说更广泛的公共保护需要意味着，某些类型的定罪应始终予以披露，例如这些定罪与下列类别的罪行有关：袭击和暴力侵害他人；聚众斗殴、骚乱及暴力滋扰；严重刑事损害；纵火；酒后驾驶及毒驾；毒品罪行；抢劫；性罪行。

她还表示，如果旧有和轻微的定罪信息是一种犯罪行为模式，而不是一次性的犯罪行为，则不应忽视这些信息。[2]

梅森女士随后成立了一个专家小组，更密切地关注一个新的机制，以过滤旧有和轻微的定罪。小组成员包括来自信息专员办公室、警察局长协会、犯罪记录局、全国防止虐待儿童协会、Unlock 组织和 Liberty 组织的代表。在 2011 年 12 月发布的一份报告中，梅森女士阐述了专家小组达成一致的以下一般原则：

- 过滤应包括定罪、警告、告诫和训诫，以及与定罪类型相符的定罪；
- 在某一特定定罪类型可予以过滤前，应进行咨询程序；
- 对于个人在 18 岁之前所获得的被定义为轻微的定罪、警告、告诫和训诫，应给予额外的考量；
- 应当设定一个明确的期限，在此期限之后，被定义为轻微的定罪、警告、告诫和训诫将不再被披露。这将涵盖提案中关于“旧有”的部分；
- 规则应确保，根据《罪犯自新法》的规定尚未“失效”的定罪，不会被过滤掉；
- 在考虑对任何性犯罪、毒品相关犯罪或暴力犯罪类型进行过滤之前，应格外谨慎；如果记录在个人身上的任何定罪、警告、告诫或训诫超出了轻微犯罪的定义范围，那么即使其他定罪原本可被视为轻微犯罪，也应全部予以披露；

---

〔1〕 Home Office, A Balanced Approach-Independent Review by Sunita Mason, March 2010 (DEP 2010-0745), p8 and pp. 19-24.

〔2〕 Sunita Mason, A Common Sense Approach-Report on Phase 1, February 2011, pp. 27-29.

● 过滤规则应当简单易懂，便于使用和/或接受披露服务的个人理解。[1]

她评论称，可供专家小组参考的实证研究较为匮乏，因此“在最初实施任何过滤提案时应持谨慎态度”。她提出了以下基本架构：

● 应设定一个关于被定义为轻微的定罪、警告、告诫和训诫数量的阈值。首先，该阈值应设定为1。这将使被定义为轻微犯罪且符合过滤时间要求的个人获得“第二次机会”。

● 如果多个轻微处理决定与同一事件相关，则需要对这一原则设置例外情况。但在适当情况下，这些情况不应妨碍对相关信息进行过滤。

● 对于定罪时年满18岁的个人，在定罪满3年后，相关定罪信息应被过滤掉。

● 对于定罪时未满18岁的个人，在单次轻微定罪、警告、告诫或训诫满6个月后，相关信息应被过滤掉。[2]

其他可行的方法包括将过滤日期与所施行的处罚联系起来（类似1974年《罪犯自新法》规定的定罪失效方式），或要求法院或警方根据具体情况作出过滤决定。

在2012年对梅森女士专家小组审查报告的回应中，政府表示将“继续对相关立法进行审查”，并指出这是“一个复杂的领域，引发了原则和程序方面的难题，而且各利益相关方对于如何解决这些问题以建立一个可行的方案尚未达成共识”。[3]

（二）上诉法院裁决——2013年1月

2013年1月，上诉法院作出裁决，判定作为标准或强化犯罪记录审查一部分的强制全面披露规定，与《欧洲人权公约》第8条（尊重私人生活的权利）不相符，这使得该问题变得更加紧迫。[4]法院审理的主要案件涉及一名被称为T的个人，因两辆自行车被盗，他在11岁时收到两次警方警告。除此

〔1〕 Sunita Mason, Filtering of Old and Minor Offending from Criminal Records Bureau Disclosures, December 2011, p. 2.

〔2〕 Ibid, pp. 2-3.

〔3〕 内政部和司法部致苏妮塔·梅森（Sunita Mason）的信，Filtering of old and minor offending from Criminal Records Bureau disclosures，2012年7月27日。

〔4〕 R on the application of T, JB and AW v Chief Constable of Greater Manchester, Secretary of State for the Home Department and Secretary of State for Justice [2013] EWCA Civ 25.

之外，他品行良好，并且认为自己的警告已经失效。然而，在他 17 岁申请在当地一家足球俱乐部工作时进行的强化犯罪记录审查中，以及 19 岁在大学注册体育研究课程时进行的进一步强化犯罪记录审查中，这些警告信息都出现了。

法院承认，披露定罪信息有助于实现保护雇主这一总体目标，尤其是保护他们所照顾的儿童和弱势成年人，同时也有助于雇主评估个人是否适合从事特定工作。然而，法院认为“要求披露所有与可记录罪行相关的定罪和警告的法定制度，与这一合法目标不成比例”。[1]法院进一步表示：

对该制度的根本怀疑在于，它并未根据信息是否与雇主评估个人是否适合特定工作的目的相关，来对信息披露进行控制。相关性必然取决于多个因素，包括犯罪的严重程度、犯罪时犯罪人的年龄、所判处的刑罚或其他处理方式、犯罪发生后经过的时间、个人是否再次犯罪，以及个人希望从事的工作性质。在权衡信息的相关性与对个人第 8 条第 1 款权利的任何影响的严重程度时（这是必须进行的权衡），这些相同的因素也会发挥作用。[2]

法院没有规定任何解决现行披露制度与第 8 条不相符问题的办法，而是表示“应由议会制定一个相称的制度”。[3]

法院指示，在最高法院对政府的上诉许可申请作出裁决之前，其决定暂不生效。[4]

### （三）最高法院裁决——2014 年 6 月

2013 年 5 月，最高法院批准了政府对上诉法院裁决提出的上诉。听证会于 2013 年 12 月 9 日和 10 日举行，判决于 2014 年 6 月 18 日作出。最高法院驳回了对宣布披露制度与《欧洲人权公约》第 8 条不相符的上诉。[5]

最高法院确认，对 T 和其他个人的警告，属于他们私人生活的一部分，而《欧洲人权公约》第 8 条保障了对这部分生活的尊重。法院认为，要求个人向潜在雇主披露其先前的定罪和警告，构成了对这一权利的干涉。法院指出：为使这种干涉“符合法律规定”，必须有相应的保障措施，以便能够充分审查干涉的相称性。

---

〔1〕 Ibid, at para. 37.

〔2〕 Ibid, at para. 38.

〔3〕 Ibid, at para. 69.

〔4〕 Ibid, at para. 84.

〔5〕 R (On the application of T and another) (Respondents) v Secretary of State for the Home Department and another (Appellants) [2014] UKSC 35.

在2013年5月为消除不一致性而进行修改之前，披露制度与《欧洲人权公约》第8条不相符：这是因为该制度未能根据犯罪的性质、案件的处理方式、犯罪发生后经过的时间，或者数据与所寻求工作的相关性进行区分，而且缺乏对披露数据决定进行独立审查的机制，这些因素的累积效应导致了这一结果。

（四）过滤规则的介绍

2013年3月，政府向议会提交了相关命令，对法律进行修改，使得某些已失效的处理决定（如旧有和轻微定罪及警告）不再显示在DBS证书上。[1]

自2013年5月29日起生效，并适用于2020年11月28日之前发放证书的犯罪记录审查证书过滤规则如下：

对于犯罪时年满18岁的人：若满足以下条件，成人定罪信息将从DBS证书中删除：自定罪之日起已过去11年；这是该人的唯一犯罪行为，且未导致监禁刑罚。即便如此，只有当该定罪不在永远不会从证书中删除的犯罪名单上时，才会被删除。如果一个人有多项犯罪行为，那么其所有定罪的详细信息都将始终包含在证书中。成人警告在警告日期起6年后将被删除——前提是该警告不在与保障安全相关的犯罪名单上。

对于犯罪时未满18岁的人：与成人定罪适用相同规则，但经过的时间为5.5年；与成人警告适用相同规则，但经过的时间为2年。[2]

过滤规则的某些方面被批评为运作过于生硬和僵化。[3]例如，只有单一的、未导致监禁刑罚的定罪才能被过滤掉这一规则，意味着无论多小的多次犯罪，无论发生时间多么久远，其定罪信息都无法被过滤掉。

（五）最高法院裁决——2019年1月

2019年1月，最高法院对一组案件作出判决，每起案件都涉及因相对轻微的罪行而被定罪或受到警告或谴责的个人。[4]向潜在雇主披露个人的犯罪记录已经或将来可能使他们更难找到工作。这些人质疑这些披露计划[5]不符

---

[1] The Rehabilitation of Offenders Act 1974 (Exceptions) Order 1975 (Amendment) (England and Wales). Order 2013 and The Police Act 1997 (Criminal Record Certificates: Relevant Matters) (Amendment) (England and Wales) Order 2013. 这些法令在“T案”上诉至最高法院的听证会举行前提交。

[2] Disclosure and Barring Service, Filtering rules for criminal record check certificates, 19 November 2020.

[3] 例如，可参见慈善机构“Unlock”的成果，Policy issues: filtering.

[4] R (on the application of P, G and W) (Respondents) v Secretary of State for the Home Department and another (Appellants). 若需各案件事实详情，可查阅最高法院新闻摘要。

[5] 相关机制是指1974年《罪犯自新法》(Rehabilitation of Offenders Act 1974) 以及1997年《警察法》(Police Act 1997) 第五部分所规定的机制。

合《欧洲人权公约》第8条，该条款保护尊重私人和家庭生活的权利。

这些案件首先由高等法院审理，然后上诉至上诉法院，最后由政府上诉至最高法院。各级法院审议了披露制度是否侵犯了个人的第8条权利，如果侵犯了，这种侵犯是否符合法律规定（合法性测试），以及在民主社会中是否必要（相称性测试）。高等法院和上诉法院认为，披露制度因立法类别宽泛而未能通过合法性测试，与《欧洲人权公约》第8条不相符，并且由于未能充分区分不同相关性程度的定罪和警告，该制度也不成比例。

最高法院的大多数法官驳回了政府的上诉（其中一个个人W的案件除外）。法院表示，披露计划确实满足合法性测试。在相称性测试中，它表示该计划中使用的类别是相称的，其中有两个例外：多次定罪规则，以及披露对年轻罪犯的警告和训诫。

多次定罪规则：2013年引入的过滤规则意味着，如果一个人有不止一次定罪，则不会进行过滤，所有定罪都出现在该人的证书上。最高法院表示，该规则并未达到其表明倾向的目的，因为它的适用与犯罪的性质、相似性、数量或时间间隔无关。法院表示，该规则不成比例，与第8条不相容。

对年轻罪犯的警告和训诫：最高法院还裁定，披露警告和训斥（现已被青少年警告取代）不成比例，与第8条不相容。法院表示，这些处置的目的具有指导意义，并且专门为避免通过披露对以后的生活产生破坏性影响。

（六）过滤规则的变化

为回应最高法院的判决，政府发布命令对过滤规则进行修订。[1]

这些命令取消了对青少年警告、训诫和告诫的自动披露要求，以及“多次定罪”规则。经这些命令修订的新过滤规则，适用于2020年11月28日及之后发放的证书。

**DBS证书的新过滤规则**[2]

标准和强化的DBS证书必须始终包括以下记录，无论它们何时收到：

- 所有特定犯罪的定罪；

---

〔1〕 Police Act 1997 (Criminal Record Certificates: Relevant Matters) (Amendment) (England and Wales) Order 2020 Rehabilitation of Offenders Act 1974 (Exceptions) Order 1975 (Amendment) (England and Wales) Order 2020.

〔2〕 Disclosure and Barring Service, Guidance: New filtering rules for DBS certificates (from 28 November 2020 onwards), updated 19 November 2020.

> • 特定犯罪的成人警告；
> • 所有导致监禁刑罚的定罪。
>
> 其他记录是否包含取决于警告或定罪的获得时间：
>
> • 过去6年内获得的任何非特定犯罪的成人警告；
>
> • 过去11年内获得的任何非特定犯罪的成人定罪；
>
> • 过去5年半内获得的任何非特定犯罪的青少年定罪。
>
> “成人”是指在被警告或定罪时年满18岁或以上的任何个人。“青少年”是指在警告或定罪时未满18岁的任何人。
>
> “特定犯罪”是指议会商定的特定犯罪名单上的犯罪，若此类犯罪导致定罪或成人警告，将始终在标准或强化DBS证书中披露。特定犯罪的青少年警告不会自动披露。
>
> 任何未被上述规则涵盖的警告（包括训诫和告诫）和定罪均为“受保护”记录，不会自动显示在DBS证书上。
>
> 个人在未满18岁时收到的警告、训诫和告诫，不会自动显示在标准或强化DBS证书上。
>
> 请注意，如果警方认为受保护的警告或定罪信息与个人拟从事的工作群体相关，则强化DBS证书可能会包含此类信息。以这种方式纳入信息的决定须遵循法定指导原则。

将始终需要披露的特定罪行清单包括性和暴力犯罪以及其他被认为与保护有关的罪行。[1]有关过滤规则的更多信息，请参阅DBS过滤指南。

慈善机构Unlock对过滤规则的更改表示欢迎，认为这是“迈向公平系统的关键第一步，该系统采用更平衡的方式披露犯罪记录”。然而，它呼吁“对犯罪记录披露系统进行更广泛的审查，以确保所有有犯罪记录的守法公民都能够顺利就业并为我们的经济复苏作出贡献”。[2]

## 五、呼吁信息披露审查和改革

各界多次呼吁对犯罪记录披露制度进行更广泛的审查和改革，尤其是针对个人在儿童时期产生的犯罪记录。

2016年，内政部要求法律委员会对过滤相关的特定法律领域展开审查。审查范围明确限定为仅通过次级立法就能实现的变更。然而，在2017年1月发布的最终报告中，法律委员会指出，有充分理由对整个披露制度进行更广

[1] Disclosure and Barring Service, List of offences that will never be filtered from a criminal record check.

[2] Unlock, press release, Government responds to Supreme Court ruling with plans to change criminal records disclosure regime, 9 July 2020.

泛的审查。

“我们的结论是，现行制度存在重大问题，涉嫌违反《欧洲人权公约》，而且由于在披露决策中未考虑比例原则和相关性原则，可能造成过于严苛的后果。晦涩难懂的立法框架以及法律确定性问题，使情况进一步恶化。这一法律领域亟需全面且专业的分析。仅仅进行技术层面的修补，不足以解决这些错综复杂的大规模问题。”〔1〕

2017 年 10 月公布的司法委员会关于披露青少年犯罪记录的报告，赞同法律委员会对整个披露制度进行更广泛审查的建议。委员会的报告指出：

“我们深感遗憾的是，青少年司法制度旨在预防儿童和青少年犯罪并保障其福祉的崇高原则，却被青少年犯罪记录披露制度破坏。这一制度不仅阻碍了儿童与过去告别，还为他们的改过自新设置了障碍。”〔2〕

该委员会的建议包括：制定针对特定就业领域的不可过滤犯罪清单，并设定基于处理结果/刑期的披露阈值测试；缩短儿童时期定罪和警告的过滤合格期限。

委员会还建议政府考虑将这一新方法（可能需进行调整）推广至 25 岁以下年轻人犯罪记录披露的可行性。

在 2016 年发表的《青少年司法评论》中，查理・泰勒建议政府制定一个独特的方法，用犯罪记录系统来处理青少年犯罪。他说，犯罪记录系统应该更加敏感地考虑到许多儿童犯罪的短暂性，以及儿童时期所犯的大多数罪行实际上所呈现的未来有限的风险。他认为，所有童年罪行（最严重的罪行除外）在一段时间后都应不再披露，并且应进一步限制警方披露儿童行为相关情报的情形。〔3〕

大卫・拉米在 2017 年发表的关于刑事司法系统中黑人、亚裔和少数族裔个人的待遇和结果的独立审查中表示，目前的犯罪记录制度“使最需要的人更难找到工作”，并且“需要一个更灵活的系统，该系统能够识别人们何时发生了变化，不再对他人构成重大风险”。〔4〕他推荐了一个封存犯罪记录的系

〔1〕 Law Commission, Criminal Records Disclosure: Non-Filterable Offences, HC 971, 31 January 2017, p. 127.

〔2〕 Justice Committee, Disclosure of youth criminal records, HC 416, 27 October 2017, p. 9.

〔3〕 Ministry of Justice, Review of the Youth Justice System in England and Wales, Charlie Taylor, December 2016, p. 25.

〔4〕 The Lammy Review: An independent review into the treatment of, and outcomes for, Black, Asian and Minority Ethnic individuals in the Criminal Justice System, September 2017, p. 66.

统："个人应该能够让法官或假释委员会等机构审理他们的案件，然后由他们决定是否封存他们的记录。应该有一个推定，即对那些在儿童或青年时期犯罪的人持乐观态度，但可以证明他们在被定罪后已经发生了变化。"[1]

由慈善机构 Unlock 和 Transform Justice 发起的公平审查（Fair Checks）运动呼吁内政部和司法部对犯罪记录披露立法进行重大审查。他们说，他们想要一个"公平的披露系统，让人们有真正的机会继续前进并为社会作出充分贡献"。具体来说，他们呼吁：

- 缩短基本审查中个人定罪信息的披露时长。
- 建立一个更合理、灵活的标准和强化审查披露制度，既能保护公众，又不会过度损害人们的生活发展机会。
- 对儿童时期产生的犯罪记录采取独特的处理方式，对青年时期产生的犯罪记录采取更细致的处理方法。
- 引入审查机制，确保任何人都不会因过去的犯罪记录而终生受限，且毫无接受审查的机会。[2]

政府在 2020 年 9 月发表的《更明智的量刑方法》白皮书中表示，希望"在披露犯罪记录方面取得进一步进展，以支持过去犯罪的人继续生活，特别是改善有犯罪记录的人的就业机会"。除上文所述的过滤规则的修改外，政府还提议修改清白期，以控制定罪"已丧失时效"的时间长度。[3]有关这方面的更多信息，请参阅图书馆简报文件 1974 年《罪犯自新法》。

---

〔1〕 Ibid.

〔2〕 Unlock, Policy Issues, Fair Checks.

〔3〕 Ministry of Justice, A Smarter Approach to Sentencing, September 2020, para. 257.

# 美国刑事陪审团对拉丁裔的种族歧视

艾希礼·里奇* 章丰秋 译**

**摘要**：美国最高法院在具有里程碑意义的皮特·赫尔南德斯诉得克萨斯州案中明确裁定，宪法第十四条修正案[1]所赋予的平等保护原则不仅适用于非裔美国人，还同等覆盖所有群体，尤其是墨西哥裔美国人。法院特别强调，完全排除墨西哥裔美国人参与陪审团的做法，实质上剥夺了皮特·赫尔南德斯接受由相同族裔背景陪审员审理的权利，这是对其宪法权利的严重侵犯。随着拉丁裔人口增长，美国司法系统需调整，应确保该群体享有宪法保护，尊重其权利。

**关键词**：陪审团；双语者；种族歧视；宪法权利

## 一、介绍

“一种语言可以开启人生旅途中的一条通道。而掌握两种语言，则会使这条人生通道沿途遍布拥有无限可能的大门。”[2]

语言无疑是人类日常生活中最重要的部分，是我们进行沟通、互动以及融入世界的能力。正如性别和种族一样，语言也是人类的一个重要特征，同

---

* 作者简介：艾希礼·里奇，南方卫理公会大学戴德曼法学院。原文信息：Ashley Rich, BYE, BYE, BILINGUALS: THE REMOVAL OF ENGLISH- SPANISH BILINGUALS FROM THE CRIMINAL JURY AND LATINO DISCRIMINATION, 95 Chi. -Kent L. Rev. 697 2021, pp. 697-717.

** 译者简介：章丰秋（1998年—），广西钦州人，广州应用科技学院法政学院教师、广东省城乡文化发展中心研究员，主要研究方向为刑事诉讼法与司法制度。

〔1〕 译者注：美利坚合众国宪法第十四条修正案涉及公民权利和平等法律保护，其中第1款规定：所有在合众国出生或归化合众国并受其管辖的人，都是合众国的和他们居住州的公民。任何一州，都不得制定或实施限制合众国公民的特权或豁免权的法律；不经正当法律程序，不得剥夺任何人的生命、自由或财产；在州管辖范围内，也不得拒绝给予任何人以平等法律保护。

〔2〕 FRANK SMITH, TO THINK: IN LANGUAGE, LEARNING AND EDUCATION (1992).

时，语言还深刻地影响着个体在社会中所处的地位。[1]

由于交流渠道的受限，掌握小众语言的人可能难以全面融入社会，在社会环境中处于弱势地位。相比之下，多语种者则拥有更多融入外部世界的机会，能够自如地在多元社会中穿梭。

在美国司法体系中，英语成为其中最大的壁垒。对于被指控犯罪且英语不流利的人来说，他们在整个审判流程中都依赖法庭口译员的翻译帮助，这无疑削弱了他们自我辩护的有效性。同样，刑事司法系统中的其他关键角色，如陪审员，也可能因语言障碍而无法充分参与审判过程。理论上，双语美国人精通多种语言，在面对司法系统的沟通障碍时能够凭借语言优势畅通无阻地进行沟通。英语本应是他们与外界沟通的桥梁，而非壁垒。然而，现实却往往相反，对于有意成为刑事陪审团成员的双语美国人来说，情况尤为严峻。在最高法院对“迪奥尼西奥·赫尔南德斯（以下简称“迪奥尼西奥”）诉纽约案”（Dionisio Hernandez v. New York）作出裁决后，如果一个案件同时包含英语和西班牙语证据，那么具备这两种语言能力的陪审员反而会面临回避乃至被剔除的风险。[2]这一判决，直接或间接地导致美国刑事陪审团中大量的拉丁裔陪审员被剔除。

在“迪奥尼西奥诉纽约案”中，美国最高法院裁定允许剔除英西双语陪审员的做法，实质上构成了对拉丁裔美国人的歧视，并违背了第十四条修正案所保障的平等保护原则。近70年前，最高法院在“皮特·赫尔南德斯（以下简称“皮特”）诉得克萨斯州案”（Pete Hernandez v. Texas）的判决中明确禁止了对某一种族公民的歧视，然而当前的这一裁决却相当于在法律层面默许了种族歧视的存在。此举不仅违背了美国的公共政策精神，更是与得克萨斯州致力于维护的公共政策背道而驰。

## 二、拉丁裔美国人与双语能力

美国人口调查局的数据显示，截至2017年7月1日，美国的拉丁裔人口

---

[1] Graham Douds, International Human Rights Implications of Voir Dire Discrimination: Critical Examination of Contemporary Language Qualifications in Criminal Proceedings, 47 RE. JURIDICA U. INTER. P. R. 715, 727 (2012).

[2] 500 U.S. 352 (1991).

数量已达到5890万。[1]在这庞大的拉丁裔群体中，有1140万人居住在得克萨斯州，占据了该州人口总数的39.6%。[2]展望未来，至2060年，拉丁裔人口预计将增长115%，达到1.19亿，届时他们将占美国总人口比例的29%，即超过1/4。[3]值得注意的是，在18岁以下的青少年人口中，拉丁裔的比例更是高达33.5%。[4]预计在美国境外出生的拉丁裔人口比例会有所下降；人口比例预计从2014年的45.8%下降至2060年的41.6%。[5]虽然出生地不等同于公民国籍地，但拉丁裔出生人数的增长趋势预示着他们在美国公民总人口中的比例也将相应提升。

2013年，皮尤研究中心（Pew Research Center）开展的一项调研显示，36%的拉丁裔成年人具备英语与西班牙语的双语能力。[6]在拉丁裔群体内部，不同年龄段的双语者分布呈现出差异性。当前，中年拉丁裔群体中的双语者比例最低，而在18至29岁以及60岁以上的年龄段中，超过40%的人为英语与西班牙语的双语使用者。[7]值得注意的是，美国第二代拉丁裔展现出了最高的双语能力水平，[8]这一群体在童年时期深受美国英语环境及父母西班牙语文化的双重熏陶，因此，其中超过50%的人精通双语。[9]鉴于西班牙语使用者移民浪潮席卷美国边境地区，这一统计数据对西班牙语在美国，尤其是得克萨斯州的未来发展，都有着深远的影响。

皮尤研究中心的语言调查结果显示，高达95%的成年拉丁裔坚信，对于未来的拉丁裔美国人群体而言，西班牙语具有极其重要的地位。[10]那么，西班牙语为何对美国拉丁裔如此重要呢？研究人员卡洛斯·桑托斯（Carlos San-

---

[1] U.S. CENSUS BUREAU, HISPANIC HERITAGE MONTH 2018: PROFILE AMERICA FACTS (2018), at https://www.census.gov/content/dam/Census/library/visualizations/2018/comm/hispanic-fff-2018.pdf.

[2] 信息截至2018年7月1日，2018美国人口调查局，at https://www.census.gov/quickfacts/fact/table/US/PST045219.

[3] SANDRA L. COLBY & JENNIFER M. ORTMAN, PROJECTIONS OF THE SIZE AND COMPOSITION OF THE U.S. POPULATION: 2014-2060, 9 (2015) https://www.census.gov/content/dam/Census/library/publications/2015/demo/p25-1143.pdf.

[4] Id. at 10.

[5] Id. at 12.

[6] PEW RESEARCH CTR., 2013 SURVEY OF U.S. LATINOS (2013), at https://catalog.libraries.psu.edu/catalog/47670355.

[7] Id.

[8] Id.

[9] Id.

[10] Id.

tos）对此进行了简要阐述："西班牙语是他们维系文化、亲情、血统及历史记忆的纽带，关乎着他们的过往、当下与未来。"〔1〕以往的观点认为，除种族或性别之外，语言就像宗教和其他非物质文化遗产一样，是构成个体自我认知的重要因素。〔2〕对于部分拉丁裔而言，尽管他们的自我认知在美国的社会政治环境中经历着不断的变化，但西班牙语始终是他们自我认同的基石。他们认为学习英语同样重要，但在家庭生活中，他们仍希望继续使用西班牙语。〔3〕事实上，西班牙语不仅仅是一种交流工具，它更构成了拉丁裔族群身份的一部分。在美国，植根于拉丁美洲文化的西班牙语正以惊人的速度蓬勃发展。在美国的西班牙语双语者中，97%为拉丁裔，且绝大多数拉丁裔都通晓西班牙语。〔4〕

社会语言学研究揭示，英语与西班牙语的双语能力已成为美国拉丁裔族群身份不可或缺的一部分。在美国，众多单语者往往将双语者视为"两个不完整单语者的组合"，然而，研究表明，双语者实际上拥有一种"独特且具体的语言结构"。〔5〕双语者在学习与使用语言的过程中，其复杂性远非简单地在大脑中为不同语言划分独立区域所能概括。〔6〕

在双语者的日常生活中，语码转换扮演着至关重要的角色。语码转换，这一语言学术语，是指在同一次对话或交谈中自如运用两种乃至更多语言的现象。〔7〕长久以来，"语言学家与教育界专家……常将这种语码转换视为……异常且值得怀疑的行为"。然而，对双语者大脑机制的深入研究却揭示，"语码转换实则要求双语者具备两种高水平的语言能力"。〔8〕一项针对挪威语与英语双语者的研究表明，这种语码转换往往是在无意识中发生的，说话者往往

---

〔1〕 Christopher F. Bagnato, Change is Needed: How Latinos are Affected by the Process of Jury Selection, 29 CHICANO-LATINO L. REV. 59, 67 (2010).

〔2〕 Douds, supra note 2, at 747.

〔3〕 Bagnato, supra note 14, at 67.

〔4〕 Brief for the Mexican American Legal Defense and Educational Fund and the Commonwealth of Puerto Rican Community Affairs in the United States, as Amici Curiae in Support of Petitioner at 3, Hernandez v. New York, 498 U. S. 894 (1990) (No. 89-76745).

〔5〕 Francois Grosjean, The Bilingual as a Competent but Specific Speaker-Hearer, 6 J. MULTILINGUAL & MULTICULTURAL DEV. 467, 468 (1985).

〔6〕 Alfredo Mirande, Now That I Speak English, No Me Dejan Hablar ("I'm Not Allowed to Speak"): The Implications of Hernandez v. New York, 18 CHICANO-LATINO L. REV. 115, 138 (1996).

〔7〕 RAFAEL ART JAVIER, THE BILINGUAL MIND THINKING, FEELING AND SPEAKING IN TWO LANGUAGES 53 (2008).

〔8〕 See Evelyn P. Altenberg & Helen Smith Caims, The Effect of Phonotactic Constraints on Lexical Processing in Bilingual and Monolingual Subjects, 23 J. VERBAL LEARNING & VERBAL BEHAV. 174 (1983).

并未察觉到自己正在两种语言间自如切换；“与双语者对话的对方也已习以为常，深知无论使用哪种语言，交流都能顺畅进行”。[1]双语者并不会刻意开启或关闭某一语言的“开关”，实际上，他们也无需如此。[2]两种语言均为他们沟通外界与理解世界的工具。换言之，“在很大程度上，对于双语者而言，双语能力是一种自然而然、无法人为操控的特征”。[3]

## 三、拉丁裔和美国司法系统

### （一）皮特·赫尔南德斯诉得克萨斯案

1951年，时年21岁的墨西哥裔美国人皮特居住在得克萨斯州的杰克逊县，以采棉为生。[4]据皮特所述，他在一次酒吧争执中开枪导致了乔·赫斯皮诺萨（Joe Espinosa）的死亡。[5]随后，杰克逊县的一个大陪审团对皮特提起了谋杀罪的指控，但在正式审判前夕，他的辩护律师提出了撤销起诉状及解散陪审团的申请。[6]律师主张，在陪审团的组成中，墨西哥裔人群被完全排除在外。[7]作为墨西哥裔美国人及本案的被告人，皮特依据第十四修正案的规定，依法享有平等保护的权利，但陪审团的这种排他性做法剥夺了他的合法权益。[8]然而，无论是听证会还是后续的审判过程中，法院均未采纳皮特撤销起诉及解散陪审团的请求。在被判定有罪后，皮特的上诉再次遭到了得克萨斯州刑事上诉法院的驳回。[9]

在美国最高法院，作为第一个在最高法院辩护的墨西哥裔美国律师，皮特的律师再次重申了得克萨斯州剥夺了皮特平等保护权利的观点。[10]为了支撑这一主张，皮特的律师必须证明墨西哥裔美国人构成了一个特定的种族群体，并且这一群体在实际生活中遭受了歧视。[11]就墨西哥裔美国人是否构成

〔1〕 See EINAR HAUGEN, THE NORWEGIAN LANGUAGE IN AMERICA 65 (1969).

〔2〕 Mirande, supra note 19, at 146.

〔3〕 Id. at 147.

〔4〕 Hernandez v. Texas, THE STATE BAR OF TEXAS, at https://supreme.justia.com/cases/federal/us/347/475/.

〔5〕 Id.

〔6〕 Hernandez v. Texas, 347 U.S. 475, 476 (1954).

〔7〕 Id. at 476-77.

〔8〕 Id.

〔9〕 Id.

〔10〕 Jenny Cobb, Hernandez v. Texas: “A Class Apart”, THE BULLOCK MUSEUM, at https://www.thestoryoftexas.com/discover/artifacts/hernandez-v-texas-spotlight-050115.

〔11〕 Hernandez, 347 U.S at 479.

特定种族的问题，皮特的律师引用了社会对墨西哥裔美国人的普遍态度作为论据。[1]他阐述道：“拉丁裔种族存在一个悖论，即法律层面将拉丁裔归类为白人，而社会层面却并不认同拉丁裔为白人。”[2]律师向法院提交了市政府官员的证词，这些证词指出“社会将‘白人’与‘墨西哥人’进行了明确区分”，并且“墨西哥裔在社会和商业领域的参与度普遍较低”。在法院审理初期，还出现了“具有墨西哥血统的儿童被要求在小学五年级之前就读于按种族隔离的学校”的情况。[3]此外，律师还提供了两项具体证据来佐证歧视的存在：一是餐馆窗口上赫然张贴着“墨西哥人禁止入内”的标识；二是在初审法院内设置的两个不同男厕所，“其中一个未加标记，而另一个则同时设有‘有色人种’和西班牙语的‘男厕所’标识”。[4]

针对墨西哥裔美国人在杰克逊县所遭受的歧视问题，皮特的律师借鉴了诺里斯诉阿拉巴马州（Norris v. Alabama）歧视案中的证据模式。[5]该案中，尽管部分非裔美国人符合资格，却未能被选任为陪审员，从而构成了社会性歧视的初步证据。[6]皮特的律师“证实了杰克逊县的人口中14%是墨西哥裔或拉丁裔，并且21岁以上的男性中有11%是墨西哥裔或拉丁裔”。[7]记录还显示，“在过去的25年间，无论是杰克逊县的陪审团委员会、大陪审团还是小陪审团，均未出现过任何一位墨西哥裔或拉丁裔成员”。[8]此外，双方均认可，“在杰克逊县，符合条件的墨西哥裔或拉丁裔男性，只要他们是公民、户主或永久产权的业主，且满足担任陪审团成员的所有其他法定条件，均有资格成为陪审团委员会、大陪审团及小陪审团的成员”。[9]

在皮特的律师完成了诺里斯诉阿拉巴马州歧视案所要求的举证责任后，有确凿的证据表明墨西哥裔美国人不仅构成了一个独特的种族群体，而且这个群体在现实中遭受了歧视。由此，举证责任随之转移至得克萨斯州，要求其证明不存在歧视行为。[10]起初，得克萨斯州认为此案件不应适用平等保护

---

〔1〕 Id.

〔2〕 Bagnato, supra note 14, at 60.

〔3〕 Hernandez, 347 U.S at 479.

〔4〕 Id. at 479-80.

〔5〕 Id. at 480.

〔6〕 Norris v. Alabama, 294 U.S. 587, 581 (1935).

〔7〕 Hernandez, 347 U.S at 480.

〔8〕 Id. at 481.

〔9〕 Id.

〔10〕 Id.

原则，并主张最高法院应限定第十四条修正案的保护范围仅限于“白人和黑人”公民。[1]然而，在皮特成功论证墨西哥裔美国人作为一个独特种族群体的地位后，得克萨斯州转而提供了五名陪审团委员的证词，声称他们在挑选陪审员时仅是“基于他们认为最适合的人选”进行选择，而非出于歧视。[2]

最高法院对此进行了反驳，并在一致裁决中明确指出，得克萨斯州实际上侵犯了皮特依据第十四修正案享有的平等保护权利。最高法院还回顾了先前的案件，指出得克萨斯州对第十四修正案曾持有更为开放的态度，与本案中其主张的仅限于“白人和黑人”公民的保护范围大相径庭。[3]最高法院认为，尽管得克萨斯州的制度在理论上设计得相当公平，且“能够在不涉及歧视的情况下运作”，但它仍有可能被当权者以歧视性的方式加以使用。[4]

皮特成功地证明了“在杰克逊县，墨西哥裔美国人构成了一个与白人截然不同的特殊种族群体……尽管在法律上他们被归类为白人，但在实际生活中，墨西哥裔美国人却往往被视为非白人”，[5]并且他依据宪法有权“接受一个未全面排除相同种族成员的陪审团起诉和审判，即陪审团的挑选应只论资格，不论其国籍或血统”。[6]

在上述案件中，沃伦（Warren）法官深刻剖析了陪审团中存在的歧视行为的本质，他强调指出：

回顾我们的历史长河，种族与肤色的差异塑造了某些特定的群体，这些群体在某些时刻亟须法院的援手，以确保其能够获得法律所赋予的平等对待。然而，社会偏见并非一成不变，这些群体与社会主流规范之间的差异亦随之演变，这种差异往往会重新评估该群体是否需要额外的法律保护。当前社会是否存在这样的群体，是一个亟待正视的现实问题。一旦我们确认某个特殊群体的存在，并进一步揭示出，无论是成文法还是习惯法，都未能基于合理的分类标准对该群体予以公正对待，这就明显违背了宪法所应提供的根本保障。[7]

---

〔1〕 Id. at 477.

〔2〕 Id. at 481.

〔3〕 Id. at 477-78.

〔4〕 Id. at 478-79.

〔5〕 Bagnato, supra note 14, at 62 (citing Hernandez, 347 U.S. at 479-80).

〔6〕 Hernandez, 347 U.S at 482 (emphasis added).

〔7〕 Id. at 487.

（二）迪奥尼西奥·赫尔南德斯诉纽约案

尽管皮特诉得克萨斯州案为拉丁裔群体提供了免受因种族血统而被排除在陪审团之外的保障，但1991年最高法院在迪奥尼西奥诉纽约案中的裁决，却剥夺了许多人在双语陪审裁决中的平等保护权利。[1]迪奥尼西奥的案件起源于纽约金斯县最高法院。[2]迪奥尼西奥声称在夏琳·卡洛威（Charlene Callowa）及其母亲阿达·赛莱（Ada Saline）离开布鲁克林（Brooklyn）一家餐馆时，他开枪射击了她们。[3]虽然夏琳和餐馆内的两名无辜旁观者均中枪，但所幸无人丧生。[4]迪奥尼西奥因此被指控两项谋杀未遂罪及两项非法持有武器罪。[5]在审判启动之前，迪奥尼西奥的辩护律师对陪审员遴选过程中四名候选陪审员的罢免提出了异议。[6]迪奥尼西奥指出，这四名被罢免的陪审员均为西班牙裔且拥有西班牙姓氏，检察官因此将他们排除，此举侵犯了他们的平等保护权。[7]其中一名陪审员的种族背景不明，但记录显示，其余三名是仅有的具有西班牙姓氏的候选陪审员。[8]检察官罢免这些陪审员的理由有二。首先，两名候选陪审员在陪审员资格审查阶段透露，他们的家庭成员有犯罪记录，其中一人正面临当地检察官办公室的起诉。[9]其次，至于另外两名候选陪审员，检察官则基于"他们具体的言谈举止……这让他怀疑他们是否能接受官方翻译的西班牙语证词"而强制罢免。[10]初审法院接受了这一理由，迪奥尼西奥随后被判有罪。在上诉过程中，纽约最高法院维持了初审法院的判决，认为检察官的罢免行为是种族中立的，并未涉嫌种族歧视。[11]

美国最高法院采纳了巴特森诉肯塔基州案中确立的框架，对该案中的诉求进行了深入分析。[12]1986年，巴特森案为被告设立了一项三联测试标准，旨在验证检察官是否基于种族歧视而采用强制罢免措施。[13]依据这一测试，

---

[1] Hernandez v. New York, 500 U. S. 352, 358 (1991).

[2] People v. Hernandez, 528 N. Y. S. 2d 625, 626 (N. Y. App. Div. 1988).

[3] Hernandez, 500 U. S. at 355.

[4] Id.

[5] Id.

[6] Id.

[7] Hernandez, 528 N. Y. S. 2d at 626.

[8] Id.

[9] Hernandez, 500 U. S. at 355.

[10] Id. at 360.

[11] Hernandez, 528 N. Y. S. 2d at 626 (citing Batson v. Kentucky, 476 U. S. 79, 96-97 (1986)).

[12] Hernandez, 500 U. S. at 358.

[13] Batson, 476 U. S. at 96-98.

被告需首先提交初步证据，表明强制罢免存在种族歧视的动机。[1]随后，控方需针对被质疑的罢免行为提供一个非种族的、中立的理由。[2]最终，法院将判定“被告是否构成故意种族歧视”。[3]

在该案中，法院意见一致。[4]首先，法院认为初步证据存在争议。[5]初审法院在未给予任何提示或询问的情况下便罢免了候选陪审员，且“初审法院在裁定公诉方是否存在明显故意歧视行为时，既缺乏法律依据也缺乏事实支撑”。[6]尽管此情形未严格遵循巴特森程序，但法院指出，由于“初审法院……已就最终的故意歧视问题作出裁决，关于被告是否成功提出初步证据的问题，仍存在争议”。[7]

随后，法院着手审视检察官提出的基于种族中立原因罢免陪审员的辩解。在仔细衡量强制罢免行为是否违背了平等保护条款的过程中，法院最终“判定强制罢免确实是基于种族中立的理由”。[8]

肯尼迪（Kennedy）法官强调，在解决这一问题时，法院必须坚守一个核心原则，即“不应仅凭微不足道的种族因素，就轻易判定官方行为违宪……”，要确立违宪，必须提供确凿证据，证明存在明确的种族歧视意图或目的，方能证实平等保护条款遭到了侵犯。歧视性目的绝非单纯的意志或对结果的认知所能涵盖，它更意味着决策者之所以选择采取某项特定行动，是因为预见到该行动会对某一特定群体产生特定影响。[9]

迪奥尼西奥主张，“西班牙语能力与种族之间存在着紧密的关联”。公诉方正是基于这种“紧密关联”，罢免了英西双语的候选陪审员，此举违反了平等保护条款。[10]具体而言，迪奥尼西奥强调，“在案件审理地纽约，西班牙语能力与种族之间存在着高度的相关性。”[11]然而，肯尼迪法官认为这一说法与案件的核心问题无直接关联，因为检察官在剔除陪审员时，并非基于他们的

〔1〕 Id. at 96-97.

〔2〕 Id. at 97-98.

〔3〕 Id.

〔4〕 See Hernandez, 500 U. S. at 355.

〔5〕 Id. (citing U. S. Postal Serv. Bd. Of Governors v. Aikens, 460 U. S. 711, 715 (1983)).

〔6〕 Hernandez, 500 U. S. at 359.

〔7〕 Id.

〔8〕 Id.

〔9〕 Hernandez, 500 U. S. 361 (quoting Arlington Heights v. Metro. Hous. Dev. Corp., 429 U. S. 252, 264-265 (1977) and Pers. Adm'r of Mass. v. Feeney, 442 U. S. 256, 279 (1979))

〔10〕 Id.

〔11〕 Id. at 362.

西班牙语能力或种族身份，而是基于他们具体的言行举止。但随后，肯尼迪法官的观点又显得自相矛盾，他承认，“在平等保护的分析框架下，对于某些种族群体和社区而言，如同肤色一样，对某种语言的熟练程度可能成为判断一个人种族归属的依据”。〔1〕尽管如此，法院并未采纳迪奥尼西奥的抗辩意见，而是将焦点转向了检察官罢免候选陪审员的具体理由。检察官声称，他并无意剔除拉丁裔或双语陪审员，并指出本案的受害者和证人均为拉丁裔。〔2〕

相反，他关注的是候选陪审员在回答问题时所表现出的态度，这让他怀疑他们能否接受英语翻译的西班牙语官方证词。〔3〕法院认为，基于种族而剔除拉丁裔陪审员确实违反了平等保护条款，但本案的情况并非如此。因为被剔除的陪审员中，“既有拉丁裔也有非拉丁裔……他们均无法接受译员翻译的西班牙语证词”。〔4〕虽然允许实施这些强制罢免“未来可能会对拉丁裔陪审员产生一定的影响，但检察官的行为并未违反平等保护条款”。〔5〕法院随后提出了滑坡谬误（slippery slope）〔6〕，如果认为罢免陪审员是基于种族歧视，“那么法官在陪审员表现出犹豫不决时也不能为其开脱，因为法官可能会认为他们无法接受官方翻译的外语证词”。〔7〕

最终，法院分析了初审法院的判决，即迪奥尼西奥未能证明存在故意歧视。〔8〕在这方面，法院强调，歧视是一个实体问题，而初审法院正是负责审理实体问题的机构，因此在复审时应尊重初审法院的判决。〔9〕然而，法院却采用了一个显然有误的标准，认定初审法院的判决是正确的，因此下级法院在运用巴特森三联测试时并无不当，最高法院维持了这一决定。〔10〕

在迪奥尼西奥诉纽约一案中，争议的焦点主要集中于该裁决所带来的后续影响，并据此判定该裁决违反了平等保护条款。史蒂文斯（Stevens）法官

---

〔1〕 Id.

〔2〕 Juan F. Perea, Hernandez v. New York: Courts, Prosecutors, and the Fear of Spanish, 21 HOFSTRA L. REV. 1, 9 (1992).

〔3〕 Hernandez, 500 U. S. at 356.

〔4〕 Id. at 361.

〔5〕 Id.

〔6〕 译者注：滑坡谬误是一种逻辑谬论，即不合理地使用一连串的因果关系，将“可能性”转化为“必然性”，以达到某种意欲之结论。

〔7〕 Id.

〔8〕 Id. at 363 (quoting Batson, 476 U. S. at 98).

〔9〕 Id. at 364-65 (citing Batson, 476 US at 98).

〔10〕 Id. at 372.

与马歇尔（Marshall）法官均认为，“即便某些行为表面上声称种族中立，但若实质上构成了歧视行为，那么这样的行为同样是不可接受的”。[1] 在本案中，由于大量西班牙语陪审员被剔除，造成了广泛的影响，因此检察官提出种族中立的理由不成立。[2] 史蒂文斯法官进一步指出，检察官本可以采取更为温和且合理的手段来实现其目的，但却选择了强制罢免这一极端措施，这足以表明这些强制罢免行为是不合法的。[3] 他引用了阿尔伯马尔造纸公司诉穆迪案（Albemarle Paper Co. v. Moody）中的判例，在该案中，最高法院指出，若雇主拥有不会造成过度影响的方法或手段，那么他们原先所采用的方法可能构成歧视。史蒂文斯法官认为，初审法院完全可以让陪审团仅使用官方英文翻译的证据，或者在法庭上仅让陪审团听到官方的英文翻译。[4]

史蒂文斯进一步指出，多数意见过分聚焦于检察官在此案中的主观推理过程，却忽视了案件实际产生的不同影响。这一见解与他之前在华盛顿诉戴维斯案（Washington v. Davis）中的观点不谋而合。在该案中，他着重强调："通常，实际发生的事情作为一种客观证据，要比描述主观心态的证据更能证明行为人的意图。"[5]

（三）美国法院关于语言权利的进一步裁决

美国法院已经妥善处理了语言问题，并深入探讨了在不同情境下语言对于群体分类的关键作用。在迈耶斯诉州（Meyers v. State）一案中，案件的核心聚焦于移民儿童的外语学习情况以及这对其对美国忠诚度的影响。在此案审理过程中，美国最高法院明确指出，一个人的语言使用深刻影响着其思维方式、人生经历以及世界观的形成。[6] 语言作为移民融入新国家的重要标识之一，尤其在第一次世界大战之后，它可能成为评估移民忠诚度的一个关键因素。[7]

语言能够界定一个群体的假设，在美国诉本穆哈案（United States v. Benmuhar）中得到了体现。[8] 在该案中，第一巡回法院裁定波多黎各联邦法院仅使用英语作为官方语言符合宪法规定。[9] 这一裁决对于那些认为西班牙语使

---

〔1〕 Id. at 379 (Stevens, J., dissenting).

〔2〕 Id. at 376 (Stevens, J., dissenting).

〔3〕 Id.

〔4〕 Hernandez, 500 U. S. at 375 (citing Albemarle Paper Co. v. Moody, 422 U. S. 405, 425 (1975)).

〔5〕 Washington v. Davis, 426 U. S. 229, 253 (1976).

〔6〕 See Meyer v. Nebraska, 262 U. S. 390 (1923).

〔7〕 See id.

〔8〕 See United States v. Benmuhar, 658 F. 2d 14 (1st Cir. 1981).

〔9〕 Id. at 20.

用者处于不利地位的人来说，无疑是一个沉重的打击。然而，法院认为，语言能力是确认一个独特群体，即讲西班牙语的波多黎各人身份的基础。[1]

在探讨语言与美国司法系统之间的关系时，另一个不可忽视的重要案例是美国诉邓普西案（United States v. Dempsey），尽管该案并未在第十巡回法庭审理。[2]在该案中，法院特许一名聋哑陪审员的手语翻译在案件审议过程中在场。法院认为，手语翻译的存在并未引发保密问题，也未干扰陪审员的评审工作，更未剥夺被告接受公正陪审团审判的权利。[3]同时，法院还阐明了一个潜在的问题解决方案：由于聋哑陪审员霍夫曼（Hoffman）具备读唇语的能力，并能检查手语翻译的准确度，因此法庭认为她能够评估翻译人员是否称职或是否存在偏见。[4]

## 四、在涉及西班牙语证词的案件中，强制罢免双语陪审员，构成了对美籍拉丁裔的歧视，违反了宪法的规定

迪奥尼西奥诉纽约案的判决存在错误，原因有三：首先，鉴于西班牙语双语能力与拉丁裔身份紧密相连，强制罢免能够使用英语和西班牙语的陪审员并不符合巴特森标准；其次，即便不考虑巴特森标准的违反情况，检察官在迪奥尼西奥诉纽约案中所持的论点依然站不住脚，这一点正如皮特诉得克萨斯案所警示的那样，是当前社会中源于民族血统偏见的一个典型例证；最后，为了追求所谓的效率，而允许强制罢免英西双语陪审员的做法，实则是对至关重要的法律和正义原则的牺牲。

### （一）迪奥尼西奥·赫尔南德斯诉纽约的判决存在错误，检察官的行为违反了巴特森诉肯塔基州案中确立的检验标准

对拉丁裔美国人种族特性及英西双语能力的深入研究揭示，英西双语能力仅仅是拉丁裔种族构成中的一个组成部分，而非一个独立特征。在巴特森分析及平等保护分析中，种族因素始终扮演着决定性角色，因为反歧视制度的修正案是在内战之后为消除对非裔美国人的不平等待遇而制定的。[5]对种族的关注意味着“无论出于何种动机，种族分类在一般情况下都是无效的，

---

〔1〕 Id. at 19.

〔2〕 United States v. Dempsey, 830 F. 2d 1084, 1088 (10th Cir. 1987).

〔3〕 See id.

〔4〕 Id.

〔5〕 Mirande, supra note 19, at 132.

仅在极少数特殊情况下才能适用”。正如在迪奥尼西奥诉纽约一案中，检察官声称陪审员在选择译员翻译的英语证词与西班牙语原始证词之间犹豫不决，并据此进行了强制罢免。[1]然而，值得注意的是，在最初的审判过程中，这一预审环节并未被记录下来。[2]相反，促使法院作出裁决的关键，在于检察官在庭审中的陈述：

我们与他们进行了长时间的交流：法院方面与他们进行了沟通，我也亲自与他们谈了。我相信他们确实努力想要接受口译员的翻译，但特别是在有西班牙语证人出庭的情况下，我对于他们能否接受口译员为每位证人证言所做的最终翻译持保留态度。当我询问他们是否愿意接受译员的翻译时，我内心已经预设了他们不会接受。他们每个人的眼神都显得闪烁不定，带着些许犹豫地表示会尽力尝试，但只是他们愿意尝试去接受译员的翻译，并不意味着他们能够做到……我认为，在一个主要依赖译员为关键证人进行翻译的案件中，这些陪审员可能会对陪审团的裁决产生不利影响。[3]

在巴特森的观点中，这些论断存在两大问题。首先，没有任何迹象显示检察官曾对其他陪审团成员的西班牙语水平进行过询问。甚至，检察官在尚未实际评估拉丁裔陪审员的语言水平之前，就预先作出了判断。[4]这表明，检察官将西班牙语能力和英西双语能力与拉丁裔种族画上了等号，同时却又试图辩解这不是剔除他们的原因。被检方询问的两名陪审员均承诺会遵守指示，这一事实甚至在检察官的证词中也得到了确认，但检方依然坚持认为这些承诺不过是虚假的保证。[5]正如上诉法院在该案的审理过程中，持异议者所说的那样，若仅仅因为不能遵守翻译承诺就被罢免，那么这背后必然隐藏着其他真正的原因。[6]在此情境下，陪审员因已保证遵守指示而不得被无故罢免，然而，他们遵守指示的承诺却反而被用作了一种所谓的种族中立的罢免借口。

---

〔1〕 Feeney, 442 U. S. at 272

〔2〕 Mirande, supra note 19, at 117.

〔3〕 Hernandez, 500 U. S. at 356-57.

〔4〕 Mirande, supra note 19, at 146.

〔5〕 Hernandez, 552 N. E. 2d at 627 (Kaye, J. , dissenting).

〔6〕 Id.

对巴特森框架的主要批评在于其无法揭示多样化的偏见。〔1〕这一批评的根源在于，具有歧视倾向的检察官能够轻易地找到所谓的种族中立理由来罢免陪审员，他们“拥有诸多歧视的机会”。〔2〕这一令人担忧的情况在该案的结局中得到了淋漓尽致的体现。在此案中，法院几乎完全依赖于检察官关于罢免理由的陈述，对其他证据及检察官罢免行为对陪审团可能造成的影响视而不见。〔3〕法院“创造了一种程序性的旁证，一种缺乏实质内容的平等保护承诺”。〔4〕此外，从对候选陪审员的怀疑方式来看，检察官的理由显然站不住脚。唯有拉丁裔陪审员被质疑其西班牙语能力，他们因自身种族固有的一部分双语能力而被罢免。

### （二）即使未发现违反巴特森标准的行为，检察官的行为也代表了当前社会中存在的如皮特·赫尔南德斯诉得克萨斯案所警示的偏见

试提出这样一个论点：鉴于美国存在多种种族的英西双语者，因此这种剔除行为似乎并不违背巴特森标准。然而，即便这一论点成立，在迪奥尼西奥诉纽约案中，检察官所提出的罢免理由依然毫无根据。这正是皮特诉得克萨斯案所揭示的、当前社会中源自种族偏见的一个实例，最高法院已判定其违宪。尽管皮特诉得克萨斯案是针对一名墨西哥裔被告的个案，但该案确立的法律原则已广泛适用于拉丁裔群体，语言也成为判决中不可或缺的一环。如前所述，西班牙语的隔离使用成为一种标志，证明墨西哥裔美国人处于特殊地位，而拥有西班牙姓氏的居民记录则揭示了歧视的存在。无论是对西班牙语进行的有意还是无意特殊对待，都是不可避免的，因为“语言是个体固有的特性之一，对语言的歧视，在本质上无异于对民族血统的歧视”。〔5〕

在撰写关于皮特诉得克萨斯州一案的意见书时，沃伦大法官作出了这样的抉择：为那些目前尚未直接遭受歧视的群体提供便利条件。宪法中关于偏见的定义不是一成不变的，而应允许相关群体根据自身情况及其所处时代的背景来定义所面临的歧视。〔6〕我们应当恰当地将这一界定应用于当前美国社

〔1〕 See Alan Raphael, Discriminatory Jury Selection: Lower Court Implementation of Batson v. Kentucky, 25 WILLAMETTE L. REV. 293, 317 (1989).

〔2〕 James S. Wrona, Hernandez v. New York: Allowing Bias to Continue in the Jury Selection Process, 19 OHIO N. U. L. REV. 151, 160 (1992).

〔3〕 Id. at 161.

〔4〕 Perea, supra note 75, at 15.

〔5〕 See Mari Matsuda, Voices of America: Accent, Antidiscrimination Law and Jurisprudence for the Last Reconstruction, 100 YALE L. J. 1329 (1991).

〔6〕 See Hernandez, 347 U. S. at 478.

会对西班牙语使用者，尤其是该群体中英西双语者的偏见之中。事实上，法院在迪奥尼西奥诉纽约案的意见中已经承认了这种潜在的语言歧视，指出："正如共通的语言能够促进社会的融合与发展，语言的差异同样可能成为导致社会分裂的根源。语言能够引起人们的情感反应，既可以引发赞赏与尊重，也可能导致冷漠与疏远，乃至嘲笑与蔑视。"〔1〕

沃伦法官强调，当前社会中偏见的存在是一个不争的"事实问题"，而针对拉丁裔及英西双语者的态度正是这一偏见的有力佐证。2018 年的研究显示，美国整体的仇恨犯罪率正呈上升趋势。〔2〕近期一项民意调查显示，有 2/5 的拉丁裔受访者表示，在过去一年中他们曾遭受过歧视。〔3〕其中，许多人特别指出，在公共场合使用西班牙语后，他们遭到了诸如"滚回墨西哥"或"从哪来回哪去"的侮辱性言语。〔4〕这些挑衅者展现出对西班牙语的一种特殊偏见，视其为非同类、非美国人的标志。无论西班牙语是他们的唯一语言还是众多语言中的一种，这些西班牙语使用者都被视为一个独特的群体而遭受区别对待。

沃伦法官阐述当前社会偏见的第二步，关键在于证明法律是否单独针对特定群体进行了不合理的区别对待。〔5〕在迪奥尼西奥诉纽约一案中，检察官及最高法院后续的论断认为，在多语言案件中区别对待双语陪审员是合理的，主要出于对他们能否有效听取并接受西班牙语证词英语翻译的担忧。〔6〕然而，检察官的一系列质询建立在对双语者语言理解能力严重误解的基础之上，这种误解导致了英西双语陪审员与单语英语陪审员之间出现了显著的分歧。检察官询问双语陪审员是否能保证遵循证词的英文翻译，而这个问题并非陪审员能够轻易作答。为了回应，候选陪审员"必须作出保证，确认翻译准确无误且与证词一致"。〔7〕对于在刑事司法系统长期工作的人而言或许看似理所当然，但对于一个陪审员，尤其是长期被司法系统边缘化的拉丁裔双语陪审员而言，可能难以理解这一要求。实质上，这相当于检察官要求陪审员"保证

〔1〕 Hernandez v. New York, 500 U. S. at 369-70.

〔2〕 Dani Anguiano, "It's Worse than Ever": How Latinos are Changing their Lives in Trump's America, THE GUARDIAN (October 7, 2019), at https://www.theguardian.com/usnews/2019/oct/06/latinos-trump-hate-crimes-el-paso.

〔3〕 Id.

〔4〕 Id.

〔5〕 Hernandez, 347 U. S. at 478.

〔6〕 See Hernandez, 500 U. S. at 371.

〔7〕 Perea, supra note 75, at 29.

会接受一个可能存在错误的翻译”。[1]在后续的一次采访中，令陪审员感到困惑的是，该案被剔除的一名陪审员坦言：“问题是……如果西班牙语和英语的证据有出入，我不知道该怎么办。”[2]然而，将所有英西双语者及大多数拉丁裔排除在陪审团之外，并非解决这一问题的“合理”途径。司法系统已设有陪审员向法官提问或澄清问题的程序。借助这个程序，一旦出现问题，双语陪审员便能提出反馈或意见。若翻译准确无误，则从一开始就不会产生此类问题。司法系统应当吸纳这些陪审员参与，而非将一大批美国人拒之陪审团门外。此类行为恰好符合沃伦法官所提出的社会偏见标准的第二方面，因此，剔除双语陪审员的做法是违宪的。

### （三）当前关于双语陪审员的司法判例更重视司法效率和简易性，却忽视美国双语公民的宪法权利，必须予以纠正

在奥福特（Offutt）诉美国一案中，法兰克福（Frankfurter）法官指出：“正义至少应该体现为程序正义。”[3]这一观点在现代美国社会尤为贴切，尤其是在正义与种族议题交织的复杂背景下，它反复验证了程序正义的不可或缺性——缺乏程序正义，实体正义便如同空中楼阁，毫无意义。罗德尼·金（Rodney King）案及其后洛杉矶爆发的骚乱便是明证。在该案中，一名白人警察对黑人实施了残忍的殴打，而一个全由白人组成的陪审团却判定该警察无罪。[4]公众普遍认为此判决不公，“原因在于陪审团构成缺乏合法性”。[5]随后的骚乱与破坏“强烈凸显了程序正义的重要性：无论实体正义是否得以实现，程序正义的缺失都是不容忽视的”。[6]将某一群体完全排除在陪审团之外，无疑会削弱裁决的合法性，并影响判决本身。正如马歇尔法官在彼得斯诉基夫（Peters v. Kiff）案中所言：

当社会中某个较大规模的特定群体被排斥在陪审团之外时，其结果是剥夺了陪审团在人性与人生经验上的多样性……这种缺失的影响是未知的，甚至可能是难以预料的。我们不能假定被排斥的群体会始终作为一个统一的整体进行投票，从而得出与我们相同的结论。将他们排除在外，就等于剥夺了

---

〔1〕 Id.

〔2〕 Id. at 30.

〔3〕 348 U. S. 11, 13 (1954).

〔4〕 Perea, supra note 75, at 2.

〔5〕 Id.

〔6〕 Id.

陪审团对人类事件的一种独特视角，而这种视角在任何特定情境下都可能具有意想不到的重要性。[1]

即便是在某些群体因语言使用而被排除在外的情况下，这一原则依然适用。在采用西班牙语翻译的案件中，英西双语者被排除出陪审团，这种做法几乎等同于将拉丁裔陪审员整体排除，从而“破坏了法律体系的结构”。[2]在美国，拉丁裔群体长期以来一直被排除在陪审团之外，理由是“他们不懂英语”。[3]甚至在该案之后，这一惯例仍未得到改变。这种针对美国公民的语言排斥，阻碍了美国刑事司法系统的进步。随着美国社会日益多元化，司法系统必须致力于持续推动包容性，因为“在司法领域，通过包容而非排斥他们的语言，可以促进……司法程序中的合作”。[4]此类排除做法不仅侵犯了拉丁裔美国人平等受保护的权利，还进一步加剧了拉丁裔群体对司法系统的不信任感。[5]

在迪奥尼西奥诉纽约案及其后续的一系列案件中，案件推理揭示了一种倾向，即过分强调司法效率，而忽视了那些最有利于实现正义和法律原则的规则。这种倾向过分追求效率，却忽视了实际上在美国陪审团中整个种族被排除的残酷现实。然而，宪法原则并非建立在司法效率的基础之上，美国刑事司法系统不能再继续“以虚假的种族中立性为借口，将西班牙语使用者排除在陪审团之外”。[6]在该案中，检察官和法院所担忧的并非双语陪审员的理解能力，而是“口译员翻译的‘官方’版本英语证词可能与实际的西班牙语证词存在实质性差异”。[7]他们期望双语陪审员能够只听其中一种语言，但这对于双语者的大脑而言是不可能的。如果检察官和法院能确保“口译员的翻译与西班牙语证词内容完全一致”，那么这些问题本可避免。[8]然而，事实并非如此。在州法院和联邦法院，有大量证据表明，由于任务艰巨，口译员的

---

〔1〕 Peters v. Kiff, 407 U. S. 493, 503-04 (1972).

〔2〕 Douds, supra note 2 at 747.

〔3〕 Mirande, supra note 19, at 148.

〔4〕 Cynthia M. Costas-Centivany, Language Rights in Criminal and Civil Court Proceedings: Their Constitutional Protection in Spain vs. Puerto Rico, 42 CAL. W. INT'L L. J. 407, 420 (2012).

〔5〕 Wrona, supra note 105, at 157.

〔6〕 Bagnato, supra note 14, at 66.

〔7〕 Perea, supra note 75, at 21.

〔8〕 Id.

翻译有时可能不够准确。[1]即便是极其称职的口译员，在口译过程中也难免出现不准确之处。[2]与简单回答问题的证人不同，当律师向证人提问时，“口译员会质疑并纠正其问题”。[3]此外，“如果证人对律师的问题答非所问，口译员会尝试解释回答并澄清情况，而不仅仅是翻译证词”。[4]口译员不希望因证人言语混乱而被认为本人能力不足，因此这种解释和澄清在某种程度上是必要的。即便翻译准确，翻译过程也会改变陪审员与证人之间的关系，使陪审员与证人始终保持一定的距离感。众所周知，口译员在将西班牙语翻译成英语时，会添加一些模糊、犹豫和礼貌的用语，将激烈的话语转变为委婉的表达。[5]

在美国法庭上，翻译如此困难的根源并不在于双语陪审员，而在于翻译行为本身。在此情境下，排除双语陪审员，事实上等同于排除拉丁裔陪审员，这令人深感震惊，因为他们本可以极大地改善司法制度的现状。如果法庭上的翻译准确无误，那么双语陪审员听的是西班牙语还是英语证词就无关紧要了，两者传达的意义相同。根据关于双语者的最新研究，它们被视为一个整体。此外，即便证词翻译正确，处于独特地位的双语陪审员也能判断证人的情绪和可信度。翻译过程中产生的距离感使许多陪审员失去了这种判断情绪和可信度的能力。如果翻译存在错误，“西班牙语使用者和拉丁裔……能够指出错误，并使翻译更加准确，而非让非西班牙语使用者来决定”。[6]他们通过发现错误并促进事实调查的准确性，从而改进审判进程。[7]正如前文所述的美国诉邓普西案，陪审员以这种方式参与审判并非前所未有。第十巡回法院明确指出，邓普西能够看懂手语证词，并用她的唇读能力检查证词的准确性，这对司法系统和审判进程都是有益的。[8]陪审团中的英西双语者和拉丁裔美国人的存在同样能够改善司法系统，因为在涉及英语和西班牙语证人或多语言文件的案件中，他们能够保证翻译的准确性。

---

〔1〕 See ROSEANN D. GONZÁLEZ ET AL., FUNDAMENTALS OF COURT INTERPRETATION: THEORY, POLICY, AND PRACTICE, 47-55 (Carolina Academic Press 1991).

〔2〕 Perea, supra note 75, at 23.

〔3〕 Id. at 23-24.

〔4〕 Id. at 24.

〔5〕 Id.

〔6〕 Bagnato, supra note 14, at 66.

〔7〕 See Perea, supra note 75, at 4.

〔8〕 See Dempsey, 830 F. 2d at 1088-89.

## 总 结

2008年，在宾夕法尼亚州的谢南多厄镇，四名白人高中生残忍地将一名墨西哥男子殴打致死。[1]在施暴过程中，他们肆意辱骂受害者的拉丁裔血统和国籍。他们还向那些看似拉丁裔的旁观者咆哮："滚回墨西哥去""离开谢南多厄，否则下一个倒在地上的就是你"。[2]然而，在宾夕法尼亚州法院对这起谋杀案进行审理时，这两名凶手仅被轻判为袭击罪。[3]这是为什么？原来，在审议过程中，"陪审员们满心偏见，甚至试图让这些青少年逃脱长期监禁的惩罚"。[4]一个完全由白人组成的陪审团"对坐在被告桌前的白人'纯种美国男孩'比躺在太平间的墨西哥移民更有共鸣"。[5]尽管我们无法确切知道一个种族多元化的陪审团会如何判决此案，但可以肯定的是，如果陪审团中有拉丁裔成员，他们一定会为受害者发声。这一案例深刻揭示了陪审团在种族、年龄和经历上的多样性为何至关重要。一旦在审判过程中将某一群体完全排除在外，那么整个审判的公正性都将受到怀疑。一个刑事审判陪审团的成功与否，关键在于其能否从多个角度全面评估案件。

在涉及西班牙语证据的审判中，迪奥尼西奥诉纽约一案的判决为基于双语能力的强制性罢免提供了反思的契机，而法院的做法一直在破坏司法审判的公正性。这种做法实际上是对拉丁裔美国公民的歧视，并基本上因为语言能力而将他们排除在美国陪审团之外。这令人极为震惊，因为无论是巴特森诉肯塔基州案，还是皮特诉得克萨斯州案，都明确表明这种做法是违宪的。对于一个多元化国家而言，这一政策无疑存在巨大的弊端。在双语审判中，双语陪审员的参与不仅能整体提升司法系统的效能，更重要的是，这是尊重拉丁裔美国人宪法权利的唯一途径。

---

〔1〕 Bagnato, supra note 14, at 60.

〔2〕 公共事务办公室，宾夕法尼亚州谢南多厄镇，枪杀路易斯·拉米雷斯案被判刑，美国司法部（2011年2月23日）https://www.justice.gov/opa/pr/two-shenandoah-pa-mensentenced-fatal-beating-luis-ramirez https://perma.cc/9XVD-UTHS.

〔3〕 Bagnato, supra note 14, at 60.

〔4〕 Id.

〔5〕 Id.

# 警察情报档案与逮捕记录的法理学

詹姆斯·B. 雅格布斯* 梁广利 译**

**摘要**：本文聚焦美国警察情报档案与逮捕记录的法理学问题。执法、审判等环节离不开犯罪记录，但并非只有判决记录才会带来污名化效应，其中逮捕记录的污名效应几乎与判决记录相当。情报和调查数据库包括黑帮与恐怖分子、移民违规者、刑事调查数据库等类型，其收录标准不严格，存在信息不准确、更新不及时等问题，给相关人员带来诸多困扰。逮捕记录在警方、检察司法、雇主等方面均有使用，然而逮捕并不一定导致定罪，原因包括案件审理中、证据法律问题、非刑事司法转处等多种情况。为解决逮捕记录带来的问题，提出封存逮捕记录、禁止非刑事司法机构获取使用逮捕信息、禁止基于逮捕记录就业歧视等措施，但这些措施在实际执行中面临诸多困难。目前，美国的犯罪记录系统存在信息收集和传播过多的问题，而应对逮捕记录负面影响的有效措施尚不明晰。

**关键词**：警察情报；逮捕记录封存；犯罪记录系统；就业歧视

## 引 言

在刑事司法系统中，案件处理的每个环节都会涉及犯罪记录的创建与使用。这些记录在执法、审判和矫正中具有重要作用，但也为嫌疑人或被告人贴上了不可靠、不诚实甚至危险的标签，对其就业前景及与刑事司法系统的后续互动产生深远影响。犯罪记录的核心功能是通过传递污名实现报复、表达

---

* 作者简介：詹姆斯·B. 雅格布斯（James B. Jacobs）是纽约大学法学院沃伦·E. 伯格刑事法与刑事诉讼法教授，同时担任纽约大学法学院犯罪与司法研究中心主任。他希望向埃里卡·福尔威尔（Erika Falwell）表达他对本文出色研究协助的感激之情。原文引用提示如下：Jacobs，James B.，"The Jurisprudence of Police Intelligence Files and Arrest Records"，*National Law School of India Review*，vol. 22，no. 1，2010，pp. 135-158.

** 译者简介：梁广利（1989 年—），广西容县人，广西大学法学院研究生。

意图及威慑效果。[1]

然而，基于情报收集、调查需求或行政目的创建的非判决记录同样会带来污名效应。本文特别指出，逮捕记录虽是警方基于合理怀疑的初步判断，但其污名效应几乎与判决记录同样严重。

## 一、情报和调查数据库的类型

执法机构长期保存尚未被捕甚至可能永远不会被捕的犯罪嫌疑人的情报档案。这些数据库收录了大量涉嫌犯罪或可能犯罪人员的姓名及身份信息，但纳入过程未严格遵守仅将有合理依据被捕者列入的规定，也无需法官审查。警察局甚至个别警官即可轻易创建伴随个人终生的犯罪或疑似犯罪记录。随着计算机技术的发展，刑事及疑似刑事数据库的数量和类型迅速增长。

1967年，联邦调查局（以下简称“FBI”）设立了国家犯罪信息中心（以下简称“NCIC”），该中心最初建立了五个“档案”（即数据库），涵盖被定罪人员、通缉人员及可疑人员的信息。[2] 至2007年，数据库增至18个，部分数据库的建立不以定罪或逮捕为前提。然而，被列入这些数据库的后果可能与列入已定罪罪犯数据库的后果相同或相似。

### （一）黑帮与恐怖分子

近年来，帮派数据库在地方和州一级迅速增加。在一些社区中，相当大比例的少数族裔男性青年被标记为帮派成员，这些数据库可以被该社区的所有执法人员访问，并且越来越多地在全州范围内共享。同样，许多州和地方执法机构已经创建了关于有组织犯罪成员及其同伙、帮派、疑似帮派成员及其他相关人员的电子数据库。

在20世纪90年代，美国司法部将暴力帮派视为主要的犯罪威胁，随后又

---

〔1〕 See J. B. Jacobs, The Community's Role in Defining the Aims of the Criminal Law, in, IN THE NAME OF JUSTICE 119-129 (T. Lynch ed., 2009).

〔2〕 See NCIC 2000: NATIONAL CRIME INFORMATION CENTRE: 30 YEARS ON THE BEAT, http://permanent. access. gpo. gov/1ps3213/ncic; FEDERAL BUREAU OF INVESTIGATION, CJIS DivisioN, NATIONAL CRIME INFORMATION CENTRE (NCIC), http://www. fas. org/irp/agency/doj/fbi/is/ncic. htm. See also, 28 CFR sec. 20. 32［纳入州际识别索引（Ⅲ）的罪行］. NCIC（全国犯罪信息中心）为所有50个州、哥伦比亚特区、波多黎各自由邦、美属维尔京群岛和加拿大的刑事司法机构，以及负有执法任务的联邦机构提供服务。

将其上升为国家安全问题。[1] 1995年，FBI在NCIC中增加了“暴力帮派档案”，其有三重目的：①提醒执法人员注意暴力帮派成员可能构成的潜在危险；②促进各机构之间关于这些组织的信息交流；③为寻求有关这些团体或个人信息的机构确定一个联络点。

两名FBI特工在国会听证会上解释说：暴力帮派档案相当于一个指示系统，识别已知的暴力帮派和恐怖组织成员，并促进信息交流。通过提醒执法人员注意潜在的危险对象，暴力帮派档案增强了他们的安全意识。简而言之，暴力帮派和恐怖组织档案为美国所有执法机构提供了关于日益严重的犯罪问题的宝贵信息，这些犯罪问题威胁着越来越多社区中警官和公民的安全。[2]

暴力帮派和恐怖组织档案（以下简称“VGTOF”）由两个子数据库组成，一个涉及暴力团体，另一个涉及这些团体的成员/同伙。无论是刑事定罪还是逮捕，都不是被录入成员/同伙子数据库的先决条件。FBI指示参与其中的各州和地方执法机构，在将个人记录录入VGTOF时，必须确保在逮捕或监禁时，被记录对象要么承认自己是帮派成员，要么满足以下任意两项标准：①被可靠的个人指认为团体成员；②被可靠性未知的个人指认为团体成员，并且该信息在重要方面得到证实；③被录入机构的成员观察到经常出入已知团体的活动区域，与已知团体成员交往，或采用团体的着装风格、文身、手势或符号；④曾多次与已知团体成员因与团体活动相关的罪行被捕；⑤曾在逮捕或监禁以外的任何时间承认自己是该团体的成员。[3]

假设一名警察因交通违规拦下了X，并启动了NCIC背景调查，发现X是一个暴力街头帮派的成员。警察可能会决定逮捕X并对车辆进行彻底搜查，而不是简单地开出罚单。如果发现毒品或其他违禁品，此“案件”可能会移交给帮派特别工作组。X很可能会被尽可能严厉地起诉。虽然X申请工作的

---

〔1〕 For a recent statement, see, CONGRESSIONAL TESTIMONY OF FBI DIRECTOR ROBERT MUELLER BEFORE THE HOUSE JUDICIARY COMMITTEE, JULY 26, 2007, http://www.fbi.gov/congress/congress07/mueller072607.htm.

〔2〕 P. F. EPISCOPO AND D. L. MOOR, THE VIOLENT GANG AND TERRORIST ORGANIZATIONS FILE, (1996), http://www.fbi.gov/publications/1eb/1996/oct965.txt.

〔3〕 P. A. LAUTENSCHLAGER, ATT'Y GEN., Wis. DEP'T OF JUST., TIME SYSTEM MANUAL 285-86, available at http://www.doj.state.wi.us/dles/cibmanuals/files/TIME/PDF/Time.pdf. See also, MEMORANDUM FROM RICHARD A. WELDON, FBI/CJIS GLOBAL INITIATIVES UNIT ON VIOLENT GANG AND TERRORIST ORGANIZATION FILE ENTRY CRITERIA CODE (ECR) CHANGE, http://www.acjic.alabama.gov/documents/violent-gang.pdf（描述与帮派特征相关的VGTOF代码）。

私营雇主无法直接访问 VGTOF，但他可能认识一位友好的警察（或接受贿赂的警察），该警察可以访问数据库并传递信息。[1] 因此，X 被列入 VGTOF 的负面后果可能与被逮捕甚至定罪的后果同样严重。在 2001 年 9 月 11 日针对世界贸易中心和五角大楼的恐怖袭击之后，美国司法部和国土安全部将疑似恐怖分子添加到此档案中。他们还为创建该数据库增加了第四个理由——“通过将已知或疑似国内外恐怖主义嫌疑人的姓名和标识纳入 VGTOF 来增强国家安全，从而争取地方和州执法机构在联邦反恐斗争中的协助”。[2]

当 VGTOF 将某人识别为已知或涉嫌的恐怖分子时，恐怖分子筛查中心会将该信息与其他数据库整合，并将其列入恐怖分子观察名单。[3] 截至 2007 年，恐怖分子筛查中心的观察名单已收录 720 000 个名字。[4] 执法人员可以通过例行背景检查访问这些信息，并被指示在遇到观察名单上的人员时联系恐怖分子筛查中心。至少，地方警察和检察官可能会行使他们的自由裁量权，逮捕并起诉出现在此观察名单上的个人。[5]

此外，被列入恐怖分子筛查中心观察名单的人在旅行中面临重大障碍。即使未正式列入“禁飞名单”，他们仍可能在机场遭遇广泛的、羞辱性的搜查或审讯。[6]

由于该数据库的控制和维护不当，这一问题尤为严重。2009 年的一份检察长报告显示：“刑事司法信息服务部门直接提交给国家反恐中心的许多提名，几乎没有提供任何解释或说明这些提名对象为何可能与恐怖主义存在关联。”[7] 尽管 FBI 为该数据库的录入制定了标准和准则，但报告发现许多条目

---

〔1〕 C. M. Katz, ISSUES IN THE PRODUCTION AND DISSEMINATION OF GANG STATSTICS: AN ETHNOGRAPHIC STUDY OF A LARGE MIDWESTERN POLICE GANG UNIT 485, 508-509 (2003)（警察可能会通知学校官员或潜在雇主某被指控帮派成员的身份）。

〔2〕 J. B. Jacobs & T. Crepet, The Expanding Scope, Use, and Availability of Criminal Records, 11 N. Y. U. J. LEG. PUB. POL'Y 177, 193 (2007).

〔3〕 lbid., at 194-95.

〔4〕 E. Nakashima, Terrorism Watch List Is Faulted For Errors, WASH. POST, Sept. 7, 2007, at A12.

〔5〕 J. Jacobs & T. Crepet, supra n. 7, at 194-5.

〔6〕 一名与名单上某人同名的加拿大男子在迈阿密转机时被盘问了六个小时。随后，他更改了姓名，从而避免了进一步的机场盘查。L. Alvarez, Meet Mikey, 8: U. S. Has Him on Watch List, N. Y. TIMES January 13, 2009.

〔7〕 U. S. DEPARTMENT OF JUSTICE, OFFICE OF THE INSPECTOR GENERAL, AUDIT DIVISION, THE FEDERAL BUREAU OF INVESTIGATION'S TERRORIST WATCHLIST NOMINATION PRACTICES, V (May 2009), http://www.justice.gov/oig/reports/FBI/a0925/final.pdf.

不准确或不完整，且FBI经常未能及时更新或删除必要的信息。[1] 在过去三年中，尽管有81 793人申请从观察名单中除名，但仍有25 000份申请未得到处理。[2] 此外，FBI在清除已洗清嫌疑的人员方面行动迟缓。例如，有一人在案件得到有力解决后，仍在观察名单上滞留了5年之久。[3]

（二）移民违规者档案

NCIC的“移民违规者档案”标志着联邦犯罪记录系统的一次重大扩展，因为它将违反行政法规的人员纳入了NCIC的数据库中。该档案包括以下人员的姓名和/或指纹：①曾被判重罪并被驱逐出境的人员；②居住在美国且面临最终驱逐、拒绝入境或遣返令的人员；③因未遵守国家安全登记要求而被签发未执行行政逮捕令的人员。[4]

将“移民违规者档案”纳入NCIC的后果是，州和地方执法人员被动员起来协助执行联邦移民法。如果美国任何地方的警察因交通违规拦下一名司机，并启动NCIC数据库的计算机搜索，该警察可能会通过电子传输得知美国移民和海关执法局（ICE）已签发的针对该人员的行政拘留令。[5] 一旦发现这种情况，警察会被指示联系美国国土安全部（DHS）的执法支援中心进行进一步确认。通常情况下，警察会接到指示，逮捕或拘留该人员，直到国土

---

[1] L. Alvarez, Meet Mikey, 8: U. S. Has Him on Watch List, N. Y. TIMES January 13, 2009. 一名8岁男童因和一名观察名单上的人同名，在机场多次受到盘问。至少直到最近，其家人为纠正这一情况所做的种种努力均未奏效。

[2] US DEPARTMENT OF JUSTICE, OFFICE OF THE INSPECTOR GENERAL, AUDIT DIVISION, THE FEDERALBUREAU OF INVESTIGATION'S TERRORIST WATCHLIST NOMINATION PRACTICES VI (May 2009), available at http://www.justice.gov/oig/reports/FBI/a0925/final.pdf.

[3] 根据原告在全国拉美裔委员会诉冈萨雷斯案中的诉状，《国家犯罪信息中心法》将FBI收集和交换刑事司法信息的权力限制在明确规定的狭窄范围内。本案涉及的民事移民记录和行政逮捕令不属于该法规定的“犯罪记录”。此外，这些记录的主体既未被刑事指控或定罪，也不受刑事逮捕令约束。这些个体并非“罪犯”，仅因被告如此标签他们。Brief for Petitioner-Plaintiff at 2, Nat'l Council of La Raza v. Gonzales, 468 F. Supp 2d 429 (United States District Court, E. D. New York 2007). 另请参阅，联邦调查局刑事司法信息服务部助理主任迈克尔·D. 基尔帕特里克2003年11月13日在美国参议院司法委员会移民、边境安全与公民身份小组委员会前的国会证词，http://www.fbi.gov/congress/congress03/ncic111303.htm。

[4] NCIC 2000操作手册，移民违规者档案。https://olets-info.olets.state.ok.us/ciismanuals/pdf/Immigration_violator.htm.

[5] 在全国拉美裔委员会诉冈萨雷斯案中，联邦法院以缺乏诉讼资格为由，驳回了对将逃犯和NSEERS（国家特殊登记系统）违规者姓名纳入国家犯罪信息中心（NCIC）的怀疑。National Council of La Raza v. Gonzales, 468 F. Supp 2d 429 (United States District Court, E. D. New York 2007)（原告因损害仍属推测性而缺乏诉讼资格）。

安全部人员前来接管。[1]

在美国，越来越多的执法人员开始利用犯罪记录和移民记录作为执行移民法的手段。对于在其祖国有犯罪记录的签证申请人，美国将拒绝其入境；而对于在美国境内违反签证条款或其他移民法的外国人，他们将面临被驱逐出境或“自愿”遣返回国的命运。

尽管许多州和地方警察及官员反对参与执行联邦移民法的工作，但也有一些警察部门对此表现出浓厚兴趣。[2] 此外，州级社会服务机构希望获取移民身份信息，以准确判断个人是否符合政府社会福利项目（如公共住房、食品券和学生贷款）的资格要求。同时，无论是公共雇主还是私人雇主，都出于多种原因希望访问“移民违规者档案”。这些原因包括：一是为了避免违反联邦法律；二是他们倾向于雇佣身份合法的社会成员；三是试图雇佣非法移民以规避就业法相关规定。目前，政府正逐步增加能够访问该数据库的私人企业和机构的数量。

（三）刑事调查数据库

计算机技术的发展推动了刑事调查数据库的建立，使众多调查人员能够共享并获取案件调查进展信息。这对于涉及联邦、州和地方各级机构协同参与的重大案件调查具有重要意义。然而，这也带来了调查信息泄露给媒体和公众的风险。例如，在 2001 年 FBI 发起的“美国炭疽”（Amerithrax）大规模调查中，就发生了此类事件。当时，几封含有炭疽的信件被寄出，导致 5 人死亡、19 人受伤，并在全美引发大规模恐慌。[3]

FBI 用于存储调查信息的数据库——自动化案件支持系统（以下简称“ACS”）未设置防护密码，数千名执法人员均可访问。[4] 调查过程中，目标人物的姓名不慎泄露给了媒体。尽管最终查明，该目标与炭疽信件毫无关联，但其个人生活和职业生涯却已遭受毁灭性打击。随后，他向法院提起诉

---

〔1〕 National Council of La Raza v. Gonzales, 468 F. Supp 2d 429, 434 (United States District Court, E. D. New York 2007).

〔2〕 See A. SHAHANIANDJ. GREENE, LOCAL DEMOCRACY ON ICE: WHY STATE AND LOCAL GOVERNMENTSHAVE NO BUSINESS IN FEDERAL IMMIGRATION LAW ENFORCEMENT (2009). 作者指出，为了获得联邦拨款，阿拉巴马州胡佛市的警察部门积极逮捕非法移民，其中一些人是帮派成员。

〔3〕 E. Murphy & D. Sklansky, Science, Suspects, and Systems: Lessons from the Anthrax Investigation, Issues in Legal Scholarship 8 (2) NEW DIR. FOR THE DEP'T JUST. (2009).

〔4〕 J. B. Jacobs & D. Curtin, Remedying Defamation by Law Enforcement: Fall Out From the Wen Ho Lee, Steven Hatfill and Brandon Mayfield Settlements, 46 (2) CRIM. L. BULL. 17, n. 65 (2010).

讼，指控政府违反《隐私法》，并获得了法院的支持。[1] 此案例表明，一个人被纳入调查数据库可能会带来巨大的负面后果。[2]

## 二、逮捕记录的使用

乍看之下，似乎令人难以置信：每位警察都拥有给任何人打上终身污名的实际权力。[3] 毕竟，逮捕仅仅意味着在某一特定时间点，警察认为（无论正确与否）有合理理由相信某人犯下了特定罪行。[4] 警察可能完全错误，甚至可能出于恶意行事，例如因个人恩怨、种族、宗教、政治立场或组织归属而对被逮捕者采取行动。正因如此，当无证逮捕发生时，法律要求法官对逮捕的合理理由进行司法认定。

然而，法官对合理理由的认定仅表明有理由相信嫌疑人可能犯下了某项罪行。从这种仓促且单方面的合理理由认定中推断出有罪结论，似乎明显违反了无罪推定原则。[5] 尽管如此，即便逮捕最终并未导致定罪，刑事司法系统还是会永久保留这份逮捕记录。[6] 更甚者，基于这些逮捕记录对被逮捕人进行的公共或私人歧视，大多数情况下是被允许的。[7] 为了深入理解这一现象，我们需要弄清楚逮捕记录究竟是什么，以及它是如何被创建、保存和访问的。

---

〔1〕 Id.

〔2〕 See UNOFFICIAL DOCKET, ENTRY FOR MAY 31, 2006 http://www.anthraxinvestigation.com/Docket.html#Disclaimers.

〔3〕 See U. S. DEPARTMENT OF JUSTICE, PRIVACY, TECHNOLOGY AND CRIMINAL JUSTICEINFORMATION: PUBLIC ATTITUDES TOWARD THE USE OF CRIMINAL HISTORY INFORMATION, http://www.obblaw.com/privacytf-surveypdf at 5 (July 2001)"47%的受访者倾向于'部分开放系统'，即只有定罪记录对所有人开放"；对于逮捕记录，"约30%的成年人会禁止任何雇主或政府许可机构访问仅含逮捕记录的信息，约50%的人会根据职位敏感性允许有限访问，而只有15%的人会允许所有雇主或政府许可机构访问仅含逮捕记录的信息"。

〔4〕 See generally, W. R. LAFAVE, ARREST: THE DECISION TO TAKE A SUSPECT INTO CUSTODY (1964).

〔5〕 我说"似乎"是因为最高法院认为，无罪推定仅是一项适用于刑事审判的证据标准。无罪推定强调，检察官必须以排除合理怀疑的标准证明犯罪的每一个构成要件。参见 Bell v. Wolfish, 441 U. S. 520 (U. S. Sup. Ct. 1979)（以下简称"Bell v. Wolfish"案）.

〔6〕 See e. g., LEGAL ACTION CTR., HOW TO GET AND CLEAN UP YOUR NEW YORK STATE RAP SHEET 6 (7th ed. 2007), available at http://www.hirenetwork.org/pdfs/NYSRapSheetFinal.pdf.（"如果你曾在纽约州因可记录指纹的罪行被捕，即使你从未被判定有罪，你的逮捕记录也会永久保存在刑事司法服务部（DCJS）的档案中。这些记录——也称'犯罪记录'——无法被销毁或删除。"）

〔7〕 See, J. Henry & J. B. Jacobs, Ban the Box to Promote Ex-Offender Employment, 6 CRIM. & PUB. POL'Y 755, 756 (2007).

(一)警方对逮捕记录的使用

美国的个人犯罪历史记录数据库，被称为“犯罪记录”(包含逮捕和起诉记录)，是为执法目的而设计和运作的。[1] 犯罪记录基于逮捕记录，旨在提供个人逮捕及其后续刑事司法系统处理的完整时间顺序记录，包括审前释放或拘留、起诉、认罪、审判、量刑和假释等。[2] 逮捕记录在“登记”时正式录入，即警察将嫌疑人带至警察局或中央登记设施进行处理的程序。[3] 在登记过程中，逮捕的详细信息及被捕者的身份信息（姓名、照片、指纹）将被录入计算机信息系统，从而生成犯罪记录。美国每个州都设有一个刑事记录存储库，用于存储本州的犯罪记录。FBI 的“州际识别索引”（Ⅲ系统）负责协调所有 50 个州的记录库。[4]

当警察拦下某人或怀疑其参与犯罪时，可以对个人进行背景调查。如果嫌疑人曾在美国任何地方被登记过，其犯罪记录信息及相关身份数据（姓名、照片、指纹）将可通过电子方式访问。当嫌疑人被登记时，警察会进行指纹搜索，以揭示其之前的逮捕记录，即使这些记录是以别名录入的。最近，一些警察部门正在试验能够在现场采集并传输指纹的设备。[5]

在美国，所有州都会在各自的犯罪记录系统中记录重罪及被视为严重的轻罪。但，各州对哪些轻罪应纳入犯罪记录持有不同看法。长期以来，FBI 并不接收“非严重犯罪”的逮捕信息。但 2006 年，随着计算机存储能力的提升，FBI 提议调整政策，允许各州向 FBI 刑事鉴定处提交非严重轻罪的逮捕信

〔1〕 关于犯罪记录的创建与使用的讨论，参见 J. B. Jacobs & T. Crepet, The Expanding Scope, Use, and Availability of Criminal Records, 11 N. Y. U. J. LEG. PUB. POL'Y 177, 180-82 (2007).

〔2〕 实际上，犯罪记录通常缺乏许多逮捕后的信息。虽然警方通常会将逮捕及被捕者信息可靠地传输至州级数据库，但检察官和法院的传输则不太可靠。想要查询特定逮捕记录的用户可能需要联系相关的警方、检察官或法院。

〔3〕 See J. B. Jacobs, Mass Incarceration and the Proliferation of Criminal Records, 3 ST. THOMAS L. R. 387, 392-93 (2006).

〔4〕 关于联邦调查局的州际身份识别索引系统的解释，参见 Ibid., at 394-95.

〔5〕 See ROADSIDE FINGERPRINTING IN TEXAS, TEXAS CRIMINAL DEFENCE LAWYER, available at http://www.mytexasdefenselawyer.com/2009/02/24/roadside-figerprints-texas/ (2009); PRESS RELEASE 2008: FLORIDA DEPARTMENT OF LAW ENFORCEMENT (FDLE) & COLLIER COUNTYRAPID-ID, DATAWORKS PLUS, available at http://www.dataworksplus.com/press.htm. (DataWorks Plus 一直与佛罗里达州执法部门（FDLE）合作，使用 DataWorks Plus 的 SAFID 技术试点新的 FALCON RAPID-ID 系统……这些手持扫描仪仅重 3 盎司，可轻松放入警官的口袋或腰带中。它配备了蓝牙通信功能，可将扫描的指纹无线传输到 PDA、笔记本电脑或手机……在一分钟内，DataWorks Plus 的 RAPID-ID 软件将显示个人的任何逮捕令或犯罪记录。)

息。[1] 是否遵循这一政策由各州自主决定。例如，佛罗里达州和得克萨斯州已开始在犯罪记录数据库中增加被拦下、接受传讯但最终被释放（且未被正式登记）人员的姓名和指纹。[2] 这一做法导致越来越多人拥有了永久的逮捕记录。可能超过1/4的美国成年人，在其成年生活的大部分时间里，都背负着逮捕记录。[3]

警察认为逮捕记录与其日常工作密切相关。在处理案件时，先前的逮捕记录有时能为解决当前案件提供有价值的线索。例如，警察可能在犯罪现场发现指纹，并将其与美国其他地区先前被捕并已采集指纹的人员信息进行比对。若某个社区连续发生多起入室盗窃案，警察会核查近期在该社区因入室盗窃被捕的人员情况，无论他们是否被定罪。[4] 再如，若史密斯女士遭遇谋杀，警方调查先前因跟踪她而被捕的琼斯先生是合理且必要的，无论琼斯先生是否曾被定罪。先前的逮捕记录，或再结合其他证据，可为警察提供合理依据，以申请搜查令或再次逮捕嫌疑人。[5] 再举一例，假设警察因网络跟踪逮捕怀特先生，并发现他曾两次因同一罪行被捕，但因受害者不愿合作而撤销指控。这些之前的逮捕记录有助于警察和检察官努力推动当前案件的成功结案。

### （二）逮捕记录在检察和司法中的使用

检察官、法官、缓刑监督官以及监狱工作人员在日常工作中都会广泛使用逮捕记录。检察官在决定提出何种指控以及达成何种辩诉交易时，拥有几乎不受限制的自由裁量权。[6] 对于先前有逮捕记录的嫌疑人或被告人，他们

---

〔1〕 71 CFR 171 (September 5, 2006); see 28 CFR Part 20; see also, J. Jacobs & T. Crepet, supra n. 30, at 187-88（讨论将非严重犯罪纳入联邦调查局犯罪记录数据库的问题）。

〔2〕 See J. Henry & J. Jacobs, Ban the Box to Promote Ex-Offender Employment, 6 CRIM. &PUB. POL'Y 755, 756 (2007).

〔3〕 N. Miller, A Study of the Number of Persons with Records of Arrest or Conviction in the Labour Force, U. S. Dept. of Labour Technical Analysis Paper # 63 (1979).

〔4〕 See Menard v. Saxbe, 498 F. 2d 1017, 1024 (U. S. Ct. App., District of Columbia Cir. 1974) (quoting Davidson v. Dill, 503 P. 2d 157, 159 (Sup. Ct. Colorado 1972) "众所周知，有逮捕记录的人更容易受到警察的审查——在调查中，他们往往是第一个被盘问，最后一个被排除嫌疑的人。"

〔5〕 G. T. Lowenthal, The Disclosure of Arrest Records to the Public Under the Uniform Criminal History Records Act, 28 JURIMETRICS 9, 12 (1987).

〔6〕 检察官在起诉方面具有极大的裁量权。参见 M. MILLER & R. F. WRIGHT, CRIMINAL PROCEDURES: PROSECUTION AND ADJUDICATION 134 (3rd ed., 2007)（"检察官……在决定是否对嫌疑人提起诉讼以及选择何种指控方面拥有最大的话语权。诚然，他们会根据警方提出的初步指控作出反应……但最终，检察官可以不受干扰地推翻警方的指控决定，而法官和大陪审团很少会拒绝推进检察官的指控决定。"）

可能会采取更为严厉的态度；而对于没有逮捕记录的，则可能相对宽容。[1]当然，如果先前的逮捕记录源于警察的错误判断或对无辜者的个人恩怨，我们可能会认为这种基于记录的歧视非常不公平。然而，如果逮捕记录是因为证人受到恐吓或其他与犯罪事实本身无关的因素导致未能公正定罪，那么我们大多数人的看法或许会有所不同。

法官在决定是否对被告人进行审前释放时，通常会考虑其先前的逮捕记录。[2] 许多法官认为，在同等条件下，与没有逮捕记录的被告人相比，有数次因严重犯罪而被捕的被告人对社区的威胁或逃跑的风险更大。如果法官下令对有逮捕记录的人进行审前释放，可能会附加某些条件，如药物检测或电子监控；而这些条件不会施加在没有逮捕记录的人身上。如果法官决定设定保释金，可能会因被告人有逮捕记录而设置更高额度的保释金，以确保其未来出庭。

法官在量刑时也会考虑以往的逮捕记录。[3] 历史上，在不确定刑期制度下，法官可以依据所掌握的任何信息进行量刑。[4]然而，有趣的是，无论是联邦还是各州的量刑规则中，都没有将逮捕记录纳入刑事历史评分中。[5] 法官可能会认为，有逮捕记录的被告是累犯，需要使其丧失再犯能力。美国最高法院已裁定，宪法并未禁止根据以前的逮捕记录加重刑罚。[6] 监狱官员可

---

〔1〕 例如：路易斯安那州奥尔良教区地方检察官办公室的 The Diversionary Program Rules of the Office of the District Attorney 规定："本项目面向首次因违反州轻罪或重罪法规而被捕的人员（无先前定罪记录，无重大犯罪历史，包括任何暴力行为；未曾因暴力犯罪、毒品贩卖、非法携带或使用武器或海洛因持有而被捕。）" 参见 M. MILLER & R. F. WRIGHT, CRIMINAL PROCEDURES: PROSECUTION AND ADJUDICATION 160 (3rd edn., 2007).

〔2〕 24 个州要求或允许在保释决定中考虑犯罪记录，32 个州的法律授权在矫正分类中考虑犯罪历史。B. Harrison, State Criminal Records, 27 NAT'L CONF. OF ST. LEGIS.: ST. LEGIS RPT. 1, 2 (2002). See also, Russell v. U. S., 402 F. 2d 185 (U. S. Ct. App., District of Columbia Cir. 1968)（法官在决定是否批准上诉期间释放时，可以考虑逮捕记录）。

〔3〕 最高法院认为，量刑法官将先前的逮捕记录甚至先前的无罪判决作为负面因素加以考虑，并不违反宪法。U. S. v. Witte, 515 U. S. 389 (U. S. Sup. Ct. 1995); U. S. v. Watts, 519 U. S. 148 (U. S. Sup. Ct. 1997). See also, U. S. v. Cafarelli, 401 F. 2d 512 (U. S. Ct. App. 2d Cir. 1966)（在量刑时，审判法官可考虑未导致定罪的逮捕记录）。

〔4〕 Williams v. New York, 337 U. S. 241 (U. S. Sup. Ct. 1949).

〔5〕 例如：United States Sentencing Commission, Guidelines Manual, § 4A1. 3 (a) (1)（允许在"可靠信息表明被告的犯罪历史类别严重低估了其犯罪历史的严重性或被告再次犯罪的可能性"时提高刑期）; 4A1. 3 (a) (2)（考虑诸如先前判决、"通过民事裁决或未遵守行政命令确定的先前类似不当行为"，或成年后未导致定罪的类似行为等因素）。然而，指南明确指出："根据本政策声明，不得仅因先前的逮捕记录本身而考虑加重刑罚。" 参见：Id. at § 4A1. 3 (a) (3).

〔6〕 U. S. v. Witte, 515 U. S. 389 (U. S. Sup. Ct. 1995).

能会根据被告以前的逮捕记录，将其分配到特定的监狱或监狱项目及住房单元。假释官员在评估假释申请人未来犯罪的风险时，也可能对其以前的逮捕记录加以考虑。

人们普遍存在一种误解，认为无罪推定能够保护个人免受政府有害行为的侵害，直到法院作出有罪判决或个人自行认罪为止。然而，美国最高法院在贝尔诉沃尔菲什案（Bell v. Wolfish）中的解释是，无罪推定仅是一种适用于刑事审判中事实认定者的证据标准。它并不阻止政府在审判前拘留被告或冻结其资产。法院认为，审前拘留是“监管性”而非“惩罚性”的，因为国家的意图并非惩罚，而是防止被告潜逃。同样，记录逮捕信息的目的并非施加惩罚，而是提高破案效率和刑事案件处理的效率。

（三）雇主对逮捕记录的使用

大多数州不会向非刑事司法组织和个人提供那些超过一年仍悬而未决的逮捕信息。[1] 同样地，当FBI代表某些非刑事司法实体进行全国范围的犯罪背景调查时，也不会提供已悬而未决超过1年的逮捕信息。[2] 这反映了一种推定，即1年后仍未解决的逮捕不太可能导致定罪。

尽管大多数公共雇主和许可委员会不会要求申请人披露未导致定罪的先前逮捕信息，但许多私营雇主仍会询问；此外，他们越来越多地能够通过私人信息供应商那里获取逮捕信息。[3]《联邦公平信用报告法》规定，信用报告机构可以在给客户的信用报告中提供个人过去7年内的逮捕记录，无论这些逮捕最终是否导致定罪。[4] 即使逮捕未导致定罪，发现逮捕记录也可能导致雇主拒绝向求职者提供工作机会。斯科尔尼克（Skolnick）和施瓦（Schw-

[1] E. g., CRIMINAL HISTORY RECORD CHECKS FOR NON-CRIMINAL JUSTICE PURPOSES: A FACT SHEET PREPARED BY THE KANSAS BUREAU OF INVESTIGATION, available at http://64.233.167.104/search? q=cache: GYKVi4sJu6cJ: www.kshousingcorp.org/display/Section8/Program%2520Requirments/KBI%252Criminal%252Records%2520Check%252OFact%252Sheet.pdf+FBI+regulations+arrests+non+criminal+justice+purposes&hl=en&ct=clnk&cd=3&gl=us.

[2] 28 CFR Part 20.

[3] See NAT'L CONSORTIUM FOR JUSTICE INFORMATION AND STATISTICS, NAT'L TASK FORCE ON THE CRIMINAL BACKGROUNDING OF AMERICA 7 (2005), available at http://www.search.org/files/pdf/ReportofNTFCBA.pdf（以下简称“Report of NTFCBA”）（讨论了众多允许私人信息供应商访问州数据库的州法律）。当FBI代表一些非刑事司法机构进行全国犯罪记录背景调查时，它不会提供关于已搁置一年以上的逮捕信息。参见上文第45脚注。FBI为非刑事司法目的进行的犯罪记录背景调查次数与为刑事司法目的进行的调查次数几乎一样多。私人信息供应商几乎只向私营部门客户提供此类信息。参见Report of NTFCBA.

[4] Fair Credit Reporting Act, 15 U. S. C. § 1681 et. seq.

artz）在20世纪60年代末进行的一项著名实地研究发现，因袭击被捕但随后被无罪释放的记录对求职的负面影响与袭击定罪记录相当。[1]

（四）为什么逮捕不会导致定罪

在讨论是否应将一定时期内（如一年内）未导致定罪的逮捕记录从犯罪记录中删除时，我们需要首先思考为什么逮捕不会导致定罪。一个显而易见的原因是案件仍在审理中，最终仍可能定罪。有时，案件可能需要数月甚至更长时间才能作出最终判决。案件处理可能因被告无法出庭（如生病、逃离管辖范围等）而中断或延迟。被告可能要求推迟审判以适应其辩护律师的时间安排或进行更多法医检测。显然，在案件悬而未决期间，必须保留相关记录。由于法庭记录对公众和媒体开放，悬而未决的刑事案件已成为公共记录的一部分。[2] 所以，要将逮捕事实保密，在法律上和具体操作上都是极为困难的，甚至是不可能的。

当警方或检察官得出结论认为未发生犯罪，或虽然发生了犯罪但被捕者与之无关时，删除或保密逮捕记录的理由最为充分。在这种情况下，逮捕记录无法为警方或其他刑事司法系统决策者提供与未来调查相关的信息（尽管任何人的指纹都可能在未来某天有用）。在这种情况下，一些州要求将逮捕记录"封存"，但大多数州并未如此规定。[3] 此外，在信息迅速传播的计算机时代，封存记录的效果难以保证。

如果被告被宣告所有指控无罪，删除逮捕、起诉和判决记录的理由更为充分。但重要的是要记住，无罪判决仅意味着检方未能排除合理怀疑地证明犯罪的每一个实质要素，并不意味着逮捕警官缺乏合理理由进行逮捕，或大陪审团缺乏合理理由签发起诉书（只需回顾O. J. 辛普森双重谋杀案的无罪判决即可）。[4] 逮捕和起诉是历史事实，就像无罪释放一样。除非从公共记录

---

〔1〕 R. Schwartz, J. Skolnick, Two Studies of Legal Stigma, 10 Soc. PROB. 133-142 (1963); See also, J. Grogger, The Effects of Arrest on the Employment and Earnings of Young Men, 110 (1) Q. J. E co. 51-71 (1995); D. PAGER, MARKED: RACE, CRIME AND FINDING WORK IN AN ERA OF MASS INCARCERATION (2007).

〔2〕 C. M. Morrison, Privacy, Accountability, and the Cooperating Defendant: Towards a New Role for Internet Access to Court Records, 62 VAND. L. R. 921, 937-941 (2009).

〔3〕 Compare New York State Criminal Procedure Law (2009) § 160.50（刑事程序终止且有利于被告的裁决）with S. D. Stuckey, Collateral Effects of Arrests in Minnesota, 5 U. ST. THOMAS L. J. 335, 342 (2008),（"逮捕记录在个人采取适当步骤封存其记录之前是公开的……然而，很少有人能够采取适当步骤封存其记录，因为这些选项并不广为人知，且可能因费用高昂而难以实现。"）

〔4〕 See V. BUGLIOSI, OUTRAGE: THE FIVE REASONS WHY O. J. SEPSON GOT AWAY WITH MURDER (1996).

中删除，否则它们仍然是公共记录的一部分。

对于因其他原因在逮捕后未被定罪的情况，支持将逮捕记录从犯罪记录中删除或对刑事司法和非刑事司法用户隐瞒这些信息的论据显得相对薄弱。被捕者未被定罪的原因大多是受害者或证人不配合警方，这与被捕者是否实际无罪无关。受害者或证人可能因死亡、病重无法出庭，因迁居他处等原因无法配合。部分受害者和证人因不愿请假而选择不合作，还有一些因自身有犯罪记录而害怕警方和检察官的调查。还有一些受害者可能与被告存在关系，担心与检察官合作会威胁到他们从被告处获得的经济和情感支持，或招致被告的报复，因此不愿配合。

逮捕未能导致定罪的另一个原因可能是证据或其他法律问题。例如，关键证据可能因违宪的搜查和扣押、辨认程序（如“列队辨认”）或审讯而无法在审判中使用。法院可能因超过案件推进的时间限制（如法定快速审判规则）而驳回指控，或因检察官在审判前或审判中的不当行为而驳回指控。尽管未能定罪，警方仍会将被捕者视为事实上的有罪，并将逮捕行为本身作为犯罪倾向的指标。

逮捕未能导致定罪的另一个原因是，警方或检察官认为非刑事司法转处计划或仅发出警告是更可取的处置方式。在这种情况下，警方和检察官需要保留逮捕/警告或逮捕/转处的记录，以便如果同一人在未来再次被捕，他不会被视为首次犯罪者而得到宽大处理。〔1〕在决定是否及如何起诉某一特定被告时，刑事司法决策者希望尽可能多地了解嫌疑犯/被告人的犯罪史。如果逮捕记录在决定不起诉后必须删除，警方和检方可能从一开始就不太可能进行宽大处理。

许多州立法机构、检方机构和法院制定了各种审前分流策略，允许某些被告避免留下定罪记录。在纽约州，一种被称为“暂缓起诉以待撤销”（ACD）的处理方式被频繁使用。〔2〕这是一种由检方监督的审前缓刑。如果在一年的“缓刑期”内，被告因新指控被捕，检方将重新激活之前的案件。

〔1〕例如，在英国，警方可以向被捕者发出“警方警告”。如果一个人接受这种“警告”，案件就不会转交给皇家检察署。但是，“警告”会留在被警告者的记录中，以供警方和检察官在未来作出决定时参考。参见 M. MILLER & R. F. WRIGHT, CRIMINAL PROCEDURES: PROSECUTION AND ADJUDICATION 134（3rd edn., 2007）.

〔2〕New York Criminal Procedure Law（2009）§ 170.55. 批准延期审理以待撤销案件的决定，不应被视为定罪或认罪。任何人不得因该命令而遭受任何权利丧失或处罚。根据本节规定撤销控诉书后，逮捕和起诉应被视为无效，且在法律上，被告应恢复至其被捕和起诉前的身份状态。

然而，如果被告未被再次逮捕，其案件将自动撤销，逮捕记录将被封存。如果警方和检方无法访问之前的逮捕记录（以及之前的暂缓起诉以待撤销处理），被告如果再次被捕，可能会被再次提供暂缓起诉以待撤销的处理。实际上，他将永远有资格获得初犯宽大处理。[1]

在许多情况下，被告被定罪（通过审判判决或认罪）的罪名并非其被捕时最严重的罪名。例如，Alpha 可能因强奸被捕，但最终对殴打和伤害认罪；或在审判中，他可能被宣告强奸罪不成立，但被判定犯有较轻的罪行。是否应从其永久犯罪记录表中删除强奸的逮捕记录？如果不删除，看到犯罪记录的人可能会推断 Alpha 实际上犯有强奸罪。然而，如果删除，犯罪记录表应显示什么逮捕罪名？强奸的指控和逮捕记录从法庭案卷中删除，是否也应从犯罪记录表中删除？

## 三、我们应该采取何种措施

如果我们得出结论，认为定罪前的犯罪记录带有不公平的污点，那么我们应该采取何种措施？下面将讨论几种可能的解决方案：封存逮捕记录；禁止非刑事司法实体和个人获取或使用逮捕信息；以及禁止基于逮捕记录和其他情报信息的就业歧视。

### （一）封存逮捕记录

一些州规定，对于未导致最终定罪的逮捕和指控记录，可以采取清除或封存的处理方式。在这些州中，部分州还赋予个人权利，允许他们向潜在雇主否认已清除或已封存的记录的存在。[2] 以纽约州为例，该州致力于防止那些对被告人不利的逮捕结果成为其永久性的记录污点。具体来说，当指控被撤销或被告人被判无罪时，相关的逮捕信息应当被“封存”，同时，指纹、照片及其他相关记录也应当被销毁或归还被告人或其律师[3]（然而，如果被捕

〔1〕 在纽约州，虽然州一级的个人犯罪记录系统似乎会定期封存成功完成的“延期审理以待撤销案件”（ACD），但县一级的刑事司法系统机构——如警察、检察官、缓刑部门和儿童服务机构——并不总是会封存其独立数据库中存在的逮捕信息。

〔2〕 D. A. Mukamal & P. N. Samuels, Statutory Limitations on Civil Rights of People with Criminal Records, 30 FORDHAM URB. L. J. 1501, 1509 (2003).

〔3〕 New York Criminal Procedure Law (2009) § 160.50（规定在案件以对被告有利的方式结束时，所有拍摄的被告照片、指纹及其他识别信息应被销毁或封存）然而，在 1991 年的一起案件中，纽约上诉法院裁定，当警方违反该法律并在后续案件中使用保留的信息（例如用于识别被告身份）时，被告无权要求排除非法保留的材料及其使用）。People v. Patterson, 78 N. Y. 2d 711 (Ct. App. New York 1991).

者因较轻罪名被定罪，逮捕记录不会被封存或删除）。一旦记录被成功封存，只有那些能够向法官证明其有“正当理由”需要查看该记录的人，才能获得访问权限。〔1〕

然而，在实践中，尤其是在计算机技术高度发达的今天，清除和封存犯罪记录的效果并不理想。想要真正保密被封存的逮捕记录变得越来越困难。只需进行一些简单的调查，即便是普通的调查人员也能从警察局保存的日志（即“警方通报”，有时会在当地报纸上定期发布）或法院大楼里保存的法院文件中获取到逮捕信息。此外，还有一些私人信息供应商，他们大量获取法院记录中的信息，并整理成自己的犯罪记录数据库，然后向客户提供这些信息，并收取少量费用。电子或印刷媒体可能已经报道了被告的姓名和指控，尤其是在有审判的情况下。当然，个别警察可能会将逮捕和被捕者的事实“归档”到独立的警察信息系统中，记录在自己的备忘录中，或保存在记忆中。

在目前美国大多数司法管辖区的实践中，即使案件被检察官撤销、被法院驳回、以暂缓起诉以待撤销的方式处理或因无罪判决而结案，逮捕记录仍会保留在犯罪记录中。犯罪记录应包含案件被撤销、无罪判决或其他非定罪结果的备注，但在实践中，这些处理结果往往未报告给刑事记录库，也未记录在犯罪记录表中。

（二）禁止非刑事司法机构获取和/或使用逮捕信息

另一种可能的选项是将逮捕记录的访问权限限制在执法和刑事司法官员范围内。这一政策可以缓解逮捕记录向公众传播引发的许多担忧：“法官和律师……应比普通人更能认识到逮捕与定罪之间的重要区别，并在行使自由裁量权时适当权衡非定罪记录。此外，刑事程序还包含防止不当使用逮捕记录的程序性检查。辩护律师的存在和上诉审查的可用性降低了对此类记录的误解和滥用的风险。”〔2〕

然而，这一选项说起来容易做起来难，因为法庭案卷对公众开放检查，且案件悬而未决时逮捕信息可能已被获取。此外，审前听证会也对公众开放。一旦从记录和程序中获取的信息进入公共领域，后续几乎无法限制其访问权限。即使最初成功地将逮捕信息的访问权限限制在刑事司法系统人员范围内，

---

〔1〕 New York Criminal Procedure Law (2009) § 160.50 (1) (d).

〔2〕 G. T. Lowenthal, The Disclosure of Arrest Records to the Public Under the Uniform Criminal History Records Act, 28 JURIMETRICS 9, 14 (1987).

仍然存在防止信息“泄露”给媒体和公众的巨大问题。[1]

(三) 禁止基于逮捕记录和其他情报的就业歧视

一些州禁止雇主询问或考虑逮捕信息，但大多数州并未采取此类措施。[2]例如，加利福尼亚州禁止公共和私营雇主以任何方式获取求职者的逮捕记录，并禁止雇主询问求职者关于未导致定罪的逮捕或拘留信息，或关于参与审前分流计划的信息。[3]违反此禁令的雇主将被处以500美元的罚款（但此禁令不适用于起诉待决期间的逮捕信息）。

格雷戈里诉利顿系统公司案（Gregory v. Litton Systems），[4]是关于使用先前逮捕记录取消求职者资格的主要联邦案例。该案中，雇主要求所有求职者披露先前的逮捕记录，并取消有多次逮捕记录的求职者的资格。联邦地区法院裁定，该政策违反了《民权法案》第7条，[5]因为尽管该政策在表面上保持中立，但它对非裔美国人的就业机会造成了严重的影响，非裔美国人被逮捕的可能性也相对较高。

1990年，联邦平等就业机会委员会（EEOC）发布了《关于在1964年民权法案第七章下就业决策中考虑逮捕记录的政策指南》。[6]该政策指南明确指出，企业在使用逮捕记录时，必须具备充分的正当商业理由。此外，“基于逮捕记录的全面排除很少能证明其商业合理性”。雇主被强烈警告不要在招聘

---

〔1〕 See J. B. Jacobs, Mass Incarceration and the Proliferation of Criminal Records, 3 ST. THOMAS L. R. 387, 411 (2006); J. B. Jacobs & D. Curtin, Remedying Defamation by Law Enforcement: Fall Out From the Wen Ho Lee, Steven Hatfill and Brandon Mayfield Settlements, CRIM. L. BULL. 17, n. 65 46 (2) (2010).（讨论了仅执法官员有权访问存储调查信息的数据库时，调查信息泄露的情况）

〔2〕 D. A. Mukamal & P. N. Samuels, Statutory Limitations on Civil Rights of People with Criminal Records, 30 FORDHAM URB. L. J. 1501, 1502 (2003). 十一个州——阿拉斯加、阿肯色、加利福尼亚、伊利诺伊、马萨诸塞、密歇根、内布拉斯加、纽约、北达科他和罗德岛——通过立法禁止雇主询问逮捕记录。另外十三个州通过行政手段实施了类似规定。其他州则要求雇主证明其业务必要性才能获取此类记录。

〔3〕 Labour Code of the State of California, Capt. 90, Statutes of 1937, Chapt 3, Art. 3, § 432.7. 任何雇主，无论是公共机构、私人个体还是公司，均不得要求求职者通过任何书面形式或口头方式披露与未导致定罪的逮捕或拘留相关的信息，或与参与任何审前或审后分流计划相关的信息。此外，任何雇主不得从任何来源获取或使用此类信息，作为决定雇佣、晋升、解雇、学徒培训计划或任何其他就业相关条件的因素，包括未导致定罪的逮捕或拘留记录，或与参与审前或审后分流计划相关的记录。

〔4〕 Gregory v. Litton Systems, Inc., 316 F. Supp. 401 (U. S. Distt. Ct. California 1970), modified on other grounds, 472 F. 2d 631 (U. S. Ct. App. 9th Cir. 1972).

〔5〕 42 U. S. C. § 2000 et seq (2009).

〔6〕 See Equal Employment Opportunity Commission Policy Guidance on Consideration of Arrest Records in Employment Decisions Under title Ⅶ of the Civil Rights Act of 1964, as amended, 42 U. S. C. sec. 2000 et seq (1990), available at, 1990 WL 1104708.

前询问逮捕记录，因为“所获取的信息很可能被不当使用”。逮捕记录本身不能直接作为拒绝求职者的依据，但如果存在符合充分商业理由标准的具体行为，这些信息可被考虑使用。换句话说，雇主可以进一步了解求职者被捕的具体情况，并据此判断其是否可能从事了导致被捕的行为。[1]

然而，雇主如何确定求职者是否“可能”从事了导致被捕的行为？显然，雇主可能要同时处理数百份求职申请，不可能花费时间和金钱举行“听证会”来解决警方、证人和求职者之间相互矛盾的说法。因此，雇主的操作假设往往是：因刑事指控被捕的人，很可能实施了导致被捕的行为。明尼苏达州对此有明确规定，人类服务部在审核从事与儿童接触工作的申请人时，必须依据确凿证据判断申请人是否确实犯下了导致被捕（但最终未被判有罪）的罪行，并以此决定其是否符合条件。[2]

雇主面临的第二个问题同样棘手：被指控的犯罪行为与求职者所寻求的工作之间有何必然联系？雇主可能会认为，所有员工都必须可靠、诚实和自律，无论具体工作职责如何，不诚实和不可靠的员工都会引发问题。此外，雇主可以轻易通过某些借口（例如，求职者缺乏相关经验、工作历史不稳定、面试失败等）解释其不雇用有逮捕记录的求职者的决定，或者雇主可以解释说，他更喜欢另一位求职者的经验和个性。因此，禁止基于先前逮捕记录的就业歧视将极难执行。

## 结　论

在美国，几乎每个城市和乡镇都设有自己的警察局，总数超过10 000个。因此，跟踪记录被逮捕者、刑事被告人、已定罪罪犯以及有犯罪记录的人员，成为一项艰巨的挑战。在计算机普及之前，为了方便警察机构的工作，美国就已经建立了犯罪记录系统。这一系统迅速成为检察官、法院、缓刑与假释机构以及其他刑事司法系统参与者和机构的重要信息来源。随着时间的推移，公共和私营部门的雇主、学校、社会福利机构以及众多其他机构和个人，也

[1] 平等就业机会委员会（EEOC）提供了以下关于逮捕记录与雇佣决策相关的示例。一名黑人男性申请警察职位，他曾被指控入室盗窃但最终被无罪释放，但他向雇主承认自己确实实施了该犯罪行为。EEOC指出，警察部门决定不雇佣该申请人是合理的，因为该申请人作为可信证人在法庭上作证的能力将受到严重损害。

[2] J. Brennan and M. Haase, Minnesota Reforms Address Important Employer Liability and Notification Issues, 13 (3) OFFENDER PROG. REP., 42 (2009). See also, U. S. v. Lope, 704 F. Supp. 1055 (U. S. Dist. Ct. S. D. Florida. 1988).（私人侦探的执业许可委员会应能获取逮捕记录。）

开始在他们的决策过程中利用犯罪记录信息。信息技术的飞速发展使得在全国范围内实现系统互联成为可能，信息检索也因此变得几乎可以即时完成。现在，我们必须正视一个问题：这个系统是否收集和传播了过多的信息？如果是，我们又该如何应对？

本文重点关注的是逮捕记录和情报档案这两类信息。与犯罪记录有所不同，这两种信息原则上都不应损害个人的声誉或剥夺其机会。大多数人或许会认同，仅凭一个人被捕的事实，不应给其带来负面后果。然而，遗憾的是，实际情况并非如此，逮捕记录往往会对个人造成毁灭性的影响。尽管相关部门不会主动将逮捕记录公之于众，但这些信息如今却能从多个渠道被轻易获取。至于如何应对这一问题，目前尚不清楚有何有效措施。一旦信息泄露出去，就如同放出了魔鬼，再想将其收回瓶中便难上加难。的确，由于以逮捕为基础的犯罪记录系统、公开的法庭记录以及私人信息供应商的共同作用，美国想要有效弥补逮捕记录带来的负面影响，或许已经为时已晚。相比之下，情报档案和数据库的情况虽然略好一些，但也只是相对而言。情报档案和数据库在发展、协调与综合性方面远不及犯罪记录系统。至少直到最近，警方只为少数人和特定威胁建立了情报档案。然而，电脑技术的进步却是势不可挡的。建立新的数据库变得异常容易，无论是针对可疑恐怖分子、可疑有组织犯罪成员、可疑帮派成员，还是可疑移民法违规者。这个清单很可能会持续不断地扩大。虽然这些数据库的内容并不像犯罪记录（包括逮捕记录）那样容易被公开获取，但它们的可获取性正在逐渐增强。然而，一个旨在实现特定目标的系统，也很可能是一个提供广泛访问权限但又缺乏有效防范措施，以防止那些未经授权用户和黑客对其进行访问的系统。